Über dieses Buch

Der Fischer Informationsatlas Bundesrepublik Deutschland behandelt Themen aus den verschiedensten Lebensbereichen unseres Landes. Er beantwortet Fragen, die sich jedem stellen werden, der sich für die Grundlagen, Bedingungen und die Vielfalt des Lebens in der Bundesrepublik interessiert und der größere Zusammenhänge ebenso wie übergreifende Probleme besser verstehen möchte.
Lage und Größe der Bundesrepublik, Landesnatur, Bevölkerung und Siedlung, Wirtschaft, Verkehr, Verwaltung, Kultur und kulturelle Einrichtungen, Zeitgeschichte und Politik, dies sind die großen Sachgebiete, die die Autoren des Bandes untersuchen und detailliert und kenntnisreich in Karten, Texten, Grafiken und Tabellen darstellen. Dabei wird neben den notwendigen Grundinformationen, die zu einem jeden Atlas gehören, eine Fülle von Fakten vermittelt – Fakten, die im allgemeinen schwer zugänglich sind und sonst erst mühsam aus den unterschiedlichsten Nachschlagewerken zusammengetragen werden müssen. Gerade weil sich der Band auf seinen 80 Karten- und noch mehr Textseiten »nur« mit der Bundesrepublik auseinandersetzt, ist es möglich, derartig umfassend über unser Land zu informieren, so sehr ins Detail zu gehen.
Wer weiß schon auf Anhieb, wo in der Bundesrepublik die gesundheitlich-klimatische Belastung am stärksten ist, wo der Schnee am längsten liegt, an welchen Hochschulen die meisten Studenten studieren, wo sich die größten Museen befinden und wo die Hochburgen der politischen Parteien, welches die am stärksten durch den Krieg zerstörten Städte waren oder wo das Madonnenländchen und das Sechsämterländchen liegen?
Der Fischer Informationsatlas Bundesrepublik Deutschland gibt Antwort auf diese und viele andere Fragen.

Manfred Dloczik /
Adolf Schüttler / Hans Sternagel

Der Fischer Informationsatlas Bundesrepublik Deutschland

Karten, Graphiken, Texte und Tabellen

Fischer
Taschenbuch
Verlag

Redaktionsschluß: Januar 1982

Lektorat: Bruno Back

Originalausgabe
Fischer Taschenbuch Verlag
Juni 1982

Umschlaggestaltung: Rambow, Lienemeyer, van de Sand

Fischer Taschenbuch Verlag GmbH, Frankfurt am Main
© Fischer Taschenbuch Verlag GmbH, Frankfurt am Main 1982
Gesamtherstellung: Hanseatische Druckanstalt GmbH, Hamburg
Printed in Germany
1480-ISBN-3-596-24521-4

Inhalt

Vorwort 8

I Lage und Größe
  1 Die Lage der Bundesrepublik Deutschland
    in der europäischen Mitte 10
  Europäische Staatengruppen 11
  2 Kreisfreie Städte und Landkreise 13

II Landesnatur
  1 Relief und Großformen (physische Karte) 16
  2 Bau und Untergrund (ohne quartäre Bedeckung) 18
  3 Das Erbe der Eiszeiten (quartäre Bedeckung) 20
  4 Jahresniederschläge 22
  5 Wintertemperaturen (Januar) 24
  6 Sommertemperaturen (Juli) 26
  7 Schneefall (Dauer einer Schneedecke von mind. 10 cm) . . 28
  8 Frühlingseinzug (Beginn der Apfelblüte) 30
  9 Mittlere tägliche Sonnenscheindauer im Juni 32
  10 Bioklima 34
  11 Die natürliche Pflanzenwelt 36
  12 Pflanzenareale 38
  13 Landschaftsnamen 40
  14 Geographische Landschaftsbezeichnungen
    (naturräumliche Gliederung) 42

III Bevölkerung und Siedlung
  1 Bevölkerungsverteilung 44
  2 Bevölkerungsdichte 46
  3 Bevölkerungsentwicklung 48
  4 Erwerbsstruktur der Bevölkerung 50
  5 Arbeitslosigkeit 52
  6 Ausländer und ausländische Arbeitskräfte 54
  7 Altersgliederung 56
  8 Gesundheitliche Versorgung 58
  9 Konfessionen 60
  10 Mundarten und Hochsprache 62
  11 Zentrale Orte und zentralörtliche Bereiche 64

IV Wirtschaft (Industrie, Handel und Gewerbe)
  1 Landwirtschaft I: Allgemeine Entwicklung
    der Landwirtschaft – Landwirtschaftliche Betriebsgrößen . 66
  2 Landwirtschaft II: Wald und Grünland 68
  3 Landwirtschaft III: Nutzung des Ackerlandes 70
  4 Sozialbrache 72
  5 Fischereiwirtschaft 74

  6 Bodenschätze (Bergbau, Erdöl und Erdgas) 76
  7 Erdöl- und Erdgasversorgung 78
  8 Wasserwirtschaft und -versorgung 80
  9 Energieerzeugung und -verbrauch 82
    Hinweise und Erläuterungen
    zu den folgenden Industrie-Karten IV-10 bis 13 84
10 Industrie I: Grundstoff- und Produktionsgüterindustrie . . 86
11 Industrie II: Investitionsgüterindustrie 88
12 Industrie III: Verbrauchsgüterindustrie 90
13 Industrie IV: Nahrungs- und Genußmittelindustrie 92
14 Industrie V: Industriegebiete 94
15 Die größten Unternehmen 96
16 Fremdenverkehr I: Naherholungsgebiete und Naturparks . 98
17 Fremdenverkehr II: Feriengebiete und Kurorte 100
18 Einkommenstruktur – relative Kaufkraft 102
19 Entwicklungshilfe 104
20 Umweltprobleme: Gewässer und Luft 106

V Verkehr
  1 Straßennetz und -verkehr 108
  2 Verkehrsunfälle und Beitragszonen 110
  3 Eisenbahnnetz und -verkehr 112
  4 Binnenwasserstraßennetz und -verkehr 114
  5 Seeschiffahrt und -verkehr 116
  6 Luftverkehr 118

VI Verwaltung
  1 Politische Gliederung und Bundesbehörden 120
  2 Justizverwaltung 122
  3 Arbeits- und Finanzverwaltung 124
  4 Verwaltungsgliederung der evangelischen Kirche 126
  5 Verwaltungsgliederung der katholischen Kirche 128

VII Kultur – kulturelle Einrichtungen
  1 Hochschulen und Bibliotheken 130
  2 Bildergalerien 132
  3 Museen 134
  4 Baudenkmäler 136
  5 Theater 138
  6 Volksfeste und Festspiele 140
  7 Presse 142

VIII Zeitgeschichte und Politik
  1 Das Deutsche Reich z. Z. der Weimarer Republik
    1918–1933 und Reichstagswahlen 1920 und 1932 144
  2 Das Deutsche Reich 1933–45 (NS-Staat) 146
  3 Deutschland zwischen 1945 und 1948 148
  4 Vertriebene, Flüchtlinge, Aussiedler 150
  5 Entstehung der Bundesrepublik und der DDR 152

Wahlen in der Bundesrepublik Deutschland 154

6 Die Wahl zum 1. Deutschen Bundestag (14. 8. 1949) . . . 156

7 Die Wahl zum 3. Deutschen Bundestag (15. 9. 1957) . . . 158

8 Die Wahl zum 5. Deutschen Bundestag (19. 9. 1965) . . . 160

9 Die Wahl zum 7. Deutschen Bundestag (10. 11. 1972) . . . 162

10 Die Wahl zum 8. Deutschen Bundestag (3. 10. 1976) . . . 164

11 Die Wahl zum 9. Deutschen Bundestag (5. 10. 1980) . . . 166

12 Zusammensetzung der Länderparlamente 168

13 Bundeswehr und NATO 170

14 Die Bundesrepublik Deutschland und die EG 172

15 Die Außenpolitik der Bundesrepublik Deutschland 174

Zeittafel 176

Bedankungen 182

Literaturverzeichnis 184

Die Autoren 192

Vorwort

Die Bundesrepublik Deutschland konnte 1979 ihren 30. Geburtstag begehen. Am 23. Mai 1949 trat ihr Grundgesetz in Kraft. Es schuf die Voraussetzungen für einen staatlichen, wirtschaftlichen und kulturellen Neuanfang. Die Grundrechte banden von nun an Gesetzgebung, vollziehende Gewalt und Rechtsprechung in ein System, das dem einzelnen ein Höchstmaß an Freiheit und Selbstverwirklichung ermöglichte.

Diese neue Wertordnung hat die vergangenen 30 Jahre geprägt und sich bewährt. In diesem mehr als eine Generation umfassenden Zeitraum lassen sich vier Phasen erkennen. Der 1949 beginnende *Wiederaufbau* wurde bestimmt durch das »Freiheitswunder« der freiheitlich-demokratischen Grundordnung und das »Wirtschaftswunder« der sozialen Marktwirtschaft. Diese Phase endete 1961, nachdem die Einbindung der Bundesrepublik in das westliche Bündnis vollzogen war. – In den folgenden Jahren (1961–69) *stabilisierte sich das System.* Zugleich wuchs eine neue Generation heran, die neue Fragen stellte, neue Wege für ihr Leben suchte, das nicht mehr durch Not und Verzweiflung der Kriegs- und Nachkriegsjahre beschwert war. – Nach dem Wechsel der Regierungskoalition 1969 prägten *Reformen im Inneren* und *Entspannung im Äußeren* bis 1980 das Gesicht der sozial-liberalen Politik. – 1981 begann eine vierte Phase, die außen-, innen- und wirtschaftspolitische Belastungen erkennen läßt.

Diese Wendemarke war für Verlag und Autoren des vorliegenden »Informationsatlas Bundesrepublik Deutschland« Anlaß, Bilanz über 30 Jahre westdeutsche Geschichte zu ziehen, die Gegenwart zu analysieren und zukünftige Entwicklungstendenzen zu beobachten. Aus der Beschreibung des Geschaffenen mag zugleich die Verpflichtung erwachsen, Bewährtes zu erhalten, Verbrauchtes zu verändern und neue Wege für die Zukunft zu suchen.

Die Bewältigung dieser Aufgabe setzt jedoch Information über die Grundlagen, die Vielfalt und die Verknüpfungen in unserem Land voraus. Dieses Land aber ist klein geworden. Neben der politischen Teilung haben das Fernsehen und die Motorisierung die Entfernungen schrumpfen lassen. Der ständig zunehmende Informationsfluß erreicht durch das Fernsehbild den entferntesten Winkel, bringt Aktualität und zeigt Veränderungen auf; er kann aber auch *Neugierde* und *Interesse* wecken. Die Motorisierung erschließt die abgelegensten Landschaften der Bundesrepublik. Der damit verbundene Tourismus ermöglicht viele Anregungen und Beobachtungen, für die der erklärende *Hintergrund* und das *Wissen* um die Zusammenhänge häufig fehlen.

Der vorliegende Atlas bietet dafür vielfältige Informationen an, die allerdings nicht umfassend sein können; denn das Bild der Bundesrepublik ist für eine Gesamtdarstellung zu farbig und facettenreich. Es wurde deshalb in einzelne Schichten aufgelöst und zu thematischen Großgruppen geordnet:

Lage und Größe/Landesnatur/Bevölkerung und Siedlung/Wirtschaft/Verkehr/ Verwaltung/Kultur/Zeitgeschichte und Politik.

Die aus verschiedenen Gründen notwendige Reduktion der Themenkreise hat manche Lücken offengelassen. Das *Literaturverzeichnis* bietet jedoch die Möglichkeit, sie zu füllen; es wurden deshalb vorwiegend Titel ausgewählt, die leicht zu beschaffen oder einzusehen sind.

Wenn allerdings auch Spezialaufsätze aufgenommen wurden, so liegt die Ursache dafür in der Natur der *thematischen Karte*. Sie beschränkt sich auf die Darstellung eines Themas oder Themenkreises und vernachlässigt die sonstigen Inhalte des kartierten Raumes. In dieser Beschränkung liegt allerdings auch die Stärke der thematischen Karte. In ihr können etwa zwanzigmal soviel Informationen wie in einem Text gleicher Ausdehnung anschaulich, übersichtlich und einsichtig gestaltet werden. – Inhaltsreiche Themen wurden auf mehrere Karten verteilt. Ihr relativ großer *Maßstab* 1:5 000 000 (1 cm = 50 km) erleichtert den Vergleich und erlaubt die Kombination einzelner Schichten der verschiedenen Großthemen (z. B. Konfession, Verwaltungsgliederung der Kirchen und Wahlkarten; Relief und Verkehrsnetz; Bevölkerungsdichte und zentrale Orte). Nur für wenige Karten wurde ein kleinerer Maßstab gewählt; sie sind der außen- und wirtschaftspolitischen Einbindung unseres Staates in die Weltpolitik gewidmet.

Viele Karten enden an den Grenzen der Bundesrepublik. Diese »*Inselkarten*« basieren auf statistischen Daten; für die Nachbarländer stehen jedoch vergleichbare Unterlagen nicht zur Verfügung. Auch die Meßdaten der Bundesrepublik allein waren nicht immer einfach zu verarbeiten. Die kommunale Neugliederung hat oft heterogene Gebiete zu neuen Verwaltungsformen zusammengeschlossen (z. B. verschiedenartige natur- und kulturgeographische Teilräume wie der dünnbesiedelte Harz und sein dichtbevölkertes Vorland), die statistisch jedoch als Einheit behandelt werden. (Näheres hierzu bei W. Thauer, Literaturverzeichnis).

Die statistischen und allgemeingeographischen Materialien wurden in den Karten zu Flächen, Farben, Linien und Symbolen verarbeitet. *Namen* sind lediglich nachgeordnete Orientierungshilfen. Zu viele Namen können das Kartenbild belasten. Daher wurde ihre Zahl auf das notwendigste Maß beschränkt. Um aber dem Betrachter die Lokalisierung des eigenen Standortes zu ermöglichen, findet er unter I-2 eine Orientierungskarte; sie zeigt alle Großstädte, die Kreise und kreisfreien Städte. Die eigentliche Aussage der themenverschiedenen Karten wird durch die *Zeichenerklärung* (Legende) erschlossen. Ihre Elemente (Farbe, Linie, Symbol) können im Gegensatz zur Schrift, wo ein bestimmter Buchstabe immer die gleiche Funktion hat, von Karte zu Karte etwas anderes bedeuten. Jede Karte hat also ihr eigenes Alphabet. In zahlreichen Atlanten ist dieses Alphabet sehr detailliert und erschwert damit die Interpretation einer Karte. In unserem Informationsatlas entlastet die *Kombination von Karte und Text* die Legende. Darüber hinaus führt der Text in das jeweilige Thema ein, erläutert Zusammenhänge, betont das Wesentliche und zeigt die Verklammerung mit anderen Karten. Text und Karte sollten also als Einheit gesehen und synoptisch gelesen werden. Zusätzliche *Graphiken und Statistiken* heben Besonderheiten hervor, veranschaulichen Entwicklungstendenzen und erleichtern das Erkennen der Ursachen und Folgen bestimmter Phänomene.

Verlag und Autoren glauben, daß »*Der Fischer Informationsatlas Bundesrepublik Deutschland*« in seiner Kombination von Karte und Text eine Lücke füllt und dazu beiträgt, die Bundesrepublik und das Leben in unserem Lande besser kennen und verstehen zu lernen und damit auch beurteilen zu können.

Bielefeld/Oldenburg, im Januar 1982

Manfred Dloczik/Adolf Schüttler/Hans Sternagel

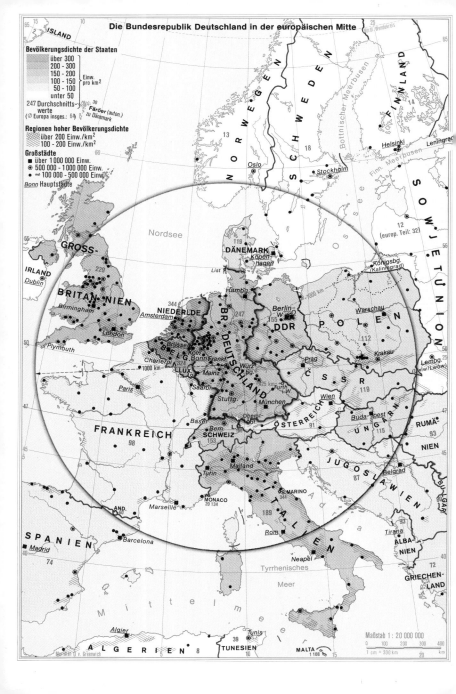

Die Bundesrepublik Deutschland in der europäischen Mitte

Bevölkerungsdichte der Staaten

über 300
200 – 300
150 – 200   Einw.
100 – 150   pro km²
50 – 100
unter 50

247 Durchschnitts-
werte
(∅ Europa insges.: 64)

30
Färöer (auton.)
zu Dänemark

Regionen hoher Bevölkerungsdichte
über 200 Einw./km²
100 – 200 Einw./km²

Großstädte
■ über 1 000 000 Einw.
◉ 500 000 – 1 000 000 Einw.
◦ 100 000 – 500 000 Einw.

Bonn Hauptstädte

ISLAND

NORWEGEN

SCHWEDEN

FINNLAND

SOWJETUNION

Nordsee

Oslo 13

Stockholm 18

Helsinki 14

Leningrad

Bottnischer Meerbusen

Finn. Meerbusen

12
(europ. Teil: 32)

GROSS-
BRITANNIEN

IRLAND
Dublin

Birmingham

London

Plymouth

Paris

FRANKREICH
98

229

DÄNEMARK 119
Kopen-hagen

List

Hamburg

NIEDERLDE 344
Amsterdam

BELG.
Brüssel
Charleroi
LUX.

Köln
Bonn Frankf.
Mainz
Saarbr.

BR. DEUTSCHLAND 247

Würz-bg.
Fürth
N. W.

Stuttg.

München

Oberst-dorf

Basel
Bern L.
SCHWEIZ 153

Berlin 155
W.

DDR

POLEN

Warschau

Prag
112

Krakau

CSSR 119

Wien

ÖSTERREICH 91

Buda-pest

UNGARN 115

RUMÄ-
NIEN 93

JUGOSLAWIEN 87

Belgrad

BULGAR.

Lemberg
(Lwiw/L'wow)

1000 km

25 km

Turin

Mailand

MONACO
20 134

Marseille

AND.
80

SPANIEN

Madrid 74

Barcelona

S. MARINO 344

ITALIEN 189

Rom

Neapel

Tyrrhenisches
Meer

Adria

Tirana

ALBA-
NIEN

GRIECHEN-
LAND 72

Königsbg.
(Kaliningrad)

ALGERIEN 8

Algier

Tunis 39

TUNESIEN

MALTA
1 108

Mittelmeer

Maßstab 1 : 20 000 000
0   100   200   300   400
1 cm = 200 km   km

I-1 Die Lage der Bundesrepublik Deutschland in der europäischen Mitte

Die Bundesrepublik Deutschland liegt in den gemäßigten Breiten der Nordhalbkugel zwischen 55° N (List auf Sylt) und 47° N (Oberstdorf im Allgäu). Sie wird von dem 50. Breitenkreis im Bereich des Mainlaufs geschnitten. Auf dieser nördl. Breite liegen in Europa: Plymouth (südl. Großbritannien) – Charleroi (Belgien) – Mainz, Frankfurt, Würzburg (Bundesrepublik) – Prag (Tschechoslowakei) – Krakau (Polen) – Kiew (UdSSR) und außerhalb Europas: Karaganda, Insel Sachalin (UdSSR) – Vancouver, Neufundland (Kanada).

Innerhalb der Bundesrepublik beträgt die größte Nord-Süd-Entfernung zwischen List auf Sylt und Oberstdorf im Allgäu 876 km und die größte West-Ost-Entfernung zwischen Saarbrücken und Furth im Wald 425 km. Eine Strecke von 1000 km, wie die von Köln nach Königsberg/Ostpreußen im ehemaligen Deutschen Reich, würde, wie immer man sie auch legte, über die Grenzen der Bundesrepublik hinausreichen.

Innerhalb Europas hat unser Land eine bedeutsame Mittellage. Ein Kreis mit einem Radius von 1000 km um Frankfurt umschließt alle großen europäischen Ballungsgebiete und industriellen Schwerpunkte in Großfrankreich, Großbritannien, den Niederlanden, der Bundesrepublik, der DDR und Polen, der Schweiz und Norditalien.

Zwei Achsen besonders dichter Bevölkerung und hoher Industrialisierung ziehen als breite Bänder von Westen nach Osten und von Norden nach Süden quer durch die europäische Mitte. Das eine Band erstreckt sich von Südengland durch Belgien, am Nordsaum der Mittelgebirge entlang durch die Bundesrepublik, die DDR und Polen bis in die Ukraine hinein. Das andere reicht von den Niederlanden rhein- und neckaraufwärts bis Basel und Stuttgart. Beide überschneiden sich im Ruhrrevier.

Die Bundesrepublik Deutschland und Großbritannien gehören zu den mittelgroßen europäischen Staaten mit hoher Bevölkerungszahl und besonders großer Bevölkerungsdichte (247 bzw. 229 E/km², vgl. Tab.).

Frankreich und Spanien haben beide eine doppelt so große Fläche zur Verfügung wie die Bundesrepublik und Großbritannien, aber weniger Einwohner und dementsprechend eine viel geringere Bevölkerungsdichte. Zwischen der Bundesrepublik und Großbritannien liegen die flächenmäßig kleinen, aber äußerst menschenreichen Niederlande und Belgien mit der höchsten Bevölkerungsdichte unter den europäischen Staaten (344 bzw. 324 E/km²).

So bildet die Bundesrepublik zusammen mit Großbritannien, den Niederlanden, Belgien und Luxemburg den besonders dicht bevölkerten Kern Europas mit einer durchschnittl. Dichte von 250 E/km² (Tab.).

Daran schließt sich im Osten und Süden ein weniger dicht bevölkerter Innensaum an, zu dem die DDR, die Schweiz und Italien gehören mit Dichtewerten zwischen 153 (Schweiz) und 189 (Italien) E/km².

Dieser innere Saum wird nach außen im Norden und Osten von einem noch dünner besiedelten Außensaum umgeben. Dazu rechnen Dänemark, Polen, die Tschechoslowakei und Ungarn mit einer Bevölkerungsdichte zwischen 112 (Polen) und 119 (Dänemark und Tschechoslowakei) E/km².

Viel dünner besiedelt sind die im Südwesten und Südosten anschließenden Ländergruppen, die bis an die Ränder des Kontinents reichen: Frankreich und Spanien im Südwesten und Österreich, Jugoslawien, Rumänien, Bulgarien, Albanien und Griechenland im Südosten. In dieser Gruppe schwanken die Dichtewerte zwischen 72 (Griechenland) und 98 (Frankreich) E/km².

Am menschenärmsten ist die nördliche Peripherie Europas mit Island, Irland, Norwegen, Schweden und Finnland mit einer Bevölkerungsdichte zwischen 2 Einwohnern auf den km² in Island und 48 in Irland.

Europäische Staatengruppen

		km²	Einw.	E/km²
Kern	Bundesrepublik	248 139	61 439 000	247
	Großbritannien	244 046	55 840 000	229
	Niederlande	40 844	14 030 000	344
	Belgien	30 513	9 870 000	324
	Luxemburg	2 586	360 000	139
		566 128	141 539 000	250

Europäische Staatengruppen

		km²	Einw.	E/km²
Innensaum	DDR	108 181	16 740 000	155
	Schweiz	41 293	6 330 000	153
	Italien	301 252	56 910 000	189
		450 726	79 980 000	178
Außensaum	Dänemark	43 069	5 120 000	119
	Polen	312 683	35 049 000	112
	Tschechoslowakei	127 869	15 250 000	119
	Ungarn	93 032	10 700 000	115
		576 653	66 119 000	115
Südwest-gruppe	Frankreich	547 026	53 480 000	98
	Spanien	504 782	37 180 000	74
		1 051 808	90 660 000	86
Südost-gruppe	Österreich	83 853	7 652 000	91
	Jugoslawien	255 804	22 262 000	87
	Rumänien	237 500	22 070 000	93
	Bulgarien	110 912	8 825 000	80
	Albanien	28 748	2 670 000	93
	Griechenland	131 944	9 440 000	72
		848 761	72 919 000	86
Nördl. Peripherie	Island	102 829	230 000	2
	Irland	70 283	3 360 000	48
	Norwegen	324 219	4 066 000	13
	Schweden	449 964	8 300 000	18
	Finnland	337 009	4 750 000	14
		1 284 304	20 706 000	16

I-2   Kreisfreie Städte und Landkreise

Die 10 Bundesländer, zuzügl. Berlin/West, (8 Flächenstaaten, 3 Stadtstaaten) sind verwaltungsmäßig gegliedert in 26 Regierungsbezirke, 328 Kreise (= kreisfreie Städte, einschl. Stadtverband Saarbrücken, und 236 Landkreise) und 8501 Gemeinden.   (Stand: 1. 1. 1981)

A	Augsburg, krfr. St. und Lkr.	DH	Diepholz, Lkr.	GÖ	Göttingen, Lkr.
AA	Aalen, Ostalbkreis	DLG	Dillingen a. d. Donau, Lkr.	GP	Göppingen, Lkr.
AB	Aschaffenburg, krfr. St. und Lkr.	DN	Düren, Lkr.	GS	Goslar, Lkr.
		DO	Dortmund, krfr. St.	GT	Gütersloh, Lkr.
AC	Aachen, krfr. St. und Lkr.	DON	Donauwörth, Lkr. Donau-Ries	GZ	Günzburg, Lkr.
AIC	Aichach, Lkr. A.-Friedberg	DT	Detmold, Lkr. Lippe	H	Hannover, krfr. St. und Lkr.
AK	Altenkirchen, Westerwaldkreis	DU	Duisburg, krfr. St.		
		DÜW	Bad Dürkheim a. d. Weinstr., Lkr.	HA	Hagen, krfr. St.
AM	Amberg, krfr. St.			HAM	Hamm, krfr. St.
AN	Ansbach, krfr. St. und Lkr.	E	Essen, krfr. St.	HAS	Haßfurt, Lkr. Haßberge
AÖ	Altötting, Lkr.	EBE	Ebersberg, Lkr.	HB	Hansestadt Bremen, krfr. St./Stadtstaat (einschl. Bremerhaven)
AS	Amberg-Sulzbach, Lkr.	ED	Erding, Lkr.		
AUR	Aurich, Lkr.	EI	Eichstätt, Lkr.		
AW	Ahrweiler, Lkr. Bad Neuenahr-A.	EL	Emsland, Lkr. (Meppen)	HD	Heidelberg, krfr. St. und Rhein-Neckar-Kreis
AZ	Alzey, Lkr. A.-Worms	EM	Emmendingen, Lkr.		
		EMD	Emden, krfr. St.	HDH	Heidenheim a. d. Brenz, Lkr.
B	Berlin (West), krfr. St./Stadtstaat	EMS	Bad Ems, Rhein-Lahn-Kreis	HE	Helmstedt, Lkr.
		EN	Ennepe-Ruhr-Kreis. Lkr. (Schwelm)	HEF	Bad Hersfeld, Lkr. H.-Rotenberg
BA	Bamberg, krfr. St. und Lkr.				
BAD	Baden-Baden, krfr. St.	ER	Erlangen, krfr. St.	HEI	Heide, Lkr. Dithmarschen
BB	Böblingen, Lkr.	ERB	Erbach, Odenwaldkreis	HER	Herne, krfr. St.
BC	Biberach a. d. Riß, Lkr.	ERH	Erlangen-Höchstadt, Lkr.	HF	Herford, Lkr.
BGL	Berchtesgadener Land, Lkr.	ES	Esslingen a. Neckar, Lkr.	HG	Bad Homburg v. d. H., Hochtaunuskreis
		ESW	Eschwege, Werra-Meißner-Kreis		
BI	Bielefeld, krfr. St.			HH	Hansestadt Hamburg, krfr. St./Stadtstaat
BIR	Birkenfeld, Lkr.	EU	Euskirchen, Lkr.		
BIT	Bitburg, Lkr. B.-Prüm			HI	Hildesheim, Lkr.
BL	Balingen, Zollernalbkreis	F	Frankfurt a. Main, krfr. St.	HL	Hansestadt Lübeck, krfr. St.
BM	Bergheim, Erftkreis	FAL	Fallingbostel, Lkr. Soltau-F.		
BN	Bonn, krfr. St.			HM	Hameln, Lkr. H.-Pyrmont
BO	Bochum, krfr. St.	FB	Friedberg/Hessen, Wetteraukreis	HN	Heilbronn, krfr. St. und Lkr.
BOR	Borken, Lkr.				
BOT	Bottrop, krfr. St.	FD	Fulda, Lkr.	HO	Hof, krfr. St. und Lkr.
BRA	Brake/Unterweser, Lkr. Wesermarsch	FFB	Fürstenfeldbruck, Lkr.	HOL	Holzminden, Lkr.
		FL	Flensburg, krfr. St.	HOM	Homburg a. d. Saar, Saar-Pfalz-Kreis
BS	Braunschweig, krfr. St.	FN	Friedrichshafen, Bodenseekreis		
BT	Bayreuth, krfr. St. und Lkr.			HP	Heppenheim, Lkr. Bergstraße
BÜS	Büsingen, Exkl. a. Hochrh., z. Lkr. Konstanz	FO	Forchheim, Lkr.		
		FR	Freiburg i. Br., Lkr. Breisgau-Hochschwarzwald	HR	Homberg a. d. Efze, Schwalm-Eder-Kreis
CE	Celle, Lkr.			HS	Heinsberg, Lkr.
CHA	Cham, Lkr.	FRG	Freyung-Grafenau, Lkr.	HSK	Hochsauerlandkreis (Meschede)
CLP	Cloppenburg, Lkr.	FRI	Friesland, Lkr. (Wittmund)		
CO	Coburg, krfr. St. und Lkr.			HU	Hanau, Main-Kinzig-Kreis
COC	Cochem, Lkr. C.-Zell	FS	Freising, Lkr.	HX	Höxter, Lkr.
COE	Coesfeld, Lkr.	FT	Frankenthal/Pfalz, krfr. St.		
CUX	Cuxhaven, Lkr.	FÜ	Fürth, krfr. St. und Lkr.	IGB	St. Ingbert, kreisangeh. St. (Saar-Pfalz-Kr.)
CW	Calw, Lkr.				
		GAP	Garmisch-Partenkirchen, Lkr.	IN	Ingolstadt, krfr. St.
D	Düsseldorf, krfr. St.			IZ	Itzehoe, Lkr. Steinburg
DA	Darmstadt, krfr. St. und Lkr. D.-Dieburg	GE	Gelsenkirchen, krfr. St.		
		GER	Germersheim, Lkr.	K	Köln, krfr. St.
DAH	Dachau, Lkr.	GF	Gifhorn, Lkr.	KA	Karlsruhe, krfr. St. und Lkr.
DAN	Dannenberg, Lkr. Lüchow-D.	GG	Groß-Gerau, Lkr.		
		GI	Gießen, Lkr.	KB	Korbach, Lkr. Waldeck-Frankenberg
DAU	Daun, Lkr.	GL	Bergisch-Gladbach, Rhein.-Bergischer Kreis		
DEG	Deggendorf, Lkr.			KC	Kronach, Lkr.
DEL	Delmenhorst, krfr. St.			KE	Kempten i. Allg., krfr. St.
DGF	Dingolfing, Lkr. D.-Landau	GM	Gummersbach, Obergibscher Kreis	KEH	Kelheim, Lkr.
				KF	Kaufbeuren, krfr. St.
				KG	Bad Kissingen, Lkr.

KH	Bad Kreuznach, Lkr.	NI	Nienburg a. d. Weser, Lkr.	SIG	Sigmaringen, Lkr.
KI	Kiel, krfr. St.	NK	Neunkirchen/Saar, Lkr.	SIM	Simmern, Rhein-Hunsrück-Kreis
KIB	Kirchheimbolanden, Donnersbergkreis	NM	Neumarkt i. d. OPf., Lkr.	SL	Schleswig, Lkr. S.-Flensburg
KL	Kaiserslautern, krfr. St. und Lkr.	NMS	Neumünster, krfr. St.		
		NOH	Nordhorn, Lkr. Grafschaft Bentheim	SLS	Saarlouis, Lkr.
KLE	Kleve, Lkr.	NOM	Northeim, Lkr.	SO	Soest, Lkr.
KN	Konstanz, Lkr.	NR	Neuwied a. Rh., Lkr.	SP	Speyer, krfr. St.
KO	Koblenz, krfr. St.	NU	Neu-Ulm, Lkr.	SR	Straubing, krfr. St. und Lkr. S.-Bogen
KR	Krefeld, krfr. St.	NW	Neustadt a. d. Weinstr., krfr. St.		
KS	Kassel, krfr. St. und Lkr.			ST	Steinfurt, Lkr.
KT	Kitzingen, Lkr.			STA	Starnberg, Lkr.
KU	Kulmbach, Lkr.	OA	Oberallgäu, Lkr. (Sonthofen)	STD	Stade, Lkr.
KÜN	Künzelsau, Hohenlohekreis			SU	Siegburg, Rhein-Sieg-Kreis
		OAL	Ostallgäu, Lkr. (Marktoberdorf)		
KUS	Kusel, Lkr.			SÜW	Südl. Weinstraße, Lkr. (Landau)
		OB	Oberhausen, krfr. St.		
L	Lahn-Dill-Kreis (Wetzlar)	OD	Bad Oldesloe, Lkr. Stormarn	SZ	Salzgitter, krfr. St.
LA	Landshut, krfr. St. und Lkr.				
LAU	Lauf a. d. Pegnitz, Lkr. Nürnberger Land	OE	Olpe, Lkr.	TBB	Tauberbischofsheim, Main-Tauber-Kreis
		OF	Offenbach a. Main, krfr. St. und Lkr.	TIR	Tirschenreuth, Lkr.
LB	Ludwigsburg, Lkr.			TÖL	Bad Tölz, Lkr. B. T.-Wolfratshausen
LD	Landau i. d. Pfalz, krfr. St.	OG	Offenburg, Ortenaukreis		
LER	Leer, Lkr. (Ostfriesland)	OH	Ostholstein, Lkr., (Eutin)	TR	Trier, krfr. St. und Lkr. T.-Saarburg
LEV	Leverkusen, krfr. St.	OHA	Osterode am Harz, Lkr.		
LG	Lüneburg, Lkr.	OHZ	Osterholz, Lkr.	TS	Traunstein, Lkr.
LI	Lindau a. Bodensee, Lkr.	OL	Oldenburg i. Old., krfr. St. und Lkr.	TÜ	Tübingen, Lkr.
LIF	Lichtenfels, Lkr.			TUT	Tuttlingen, Lkr.
LL	Landsberg a. Lech, Lkr.	OS	Osnabrück, krfr. St. u. Lkr.		
LM	Limburg, Lkr. L.-Weilburg			UE	Uelzen, Lkr.
LÖ	Lörrach, Lkr.			UL	Ulm a. d. Donau, krfr. St. und Alb-Donau-Kreis
LU	Ludwigshafen a. Rh., krfr. St. und Lkr.	PA	Passau, krfr. St. und Lkr.		
		PAF	Pfaffenhofen a. d. Ilm, Lkr.	UN	Unna, Lkr.
		PAN	Pfarrkirchen, Lkr. Rottal-Inn.		
M	München, krfr. St. und Lkr.			VB	Vogelsbergkreis (Lauterbach)
MA	Mannheim, krfr. St.	PB	Paderborn, Lkr.		
MB	Miesbach, Lkr.	PE	Peine, Lkr.	VEC	Vechta, Lkr.
ME	Mettmann, Lkr.	PF	Pforzheim, krfr. St. und Enzkreis	VER	Verden a. d. Aller, Lkr.
MG	Mönchengladbach, krfr. St.			VIE	Viersen, Lkr.
MH	Mülheim/Ruhr, krfr. St.	PI	Pinneberg, Lkr.	VK	Völklingen, kreisangeh. St. (Saarbrücken)
MI	Minden, Lkr. M.-Lübbecke	PLÖ	Plön, Lkr.		
MIL	Miltenberg, Lkr.	PS	Pirmasens, krfr. St. u. Lkr.	VS	Villingen-Schwenningen, Schwarzwald-Baar-Kreis
MK	Märkischer Kreis (Lüdenscheid)				
		R	Regensburg, krfr. St. und Lkr.	W	Wuppertal, krfr. St.
MM	Memmingen, krfr. St.			WAF	Warendorf, Lkr.
MN	Mindelheim, Lkr. Unterallgäu	RA	Rastatt, Lkr.	WEN	Weiden i. d. OPf., krfr. St.
		RD	Rendsburg, Lkr. R.-Eckernförde	WES	Wesel, Lkr.
MOS	Mosbach, Neckar-Odenwald-Kreis			WF	Wolfenbüttel, Lkr.
		RE	Recklinghausen, Lkr.	WHV	Wilhelmshaven, krfr. St.
MR	Marburg a. d. Lahn, Lkr. M.-Biedenkopf	REG	Regen, Lkr.	WI	Wiesbaden, krfr. St.
		RH	Roth, Lkr.	WIL	Wittlich, Lkr. Bernkastel-W.
MS	Münster i. Westf., krfr. St.	RO	Rosenheim, krfr. St. u. Lkr.		
MSP	Main-Spessart, Lkr. (Karlstadt)	ROW	Rotenburg a. d. Wümme, Lkr.	WL	Winsen a. d. Luhe, Lkr. Harburg
MTK	Main-Taunus-Kreis (Frankfurt a. M.)	RS	Remscheid, krfr. St.	WM	Weilheim i. Obb., Lkr. W.-Schongau
		RT	Reutlingen, Lkr.		
MÜ	Mühldorf a. Inn, Lkr.	RÜD	Rüdesheim, Rheingau-Taunus-Kreis (Bad Schwalbach)	WN	Waiblingen, Rems-Murr-Kreis
MYK	Mayen-Koblenz, Lkr.				
MZ	Mainz, krfr. St. und Lkr. M.-Bingen	RV	Ravensburg, Lkr.	WND	St. Wendel, Lkr.
		RW	Rottweil, Lkr.	WO	Worms, krfr. St.
MZG	Merzig, Lkr. M.-Wadern	RZ	Ratzeburg, Lkr. Herzogtum Lauenburg	WOB	Wolfsburg, krfr. St.
				WST	Westerstede, Lkr. Ammerland
N	Nürnberg, krfr. St.				
ND	Neuburg a. d. Donau, Lkr. N.-Schrobenhausen	S	Stuttgart, krfr. St.	WT	Waldshut, Lkr.
		SAD	Schwandorf, Lkr.	WÜ	Würzburg, krfr. St. u. Lkr.
NE	Neuss, Lkr.	SB	Saarbrücken, Stadtverband	WUG	Weißenburg, Lkr. W.-Gunzenhausen
NEA	Neustadt a. d. Aisch, Lkr. N.-Bad Windsheim	SC	Schwabach, krfr. St.		
		SE	Bad Segeberg, Lkr.	WUN	Wunsiedel i. Fichtelgeb., Lkr.
NES	Bad Neustadt a. d. Saale, Lkr. Rhön-Grabfeld	SG	Solingen, krfr. St.		
		SHA	Schwäbisch-Hall, Lkr.	WW	Westerwaldkreis (Montabaur)
NEW	Neustadt a. d. Waldnaab, Lkr.	SHG	Stadthagen, Lkr. Schaumburg		
NF	Nordfriesland, Lkr., (Husum)	SI	Siegen, Lkr.	ZW	Zweibrücken, krfr. St.

Stand: Nov. 1980

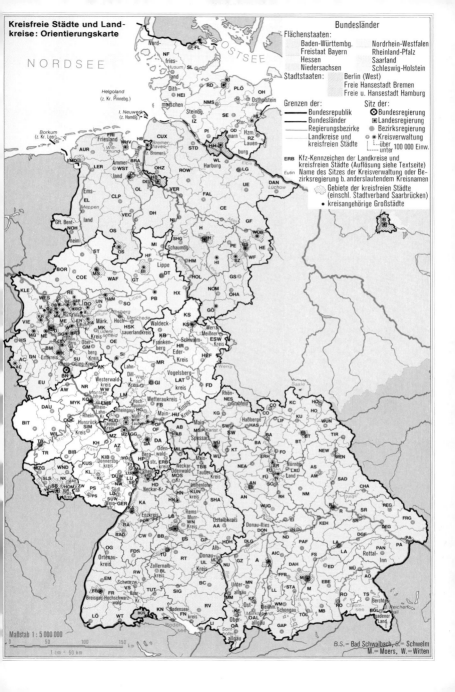

II-1 Relief und Großformen (physische Karte)

Tiefland, Mittelgebirge und Hochgebirge bestimmen in W–O gerichteten Bändern den Aufbau Mitteleuropas und damit der Bundesrepublik Deutschland.

Die 200 m Höhenlinie (Stufe Grün/Gelb) trennt das Tiefland im Norden von dem Mittelgebirge im Süden. Das Tiefland greift im NW mit zwei großen Buchten, der Niederrheinischen und der Westfälischen Bucht, weit in den Mittelgebirgskörper hinein. Das vorwiegend aus eiszeitlichem Lockermaterial (Schottern, Sand, Lehm, Ton) aufgebaute Tiefland ist nur zum Teil tischeben, so in den bis unter den Meeresspiegel reichenden Marschen an der Nordseeküste und im Bereich der von den Flüssen aufgeschütteten weitflächigen Terrassen. Zum größten Teil wird es aber durch leicht wellige Hügelländer bestimmt, die oft recht deutlich aus den weiten Verflächungen herausragen, so die wellig-kuppige Jungmoränenlandschaft im östl. Schleswig-Holstein (Bungsberg 164 m), die Stauchmoränen am linken Niederrhein (106 m), die Altmoränenlandschaft der Lüneburger Heide (Wilseder Berg 169 m) und die Durchragungen des aus festen Gesteinen bestehenden Untergrundes, wie die Kreidekalke der Baumberge und Beckumer Berge in der Westfälischen Bucht (186 und 173 m) oder der aus tertiären Sanden, Tonen und Braunkohlen aufgebaute Horst der Ville westl. von Köln (164 m).

Das Mittelgebirge nimmt den weitaus größten Teil der Fläche unseres Landes ein. Es ist äußerst vielgestaltig und reich gegliedert. Langgestreckte schmale NW–SO und W–O gerichtete Rücken kennzeichnen den äußersten Norden zwischen Rheinischem Schiefergebirge und Harz: Weser- und Wiehengebirge (bis 320 m), Deister (405 m), Süntel (437 m), Ith und Hils (477 m), Teutoburger Wald (468 m). Sie werden aus harten, widerstandsfähigen mesozoischen Kalken und Sandsteinen aufgebaut.

Der größte Teil der Mittelgebirgsschwelle ist in zahlreiche größere und kleinere Blöcke gegliedert, die in geologisch junger Zeit, seit dem Tertiär, herausgehoben wurden. Sie bestehen aus alten, widerstandsfähigen Sedimentgesteinen, in welche zuweilen größere Massen von Tiefengesteinen, besonders Granite, eingedrungen sind wie im Harz, Schwarzwald, Odenwald, Bayerischen Wald. Der umfangreichste, aber nicht der höchste dieser Blöcke ist das von den tiefen Tälern des Rheins und seiner Nebenflüsse zerschnittene Rheinische Schiefergebirge mit Eifel, Süderbergland (Bergisches Land, Märkisches Land, Sauerland, Siegerland, Wittgensteiner Land), Westerwald, Hunsrück, Taunus und den Ardennen jenseits der Landesgrenze.

Ähnlich aufgebaute kleinere Massive schließen sich im Osten und Süden an: Harz, Vogelsberg, Rhön, Spessart. Zwischen diesen herausragenden Blöcken sind kleinere und größere Becken und Senken eingelagert. Während die herausgehobenen Blöcke weitgehend abgetragen und von jüngeren Deckschichten entblößt wurden, haben sich jüngere Ablagerungen, mesozoische und tertiäre Sedimente, in den Becken und Senkungsgebieten erhalten. Die größte dieser Senken ist das Oberrheinische Tiefland, ein langgestreckter N–S gerichteter Graben, ringsum von herausgehobenen Massiven umstellt: Haardt, Vogesen, Oden- und Schwarzwald. Nach Norden findet es seine Fortsetzung in der Wetterau zwischen Taunus und Vogelsberg und in einer Kette von Senken im Hessischen Bergland. Auch der N–S gerichtete Leinegraben ist ein mit dem Oberrheingraben eingesunkener Grabenbruch.

Ganz anders sind Aufbau und Formenschatz des Südwestdeutschen Stufenlandes zwischen Odenwald und Schwarzwald im Westen, Oberpfälzer Wald und Bayerischem Wald im Osten und der Donau im Südwesten: treppenförmig ansteigende Landterrassen, die durch steile Stufen aus harten Trias-, Keuper- und Juragesteinen voneinander getrennt sind, wie die Haßberge, der Steigerwald, die Frankenhöhe und als höchste Stufe dieser Treppe die aus harten Jurakalken aufgebaute Schwäbisch-Fränkische Alb. Weite, meist tischebene Flächen steigen südlich der Donau allmählich zum Alpenfuß hin an. Es handelt sich hier um die Auffüllung eines bei der Alpenfaltung entstandenen Troges mit mächtigen Trümmermassen und Flußablagerungen. Nach Süden wird das Relief bewegter durch eiszeitliche Moränen, die bogenförmig ebenfalls in der Eiszeit entstandene Seen umgeben. Der Anteil des Hochgebirges an unserem Land ist nur auf einen schmalen Saum begrenzt. Tiefe, nach N gerichtete Täler mit breiten vom Eis überformten Talböden gliedern diesen, zum größten Teil zu den Nördlichen Kalkalpen gehörenden Hochgebirgsteil in einzelne Gebirgsstöcke. Die höchsten Gipfel bleiben noch unter 3000 m, wie der Watzmann (2713 m) als äußerster Eckpfeiler der Bundesrepublik Deutschland und die Zugspitze (2963 m).

16

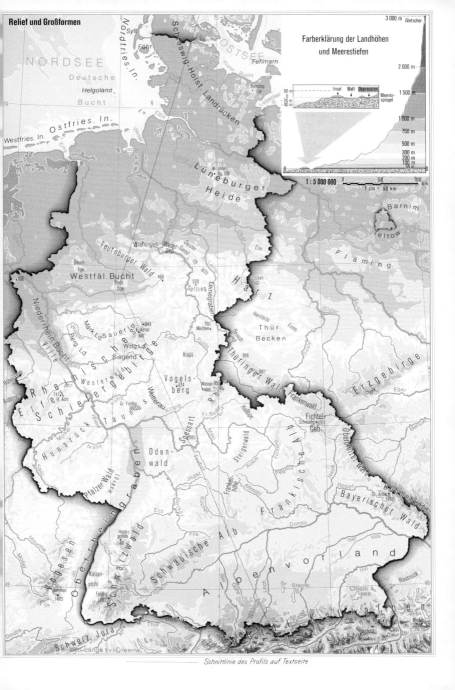

Relief und Großformen

NORDSEE
Deutsche
Helgoland
Bucht

OSTSEE

Sylt
Föhr
Nordfries. In.
Schleswig-Holst. Landrücken
Fehmarn
Kieler Bucht
Flensbg.
154

Ostfries. In.
Westfries. In.

Elbe
Lübecker

Lüneburger Heide
Wilseder Bg. 1109

Barnim
Teltow

Fläming

Wiehengeb.
Teutoburger Wald
Weser-Stein- geb.
Deister
Ith Hils
Elm

Baum- bge.
Westfäl. Bucht
Beck. Bge.
468
528
Solling
Lenegraben
Brocken 1142
Harz
Hainleite
Finne
Thür.
Becken
Elster

Niederrhein. Bucht
Höhen
Ruhr
Mark. Ld.
Berg. Ld.
Sauerld.
843
Astenb.
841
750
Meißner
Eder
Krülli
Fulda
902
Thüringer Wald
Frankenwald
Erzgebirge
Eger

Rhein. Schiefergebirge
Eifel
Ardennen
Ahr
747
H. Acht
Westerwald
Siegerld.
Witlg. Ld.
Vogels- berg
774
Gr. Feldbg.
880
Wetterau
Rhön
Wasserkp.
950
916
Fichtels- Geb.
Schneeb. 1053
Oberpfälzer Wald
Gr. Arber 1458
Böhmer Wald

Hunsrück
Mosel
Nahe
Taunus
Spessart
Fr. Saale
Haßbge.
Regen
Berauna

Pfälzer Wald
Haardt
Odenwald
Steigerwald
Frankenhöhe
Aisch
Pegnitz
Naab
Bayerischer Wald

Oberrheingraben
Enz
Neckar
Jagst
Kocher
Altmühl
Donau
Isar
Vils

Schwarzwald
Hornis- grinde 1146
Fils
Fränkische Alb
Schwäbische Alb
Donau
Starnb.
Inn
Hausruck

Wasgesen
Kaiser- stuhl
Feldbg. 1493
Belchen 1423
Alpenvorland
Chiem- see
Inn

Schweiz. Jura
Dt. Länge 8 v. Greenw.
Rhein
Thur

3000 m Gletscher

Farberklärung der Landhöhen
und Meerestiefen

2000 m

1500 m

50 m   Insel Watt Depression
0   Meeres-
20 m   spiegel
40 m

1000 m
750 m
500 m
300 m
200 m
100 m

1 : 5 000 000   0   50   100
1 cm ≙ 50 km   _____   km

Schnittlinie des Profils auf Textseite

Auf dieser Karte werden die anstehenden Gesteine von den ältesten geologischen Zeiten bis zum Tertiär dargestellt (Quartäre Bedeckung siehe folgende Seite). Die Farben vom Präkambrium bis zum Tertiär stellen gleichalte (nicht gleichartige) Gesteine dar, die in diesen Zeiträumen abgelagert wurden.

Während der variskischen Gebirgsbildung vom Ende des Karbon bis in das Perm hinein wurden alle bis dahin abgelagerten Gesteine zu einem großen Gebirgswall aufgefaltet, der vom Franz. Zentralmassiv in einem großen Bogen durch ganz Mitteleuropa verlief, dann aber wieder abgetragen und von jüngeren Ablagerungen überdeckt wurde. Erst in der Tertiärzeit wurden Teile dieses Gebirges in einzelnen Schollen wieder angehoben. Auf der geologischen Karte treten sie deutlich hervor, weil nur hier Tiefengesteine (vor allem Granite u. Gneise) und alte, stark gefaltete Schichtgesteine (Kambrium, Silur, Devon und Karbon) vorkommen: Tonsteine, Schiefer, Sandsteine, Grauwacken, Quarzite, Kalksteine. Sie sind intensiv gefaltet, von Verwerfungen und Störungen durchzogen und z.T. in kristalline Gesteine umgewandelt worden. Das einst auf diesem Grundgebirge aufgelagerte Deckgebirge aus jüngeren, meist flach lagernden Schichten wurde weitgehend wieder abgetragen. Jedoch bedecken ausgedehnte Buntsandsteinablagerungen die Flanken des süddeutschen Grundgebirges im nördl. Schwarzwald, östl. Odenwald, Pfälzer Wald, Spessart und in großen Teilen der Rhön. Auf dem karbonischen Grundgebirge am N-Rand des rechtsrheinischen Schiefergebirges liegt eine Deckschicht aus Kreidemergeln, die den größten Teil der oberkarbonischen Ruhrkohlelagerstätte bedeckt (IV–6).

Zwischen den alten Massiven blieben die jüngeren Ablagerungen des Mesozoikum und des Tertiär erhalten. Es handelt sich um flach lagernde oder nur wenig geneigte Schichtpakete. Etwa $1/3$ dieser Fläche wird von den Ablagerungen des Buntsandsteins eingenommen. Das sind intensiv rotgefärbte, quarzreiche Sandsteine, die zumeist auf dem Lande während eines trockenen Klimas abgelagert wurden. Sie sind wenig fruchtbar und daher auch heute noch zum größten Teil mit Wald bedeckt. W. H. Riehl bezeichnete die große Ausdehnung des Buntsandsteins in Deutschland als ein »nationales Unglück«. Der Buntsandstein reicht von SW nach NO von den westl. Vogesen über die Pfälzer Haardt, den Odenwald, den Spessart, über

das Hess. Bergland bis in das Weserbergland beiderseits der Oberweser und bis an den S-Rand des Harzes heran. Ablagerungen der Trias (Buntsandstein, Muschelkalk u. Keuper) und des Jura (Lias, Dogger, Malm) bauen das Süddeutsche Schichtstufenland zwischen Odenwald/Schwarzwald, der Donau und den ostbayerischen Gebirgen auf. Dabei bilden weiche Gesteine wie Mergel und Tone weite Verflächungen; harte Sandsteine und Kalke aber bilden steile Stufen (unt. und ob. Muschelkalk, Keupersandsteine, Jurakalke). Die Stufen weisen nach NW und W, die Flächen sind in entgegengesetzten Richtungen leicht geneigt. Mit der tertiären Auffaltung der Alpen und der gleichzeitigen Heraushebung der Mittelgebirgsmassive sanken andere Teile ein. Auf der Karte sind sie durch ihre Ausfüllung mit tertiären Sanden, Tonen und Mergeln zu erkennen: Oberrheingraben, Wetterau, Hess. Senken, Leinegraben. Auch im nördl. Alpenvorland treten ausgedehnte Tertiärschichten zutage, die den größten Teil des bei der alpinen Gebirgsbildung entstandenen Troges ausfüllen.

Im Zusammenhang mit der tertiären Alpenfaltung, der Heraushebung der Mittelgebirgsmassive und den großen Grabenbrüchen traten vulkanische Massen an Störungslinien zutage: Basalte in der Eifel, im Siebengebirge, Westerwald, Vogelsberg, in der Rhön, im Meißner und den Hegauvulkanen; Trachyte, Andesite und Phonolithe im Siebengeb. und den Hegauvulkanen. In der Eifel und im Hegau bilden die herauspräparierten Vulkanstiele die höchsten Kuppen (Hohe Acht, Nürburg), im Westerwald und im Vogelsberg herrschen ausgedehnte basaltische Deckenergüsse vor. Im Oberrheingraben bildet der Kaiserstuhl eine große Vulkanruine, die nach der Härte ihrer Gesteine aus der weiten Ebene erhebt.

Mesozoische Gesteine bilden im äußersten N der Mittelgebirgsschwelle einen weit in das Tiefland vorspringenden Sporn, das westl. Weserbergland. Zugleich mit der Alpenfaltung wurden hier durch die saxonische Gebirgsbildung die mesozoischen Schichten durch horizontalen Druck in schmale, langgestreckte Sättel und weite Mulden gefaltet. Bei der folgenden Abtragung leisteten harte Gesteine größeren Widerstand. Sie bilden schmale Schichtrippen aus Sandsteinen und Kalken im Weser- und Wiehengebirge (Jurakalke und -sandsteine), Teutoburger Wald (Kreidesandsteine, -kalke und Muschelkalk), in Ith und Hils (Kalke und Sandsteine des Jura und der Kreide).

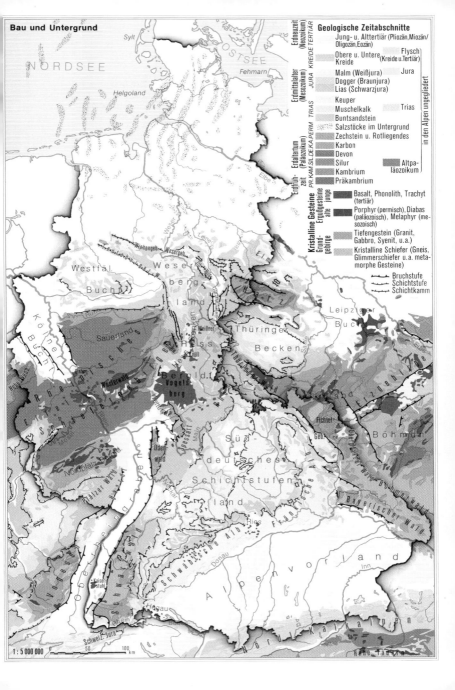

Bau und Untergrund

Geologische Zeitabschnitte

Erdneuzeit (Neozoikum)

TERTIÄR — Jung- u. Alttertiär (Pliozän, Miozän/Oligozän, Eozän)

KREIDE — Obere u. Untere Kreide — Flysch (Kreide u. Tertiär)

Erdmittelalter (Mesozoikum)

JURA — Malm (Weißjura), Dogger (Braunjura), Lias (Schwarzjura) — Jura

TRIAS — Keuper, Muschelkalk, Buntsandstein — Trias

Erdaltertum (Paläozoikum)

PERM — Salzstöcke im Untergrund, Zechstein u. Rotliegendes

KA — Karbon

DE — Devon

SIL — Silur

KAM — Kambrium

PR — Präkambrium — Altpaläozoikum

in den Alpen ungegliedert

Kristalline Gesteine

Ergußgesteine
- Basalt, Phonolith, Trachyt (tertiär) — junge
- Porphyr (permisch), Diabas (paläozoisch), Melaphyr (mesozoisch) — alte

Grundgebirge
- Tiefengestein (Granit, Gabbro, Syenit, u.a.)
- Kristalline Schiefer (Gneis, Glimmerschiefer u.a. metamorphe Gesteine)

— Bruchstufe
— Schichtstufe
— Schichtkamm

1 : 5 000 000   0   50   100 km

II-3   Das Erbe der Eiszeiten (quartäre Bedeckung)

Zwei Mio. Jahre dauert bis jetzt das letzte Zeitalter der Erdgeschichte, das Quartär. Es ist gekennzeichnet durch starke Klimaschwankungen, durch den Wechsel von Kalt- und Warmzeiten. In den Kaltzeiten lagen die Temperaturen 6° bis 10° unter den heutigen. Dadurch drang das nordische Inlandeis weit nach Mitteleuropa vor, und auch aus den Alpen ergossen sich große Gletscherströme bis in das Alpenvorland. In den Warmzeiten stiegen die Temperaturen zeitweise sogar über den heutigen Stand hinaus. Dann schmolzen die Eismassen. Zurück blieben ausgedehnte Moränen- und Schmelzwasserablagerungen. Sie verhüllen in wechselnder Mächtigkeit den aus älteren Gesteinen aufgebauten Untergrund. Bei Hamburg erreichen diese Ablagerungen mit 300 m ihre größte Mächtigkeit (Hamburger Loch).

Für das heutige Landschaftsbild sind die beiden letzten Kaltzeiten von großer Bedeutung. In Norddeutschland werden sie als Saale- und Weichselkaltzeiten, im Alpenland als Riß- und Würmkaltzeiten bezeichnet. In Norddeutschland drangen die Eismassen der Saalezeit zeitweise bis an die Ruhr vor, und am linken Niederrhein kennzeichnen über 100 m hohe Stauchmoränen diese äußerste Ausdehnung. Mehrfach zog sich das Eis der Saalezeit zurück und drang dann wieder vor. Die so entstandenen Stillstandslagen sind durch Endmoränen mit mächtigen Blockpackungen gekennzeichnet. Aus Schweden und Finnland schob das Eis Geschiebe (Findlinge) aus Granit, Gneis und anderen dort anstehenden Gesteinen in das Norddeutsche Tiefland hinein.

Während der Stauchmoränen am Niederrhein noch als deutliche Wälle zu erkennen sind, wurden die Moränenzüge der übrigen saalezeitlichen Stillstandslagen weitgehend abgetragen. Nur in der Lüneburger Heide erreichen saalezeitliche Moränen des sog. Warthestadiums Höhen von über 150 m (Wilseder Berg 169 m). Die saalezeitlichen Endmoränen sind weniger durch ihre morphologische Gestalt, als durch ihr Material mit der Anhäufung von Geschieben zu erkennen. Unter dem Eis wurde das Material der Grundmoräne durch Druck und Schmelzwasser zerkleinert und als Geschiebelehm oder Geschiebemergel abgelagert. Vor den jeweiligen Stillstandslagen schütteten die Schmelzwasser der Gletscher ausgedehnte Sandebenen auf, wie die Senne am Westfuß des Teutoburger Waldes und große Teile der westl. und südl. Lüneburger Heide. Die ausgedehnten, zum großen Teil sandigen

und daher relativ trockenen Ablagerungen werden in Norddeutschland als Geest bezeichnet, im Unterschied zu den bodenfeuchten Marschen und Mooren.

Das Formenbild der weichselzeitlichen Jungmoränenlandschaft ist bewegter und abwechslungsreicher als das der eingeebneten Altmoränenlandschaft, eine »buckelige Welt« mit kuppenreicher Grundmoräne, ausgeprägten Endmoränenwällen, eingelagerten runden und langgestreckten Seen. Die Böden sind weniger ausgelaugt und reicher an Kalk und anderen Nährstoffen. Die Seen entstanden nach Abschmelzen des Eises als Zungenbecken, Rinnenseen oder aus von der Hauptmasse des Eises getrennten Toteismassen.

Im Bereich der Bundesrepublik Deutschland bedecken die weichselzeitlichen Ablagerungen den O der Schleswig-Holsteinischen Landbrücke. Der äußerste Moränenwall ist N–S gerichtet und biegt östl. von Hamburg scharf nach O um. Ausgedehnte sandige Schmelzwasserebenen liegen westl. vor diesem Endmoränenwall im mittleren Teil Schleswig-Holsteins.

Von besonderer Bedeutung ist der in den Kaltzeiten abgelagerte fruchtbare Löß, ein staubfeines mehlartiges Sediment, vorwiegend aus Quarzstaub mit wechselndem Kalkgehalt. Der Löß wurde aus den vegetationsarmen Moränen- und Flußablagerungen durch den Wind ausgeweht und an Reliefhindernissen wieder abgelagert. Die aus dem Löß verwitterten Lößlehmböden gehören zu den fruchtbarsten unseres Landes.

Ein breites Lößband zieht am Nordrand der Mittelgebirgsschwelle entlang, von der Niederrheinischen Bucht über die Hellweg-Börden und vom N-Rand des Wiehengebirges bis in das nördl. Harzvorland. Ausgedehnte Lößablagerungen finden sich auch in den Becken und Senken des Mittelgebirges, insbesondere an ihren Rändern: im Oberrheingraben, in der Wetterau, in den Hessischen Senken und auf den Muschelkalkplatten, den sog. Gäulandschaften des Süddeutschen Stufenlandes.

Nacheiszeitlicher Entstehung sind die Moore und Marschen. Im Norddeutschen Tiefland und im Alpenvorland bildeten sich unter Einfluß des feuchten Klimas ausgedehnte Moore, die aber heute zum größten Teil entwässert und kultiviert sind. Die Marschen an der Nordseeküste entstanden durch natürliche und künstliche Aufschlickung des Wattenmeeres.

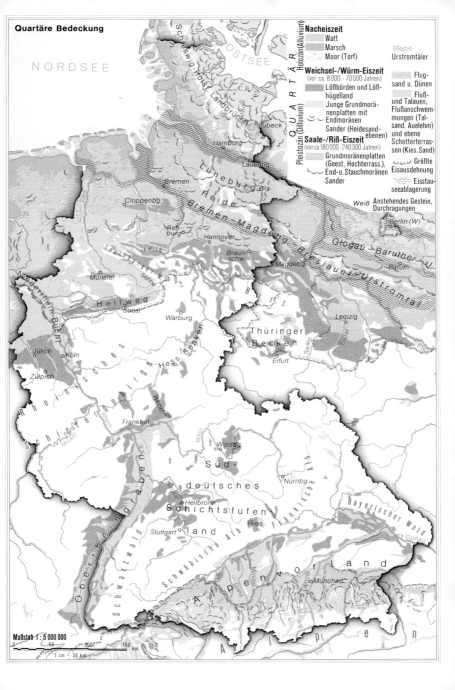

II-4   Jahresniederschläge

Die räumliche Verteilung der Jahresniederschläge spiegelt deutlich das Relief wider (II-1). Die Mittelgebirgsmassive und die Alpen weisen die höchsten Werte auf, durchweg über 1000 mm (blaue Farben der Karte). In den Gipfellagen über 1000 m werden im Schwarzwald und in den Alpen sogar über 2000 mm erreicht. Die niedrigsten Werte liegen nicht im Norddeutschen Tiefland, sondern in den in das Mittelgebirge eingelagerten, von Randgebirgen umgebenen Becken, Senken und Grabenbrüchen. Nur 500 bis 600 mm fallen in der Niederrhein. Bucht, im Mittelrhein. Becken, in der südl. linksrheinischen Oberrheinebene, in der Wetterau, in den Hessischen Senken und im mittleren Maintal um Würzburg (hellgelbe Farbtöne der Karte).

Kleine Trockeninseln mit weniger als 500 mm gibt es nur im Mainzer Becken und im Elsaß (braun-gelber Farbton). Größere Trockengebiete mit Werten unter 500 mm treten erst weiter im O in der Magdeburger Börde und im Thüringer Becken auf.

Eine Zwischenlage zwischen diesen Extremen nehmen das Norddeutsche Tiefland und die mittleren Lagen der Mittelgebirge ein, mit Werten zwischen 600 und 1000 mm (grüne Farbtöne). Dabei sind Flächen der Stufe von 800 bis 1000 mm in den westl. Bergländern von größerer Ausdehnung als in den östlichen.

Von besonderer Bedeutung für die Niederschlagsmenge und ihre räumliche Verteilung sind die, das ganze Jahr über häufig auftretenden, feuchten atlantischen Luftmassen, die in Zusammenhang mit wandernden Tiefdruckgebieten (Zyklonen) aus westl. Richtungen von SW, W bis NW nach Mitteleuropa einfließen. Beim Vordringen über Land nehmen diese Tiefdruckgebiete an Wetterwirksamkeit ab. Daher verringern sich die Niederschläge im allgemeinen bei gleicher Höhenlage von W nach O, besonders deutlich im Norddeutschen Tiefland von der niederländischen Grenze (700 bis 800 mm) über das Gebiet der unteren Weser (600 bis 700 mm) bis an die Elbe bei Hitzacker und Lüchow (500 bis 600 mm).

Wo die atlantischen Luftmassen auf Reliefhindernisse treffen, werden sie zum Aufsteigen gezwungen. Dabei kühlen sie sich ab. Es kommt zur Kondensation, zur Wolkenbildung und zum Ausfall von Niederschlägen. Diese Steigungsregen oder Stauniederschläge sind nicht auf die höchsten Gipfellagen beschränkt, sondern beeinflussen auch die Luvseiten der tieferen Lagen, die den aus westl. Richtungen einströmenden atlantischen Luftmassen entgegeneigt sind. Dort werden daher schon in mäßigen Höhen hohe Niederschläge erreicht, so z. B. im Bergischen Land am Westabfall des rechtsrheinischen Schiefergebirges. Hier verzeichnet Remscheid-Lennep in nur 340 m Höhe einen Wert von 1283 mm Niederschlag, und auf dem Kahlen Asten im Rothaargebirge fallen sogar in einer Höhenlage von 835 m 1454 mm Niederschlag.

Auch relativ geringe Erhebungen treten in Luvlagen auf der Karte deutlich mit höhrn Niederschlägen hervor, wie die Baumberge in der Westfälischen Bucht westl. Münster. Sogar die luvseitigen Geesthöhen der Lüneburger Heide und die Jungmoränen Schleswig-Holsteins zeigen auf der Karte eine spürbare Niederschlagszunahme gegenüber ihrer Umgebung.

Da sich die Feuchtigkeit der atlantischen Luftmassen an den Luvseiten der westl. Mittelgebirge abregnet, am Hohen Venn, am Sauerland, an den Vogesen, steht für die weiter östl. gelegenen Gebirgsmassive weniger Feuchtigkeit zur Verfügung, so daß hier die Steigungsregen nicht so ergiebig sind. So zeigt die Karte in den westl. Höhenlagen des Schwarzwaldes und der Vogesen ausgedehnte Areale mit mehr als 2000 mm Jahresniederschlag. Weiter östl. werden aber im Harz und im Bayerischen Wald solche Werte nur inselartig auf den höchsten Gipfellagen, dem Brocken und dem Hohen Arber, erreicht.

Das süddeutsche Alpenvorland wird häufig von der Stauwirkung der Alpen betroffen, wenn feuchte atlantische Luftmassen aus NW oder N herangeführt werden. Über 1000 mm fallen südl. der Linie Friedrichshafen – Memmingen – Starnberger See – Burghausen an der Salzach.

Auf den im Lee gelegenen Ostseiten der Gebirgsmassive sinkt die abgeregnete Luft ab und erwärmt sich. So kommt es nicht zur Kondensation; vielmehr ist diese trockene Luft sogar in der Lage, Feuchtigkeit aufzunehmen. Damit erklären sich die oben genannten geringen Niederschlagsmengen und Trockeninseln in den Senken und Becken.

Die rechtsrheinische Oberrheinebene mit der Bergstraße steht schon unter Luveinfluß von Odenwald und Schwarzwald. Sie hat daher höhere Niederschläge aufzuweisen als die im Lee von Pfälzer Wald und Vogesen gelegene linksrheinische Seite mit der Pfälzer Weinstraße bei Neustadt und der Colmarer Trockeninsel.

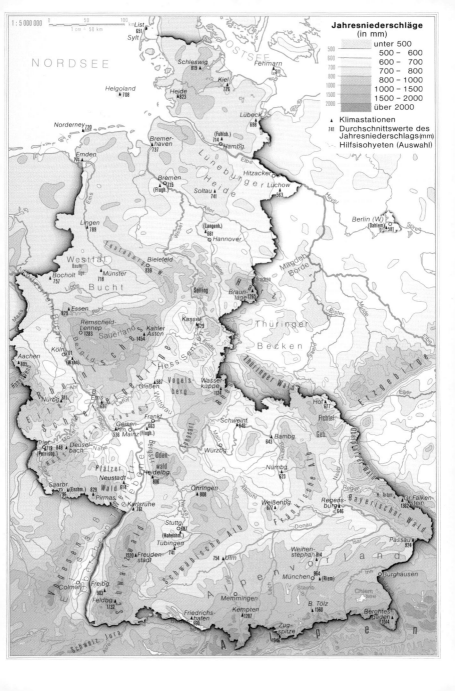

Jahresniederschläge
(in mm)

500	unter 500
600	500 – 600
700	600 – 700
800	700 – 800
1000	800 – 1000
1500	1000 – 1500
2000	1500 – 2000
	über 2000

▲ Klimastationen
741 Durchschnittswerte des
   Jahresniederschlags (mm)
— Hilfsisohyeten (Auswahl)

1 : 5 000 000

NORDSEE

OSTSEE

List 651
Sylt

Schleswig 819 ▲
Fehmarn
Kiel 726
Heide 823 ▲
Helgoland 708 ▲
Lübeck 696
Norderney 720
(Fuhlsb.) 714
Bremerhaven 737 ▲
Hambg.
Hitzacker
Lüchow 563
Bremen 715 (Flugh.)
Emden 711 ▲
Soltau 741
Lüneburger Heide
Lingen 789
Berlin (W) 581 (Dahlem)
(Langenh.) 661
Hannover
Westfäl.
Bielefeld 839
Magdeb. Börde
Bocholt 757
Münster 718
Brocken
Bucht
Braunlage 1265
Solling
Essen 629 ▲
Kassel 529
Thüringer Becken
Remscheid-Lennep 1283
Kahler Asten 1454 ▲
Sauerland
Köln 701 (Wahn)
Hess. Senke
Aachen 805 ▲
Vogelsberg
Wasserkuppe 1124
Nürbg. 811
Gießen 587
Thüringer Wald
Erzgebirge
Frankf. 663
Taunus
Hof 677
Schweinf. 646
Fichtel- Geb.
Geisenheim 536 Mainz (Flugh.)
Trier 719 848 (Petrisbg.)
Deuselbach
Bambg. 643
Spessart
Würzbg.
Pfälzer
Nürnbg. 623
Neustadt 614
Heidelbg. 606
Odenwald
Saarbr. 796 (Enshm.) 828
Pirmas.
Öhringen 808
Karlsruhe 761
Weißenbg. 677 ▲
Regensburg 646
Gr. Falkenstein 1362 ▲
Bayerischer Wald
Stuttg. 687 (Hohenhm.)
Tübingen 741
Schwäbische Alb
Fränkische Alb
Freudenstadt 1520 ▲
Ulm 754
Weihenstephan 814
Passau 924 ▲
Colmar
Freibg. 903
Feldbg. 1732
Schwarzwald
Memmingen
München 964 (Riem)
Burghausen
Chiemsee
B. Tölz 1560
Berchtesgaden 1514 ▲
Friedrichshafen 600
Kempten 1287
Zugspitze 1946
Apenvorland
Alpen
Schweiz Jura

II-5   Wintertemperaturen (Januar)

Auf dieser und der folgenden Karte werden die tatsächlichen Monatsmitteltemperaturen ohne Reduktion auf den Meeresspiegel dargestellt, wodurch ein regionaler Vergleich der Wärmeverhältnisse ermöglicht wird. Extreme Temperaturwerte können oft weit von den Mitteltemperaturen abweichen:

Januartemperaturen (1931–1960) in °C

	Köln	Regensbg.	Zugspitze
Langjähr.			
mittl. Temp.	1,2	−2,7	−11,6
Absol. Max.	13,9	14,9	1,6
Absol. Min.	−22,9	−28,8	−34,6

Im Winter kühlt sich das Wasser langsamer ab als das Land. Die Meereswärme beeinflußt die Luft der angrenzenden Küstenbereiche. Am wärmsten ist es daher im Januar auf der am weitesten seewärts gelegenen Insel Helgoland mit einer Durchschnittstemperatur von 2,2°. Allerdings sinkt mit der weiteren Abkühlung des Wassers die Lufttemperatur im Februar auf 1,7°. Mit Ausnahme Helgolands ist in der gesamten Bundesrepublik Deutschland der Januar der kälteste Monat.

Im Norddeutschen Tiefland sind die weit nach W in Richtung Atlantik geöffnete Niederrheinische und Westfälische Tieflandbucht am wärmsten, mit Januartemperaturen zwischen 1° bis 2°, der höchsten Stufe auf der Karte.

Im NW des Tieflands liegen die Temperaturen zwischen 1° und 0°; weiter nach O sinken sie in der Lüneburger Heide und in Schleswig-Holstein auf 0° bis −1° ab. In einem schmalen Streifen an der Ostseeküste macht sich der mildernde Einfluß des Meeres wieder bemerkbar, was die Temperaturen auf über 0° ansteigen läßt (Fehmarn +0,3°). Die weitere Abnahme der Wintertemperaturen und den Übergang in das kontinentale Binnenklima Osteuropas zeigt die Tabelle:

Ozeanisch-kontinentale Temperaturabnahme (im Januar)

Station	Jan.-Temp. °C	östliche Länge Grad	Minuten
Vlissingen	2,9	03	35
Bocholt	1,7	06	36
Münster	1,2	07	36
Hannover	0,1	09	43
Berlin	−0,6	13	18
Posen	−2,2	16	50
Warschau	−3,5	20	59
Moskau	−10,3	37	34

Auch in den süddeutschen Mittelgebirgen ist der W–O gerichtete, ozeanisch-kontinentale winterliche Temperaturabfall ausgeprägt. Die Randgebirge der Oberrheinsenke im W sind wärmer als die etwa gleich hohen Grenzgebirge im O (Fichtelgeb., Oberpfälzer Wald, Bayerischer Wald). So liegen die Januartemperaturen auf dem Feldberg im Schwarzwald in 1486 m Höhe bei −4,3°, auf dem niedrigeren Großen Falkenstein im Bayerischen Wald (1307 m) hingegen bei −5,6°. Die Karte verzeichnet in den östl. Gebirgen ausgedehnte Areale der Stufe zwischen −4° bis −6°, die im W sonst nur in den höchsten Gipfellagen des Schwarzwaldes erreicht werden. Außer durch das ozeanisch-kontinentale Temperaturgefälle werden die Temperaturen durch die Höhenlage und Oberflächenformen beeinflußt. Im Winter nehmen die Temperaturen um durchschnittlich 0,4° auf 100 m Steigung ab (s. Tabelle in Karte).

Daher heben sich auf der Karte die Mittelgebirgsmassive und das Hochgebirge deutlich von den wärmeren Becken und Tälern ab. Auch kleinere Erhebungen, wie z. B. die Baumberge und die Beckumer Berge in der Westfäl. Bucht oder der Teutoburger Wald, sind auf der Karte als »Kälteinseln« zu erkennen. In der Mittelgebirgsregion liegen die höchsten Wintertemperaturen in den westl. Becken, Senken und Tälern. Die höchsten Januartemperaturen zwischen +1° und +2°, also so hoch wie in den Tieflandsbuchten, werden in den Tälern des Mittelrheins, der Mosel und der Saar erreicht, außerdem in einem schmalen Streifen an den unteren Hängen der oberrheinischen Randgebirge, wohingegen die Oberrheinebene durch winterliche Kaltluftmassen etwas kühler ist, ebenso die Wetterau und das untere Neckartal.

Das gesamte Alpenvorland erscheint auf der Karte entsprechend seiner Höhenlage und seiner geringen Reliefdifferenzierung als eine einheitliche »kalte« Fläche geringer Temperaturunterschiede zwischen −2° bis −3°. Als Folge der Küstenferne und wegen der Abschirmung ozeanischer Einflüsse durch höhere Gebirgsmassive im N sind die Wintertemperaturen relativ niedrig, wie im Vergleich zwischen Ulm a. d. Donau und dem »ozeanischen« Deuselbach bei Hermeskeil im Hunsrück zeigt: Ulm (522 m): −2,5°, Deuselbach (479 m): −0,6°. Mit zunehmender Höhe sinken die Januartemperaturen auf den Gipfeln der Kalkalpen unter −8°, auf der Zugspitze sogar auf −11,6°. In der Zeit zwischen 1931 und 1960 wurde hier ein Extremwert von −34,6° gemessen.

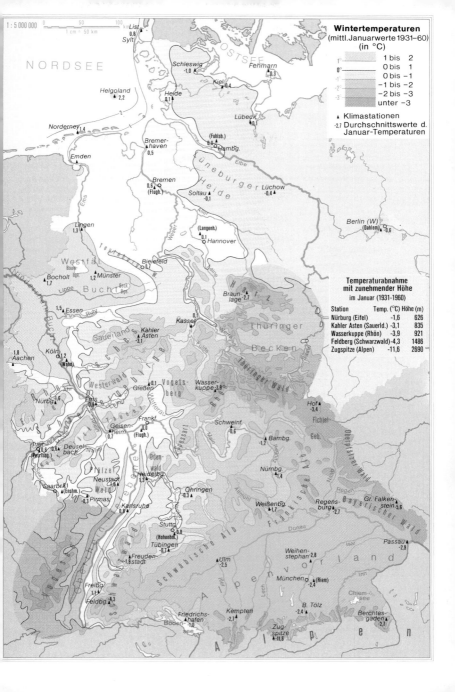

Wintertemperaturen
(mittl. Januarwerte 1931–60)
(in °C)

1	1 bis 2
0	0 bis 1
	0 bis −1
−1	−1 bis −2
−2	−2 bis −3
−3	unter −3

▲ Klimastationen
-2,1 Durchschnittswerte d. Januar-Temperaturen

Temperaturabnahme mit zunehmender Höhe
im Januar (1931-1960)

Station	Temp. (°C)	Höhe (m)
Nürburg (Eifel)	−1,6	626
Kahler Asten (Sauerld.)	−3,1	835
Wasserkuppe (Rhön)	−3,9	921
Feldberg (Schwarzwald)	−4,3	1486
Zugspitze (Alpen)	−11,6	2690

1 : 5 000 000

NORDSEE

OSTSEE

List 0,8
Sylt
Schleswig -1,0
Fehmarn 0,3
Kiel 0,4
Heide 0,1
Helgoland 2,2
Lübeck 0,1
Norderney 1,4
(Fuhlsb.) 0,6
Hambg.
Bremer-haven 0,5
Emden 0,6
Bremen 0,6 (Flugh.)
Soltau -0,1
Lüchow -0,4
Lüneburger Heide
Lingen 1,3
(Langenh.) 0,1
Hannover
Berlin (W) (Dahlem) -0,6
Westfäl.
Bielefeld 0,7
Bocholt 1,7
Münster 1,2
Braun-lage -2,7
HARZ
Essen 1,5
Bucht
Kassel 0,1
Thüringer Becken
Sauerland
Kahler Asten -3,1
Köln 1,2 (Wahn)
Aachen 1,8
Westerwald
Vogels-berg 0,1
Gießen
Wasser-kuppe -3,9
Thüringer Wald
Nürbg 1,6
Ems
Geisen-heim 0,1 (Flugh.)
Frankf.
Hof -3,4
Fichtel-Geb.
Schweinf. -0,6
Bambg. 1,2
Trier 0,6 (Petrisbg.)
Deusel-bach
Odenwald
Heidelbg 1,3
Öhringen -0,3
Nürnbg 1,4
Oberpfälzer Wald
Saarbr. 0,1 (Ensh.)
Neustadt 0,4
Pirmas. -0,3
Karlsruhe 0,8
Stuttg. -0,8 (Hohenh.)
Weißenbg 1,7
Fränkische Alb
Regens-burg -2,1
Gr. Falken-stein -5,6
Bayerischer Wald
Passau -2,9
Tübingen -0,7
Freuden- -1,9 stadt
Ulm -2,5
Weihen-stephan -2,8
Donau
Freibg 1,1
Feldbg -4,3
Schwäbische Alb
München (Riem) -2,4
B. Tölz -2,4
Chiem-see
Berchtes-gaden -2,1
Friedrichs-hafen -1,0
Kempten -2,1
Zugspitze -11,6
Alpenvorland
ALPEN
Bodensee

II-6   Sommertemperaturen (Juli)

Wenn auch in Mitteleuropa die extrem höchsten Temperaturen eines Jahres häufig im August erreicht werden, so ist doch im Hinblick auf die Monatsdurchschnittswerte in der ganzen Bundesrepublik Deutschland der Juli der wärmste Monat, mit Ausnahme der Nordseeinseln, wo das Temperaturmaximum erst im August erreicht wird.

Im Sommer erwärmt sich das Festland schneller und stärker als das Wasser der Ozeane und Meere. Daher sind die küstennahen Gebiete und Inseln kühler, das Binnenland wärmer.

Im Norddeutschen Tiefland ist es im Sommer am wärmsten im küstenfernen S der beiden Tieflandsbuchten mit Durchschnittstemperaturen zwischen 17° und 18°. Bis zur Nordseeküste hin sinken die Temperaturen ab und erreichen auf den Nordseeinseln nur noch etwas über 16°, was auf die langsamere Erwärmung der Nordsee zurückzuführen ist (Helgoland 16,3° im Juli).

Der ozeanisch-kontinentale Temperaturunterschied äußert sich außerdem in einer W −O gerichteten Temperaturzunahme. Da sich das Land schneller erwärmt, nehmen mit dem Anwachsen der Landmasse die Temperaturen bei gleicher geographischer Breitenlage nach O zu.

Ozeanisch-kontinentale Temperaturzunahme im Juli

Station	Juli-Temp. °C	östl. Länge Grad	Min.
Vlissingen	17,1	03	35
Bocholt	18,0	06	36
Münster	17,4	07	36
Hannover	17,4	09	43
Berlin	18,5	13	18
Posen	18,8	16	50
Warschau	19,2	20	59
Charkow	20,3	36	17

Im Sommer nehmen die Temperaturen mit zunehmender Höhe schneller ab als im Winter, etwa um 0,6° bis 0,7° auf 100 m gegenüber 0,4°.

Im Winter sammelt sich bei Hochdruckwetterlagen häufig Kaltluft in den Niederungen an. Der Temperaturunterschied zu den Gipfeln ist daher geringer. Im Sommer aber bringen gerade die Hochdrucklagen warmes, wolkenarmes Wetter mit hoher Wärmeeinstrahlung, besonders in den tieferen Lagen. In der Mittelgebirgsregion zeichnen sich die

Gebirgsmassive mit Temperaturen von 14° bis 16° deutlich ab: Rheinisches Schiefergebirge, Harz, Vogesen, Schwarzwald, Schwäbische Alb, Fichtelgebirge, Oberpfälzer Wald und Bayerischer Wald. In den Gipfellagen sinken die Temperaturen weiter ab: Kahler Asten 13,2°, Wasserkuppe 13,3°, Feldberg (Schwarzwald) 10,4°.

Am wärmsten ist es im Sommer in den Becken und größeren Tälern der Mittelgebirge, vor allem in der nach Süden geöffneten und sonst allseitig von schützenden Randgebirgen umgebenen Oberrheinebene. Hier hat auch die südl. Breitenlage einen zusätzlichen Einfluß auf die Sommertemperaturen, denn dann liegt Süddeutschland häufiger und länger unter Hochdruckeinfluß, während Nordwestdeutschland von atlantischen Tiefdruckgebieten und ihren Regenfronten beeinflußt wird. Besonders begünstigt sind im Oberrheinischen Tiefland die untersten Hanglagen der Randgebirge, während in der Ebene zum Rheinufer hin die Temperaturen leicht zurückgehen. Die höchsten Julitemperaturen der Bundesrepublik verzeichnet Heidelberg mit einem Durchschnitt von 19,8° und einem gemessenen Höchstwert zwischen 1931 und 1960 von 39,5°.

Im Vergleich zur Oberrheinebene sinken die immer noch recht hohen Sommertemperaturen in den Tälern des Mittelrheins und seiner Nebenflüsse auf 18° bis 19° ab. Das sind die klimatisch begünstigten, großen deutschen Weinbaugebiete am Mittelrhein, an Mosel, Saar und Ruwer, an der Ahr, am Main und am Neckar (IV-3). Dazu gehören auch die nach S geneigten Hänge am Bodenseeufer. Rheinabwärts reichen diese recht hohen Temperaturverhältnisse der großen Täler bis Duisburg, mit einer deutlichen Ausbiegung nach O in das Ruhrrevier hinein. In diesem größten Ballungsraum wird die Wärmeeinstrahlung in hohem Maße von den Häusermassen absorbiert.

Relativ hoch sind die Sommertemperaturen auch im küstenfernen »kontinentalen« Alpenvorland: Ulm verzeichnet bei 522 m eine Julitemperatur von 17°, Deuselbach bei Hermeskeil im Hunsrück trotz geringerer Höhenlage in 479 m nur 16,3°.

Im Hochgebirge treten die massigen Blöcke der Kalkalpen auf der Karte mit Werten unter 10° heraus. Auf ihren Gipfeln sinken die Temperaturen noch weiter ab. Am kältesten ist es auf der Zugspitze mit +2,5° im Julidurchschnitt und einem gemessenen Extremwert zwischen 1931 und 1960 von +8,7°.

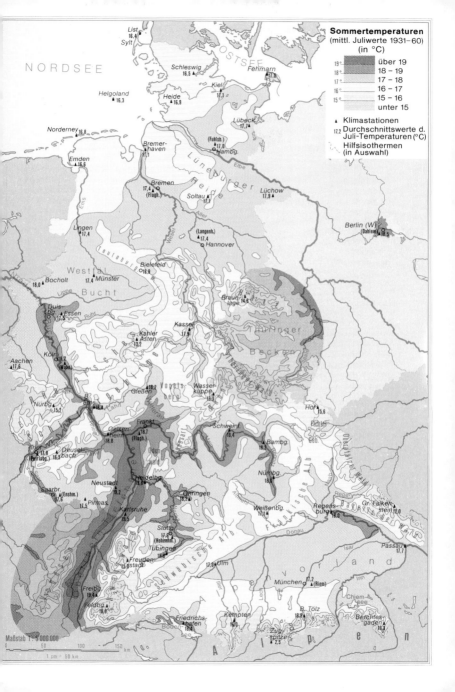

Sommertemperaturen
(mittl. Juliwerte 1931–60)
(in °C)

19°	über 19
18°	18 – 19
17°	17 – 18
16°	16 – 17
15°	15 – 16
	unter 15

▲ Klimastationen
17.2 Durchschnittswerte d. Juli-Temperaturen (°C)
Hilfsisothermen (in Auswahl)

NORDSEE

OSTSEE

List 16,4
Sylt
Schleswig 16,5
Fehmarn 17,0
Helgoland 16,3
Heide 16,9
Kiel 17,1
Norderney 16,8
Lübeck 17,1
Bremer-haven 17,1
(Fuhlsb.) 17,0
Hambg.
Emden 16,5
Lüneburger Heide
Lüchow 17,9
Bremen 17,4 (Flugh.)
Soltau 17,1
Elbe
Aller
Berlin (W) 18,5 (Dahlem)
Lingen 17,4
(Langenh.) 17,4
Hannover
Teutoburger Wald
Bielefeld 16,9
Westfäl. Bucht
Bocholt 18,0
Münster 17,4
Braun-lage 14,6
Thüringer Becken
Duis bg 17,5
Essen
Ruhr
Kassel 17,5
Kahler Asten 13,2
Weser
Köln 18,2 (Wahn)
Aachen 17,8
Rhein
Gießen 18,2
Vogels berg
Wasser-kuppe 13,3
Hof 15,6
Nürbg 15,2
Eifel
Main
Frankf. 18,7 (Flugh.)
Geisen-heim 18,8
Schwein f. 18,4
Bamberg 18,2
Fichtel Geb.
Gr. Falken stein 17,0
Trier 17,6 (Flugh.)
Deusel-bach 16,8
Odenw.
Nürnbg. 18,0
Oberpfälzer Wald
Saarbr. 17,6 (Enshm.)
Neustadt 18,2
Heidelbg. 18,8
Öhringen 18,0
Weißenbg. 17,1
Regensburg 18,8
Pirmas. 17,5
Karlsruhe 18,5
Fränkische Alb
Regen
Passau 17,7
Stuttg. 17,6 (Hohenhm.)
Tübingen 18,0
Ulm 17,0
Donau
München 17,2 (Riem)
Isar
Inn
Freuden-stadt 15,9
Schwäbische Alb
Voralland
Chiem see
Freibg. 19,4
Feldbg. 13,6
Friedrichs-hafen
Kempten 16,0
B.-Tölz 16,3
Berchtes gaden 16,3
Boden See
Zug spitze 2,5
A l p e n

Maßstab 1:5 000 000
0 50 100 150
km
1 cm ≙ 50 km

II-7   Schneefall (Dauer einer Schneedecke von mindestens 10 cm)

Mächtigkeit und Dauer einer Schneedecke sind in erster Linie von den Niederschlagsmengen und Temperaturen abhängig. Daher korrespondiert diese Karte in vieler Hinsicht mit den Karten der Jahresniederschläge (II-4) und der Wintertemperaturen (II-5).

Keine 5 Tage bleibt der Schnee in den Becken und Tälern der westlichen Mittelgebirge liegen, die wegen ihrer Leelage überhaupt nur geringe Niederschlagsmengen erhalten: der südliche Oberrheingraben, das Mittelrheintal oberhalb Koblenz, das Mosel- und Saartal. Die mittleren Jahresniederschläge liegen hier zwischen 500 und 600 mm, stellenweise sogar etwas unter 500 mm. Durch ihre geschützte Beckenlage und ihre relativ südliche geogr. Breite innerhalb der Bundesrepublik zeichnen sich diese Gebiete zugleich durch die höchsten Wintertemperaturen in unserem Land aus: Das Januarmittel liegt zwischen +1 bis +2°C. Weniger als 5 Tage überdauert die Schneedecke auch im Nordwesten Deutschlands: in der Niederrheinischen Bucht und in der südlichen Westfälischen Bucht, im Emsland und an der Unterweser. Rheintal und Niederrheinische Bucht haben entsprechend ihrer Leelage geringe Niederschläge, meist zwischen 600 und 700 mm, also etwas höher als am Oberrhein. Aber entscheidend sind die durch das ozeanische Klima bedingten milden Wintertemperaturen zwischen 1 und 2 Grad über 0.

Milde Wintertemperaturen bedingen auch die geringen Schneefälle und kurze Dauer der Schneedecke im übrigen Nordwestdeutschen Tiefland, obwohl die Niederschläge hier auf 800 mm ansteigen können. Dabei nimmt die Dauer der Schneedecke mit sinkenden Temperatur nach 0 hin zu: 10 bis 20 Tage im östl. Schleswig-Holstein und in der Lüneburger Heide, unter 10 Tage im westl. Teil des Tieflandes. Mit der Höhe nehmen die winterlichen Schneefälle und Dauer der Schneedecke zu, so daß auch diese Karte das Relief der Mittelgebirgsmassive deutlich zum Ausdruck bringt. Dabei ist die Schneedecke in den Luvlagen von längerer Dauer als auf den Leeseiten.

Die nach Osten zunehmende Kontinentalität mit niedrigeren Wintertemperaturen (II-5) hat eine Auswirkung auf Schneefall und Schneedauer. So ist eine Schneedauer von 120 bis 160 Tagen im Schwarzwald nur auf die höchsten Gipfellagen beschränkt, nimmt aber im Bayerischen Wald weitaus größere Flächen, auch in tieferen Lagen, ein. Selbstverständlich liegt die Schneedecke in den Alpen die längste Zeit. Aber der Bereich des

ewigen Schnees ist im deutschen Alpenanteil recht begrenzt. Hier fehlen die großen Gletscher und die das ganze Jahr überdauernden Schneefelder, die den Charakter des Hochgebirges eigentlich erst richtig bestimmen. Nur das kleine Schneefeld auf der Zugspitze bleibt das ganze Jahr über erhalten. Zwar wird in allen Mittelgebirgsmassiven eine durchschnittliche Schneedauer von über 20 Tagen erreicht, aber große Teile der tieferen Hanglagen und gar alle größeren Täler liegen weit darunter! Die Schwerpunkte des Wintersports mit großer Schneesicherheit sind auf der Karte im Bereich einer Schneedecke von über 80 Tagen (Sternsignaturen) zu erkennen: Hochsauerland, Oberharz, Südschwarzwald, Allgäuer und Bayerische Alpen. Ähnliche Schneebedingungen herrschen auch im Bayerischen Wald und Böhmerwald. Sie werden aber bisher für den Wintersport weit weniger genutzt.

Mittlere jährliche Zahl der Tage mit einer

Schneedecke von:	›10 cm	›20 cm	›30 cm
Gr. Falkenstein	159,0	146,2	135,8
Feldberg	146,3	128,4	107,2
Oberjoch (Allgäu)	140,9	130,8	123,1
Reit im Winkl	127,6	111,8	97,6
Kreuth	109,7	90,4	73,3
Oberstdorf	103,4	83,2	61,8
Kahler Asten	93,0	72,0	59,8
Braunlage (Harz)	88,2	67,6	51,9
Berchtesgaden	81,8	57,0	36,8
Vogelsberg	81,5	61,7	44,5
Wasserkuppe	80,7	57,7	40,1
Hohenpeißenberg	80,0	52,4	34,2
Fichtelberg	78,4	55,5	39,5
Mittenwald	78,3	65,1	55,0
Isny	78,3	53,6	37,5
Garmisch-Partenk.	78,2	52,4	31,4
Kl. Feldbg. (Taun.)	59,6	36,0	24,9
Willingen	52,8	36,4	24,9
Schneifel (Eifel)	40,6	26,5	17,4
Nürburg (Eifel)	33,0	19,5	12,5
Rosenheim	32,1	17,4	8,3
München	31,5	14,4	6,6
Passau	30,2	14,2	5,3
Weißenburg	22,6	7,4	2,2
Nürnberg	20,5	9,0	3,4
Bamberg	13,7	3,9	1,4
Soltau	13,2	4,8	1,0
Eutin	12,6	6,8	2,6
Berlin-Dahlem	12,6	2,4	0,4
Hamburg	9,6	1,4	–
Kassel	9,1	2,5	0,3
Husum	8,9	3,4	1,3
Lübeck	8,8	2,0	0,7
Frankfurt	7,5	3,4	1,0
Stuttgart	7,0	2,3	0,5
Karlsruhe	6,4	2,0	0,3
Darmstadt	6,3	2,5	0,8
Aachen	6,3	2,4	0,2
Hannover	6,2	0,6	–
Münster	4,9	0,7	–
Bremen	4,7	–	–
Trier	3,8	0,6	–

II-8   Frühlingseinzug (Beginn der Apfelblüte)

Die Pflanzenphänologie beobachtet den jahreszeitlichen Ablauf des Pflanzenwachstums in seiner Abhängigkeit von Klima und Witterung. Dabei lassen Wachstumsphasen bestimmter Pflanzen den Eintritt der verschiedenen Jahreszeiten erkennen, wie das die folgende Tabelle zeigt:

Phänologische Phase	*Phänolog. Jahreszeit*
Beginn der Schnee- glöckchenblüte	Vorfrühling
Beginn der Apfelblüte	Vollfrühling
Beginn der Winterrog- genblüte	Frühsommer
Beginn d. Laubverfär- bung d. Stieleiche	Vollherbst

Am 21. März steht die Sonne senkrecht über dem Äquator. Dieses Datum bezeichnet man als den astronomischen Frühlingsanfang. Astronomisch beginnt der Frühling also immer zum gleichen Termin. Ganz anders ist es aber, wenn man den Frühling an den Auswirkungen der zunehmenden Wärme in der Natur beobachtet, besonders an der Entfaltung des pflanzlichen Lebens, das in den Blütenpflanzen am deutlichsten zu sehen ist. So kann man den Beginn der Apfelblüte als ein sichtbares Zeichen für den Beginn des Vollfrühlings ansehen. Im Gegensatz zu dem feststehenden astronomischen Termin beginnt die Apfelblüte aber nicht in jedem Jahr zur gleichen Zeit. Je nach Wetterlage gibt es frühe und späte Jahre. Unsere Karte stellt langjährige Mittelwerte für den Beginn der Apfelblüte dar. Durch Vergleich der Karte mit dem aktuellen Terminen eines bestimmten Jahres an einem bestimmten Ort kann man also feststellen, ob es sich um ein frühes oder spätes Jahr handelt. Innerhalb Europas beginnen Apfelblüte und Vollfrühling im äußersten SW an der portugiesischen Atlantikküste und in Andalusien schon vom 10. bis 20. März. Von hier schreitet der Frühling nach NO vor und erreicht erst 3 Monate später, nach dem 20. Juni Finnisch-Lappland. Dabei kommt es in den Höhenlagen der Mittel- und Hochgebirge zu Verzögerungen, was mit den hier herrschenden niedrigeren Temperaturen zusammenhängt. In Mitteleuropa ist die südl. Oberrheinebene besonders begünstigt. Zwischen dem Kaiserstuhl und Basel zieht der Frühling zuerst ein, und die Apfelbäume erblühen hier zwischen dem 10. und 20. April. Im äußersten S des Landes und im Lee der Vogesen gelegen, ist dieser Raum der trockenste und wärmste Teil Mitteleuropas mit höchsten Sommertemperaturen und sehr milden Wintern. Schnell schreitet der Frühling

nach N weiter vor. Zwischen dem 20. und 25. April beginnt die Apfelblüte am Fuße der oberrheinischen Randgebirge, an der Weinund an der Bergstraße, wo in südwärts gerichteten Lagen die Sonnenstrahlen steil einfallen. Das Innere der Ebene zu beiden Seiten des Stromes ist jedoch erheblich kühler. Hier beginnt die Apfelblüte erst zwischen dem 25. und 30. April. Aber zwischen dem 20. und 25. April breitet sich die Apfelblüte auch schnell weiter nach N aus. In diesem Zeitraum erfaßt sie die Wetterau, den Stuttgarter Kessel, die Täler von Mittel- und Niederrhein, Mosel und Saar, die gesamte Niederrheinische Bucht und den Südwesten der Westfälischen Bucht. Mit Ausnahme der Westfäl. Bucht sind dies Becken- und Tallagen mit relativer Trockenheit und hohen Sommer- und Wintertemperaturen (II-5,6). Die Westfäl. Bucht ist zwar feuchter, aber durch ihr ozeanisches Klima begünstigt. Milde Wintertemperaturen ermöglichen einen schnellen weiteren Temperaturanstieg im Frühling.
In der nächsten Etappe vom 30. April bis zum 5. Mai erweitern sich diese genannten Räume, aber der Frühlingseinzug bleibt weiterhin auf Becken und Tallagen beschränkt. Hinzu treten die östl. Westfäl. Bucht, die rechtsrheinischen Täler der Lahn, des Mains, des Nekkars, das Bodenseegebiet und der Dungau. Am 5. Mai hat der Frühling den Nordrand der Mittelgebirge erreicht. Im Norddeutschen Tiefland dringt er jetzt nur zögernd weiter nach N vor. Das Wasser der Nord- und Ostsee erwärmt sich nicht so schnell wie das weiter entfernt gelegene Festland, insbesondere die Becken und Tallandschaften. Zudem sind im Tiefland wegen des geringen Reliefs ausgesprochene Südhänge weniger ausgeprägt als im Mittelgebirge.
Erst vom 15. bis 20. Mai blühen die Apfelbäume im Emsland, in der Lüneburger Heide und im größten Teil Schleswig-Holsteins. Noch später zieht der Frühling an der Ostseeküste und in Dithmarschen ein. Hier erblühen die Apfelbäume erst zwischen dem 20. und 30. Mai. Aber am spätesten werden die Höhenlagen der Mittelgebirge erreicht: Eifel, Sauerland, Harz, Hunsrück, Taunus, Rhön, Vogesen, Schwarzwald, Schwäb. Alb, Thür. Wald, Fichtelgebirge, Oberpfälzer Wald und Bayer. Wald. So zieht der Frühling in der Bundesrepublik Deutschland, ablesbar am Beginn der Apfelblüte, den Becken und Tälern folgend von S nach N fort. Er erreicht die Ostseeküste und die Höhenlagen der Mittelgebirge bis hinauf an die Anbaugrenze für Obstbäume erst 40 Tage nach der Oberrheinebene.

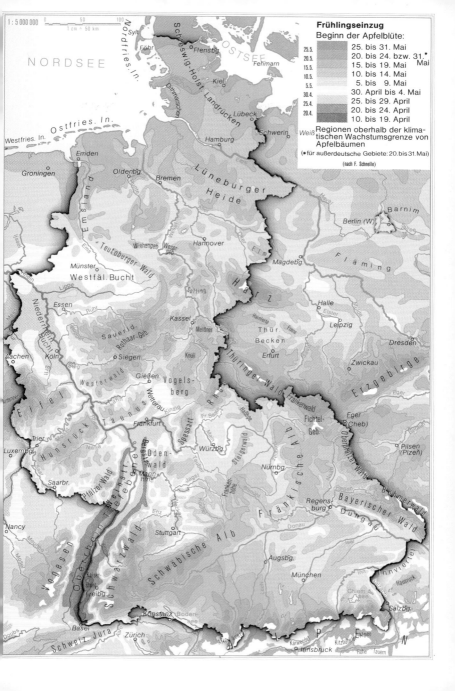

Frühlingseinzug

Beginn der Apfelblüte:

25.5.	25. bis 31. Mai
20.5.	20. bis 24. bzw. 31. Mai*
15.5.	15. bis 19. Mai
10.5.	10. bis 14. Mai
5.5.	5. bis 9. Mai
30.4.	30. April bis 4. Mai
25.4.	25. bis 29. April
20.4.	20. bis 24. April
	10. bis 19. April

Weiß · Regionen oberhalb der klimatischen Wachstumsgrenze von Apfelbäumen

(*für außerdeutsche Gebiete: 20. bis 31. Mai)

(nach F. Schnelle)

Die Karte stellt die mittlere tägliche Sonnenscheindauer im Juni nach Beobachtungen in den Jahren von 1949 bis 1958 dar. Die Sonnenscheindauer ist abhängig von der Tageslänge. Das ist der Zeitraum zwischen Sonnenaufgang und Sonnenuntergang. Diese Tageslänge beträgt in Frankfurt am 22. Juni, dem längsten Tag des Jahres, 16 Stunden, von 4 Uhr bis 20 Uhr. Die astronomisch mögliche Sonnenscheindauer wird aber nur in extremen Wüstengebieten erreicht, sonst wird sie weitgehend eingeschränkt durch das Wetter, vor allem durch Wolken, Dunst und Nebel, aber auch durch Schattenlagen, wie sie durch das Relief und durch hohe Bauten verursacht werden. So wird z. B. die mögliche tägliche Sonnenscheindauer für Frankfurt im Juni auf eine tatsächliche von 7,1 Stunden vermindert. Im Bereich der Bundesrepublik Deutschland hat auffälligerweise die im äußersten N gelegene Nordseeinsel Sylt mit 8,3 Stunden pro Tag die höchste mittlere Juni-Sonnenscheindauer. Die kürzeste verzeichnet Wasach in den Allgäuer Alpen im äußersten S mit 4,8 Stunden.

	Nördl. Breite	Tageslänge (21. Juni)	Sonnenscheind. (Juni)
List/Sylt	55° 0,1′	16,8^h	8,3^h
Frankfurt	50° 0,2′	16,2^h	7,1^h
Wasach b. Oberstdorf	47° 25′	15,8^h	4,8^h

Im Sommer nehmen infolge der schräg stehenden Erdachse die Tageslängen vom Äquator zum Nordpol zu, und zwar von 12 Stunden auf ein halbes Jahr (= Polartag). Die Zunahme der sommerlichen Tageslängen von S nach N macht sich schon innerhalb der Grenzen der Bundesrepublik bemerkbar und beeinflußt damit die Sonnenscheindauer. Die längste Sonnenscheindauer verzeichnet die Karte im äußersten N, im Ostseeküstenbereich und auf der Nordseeinsel Sylt. Das wird einerseits durch die nördl. Lage und die dadurch bedingte hohe Tageslänge bewirkt. Zum andern aber nehmen die von West nach Ost durchziehenden atlantischen Störungen mit ihren Wolkenfeldern nach Osten an Wirksamkeit ab. Daher hat die Nordseeküste mit ihren vorgelagerten Inseln im Juni weniger sommerlichen Sonnenschein als die Ostseestrände: weniger als 7,5 Stunden gegenüber mehr als 8 Stunden. Auch im Sommer sind die Gipfellagen der Gebirge häufig in Wolken gehüllt. Das gilt ganz besonders für die Alpen, die bei den aus Nordwesten einfließenden feuchten maritimen Luftmassen durch Stauwirkung hohe Niederschläge erhalten. Auf den deutschen Alpenkämmen gibt es nur 5 Stunden Sonnenschein pro Junitag. Aber nach N nimmt mit abnehmender Höhe die Sonnenscheindauer sehr schnell zu; vgl. die eng gescharten Linien gleicher Sonnenscheindauer (Isohelien) auf der Karte.

In der Mittelgebirgsregion wechseln auf kurzen Strecken feuchte Luvlagen mit geringer Sonnenscheindauer, besonders bei Nordwestexposition, mit trockenen Leelagen in Tälern und Becken ab, die weniger häufig Niederschläge erhalten und weniger intensiv von Wolkenfeldern beschattet werden. Mit zunehmender Kontinentalität und Trockenheit nimmt innerhalb der Gebirgsmassive die Sonnenscheindauer von W nach O zu. So hat das Sauerland, das als erstes von den maritimen Luftmassen erreicht wird, die geringste Sonnenscheindauer der gesamten Mittelgebirgsregion, obwohl es nicht zu seinen höchsten Teilen gehört. Das wird auf der Karte besonders deutlich im Vergleich mit dem höher, aber weiter östl. gelegenen Harz, der nur als kleine Insel geringerer Sonnenscheindauer erscheint. In Süddeutschland treten Schwarzwald und die östl. Schwäbische Alb als sonnenscheinarme Bergländer deutlich heraus. Trotz seiner weitaus größeren Höhe erhält aber der Schwarzwald mehr Sonnenschein als das Sauerland, weil er schon im Lee der im W vorgelagerten Vogesen liegt und daher weniger von Niederschlag und Wolken überzogen wird. Von Bedeutung ist aber auch, daß der Schwarzwald und ganz Süddeutschland im Sommer häufiger und länger unter wolkenarmem Hochdruckeinfluß stehen als Nordwestdeutschland, das öfter von Tiefdruckgebieten beeinflußt wird. Am längsten scheint die Sonne außerhalb der Küstenregion in der Oberrheinischen Tiefebene und am Bodensee. Beides sind warme und trockene Beckenlagen im Lee hoher Randgebirge. Dazu kommt noch der Dungau im Lee des niederbayerischen Tertiärhügellandes. Der Sonnenschein dauert hier so lange wie an der Nordsee, steht aber hinter den Höchstwerten eine halbe Stunde zurück. Relativ viel Sonnenschein erhalten die großen Täler des Mittelrheins und seiner Nebenflüsse Ahr, Mosel, Nahe und Lahn, ebenso das Maintal und große Teile Süddeutschlands östl. von Odenwald und Schwarzwald bis an den Fuß der ostbayerischen Randgebirge.

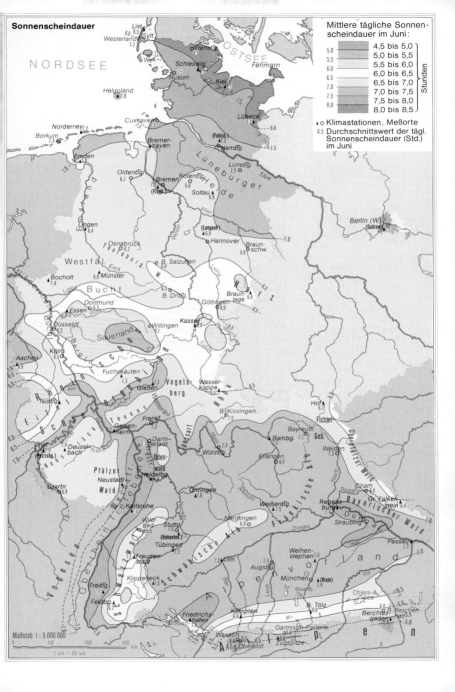

Zwischen Klima, Höhenlage, Oberflächengestaltung und menschlicher Gesundheit gibt es enge Beziehungen. Drei Wirkungskomplexe fordern durch stärkere oder schwächere Reizwirkungen verschiedenartige Reaktionen und Anpassungen des menschlichen Organimus heraus: *thermische Wirkungen* (z. B. Temperaturschwankungen). *Strahlungswirkungen* (z. B. ultraviolette Strahlen) und *luftchemische Wirkungen* (z. B. der Anteil von Jod und Brom in der bodennahen Luftschicht am Strand). Diese Wirkungen sind regional unterschiedlich und lassen dadurch abgrenzbare Räume des *Bioklimas* erkennen, die z. T. durch ihre Heilwirkung von medizinischer Bedeutung sind.

Das reizstarke extreme Küstenklima (K1) mit der Brandungszone als einem natürlichen Inhalatorium ist gekennzeichnet durch erniedrigte Temperaturen gegenüber dem Binnenland, geringere Tagesunterschiede der Bioklimaelemente, schnelle intensive Wetterwechsel, erhöhte Luftfeuchtigkeit, erhöhte Strahlungsintensität, große Luftreinheit, vermehrte natürliche Beimengungen und normalen Sauerstoffpartialdruck. Dieses extreme Küstenklima reicht von der Nord- und Ostseeküste etwa 15 km landeinwärts und ist auf den vorgelagerten Inseln besonders ausgeprägt. Seine Heilwirkung erstreckt sich auf: Erkältungskrankheiten, Bronchitiden, Asthma, Tuberkulose, Skrofulosis, Herz- und Kreislaufstörungen, Präsklerose, Stoffwechselkrankheiten, Diabetes, Rheuma, Hautkrankheiten, sympathikotone Umstellung.

Landeinwärts nehmen die Reizwirkungen stufenweise ab. Dem entspricht eine bandförmige Anordnung von Tiefland-Bioklimaten, mit dem *reizmäßigen, gemäßigten Küstenklima (K2),* dem *reizmilden, maritimen Klima (M1)* des küstennahen Hinterlandes und dem *reizschwachen Flachlandklima (M2).*

Ohne deutliche Reizwirkungen ist das *Binnenländische Schonklima (S).* Es umfaßt den südl. Teil des Norddeutschen Tieflandes einschl. des Niederrheinischen Tieflandes und die mittleren Lagen der Mittelgebirge.

Seine schonende Wirkung beruht auf geringen Abkühlungen mit gedämpftem Tagesgang, auf vermehrter, aber nicht zu intensiver Sonnen- und Himmelsstrahlung und auf seiner Luftreinheit.

Im Mittelgebirge folgen auf das Schonklima der tieferen Lagen nach oben wieder Klimate mit zunehmender Reizwirkung: zunächst reizschwach, dann reizmild und schließlich reizmäßig bis zu Höhen von 600 und 700 m.

Die Mittelgebirgsregionen der schwachen bis mäßigen Reizstufen sind gekennzeichnet durch: gemäßigten Tagesgang der Bioklimaelemente, erniedrigte Temperaturen, schwach erniedrigten Sauerstoff-Partialdruck, erhöhte Windgeschwindigkeit in ungeschützten Lagen, erhöhte Strahlungsintensität des Sonnen- und Himmelslichtes, erhöhte Luftreinheit, Berg-Talwind.

Die Mittelgebirge haben Heilwirkungen für Erkältungskrankheiten, Bronchitiden, Asthma, Herz- und Kreislaufkrankheiten, Rheuma, Arthritis, Basedow, Funktionsgleichgewichtsstörungen und Hautkrankheiten.

Das *reizstarke Gebirgsklima (R)* kennzeichnet die höchsten Gipfellagen der Mittelgebirge und in besonders ausgeprägter Weise das alpine Hochgebirge. Es ist bestimmt durch gedämpften Tagesgang aller Bioklimafaktoren, erniedrigte Temperaturen, erniedrigten Sauerstoff-Partialdruck, Lufttrockenheit, erhöhte Windgeschwindigkeit in ungeschützten Lagen, erhöhte Sonnen- und Himmelsstrahlung, erhöhte ultraviolette Strahlung, erhöhten Ozon- und Stickstoffgehalt, große Luftreinheit, höhere elektrische Leitfähigkeit.

Günstige Heilwirkungen werden im Hochgebirge erreicht bei Erkältungskrankheiten, Asthma, Heufieber (in höheren Lagen), Herz- und Kreislaufstörungen und fortgeschrittener Sklerose. Blutkrankheiten, Stoffwechselleiden je nach Konstitution, Diabetes, Arthritis, Tuberkulose, Hautkrankheiten.

Das Bioklima der Becken, Senken und größeren Täler der Mittelgebirge übt keine besondere Reiz- und Schonwirkung aus, sondern ist stellenweise und zeitweise von belastender Wirkung (B). Belastungen werden verursacht durch Schwülebedingungen bei erhöhter Temperatur und Feuchtigkeit, durch Strahlungsmangel, verunreinigte Luft, Naßkälte und Nebel.

Weitaus stärker als die natürlichen Belastungen des menschlichen Organismus ist die der künstlich bedingten Klimaänderungen in den industriellen Ballungsräumen (BB) durch zunehmende Konzentration von Schadstoffen durch Industrie, Verkehr, Hausbrand.

Der Föhn im Voralpengebiet ist ein warmer, trockener Fallwind. Seine individuell verschiedenen Auswirkungen äußern sich u. a. in Muskelzucken, Herzklopfen, Kopfschmerzen, Zunahme von Kreislaufbeschwerden, größerer Neigung zu seelischen Depressionen, Apathie, Lustlosigkeit einerseits und Neigung zu Streit und Jähzorn andererseits.

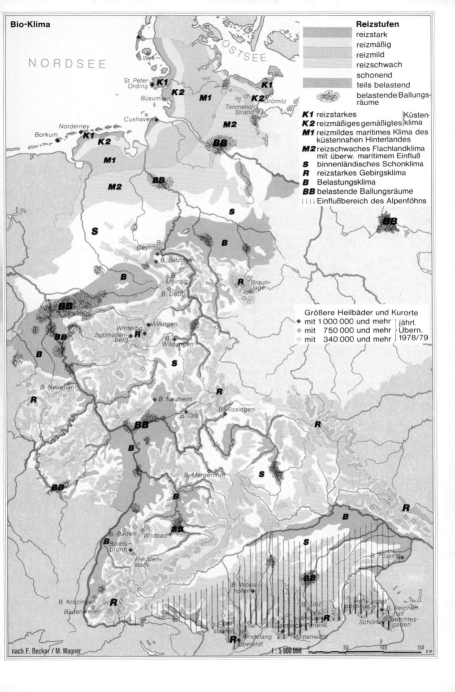

Bio-Klima

NORDSEE

OSTSEE

Reizstufen
- reizstark
- reizmäßig
- reizmild
- reizschwach
- schonend
- teils belastend
- belastende Ballungsräume

K1 reizstarkes ⎫ Küsten-
K2 reizmäßiges gemäßigtes ⎬ klima
M1 reizmildes maritimes Klima des küstennahen Hinterlandes
M2 reizschwaches Flachlandklima mit überw. maritimem Einfluß
S binnenländisches Schonklima
R reizstarkes Gebirgsklima
B Belastungsklima
BB belastende Ballungsräume
||||| Einflußbereich des Alpenföhns

Größere Heilbäder und Kurorte
- ◆ mit 1 000 000 und mehr ⎫ jährl.
- ◇ mit 750 000 und mehr ⎬ Übern.
- ◇ mit 340 000 und mehr ⎭ 1978/79

Wyk
St. Peter-Ording **K1**
Büsum **K2**
M1
Timmend.
Strand **K2** Grömitz
K1
Cuxhaven
Norderney
Borkum **K1**
K2
M1
M2
M2
S
BB
BB
S
B Oeynhsn.
B Salzuflen
Meinbg.
B. Drbg.
R Braunlage
BB
B
BB
Winterbg. Willingen
Schmallen-berg **R**
B. Wildungen
B
S
B. Neuenahr
B Nauheim
R
B. Orb B. Kissingen
BB
B
R
R
B. Mergentheim
S
BB
B
BB
B.-Baden Wildbad
B Baiers-bronn
Freuden-stadt
S
B. Füssing
BB
B. Krozingen
Badenweiler **R**
B. Woris-hofen
B. Tölz
Fch.-Inzell
B. Reichen-hall
Berchtes-gaden
Schönau
Ober-staufen
Garmisch-Partenk. **R**
Hindelang
Oberstdorf **R**
Mittenwald

nach F. Becker / M. Wagner

1 : 5 000 000   0   50   100   150 km

Von Natur aus wäre Mitteleuropa ein geschlossenes Waldgebiet, bedingt durch seine für den Baumwuchs günstige Lage im ozeanisch-kontinentalen Übergangsbereich der gemäßigten Zone mit mäßig warmen Sommern, kühlen, aber nicht zu kalten Wintern und mit ausreichenden Niederschlägen zu allen Jahreszeiten.

Aber seit der Jungsteinzeit hat der Mensch in zunehmendem Maße große Teile des Waldes gerodet und die noch bestehenden Wälder in ihrem Artenbestand stark verändert. Als ursprünglich waldfrei sind nur kleine Flächen anzusehen: die heute fast ganz in Kulturland umgewandelten Moore im ozeanischen NW-Deutschland und im Alpenvorland, das amphibische Land an der Nordseeküste, das später in die Marschen umgewandelt wurde, und die Gras- und Staudenfluren oberhalb der natürlichen Waldgrenze in den Kalkalpen; außerdem sehr begrenzte Fels- und Schuttareale im Mittel- und Hochgebirge und sehr kleine natürliche Heideflächen im ozeanischen küstennahen Bereich, beide zu klein, um sie im Maßstab unserer Karte noch gut sichtbar darstellen zu können.

Die heute z. T. waldfreien Gipfel der höheren Mittelgebirge waren ursprünglich bewaldet und sind erst durch die Weidewirtschaft kahl geworden. Ebenso wurde durch Rodung und Beweidung die Waldgrenze in den Alpen künstlich herabgedrückt. Auch die uns so natürlich anmutenden Wiesenbänder der Talgründe sind ursprünglich mit dichtem, artenreichem Laubwald bedeckt gewesen.

Die heutigen Wälder sind durch forstliche Maßnahmen stark verändert worden. Meist herrschen Bestände mit nur einer oder nur wenigen Holzarten vor, während die ursprünglichen Wälder aus verschiedenen Laubhölzern oder aus Laub- und Nadelhölzern gemischt waren. So entstanden ausgedehnte Fichten- und Kiefernforste im Tiefland und Mittelgebirge anstelle ursprünglicher Laubwälder. Waldkiefer und Fichte haben ihr natürliches Verbreitungsgebiet im kontinentalen östl. Mitteleuropa, nur »Vorposten« reichen bis über die Elbe in den Bereich der Bundesrepublik Deutschland herein.

Wichtigster und am meisten verbreiteter Baum der natürlichen Wälder Mitteleuropas ist die Buche. Sie steigt bis auf die höchsten Gipfel der Mittelgebirge und reicht bis in das küstennahe Tiefland herunter. Natürliche Buchenmischwälder verschiedenartiger Zusammensetzung, aber mit Vorherrschaft der Buche, bedeckten daher einst den größten Teil

unseres Landes. Sie beherrschten die tiefen und mittleren Lagen der Mittelgebirge und erstreckten sich auch über die Jungmoränenablagerungen im Ostseeküstenbereich. Die meisten Buchenwälder sind verhältnismäßig artenreich, aber ausgesprochen artenarm ist der weit verbreitete Hainsimsen-Buchenwald auf nährstoffarmen Böden wie im Rheinischen Schiefergebirge und auf den Buntsandsteinböden in Hessen, in Spessart und Odenwald. Typisch für seine Bodenflora sind säureanzeigende, anspruchslose Gewächse wie Heidelbeere, schlängelnde Schmiele, Sauerklee und die namengebende Hainsimse.

In den Becken und Senken der Mittelgebirgsschwelle, vor allem auf fruchtbaren Lößböden geht der artenreiche Buchenwald in den Eichen-Hainbuchen-Wald über. Aber auch hier hat die Buche häufig noch einen hohen Anteil aufzuweisen. Sie verschwindet nur in den allertrockensten Gebieten und wird hier von der Kiefer ersetzt, z. B. im nördl. Oberrheingebiet. Wegen des hohen Buchenanteils werden die Eichen-Hainbuchen-Wälder von vielen Autoren zu den artenreichen, anspruchsvollen Buchenwäldern gerechnet. Heute sind die natürlichen Eichen-Hainbuchen-Gebiete waldfrei, da sie wegen ihrer dem Ackerbau besonders günstigen Böden sehr früh, z. T. schon in vorgeschichtl. Zeit, gerodet worden sind.

In den Höhenlagen der Mittelgebirge, besonders in Süddeutschland, gesellen sich Nadelhölzer zu den Buchen. Hier findet die Tanne ähnliche Lebensbedingungen vor wie die Buche. Die kühlen und niederschlagsreichen Lagen der süddt. Mittelgebirge und die Moränenablagerungen im Alpenvorland sind daher die natürlichen Standorte von Tannen-Buchen-Wäldern. Im stärker kontinental bestimmten Harz fehlt die Tanne. Über Buchen-Fichten-Wäldern stocken auf den höchsten Lagen des Brockenmassivs reine, natürliche Fichtenbestände.

Im Gegensatz zur Tanne bevorzugt die Waldkiefer trockene Böden und kontinentalere Klimabedingungen. Sie beherrscht daher auch heute noch große Flächen der ostdt. Sandgebiete. Im Bereich der Bundesrepublik gibt es nur ein größeres, natürliches Kiefernwaldgebiet auf den Keupersandsteinen im mittelfränk. Becken mit dem bekannten Nürnberger Reichswald.

Aus säureliebenden Arten setzen sich die Eichen-Birken-Wälder der nordwestdt. Altmoränenlandschaften mit ihren weitgehend nährstoffarmen, ausgelaugten Sandböden zusammen.

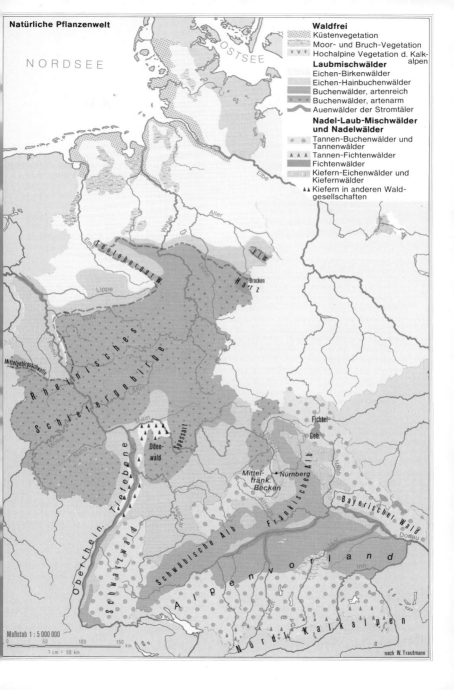

Natürliche Pflanzenwelt

Waldfrei
Küstenvegetation
Moor- und Bruch-Vegetation
Hochalpine Vegetation d. Kalkalpen

Laubmischwälder
Eichen-Birkenwälder
Eichen-Hainbuchenwälder
Buchenwälder, artenreich
Buchenwälder, artenarm
Auenwälder der Stromtäler

Nadel-Laub-Mischwälder und Nadelwälder
Tannen-Buchenwälder und Tannenwälder
Tannen-Fichtenwälder
Fichtenwälder
Kiefern-Eichenwälder und Kiefernwälder
Kiefern in anderen Waldgesellschaften

NORDSEE

OSTSEE

Elbe
Aller
Weser
Ems
Leine
Lippe
Lippe
Teutoburger W.
Harz
Brocken
Ilm

Rheinisches Schiefergebirge
Mittelgebirgsschwelle
Mosel
Nahe
Main
Spessart
Odenwald
Oberrhein. Tiefebene
Schwarzwald
Neckar
Schwäbische Alb
Fränkische Alb
Mittelfränk. Becken
Nürnberg
Regnitz
Fichtel-Geb.
Naab
Bayerischer Wald
Donau
Alpenvorland
Lech
Isar
Inn
Altmühl
Nördl. Kalkalpen

Maßstab 1 : 5 000 000
0   50   100   150 km
1 cm ≙ 50 km

nach W. Trautmann

Die Verbreitungsgebiete oder Areale der Pflanzen sind abhängig von Klima und Boden, von der geschichtlichen Entwicklung, insbesondere von den Folgen der quartären Klimaänderungen und sehr entscheidend von dem Konkurrenzkampf mit anderen Arten. Pflanzenarten annähernd gleicher Verbreitung werden in »Geoelementen« zusammengefaßt.

Die beiden Karten bringen Beispiele für Pflanzen, die den wichtigsten Geoelementen im mittleren Europa zuzuordnen sind.

Geoelemente

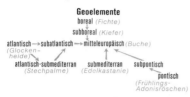

In den pleistozänen Kaltzeiten zogen sich die meisten Pflanzen aus Mitteleuropa nach S in das wärmere Mittelmeergebiet zurück. In den Warmzeiten dehnte sich die Vegetation dann wieder nach N aus. Doch verhinderte die W–O gerichtete Schranke des alpinen Hochgebirges viele Pflanzen an der Rückkehr. Daher ist die Pflanzenwelt Mitteleuropas heute viel artenärmer als in der Tertiärzeit.

In der letzten Kaltzeit, z. Z. der Weichselvereisung, herrschte in Mitteleuropa, soweit es nicht vom Eis bedeckt war, baumlose Tundra mit Flechten, Moosen, Zwergsträuchern, Zwergbirken und Kriechweiden vor. Mit zunehmender Erwärmung setzte dann die Wiederbewaldung ein, aus der das heutige Pflanzenkleid hervorging. Von den Waldbäumen erschienen zunächst Kiefern und Birken. Bei der weiteren Erwärmung wanderten Hasel und Eiche zu, wobei der Kiefern-Birken-Wald nach O zurückgedrängt wurde. Auf eine größere Ausdehnung von Eichen und Fichten folgte dann als letzter Einwanderer die Buche (Fagus silvatica) am Ende der Jungsteinzeit in der Mitte des 3. Jt. v. Chr. Die Buche fand im gemäßigten Klima Mitteleuropas mit seinen nicht allzu kalten Wintern und ausreichender Feuchtigkeit günstige Lebensbedingungen und wurde so zum wichtigsten Baum der mitteleuropäischen Wälder. Im Tiefland reicht sie bis ins mittlere Ostpreußen, im Mittelgebirge dringt sie unter Umgehung der stärker kontinental bestimmten Ungarischen Tiefebene über Karpaten und Balkan bis an das Schwarze Meer vor, und in Westfrankreich erreicht sie auf breiter Front den Atlantik.

Stärker atlantisch bedingt und noch mehr gebunden an den ausgleichenden Einfluß des Meeres mit relativ hohen Wintertemperaturen und hoher Luftfeuchtigkeit über das ganze Jahr hinweg sind die Pflanzen des atlantischen Geoelements. So reicht die Glockenheide (Erica tetralix) in einem nach O schmaler werdenden Küstenstreifen bis an die Weichsel. Im Bereich der Bundesrepublik Deutschland erstreckt sie sich über das ganze nordwestdeutsche Tiefland und den Nordsaum der Mittelgebirgsschwelle mit Süderbergland, Weserbergland und Harz.

Die zum atlantisch-submediterranen Geoelement gehörende immergrüne Stechpalme oder Hülse (Ilex aquifolium) dringt weniger weit nach O vor als die Glockenheide. Ihre Ostgrenze liegt im Tiefland im westl. Mecklenburg. Aber im westl. Mitteleuropa reicht sie weit nach S in die Mittelgebirgsregion hinein und ist innerhalb der Bundesrepublik noch im Odenwald und Schwarzwald anzutreffen. Submediterrane Gewächse stammen aus der nördl. Umrandung des Mittelmeeres. Zu ihnen gehört die Edelkastanie (Castanea sativa). Sie drang von SW durch die Burgundische Pforte in die Oberrheinlande vor, wo sie die unteren Lagen der Randgebirge besiedelt.

Die borealen und subborealen Elemente haben ihren Schwerpunkt in der nordischen Nadelwaldzone. Von dort reichen einige von ihnen bis in die mitteleuropäische Laubwaldzone herein, so die boreale Fichte (Picea abies) und die subboreale Waldkiefer (Pinus silvestris). Im Tiefland erreicht die Fichte die Weichsel, die Kiefer die mittlere Elbe. In den kühleren Gebirgslagen dringen beide weiter nach W vor, meiden dabei aber das stärker ozeanisch bestimmte Rheinische Schiefergebirge. Schwarzwald, Vogesen, Schweizer Jura und Westalpen bilden die SW-Bastion ihrer Ausdehnung, wobei die Fichte in den stärker ozeanisch bestimmten Vogesen schon nicht mehr vorkommt.

Beide Nadelbäume sind durch die Forstwirtschaft weit über ihr natürliches Vorkommen hinaus verbreitet worden. Auf Kosten der Buche nehmen sie in deutschen Forsten einen großen Raum ein.

Die pontischen Arten drangen aus den Steppen Südrußlands und von der Schwarzmeerküste (»Pontus«) bis nach Mitteleuropa vor. So erreichte das Frühlings-Adonisröschen (Adonis vernalis) die Donau aufwärts wandernd die sommerwarme Oberrheinebene und das untere Maintal und über Mähren und Böhmen das mittlere Elbegebiet.

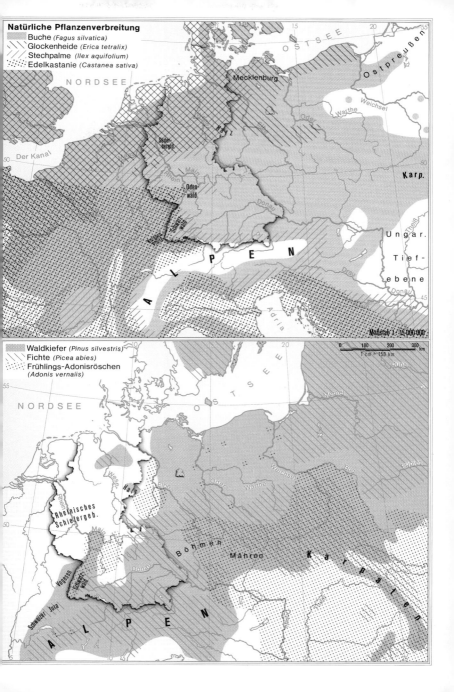

Natürliche Pflanzenverbreitung

Buche *(Fagus silvatica)*
Glockenheide *(Erica tetralix)*
Stechpalme *(Ilex aquifolium)*
Edelkastanie *(Castanea sativa)*

NORDSEE

O S T S E E

Mecklenburg

Ostpreußen

Weichsel

Warthe

Oder

Karp.

Der Kanal

Süder-bergld.

Harz

Main

Rhein

Odenwald

Schwarz-wald

Donau

Ungar.

Tief-

ebene

Drau

Donau

A L P E N

Adria

Maßstab 1 : 15 000 000

Waldkiefer *(Pinus silvestris)*
Fichte *(Picea abies)*
Frühlings-Adonisröschen
(Adonis vernalis)

0   100   200   300 km
1 cm ≙ 150 km

NORDSEE

O S T S E E

Düna

Meme

Weser

Harz

Elbe

Oder

Warthe

Bug

Pripet

Rheinisches
Schiefergeb.

Main

Böhmer W.

Mähren

Karpaten

Donau

Vogesen

Schwarz-wald

Schweizer Jura

A L P E N

II-13   Landschaftsnamen

Auf dieser Karte werden alte, volkstümliche Landschaftsnamen vorgestellt, nicht aber solche Bezeichnungen, die erst mit der modernen wissenschaftlichen Forschung entstanden. Für diese sei auf die Karte »Naturräumliche Gliederung« (II-14) verwiesen. Die meisten Landschaftsnamen sind deutschen Ursprungs. Aber es gibt auch ältere, vordeutsche Namen, die von den ersten Siedlern übernommen und dabei teilweise verändert wurden. Sehr altes Namensgut ist oft in seiner ursprünglichen Bedeutung nicht mehr zu erkennen. Im Bereich der Mittelgebirgsregion sprechen viele Landschaftsnamen den naturgegebenen Gegensatz zwischen den gehobenen Bergmassiven und den darin eingelagerten, tiefer gelegenen Becken und Senken an (II-1 bis II-3).

Häufig spiegelt das Namensgut den historischen Gang der Besiedlung wider, wobei die altbesiedelten und früh entwaldeten Becken und Senken den bis heute noch stark bewaldeten Bergländern gegenüberstehen. So werden Wald und Berg in der Sprache weitgehend gleichgesetzt, daher die vielen »Wald«-Namen als Bezeichnung für Gebirgslandschaften: Bayerischer Wald, Böhmerwald, Frankenwald, Hochwald (i. Hunsrück), Hotzenwald, Idarwald, Kellerwald, Odenwald, Pfälzer Wald, Schwarzwald, Soonwald, Steigerwald, Thüringer Wald, Teutoburger Wald, Westerwald usw.

Auch die Bezeichnung Hard(t) bedeutet Waldgebirge: Haardt (Pfalz), Hardt (Schwäbische Alb), Spessart.

Viele Gebirge werden in ihren Namen als solche angesprochen: Erzgebirge, Fichtelgebirge, Rothaargebirge, Siebengebirge, Wesergebirge, Wiehengebirge. Auch einige vordeutsche, keltische Bezeichnungen bedeuten soviel wie Bergland, Höhe, hochgelegenes Land: Alb, Alpen, Taunus. Schwer deutbar sind oft sehr alte, häufig einsilbige Gebirgsnamen wie Elm, Hils, Ith, Knüll, Rhön. Den Berg- und Waldnamen stehen charakteristische Bezeichnungen für früh besiedelte waldfreie Gebiete, besonders in den Becken und Senken, gegenüber: Gau oder Gäu, auch Feld im Gegensatz zu Wald: Breisgau, Dungau, Hegau, Kraichgau, Oberes Gäu, Pfinzgau, Strohgäu, Sundgau, Grabfeld, Lechfeld, Maifeld. Auch Au und Aue können waldfreies Land bedeuten, wie in: Goldene Aue, Ortenau, Wetterau. Zu den altbesiedelten waldfreien Ländern gehören auch die »Börden« genannten Lößgebiete am Nordrand der Mittelgebirgsschwelle: Jülicher Börde, Soester Börde, Warburger Börde.

Die Namen alter Fernverkehrsstraßen werden zuweilen zu Namen der Landschaften erweitert, die sie durchziehen: die »Bergstraße« am Fuß des Odenwaldes, die »Weinstraße« am Ostrand der Haardt, der »Hellweg« durch die lößbedeckten Börden vom Ruhrgebiet zwischen Ruhr und Lippe durch die Soester Börde bis Paderborn.

Von Natur aus feuchtes, heute meist entwässertes und kultiviertes Land wird häufig gekennzeichnet durch Namen mit »Moor« (in Norddeutschland) oder bei gleicher Bedeutung mit »Moos« (in Süddeutschland), außerdem durch Namen mit »Ried« und »Venn«: Bourtanger Moor, zu beiden Seiten der deutsch-niederländischen Grenze, Teufelsmoor bei Bremen, Donaumoos, Erdinger Moos, Dachauer Moos, Donauried, Hohes Venn.

Heidelandschaften nahmen im Mittelalter große Flächen ein. Heute sind sie fast vollständig aufgeforstet oder in Ackerland umgewandelt worden. Die bekannteste und ausgedehnteste Heidelandschaft dürfte die Lüneburger Heide sein; ursprünglich ein Eichen-Birken-Wald, seit dem Mittelalter gerodet und lange von großen Schafherden beweidet und erst in der Neuzeit bis auf kleine Naturschutzgebiete (IV-16) wieder aufgeforstet.

Im Norddeutschen Tiefland und in den Tieflandsbuchten werden die weiten Ebenen hier und da durch niedrige, aber weithin sichtbare isolierte Hügelländer unterbrochen, die häufig als Berge bezeichnet werden: Baumberge, Beckumer Berge, Dammer Berge, Fürstenauer Berge, Stemmer Berge. Es handelt sich hier um Durchragungen des mesozoischen Untergrundes oder um Moränenzüge (II-2 und II-3).

Landschaften können auch nach Völkern und Stämmen benannt werden: Friesland (West-, Ost- und Nordfriesland entsprechend die West-, Ost- und Nordfries. Inseln), Angeln, Wendland, Schwäbische und Fränkische Alb, Frankenwald, Bayerischer Wald, Schweizer Jura.

»Land« als Landschaftsname kann Lagebezeichnung sein, wie z.B. Emsland (= Land an der Ems), häufig sind aber solche Namen auf mittelalterliche Territorien zurückzuführen: Bergisches Land, Märkisches Land (= Land der Grafschaften Berg und Mark), Lipper Land, Münsterland, Wittgensteiner Land. Dabei decken sich die Abgrenzungen der heutigen Landschaftsnamen durchaus nicht immer mit den alten Territorialgrenzen.

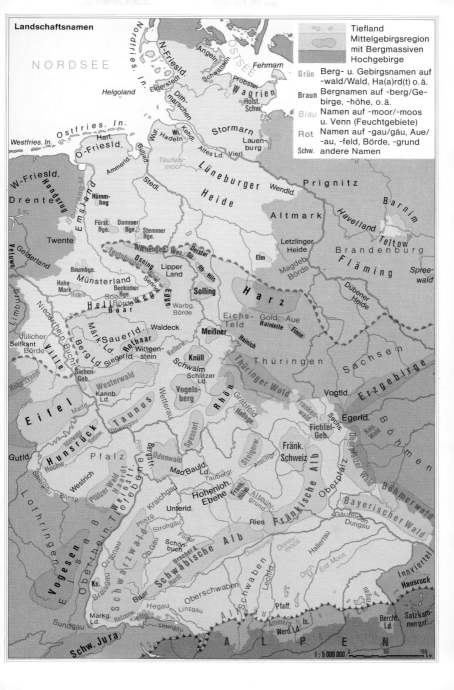

Diese Karte bringt als Ergänzung zur vorhergegangenen »Karte der Landschaftsnamen« die Bezeichnungen, die in der geographisch-landeskundlichen Literatur vorrangig benutzt werden.

1. Norddeutsches Tiefland

11. Nordseeküstenland: Unter 200 m, meist eiszeitliche Ablagerungen und Überformungen. Wintermildes, ozeanisches Klima.

111. Nordseemarschen: teilweise unter dem Meeresspiegel, in historischer Zeit entstanden, durch künstliche Maßnahmen gefördert.

112. Ost- und Nordfriesische Inseln: Junge Düneninseln, z. T. mit tertiären Kernen und Marschenresten.

113. Helgoland: Einzige Felseninsel (Buntsandstein).

12. Altmoränenland: Saalezeitliche Ablagerungen, Moränenwälle meist abgetragen, trockene Platten (Geest), feuchte Senken mit Moorbildungen, heute meist entwässert, Urstromtäler, Schmelzwasserablagerungen, Flußterrassen.

13. Jungmoränenland: Weichselzeitliche Ablagerungen, Endmoränenwälle, abflußlose Hohlformen, Seen, fruchtbarer Geschiebemergel.

14. Lößbörden: am Nordsaum der Mittelgebirgsschwelle: äolische Ablagerungen von staubfeinem Sand, aus eiszeitlichen Terrassen und Moränen ausgeweht, günstige Akkerböden, frühe bäuerliche Besiedlung.

2. Mittelgebirgsschwelle

21. Rumpfgebirgsmassive: Aus stark gefalteten alten Sedimentgesteinen, z. T. mit kristallinen Kernen und vulkanischen Einlagen. Tertiäre Rumpfflächenreste in Höhenlagen zwischen 300 bis 800 m, starke Zertalung durch junge Hebung. Quartäre Flußterrassen. Hohe Niederschläge, besonders an den Luvseiten, kühle Höhenlagen. Ausgedehnte Bewaldung, späte Rodungssiedlungen. (Zu den unter den Rumpfgebirgsmassiven ausgewiesenen Süderbergland gehören: Bergisches Land, Märkisches Land, Sauerland, Siegerland, Wittgensteiner Land).

22. Rumpfgebirgsmassive mit angelagerten zertalten Buntsandsteinplatten.

*23. Buntsandstein-*Tafel- und Bergländer, z. T. mit aufgesetzten vulkanischen Kuppen (größte zusammenhängende Vulkangebirge: Vogelsberg und Rhön).

24. Weserbergland: Zwischen Süderbergland und Harz gefaltete mesozoische Schichtkämme aus harten Sandsteinen und Kalken.

Waldfreie Senken und Becken aus weichen Tonen und Mergeln, z. T. lößbedeckt.

25. Süddeutsches Stufenland: Stufenweises Ansteigen von West nach Ost und Südost, von tief gelegenen warmen, z. T. lößbedeckten Muschelkalkgebieten den Gäuländern, über z. T. bewaldete Keuperstufen und Bergländer zu der höchsten Stufe aus harten Jurakalken und zur verkarsteten, waldfreien Kalkfläche der Schwäb.-Fränk. Alb.

251. Gäuländer (Muschelkalk).

252. Keuper- und Liasstufen- und Bergländer.

253. Schwäbisch-Fränkische Alb.

26. Muschelkalktafeln als nordöstlichste Ausläufer des Lothring. Stufenlandes.

261. Bitburg – Luxemburger Gutland.

262. Pfälzisch-Saarländ. Muschelkalkgebiet.

27. Andere Tafelländer aus mesozoischen Gesteinen.

271. Saar-Nahe-Bergland: An das Rheinische Schiefergebirge im Süden angelagertes Bergland aus permischen und altvulkanischen Gesteinen.

272. Oberpfälzisch-Obermainisches Hügelland: Zerstückelte und gepreßte Tafeln aus mesozoischem Material, durch die Naab nach S geöffnet, sonst von höheren Randgebirgen umgeben.

28. Senken und Becken z. T. mit Löß gefüllt, trocken-warmes Klima, alte Besiedlung, frühe Entwaldung, wichtige Nord-Süd-Verkehrswege durch die Mittelgebirgsschwelle.

3. Alpenvorland und Alpen

31. Alpenvorland: Tertiäre und quartäre Auffüllung des mit der Alpenfaltung entstandenen voralpinen Troges.

311. Unterbayerisches Hügelland: Tertiäres, z. T. lößbedecktes Hügelland (z. B. Dungau) mit feuchten Niederungen (Moose).

312. Voralpine Schotterplatten: Allmählich nach Süden ansteigende schiefe Ebene aus eiszeitlichen Schotterablagerungen, durch Flußtäler in Platten zerlegt.

313. Voralpines Hügelland: Jungmoränenlandschaft mit Endmoränenwällen, Zungenbecken, Seen.

32. Alpen: Tertiäres Faltengebirge, eiszeitlich überformt.

321. Schwäbisch-Bayerische Voralpen: Gipfel meist unter 2000 m. Mergel, Sandsteine und Konglomerate. Grünlandwirtschaft.

322. Nördliche Kalkalpen: Steilwandige Kalkstöcke, vom Eis übertiefte Täler mit breiten Talböden, höchste Erhebungen zwischen 2000 m und 2900 m.

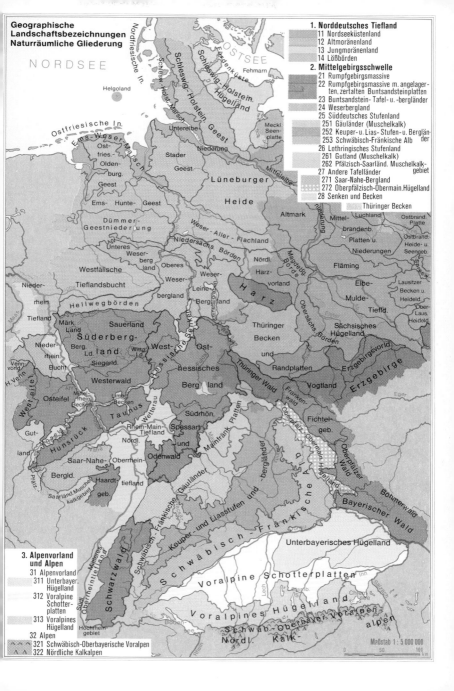

III-1   Bevölkerungsverteilung

Die rd. 61 Mio. Einwohner der Bundesrepublik Deutschland sind über das Staatsgebiet äußerst ungleichmäßig verteilt. Die Karte zeigt sowohl im Tiefland als auch in den höheren Lagen der Mittelgebirge und in den Alpen ausgedehnte Flächen mit wenigen kleinen Siedlungen in großen Abständen, bis hin zu fast unbesiedelten »weißen Flecken«, so in der Lüneburger Heide, im Sauerland (Arnsberger Wald zw. Ruhr u. Möhne), im Solling, auf den langgestreckten Quarzitrücken von Hunsrück und Taunus, im Spessart, auf der Haardt, im Nord-Schwarzwald usw.

Andererseits lebt etwa $^1/_3$ der Bevölkerung in Großstädten mit über 100 000 E. Die meisten Großstädte formieren sich zu 24 Verdichtungsgebieten, von denen 9 besonders stark bevölkerte Ballungsräume sind. Fast die Hälfte (45,5 %) aller Bewohner unseres Landes lebt in einem dieser Verdichtungsgebiete.

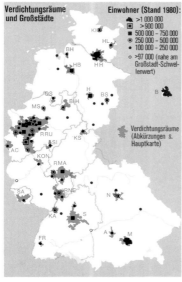

Verdichtungsräume und Großstädte

Einwohner (Stand 1980):
- ● >1 000 000
- ■ >900 000
- ■ 500 000 – 750 000
- ◉ 250 000 – 500 000
- ● 100 000 – 250 000
- ○ >97 000 (nahe am Großstadt-Schwellenwert)

Verdichtungsräume (Abkürzungen s. Hauptkarte)

Sie alle entstanden durch eine langandauernde Zuwanderung, die mit der industriellen Entwicklung vor etwa 150 Jahren einsetzte. So sind alle Verdichtungsgebiete auch industrielle Schwerpunkte, auch solche, die ihre früheste städtische Entwicklung Residenzfunktionen verdanken, wie Berlin, München, Stuttgart, Hannover, Kassel u. a.

Auf der Karte treten zwei Bänder oder Achsen besonders starker Bevölkerungs- und Siedlungskonzentration hervor. Sie verbinden mehrere Ballungsgebiete durch dichtbevölkerte Zwischenglieder. Das erste Band ist die Kontaktzone zwischen Tiefland und Mittelgebirge, wobei Randsäume des Gebirges und Teile der beiden Tieflandbuchten mit einbezogen werden. Es reicht von Aachen über das Braunkohlengebiet der Niederrhein. Bucht, über das Ruhrrevier (Duisburg–Essen–Dortmund) und über die ostwestfälische Städtereihe (Bielefeld–Herford–Minden) in den Großraum Hannover und bis Braunschweig.

Das zweite Band starker Bevölkerungskonzentration ist die N–S-gerichtete Rhein–Neckar-Achse, die in Duisburg von der W–O-Achse abzweigt. Sie beginnt mit der »Rheinschiene« (Duisburg–Düsseldorf–Leverkusen–Köln–Bonn) und folgt dem Mittelrheintal durch das Rhein. Schiefergebirge mit einem Schwerpunkt im Mittelrheinischen Becken (Koblenz–Neuwied) bis in den ausgedehnten Ballungsraum Rhein-Main (Frankfurt–Mainz–Wiesbaden–Darmstadt). Von dort reicht dieses Band weiter über den Rhein-Neckar-Raum (Mannheim–Ludwigshafen–Heidelberg) über Karlsruhe in das mittlere Neckargebiet mit dem Schwerpunkt Stuttgart. Zwischen diesen Verdichtungsgebieten verlaufen Siedlungsbänder zu beiden Seiten des Rheins und am Fuß der oberrheinischen Randgebirge mit der Weinstraße an der Haardt und der Bergstraße am Odenwald. Die äußerste sw. Fortsetzung dieses Bandes ist die südl. Oberrheinebene mit zwei geschlossenen Siedlungsreihen am Rheinufer und am Fuße des Schwarzwaldes, mit allerdings nur einem Verdichtungszentrum um Freiburg.

Die übrigen Verdichtungsräume, außerhalb dieser beiden Bänder, sind mehr oder weniger kreisförmig in dünner bevölkerten Flächen eingelagert, wobei die Bevölkerung von innen nach außen schnell abnimmt. Dazu gehören die Ballungsräume um die Millionenstädte München, Hamburg und Berlin (W); im Tiefland die Verdichtungsgebiete um Bremen, Oldenburg und Münster; im Mittelgebirge um Kassel, Siegen, Nürnberg und Augsburg.

In den im allg. dünn besiedelten Mittelgebirgen fallen zwei äußerst dicht bevölkerte Gebiete auf: das auf der Steinkohle entwickelte Saargebiet und das früh industrialisierte Bergisch-Märkische Land im Winkel zwischen Ruhrgebiet und Rheinschiene. Ruhrgebiet, Rheinschiene und Bergisch-Märkisches Land bilden so – beiden Dichtebändern angehörend – das Ballungsgebiet »Rhein-Ruhr«, das größte in der Bundesrepublik mit über 10 Mio. Bewohnern, ca. $^1/_6$ der Gesamtbevölkerung.

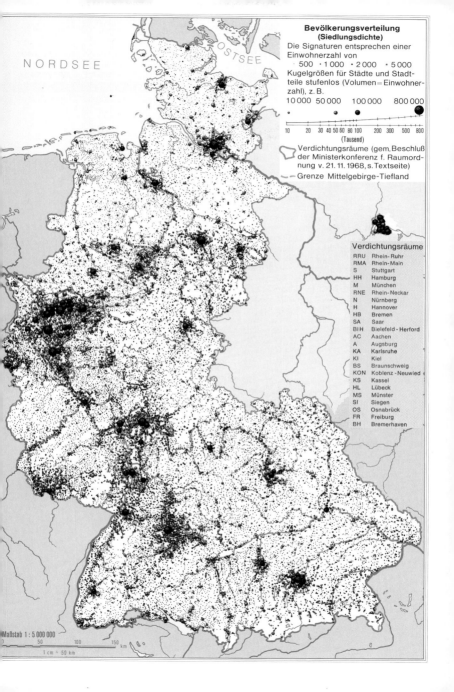

NORDSEE

OSTSEE

**Bevölkerungsverteilung
(Siedlungsdichte)**
Die Signaturen entsprechen einer
Einwohnerzahl von
· 500 · 1 000 · 2 000 · 5 000
Kugelgrößen für Städte und Stadt-
teile stufenlos (Volumen = Einwohnerzahl), z. B.
10 000 50 000   100 000   800 000

10   20 30 40 50 60 80 100   200 300   500 800
(Tausend)

Verdichtungsräume (gem. Beschluß
der Ministerkonferenz f. Raumordnung v. 21. 11. 1968, s. Textseite)

Grenze Mittelgebirge-Tiefland

Verdichtungsräume

RRU	Rhein-Ruhr
RMA	Rhein-Main
S	Stuttgart
HH	Hamburg
M	München
RNE	Rhein-Neckar
N	Nürnberg
H	Hannover
HB	Bremen
SA	Saar
BIH	Bielefeld-Herford
AC	Aachen
A	Augsburg
KA	Karlsruhe
KI	Kiel
BS	Braunschweig
KON	Koblenz-Neuwied
KS	Kassel
HL	Lübeck
MS	Münster
SI	Siegen
OS	Osnabrück
FR	Freiburg
BH	Bremerhaven

Maßstab 1 : 5 000 000
0   50   100   150
km
1 cm = 50 km

III-2 Bevölkerungsdichte

In der Bundesrepublik Deutschland lebten 1979 rd. 61 Mio. Menschen auf einer Fläche von 249 000 km². Dem entspricht eine Bevölkerungsdichte von 247 Einwohnern auf einen km² (E/km²). Der Karte liegen die Gemeindewerte der Volkszählung von 1970 zugrunde, die eine genauere Darstellung ermöglichen als die Werte der später durch kommunale Neugliederungen geschaffenen, größeren Verwaltungseinheiten. Jedoch ergeben sich für die gewählten Dichtestufen der Karte keine wesentlichen Abweichungen. Die Ballungsräume und Verdichtungsgebiete (s. Nbk.) und ihre teilweise Einordnung in die beiden W–O und N–S gerichteten Siedlungsbänder treten mit ihren hohen Dichtewerten in roten Farben deutlich hervor. Sie weisen alle einen oder mehrere äußerst besiedelte Kerne mit 2000 bis über 4000 E/km² auf. Die höchsten Dichtewerte erreichen die Kernstädte Berlin (West) und München mit 4400 und 4200 E/km², gefolgt von den Ruhr-Revierstädten Herne und Gelsenkirchen mit 3600 und 3000 E/km². Um die Kernstädte der Verdichtungsräume legt sich eine Mantelbevölkerung mit Dichtewerten von zunächst 2000 bis 1000, die dann weiter zum Rande hin auf 500 E/km² abnehmen. Von innen nach außen nehmen die Wohnfunktionen zu, während sich in den Kernen Handel, Verwaltungen, Kultureinrichtungen, z.T. auch Industrieanlagen konzentrieren.

Zwischen der Nordseeküste mit ihren Hafenstädten und der Mittelgebirgsschwelle ist das Norddeutsche Tiefland recht dünn besiedelt. Dichtewerte zwischen 20 und 50 E/km² (gelbe Farbtöne) bestimmen über die Hälfte der Fläche der Geest, der Marsch und des Jungmoränenlandes. In der Lüneburger Heide und im Emsland sinken die Dichtewerte sogar stellenweise auf unter 20 E/km². Als recht ausgedehnte dünn besiedelte Räume treten auch die dichtbewaldeten Mittelgebirgsmassive heraus, mit Extremwerten unter 20 E/km² in den Höhenlagen im Harz, Solling, Rothaargebirge, in der Westeifel, im Hunsrück, im Spessart, in der Pfälzer Haardt, im Schwarzwald, auf der Schwäbischen Alb und in der Oberpfalz. Innerhalb der Mittelgebirgsregionen erscheinen die größeren Täler als schmale, aber dicht besiedelte Siedlungsbänder: Rhein, Mosel, Lahn, Main, Leine, Donau. Sehr deutlich ist ein dichtes Siedlungsband am nördl. und südl. Harzrand im schroffen Gegensatz zu dem äußerst dünn besiedelten Gebirgsstock zu erkennen. Auch in Süddeutschland steht der

dichtbesiedelte W mit den altbesiedelten Gäu-Landschaften und der günstigen Verkehrserschließung an Rhein und Neckar im Gegensatz zu der peripheren, dünn besiedelten Region östl. der Linie Nürnberg–München.

Verdichtungsräume 1970

Kurz-form	Bezeichnung	Einw. i. Tsd.	Einw./ km²	% d. Ges.-Bev.
RRU	Rhein-Ruhr	10 417	1 583	17,8
RMA	Rhein-Main	2 447	1 250	4,2
S	Stuttgart	2 114	1 221	3,6
HH	Hamburg	2 057	1 980	3,5
M	München	1 553	2 515	2,7
RNE	Rhein-Neckar	1 127	1 112	1,9
N	Nürnberg	810	2 132	1,4
H	Hannover	729	2 355	1,2
HB	Bremen	691	1 145	1,2
SA	Saar	654	1 096	1,1
BIH	Bielefd.-Herf.	525	922*	0,9
AC	Aachen	484	1 301	0,8
A	Augsburg	336	1 396	0,6
KA	Karlsruhe	332	1 407	0,6
KI	Kiel	309	1 845	0,5
BS	Braunschweig	298	2 212	0,5
KON	Koblenz-Neuw.	291	767*	0,5
KS	Kassel	274	1 222	0,5
HL	Lübeck	256	1 103	0,4
MS	Münster	219	2 206	0,4
SI	Siegen	197	509*	0,3
OS	Osnabrück	192	1 219	0,3
FR	Freiburg	177	1 679	0,3
BH	Bremerhaven	151	1 514	0,3
Verdichtungsr. zus.:		26 640	1 471	45,5
Bundesrepublik:		58 528	236	100,0

* = überproportionaler Flächenzuwachs durch kommunale Neugliederung, daher zu geringe Dichtewerte

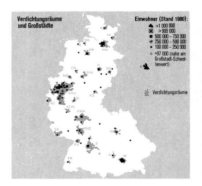

Verdichtungsräume und Großstädte	Einwohner (Stand 1980):
	▲ >1 000 000
	▣ > 900 000
	● 500 000 – 750 000
	◉ 250 000 – 500 000
	● 100 000 – 250 000
	○ >97 000 (nahe am Großstadt-Schwellenwert)
	⬡ Verdichtungsräume

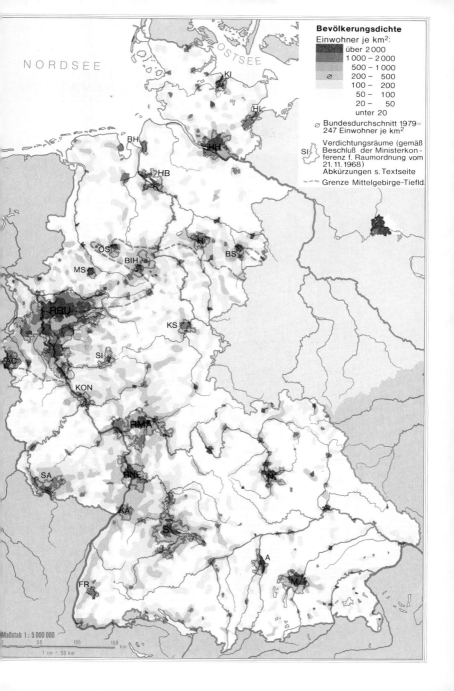

Bevölkerungsdichte

Einwohner je km²:
über 2000
1000 – 2000
500 – 1000
Ø 200 – 500
100 – 200
50 – 100
20 – 50
unter 20

Ø Bundesdurchschnitt 1979 = 247 Einwohner je km²

SI Verdichtungsräume (gemäß Beschluß der Ministerkonferenz f. Raumordnung vom 21. 11. 1968)
Abkürzungen s. Textseite

--- Grenze Mittelgebirge-Tiefld.

NORDSEE

OSTSEE

KI

HL

BH

HH

HB

OS
BIH
H
BS

MS

RUU

KS

AC

SI

KON

RMA

SA

BNE

N

KA

S

A

FR

M

Maßstab 1 : 5 000 000
50   100   150
km
1 cm ≙ 50 km

III-3 Bevölkerungsentwicklung

Von 1950 bis 1974 ist die Bevölkerung der Bundesrepublik Deutschland von 50 Mio. auf 62 Mio. Einwohner angewachsen, zunächst durch einen starken Geburtenüberschuß nach dem Kriege (»Baby-Boom«), dann durch den Zustrom von Flüchtlingen und Heimatvertriebenen (VIII-4) und schließlich durch starke Zuwanderungen von Ausländern, insbesondere Arbeitskräften, mit ihren oft recht großen Familien (III-6). Aber seit 1974 nimmt die Bevölkerung wieder ab. Bis 1978 sank sie von 62 054 000 auf 61 327 000 und ist somit 1978 wieder auf dem Stand von 1971 angelangt. Die Gründe dafür liegen in den seit 1967 stetig abnehmenden Geburtenzahlen (»Pillenknick«) bei etwa gleichbleibenden Sterberaten. Seit 1972 übertreffen die Sterbefälle die Geburten. Auch die Zahl der ausländischen Zuwanderer ist nach dem Anwerbestopp für ausländische Arbeitnehmer im Dezember 1973 bis 1978 zurückgegangen. Es kam sogar zur Rückwanderung ausländischer Arbeitnehmer: Allein 1975 verließen über 600 000 Menschen die Bundesrepublik.

Die Karte stellt die Bevölkerungsentwicklung von 1974 (Höchststand der Einwohnerzahlen) und 1978 in den Kreisen (Flächenstand 1978) dar.

Das allgemeine Geburtendefizit spiegelt sich wider in ausgedehnten Regionen mit Bevölkerungsabnahmen von 0,1 bis 0,9 %. Durch Abwanderung verstärkt, erreicht die Abnahme in den höheren Lagen der Mittelgebirge und an den Peripherien des Staates im O (Zonenrandgebiet) und W (Westeifel, Saarland) höhere Beträge, zwischen −2 % bis −4,9 %.

Am stärksten sind die Veränderungen, sowohl Zunahme als auch Abnahme, in den Ballungsgebieten und Verdichtungsräumen mit ihren anschließenden Randzonen. Dabei steht einer deutlichen Abnahme der Bevölkerung in den Kernstädten eine weitflächige Zunahme in ihren Peripherien gegenüber, die z. T. weit über die Abgrenzungen der Ballungsräume und Verdichtungsgebiete hinausgeht.

Besonders stark ist der Gegensatz von innen und außen in den größeren Ballungsräumen mit starker Abnahme in den Kernstädten von Hamburg, Bremen, Hannover, Frankfurt, Darmstadt, Mannheim, Stuttgart, Nürnberg, München. Aber auch in vielen kleineren Verdichtungsräumen ist er deutlich erkennbar, so in Lübeck, Münster, Kassel, Würzburg, Augsburg, Freiburg, u. a. Der Zuwachs in den breiten Rändern der Verdichtungsräume wird nicht nur durch den Zustrom von außen verursacht, sondern auch durch eine vom inneren Kern nach außen gerichtete Binnenwanderung innerhalb der Verdichtungsräume. Im Inneren wird der Wohnraum knapp und teuer, Mieten und Grundstückspreise sind sehr hoch. Das begehrte Eigenheim ist nur noch weiter draußen einigermaßen preisgünstig zu erwerben. Viele Industriebetriebe werden von innen, wo sie keine Ausdehnungsmöglichkeiten haben, nach außen verlagert und ziehen Arbeitskräfte nach. Aber auch ungünstige Umweltbedingungen sind häufig ein Anlaß zum Umzug nach »draußen«.

Im Ballungsgebiet Rhein-Ruhr unterscheidet sich das Ruhrgebiet sehr deutlich von der »Rheinschiene«. Die strukturellen Probleme des Kohlenbergbaus und der Schwerindustrie führen zur starker Abnahme in allen Städten des Reviers von Duisburg bis Dortmund. Demgegenüber bietet die Rheinschiene das oben beschriebene Schema in ausgeprägter Form: Abnahmen in Düsseldorf, Köln, Bonn, Wuppertal, Solingen, Remscheid und starke, z. T. sehr starke Zunahmen in unmittelbar angrenzenden Nachbarkreisen, besonders deutlich im Kreis Mettmann zwischen Essen, Düsseldorf und Wuppertal.

Außerhalb der Ränder um die Ballungsräume gibt es deutliche Zunahmen im Bereich von Fremdenverkehrsgebieten. Sie sind in zunehmendem Maße das »Wanderungs«-Ziel von Rentnern und Pensionären, z. B. in den Alpen und im Voralpenland, im südl. Schwarzwald um das Zentrum Freiburg, am Bodensee und in der Seenlandschaft Schleswig-Holsteins.

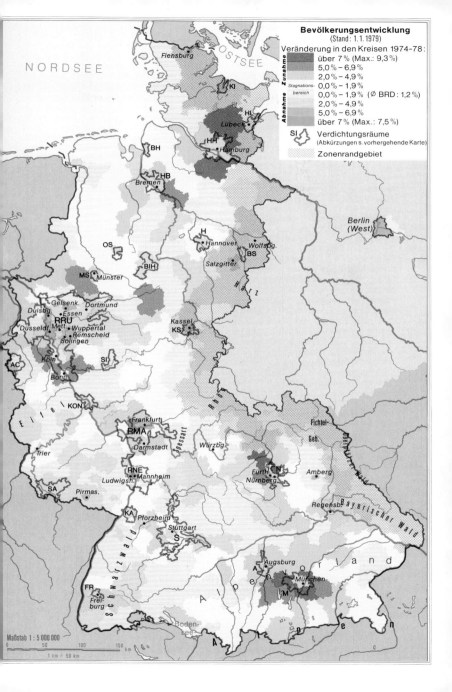

Bevölkerungsentwicklung
(Stand: 1.1.1979)
Veränderung in den Kreisen 1974–78:

über 7% (Max.: 9,3%)
5,0% – 6,9%
2,0% – 4,9%
0,0% – 1,9%
0,0% – 1,9% (Ø BRD: 1,2%)
2,0% – 4,9%
5,0% – 6,9%
über 7% (Max.: 7,5%)

Abnahme Zunahme
Stagnations-bereich

SI Verdichtungsräume
(Abkürzungen s. vorhergehende Karte)

Zonenrandgebiet

NORDSEE

OSTSEE

Flensburg

KI

HL
Lübeck

HH
• Hamburg

BH

HB
Bremen

Berlin
(West)

OS

BIH

H
• Hannover

Wolfsbg.

BS
Salzgitter

MS • Münster

Harz

Gelsenk. Dortmund
Duisbg. • Essen
Düsseldf. Mett. RRU
• Wuppertal
Remscheid
Solingen

Kassel
KS

AC

Köln

SI

Bonn

KON

Eifel

Frankfurt

Fichtel-
Geb.

Trier

RMA
Darmstadt

Würzbg.

Spessart

Rhön

Amberg

Fürth N
Nürnberg

Böhmerwald

RNE • Mannheim
Ludwigsh.

SA

Pirmas.

Regensb.
Bayerischer Wald

KA
• Pforzheim

Stuttgart
S

Schwarzwald

Augsburg A

Alpenvorland

München
M

FR
Freiburg

Boden-
see

Alpen

Maßstab 1 : 5 000 000

0   50   100   150 km

1 cm ≙ 50 km

III-4 Erwerbsstruktur der Bevölkerung

Die Erwerbstätigkeit der Bevölkerung wird von der Statistik in drei Wirtschaftsbereiche oder Sektoren geordnet. Zum *primären Sektor* gehören Landwirtschaft, Forstwirtschaft und Fischerei. Man kann ihn auch als landwirtschaftlichen Sektor bezeichnen, weil die Landwirtschaft den größten Anteil hat. Der *sekundäre Sektor* oder Industriesektor umfaßt das produzierende Gewerbe mit Industrie, Handwerk und Bergbau. Zum *tertiären Sektor* oder Dienstleistungsbereich zählen Handel (Großhandel und Einzelhandel), Verkehr und Dienstleistungen. 1976 gab es in der Bundesrepublik Deutschland 26 Mio. Erwerbstätige, das sind 43% der Gesamtbevölkerung. In der Landwirtschaft waren aber nur noch 6% der Erwerbstätigen beschäftigt, gegenüber 45% im Industriesektor und 49% im tertiären Bereich, davon wiederum 18% im Handel und Verkehr und 31% in Dienstleistungsberufen. Diese Zusammensetzung ist bezeichnend für die heutigen Industrienationen. Sie hat sich im Laufe der letzten 150 Jahre mit der immer stärker werdenden Industrialisierung entwickelt. 1850, zu Beginn der industriellen Entwicklung, arbeiteten im Bereich des späteren Deutschen Reiches noch 85% der Erwerbstätigen in der Landwirtschaft, 11% waren im sekundären Sektor beschäftigt und nur 4% im tertiären Bereich. Wie die Diagramme verdeutlichen, schrumpfte der Anteil der Landwirtschaft zunächst zugunsten der Industrie. 1965 erreichte der sekundäre Sektor mit 49% seinen höchsten Anteil an den Erwerbstätigen. Bis 1978 sank er auf 45%. Statt dessen entwickelte sich in immer stärkerem Maße der tertiäre Sektor. 1975 waren darin zum ersten Male mehr Menschen beschäftigt als im industriellen Bereich.

Die Karte gibt die regionale Differenzierung der Wirtschaftsbereiche wieder und liefert damit einen Beitrag zu einer wirtschaftsräumlichen Gliederung der Bundesrepublik. Alle Ballungsräume und Verdichtungsgebiete treten als Kerne von ausgedehnten industriell bestimmten Regionen (IV-14) hervor, in denen der Anteil an Beschäftigten im (sekundären) Sektor über 50% ausmacht. Durch breite industrialisierte Randbereiche sind die Verdichtungsräume eng miteinander verbunden. Das wird u. a. besonders deutlich entlang der N–S-laufenden Verkehrsverbin-

dungen durch die Hessischen Senken zwischen Siegen und Kassel im N und dem Rhein-Main-Ballungsraum im S.

Hohe Anteile an Erwerbstätigen im tertiären Sektor finden sich in drei sehr verschiedenartig strukturierten Raumtypen, einmal im Kern der industriellen Ballungsräume, wo Handel, Verkehr und Dienstleistungen im engen Kontakt mit der Industrie entwickelt worden sind. Das ist auf den Kreisdiagrammen der Karte gut zu erkennen. Die großen Städte Hamburg, München, Köln, Düsseldorf, Stuttgart haben mehr Menschen im tertiären Sektor als im sekundären. Außerhalb der Ballungsräume und Verdichtungsgebiete sind es gerade dünn besiedelte Gebiete, die durch den Fremdenverkehr einen hohen Anteil des Dienstleistungssektors aufzuweisen haben: z. B. die Alpen, die Umgebung der Seen im Alpenvorland, der Schwarzwald, das Mittelrheintal, das Moseltal mit Schwerpunkten um Trier und Koblenz, die ostwestfälischen Bäder zwischen Bielefeld und Paderborn, die Nord- und Ostsee-Inseln u. a. Durch die vielen staatlichen Dienststellen haben die Bundeshauptstadt und alle Landeshauptstädte einen weitaus höheren Anteil an Beschäftigten des Dienstleistungssektors als im produzierenden Gewerbe.

Überraschend sind auf den ersten Blick die ausgedehnten Flächen mit einem hohen Anteil an Erwerbstätigen des primären Sektors mit über 30%, z. T. sogar über 50% der Erwerbstätigen, also über den Bundesdurchschnitt von 6% herausragend. Dabei ist aber zu berücksichtigen, daß es sich hier um die am dünnsten besiedelten Gebiete des Landes handelt, wo auf großen Flächen nur wenig Menschen wohnen, verursacht durch lang anhaltende Abwanderungen in die Industriegebiete (»Landflucht«). Als immer noch stark landwirtschaftlich treten hervor: das Norddeutsche Tiefland mit Marsch, Geest und Jungmoränenlandschaft; ferner in den Mittelgebirgen Eifel, Hunsrück und Taunus im Gegensatz zum dichtbesiedelten stark industrialisierten Westen des rechtsrheinischen Schiefergebirges zwischen Ruhr und Sieg; des weiteren das Hessische Bergland mit Ausnahme der darin eingelagerten, z. T. stark industrialisierten Senken und Becken, Teile der süddeutschen Bergländer wie die Schwäb.-Fränk. Alb u. a.

Erwerbsbevölkerung nach Wirtschaftsbereichen

1850 1885 1950 1960 1970 1978

I = primärer Sektor
(Land- u. Forstwirtschaft, Fischerei)

II = sekundärer Sektor
(Industrie, Handwerk u. Bergbau)

III = tertiärer Sektor
(Dienstleistungen, Handel/Verkehr usw.)

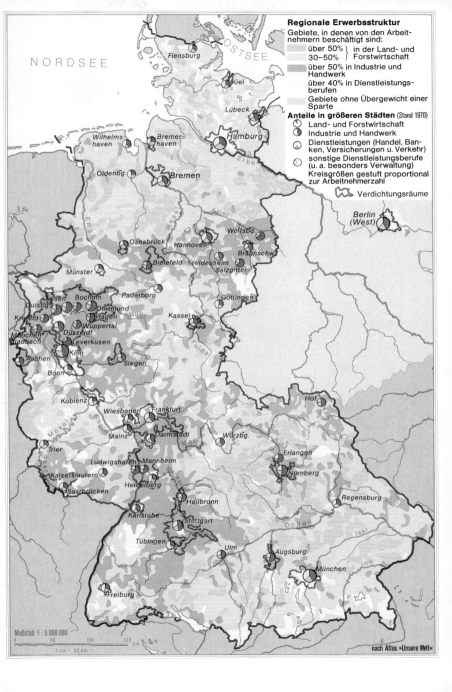

Regionale Erwerbsstruktur

Gebiete, in denen von den Arbeitnehmern beschäftigt sind:

über 50% } in der Land- und
30–50% } Forstwirtschaft

über 50% in Industrie und
Handwerk

über 40% in Dienstleistungsberufen

Gebiete ohne Übergewicht einer
Sparte

Anteile in größeren Städten (Stand 1970)

Land- und Forstwirtschaft

Industrie und Handwerk

Dienstleistungen (Handel, Banken, Versicherungen u. Verkehr)

sonstige Dienstleistungsberufe
(u. a. besonders Verwaltung)

Kreisgrößen gestuft proportional
zur Arbeitnehmerzahl

Verdichtungsräume

NORDSEE

OSTSEE

Flensburg

Kiel

Lübeck

Hamburg

Wilhelms-
haven

Bremer-
haven

Oldenbg.

Bremen

Berlin
(West)

Wolfsbg.

Osnabrück

Hannover

Braunschw.

Bielefeld

Hildesheim

Münster

Salzgitter

Paderborn

Göttingen

Essen

Bochum

Dortmund

Duisbg.

Hagen

Krefeld

Wuppertal

Kassel

Mönchen-
gladbach

Düsseldf.

Leverkusen

Aachen

Köln

Siegen

Bonn

Koblenz

Hof

Wiesbaden

Frankfurt

Mainz

Darmstadt

Würzbg.

Trier

Erlangen

Ludwigshafen

Mannheim

Nürnberg

Kaiserslautern

Heidelberg

Saarbrücken

Heilbronn

Regensburg

Karlsruhe

Stuttgart

Tübingen

Ulm

Augsburg

München

Freiburg

Maßstab 1 : 5 000 000

0   50   100   150 km

1 cm = 50 km

nach Atlas »Unsere Welt«

Weit verbreitete Arbeitslosigkeit und Unterbeschäftigung führten in den weniger entwickelten südeuropäischen Staaten seit den 60er Jahren zu Wanderungen von »Gastarbeitern« (III-6) in die Industrieländer Mittel- und Westeuropas. Aber in den 70er Jahren wurde bei abnehmender Konjunktur die Arbeitslosigkeit zu einem ernsten Problem fast aller Staaten der Erde. U. a. trugen dazu bei die Sättigung vieler Märkte, überseeische Konkurrenzen wie Japan und asiatische »Billigländer«, die arbeitskräftesparende Mechanisierung aller und die Automatisierung vieler Branchen (Hottes 1980).

Die im folgenden genannten Jahresdurchschnittswerte machen Aussagen über die »strukturelle« Arbeitslosigkeit (Tab. 1). Die Angaben der einzelnen Monate weichen davon u. U. stark ab. Diese »saisonale« Arbeitslosigkeit erreicht ihre höchsten Werte jeweils im Winter durch ruhende Außenarbeiten im Baugewerbe, bei der Schiffahrt, im Fremdenverkehr. Im Sommer und Herbst nimmt die Arbeitslosigkeit alljährlich ab (Diagramm).

1970 gab es in der Bundesrepublik Deutschland nur 150 000 Arbeitslose im Jahresdurchschnitt (Tab. 1). Das waren 0,7 % aller abhängigen Erwerbspersonen (Arbeitslosenquote). Damals herrschte Vollbeschäftigung. Bis 1973 stieg die Zahl der Arbeitslosen langsam auf 270 000. Dem entsprach eine Arbeitslosenquote von 1,2 %. Dann folgte ein geradezu gefährlicher, rascher Anstieg. 1975 wurde der Höchststand mit 1 074 217 Arbeitslosen und einer Quote von 4,7 % erreicht. Seither sank die Zahl der Arbeitslosen sehr langsam wieder ab. 1978 lag sie unter 1 Mio. bei 992 000 und bei einer Quote von 4,3 %, 1979 bei 876 100 mit einer Quote von 3,8 % und 1980 bei 888 900 (4,8 %). Dabei steht die Bundesrepublik im internationalen Vergleich noch an verhältnismäßig günstiger Stelle (Tab. in Karte).

Von den 761 724 Arbeitslosen im Oktober 1979 waren über die Hälfte Frauen (56,7 %), die Ausländer stellten einen Anteil von 11 %. Im Hinblick auf die Altersgliederung waren 84 % der Arbeitslosen 21 bis 58 Jahre alt, und je 8 % unter 21 und über 59 Jahre alt.

Dabei erweist es sich als besonders schwierig, jugendliche Arbeitslose ohne Ausbildung und ältere Arbeitslose wieder in ein Arbeitsverhältnis einzustellen. Ebenfalls bei 8 % liegt der Anteil der Schwerbehinderten. Fast alle Teilarbeitslosen sind Frauen (98,5 %). Den 761 724 Arbeitslosen im Oktober 79 standen 306 784 offene Stellen gegenüber. Sie konnten z. Z. nicht besetzt werden, weil es an geeigneten Bewerbern mit entsprechender Ausbildung fehlte.

Innerhalb der Bundesrepublik Deutschland sind die peripheren Räume im W und O und die immer noch recht einseitig strukturierten Bergbau- und Schwerindustriegebiete an Ruhr und Saar am stärksten von der Arbeitslosigkeit betroffen. Im äußersten NW, in Ostfriesland, weisen die Arbeitsamtsbezirke von Leer und Emden 1978 eine Quote von 8,8 % auf bei einem Bundesdurchschnitt von 4,3 %. Überdurchschnittlich hohe Werte kennzeichnen den westlichen Grenzsaum von Aachen über die Westeifel bis in das Saargebiet (Aachen 6,1 %, Saarlouis 6,9 %, Neunkirchen 8,0 %, Saarbrücken 8,6 %).

Im Zonenrandgebiet herrschen Werte zwischen 6–8 % vor (Uelzen, Braunschweig, Göttingen, Schweinfurt, Weiden/OPf.).

Dabei steigen im äußersten SO die Werte auf über 8 % (Deggendorf) und über 9 % (Passau, Schwandorf), wobei Schwandorf mit 9,5 % von der höchsten Arbeitslosigkeit in der gesamten Bundesrepublik betroffen ist.

Im Gegensatz zu den peripheren Räumen und einseitig strukturierten Bergbau- und Schwerindustrierevieren haben die süddeutschen Ballungsräume mit ihrer vielseitigen Industriestruktur bisher nur geringe, weit unter dem Bundesdurchschnitt liegende Quoten aufzuweisen: zwischen 2 % und 4 % im Rhein-Main-Gebiet, im Rhein-Neckar-Raum, um München und Augsburg. Die niedrigsten Werte der gesamten Bundesrepublik liegen im Stuttgarter Ballungsraum mit 1,7 % in Stuttgart, Waiblingen, Göppingen und Nagold.

Arbeitslosigkeit (Jahresdurchschnittswerte)

	1972	1973	1974	1975	1976	1977	1978	1979	1980
Arbeitslose	246 433	273 498	582 481	1 074 217	1 060 336	1 029 995	992 948	876 100	888 900
Arbeitslosenquote (% d. Erwerbsfähigen)	1,1	1,2	2,6	4,7	4,6	4,5	4,3	3,8	4,8

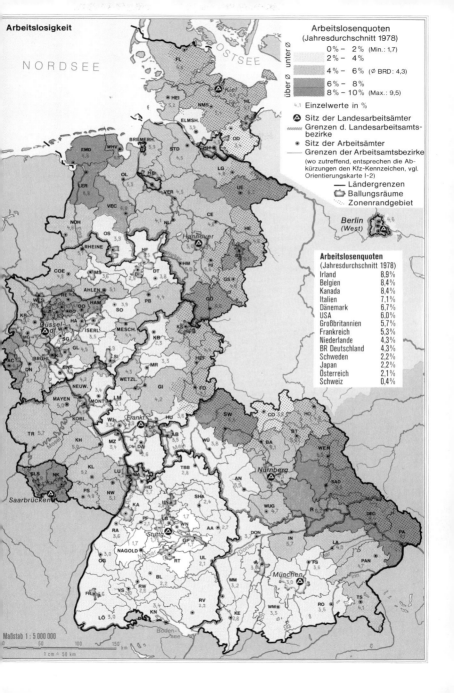

Arbeitslosigkeit

NORDSEE

OSTSEE

Arbeitslosenquoten
(Jahresdurchschnitt 1978)

0% – 2%	(Min.: 1,7)
2% – 4%	
4% – 6%	(Ø BRD: 4,3)
6% – 8%	
8% – 10%	(Max.: 9,5)

unter Ø / über Ø

4,1 Einzelwerte in %

🔺 Sitz der Landesarbeitsämter
〰〰 Grenzen d. Landesarbeitsamtsbezirke
⦿ Sitz der Arbeitsämter
— Grenzen der Arbeitsamtsbezirke
(wo zutreffend, entsprechen die Abkürzungen den Kfz-Kennzeichen, vgl. Orientierungskarte I-2)
— Ländergrenzen
⬭ Ballungsräume
⋯ Zonenrandgebiet

Berlin (West) 4,6

Arbeitslosenquoten
(Jahresdurchschnitt 1978)

Irland	8,9%
Belgien	8,4%
Kanada	8,4%
Italien	7,1%
Dänemark	6,7%
USA	6,0%
Großbritannien	5,7%
Frankreich	5,3%
Niederlande	4,3%
BR Deutschland	4,3%
Schweden	2,2%
Japan	2,2%
Österreich	2,1%
Schweiz	0,4%

Maßstab 1 : 5 000 000
0   50   100   150 km
1 cm ≙ 50 km

III-6 Ausländer und ausländische Arbeitskräfte

1979 lebten in der Bundesrepublik Deutschland über 4 Mio. Ausländer, von denen fast die Hälfte erwerbstätig war (1 934 000 von 4 144 000). Der Anteil der Ausländer an der Gesamtbevölkerung (Ausländerquote) betrug fast 7%. Die meisten Ausländer stammen aus den Agrargebieten der Mittelmeerländer. Unter ihnen stehen die Türken mit fast einem Drittel an erster Stelle (Tab. 1).

1954 hatte es nur 73 000 erwerbstätige Ausländer in der Bundesrepublik gegeben, aber 1958 waren es schon über 100 000 und 1973 erreichten sie ihren ersten Höhepunkt mit 2,6 Mio., entsprechend einem Anteil von fast 10% von allen Erwerbstätigen. Seit dem im Dezember 1973 verfügten Anwerbestopp für ausländische Arbeitnehmer und dem allgemeinen Konjunkturrückgang sank ihre Zahl zunächst bis auf 1 869 000 im Jahre 1978. Aber 1979 stieg sie erneut auf 1 934 000 an. »Manche Betriebsteile und Produktionsabläufe (in unserer Industrie) werden heute schon von diesen ausländischen Mitarbeitern unter Einschluß des unteren Leitungs- und Überwachungspersonals gefahren.« (Hottes 1980).

Weniger deutlich als auf die Arbeitnehmer wirkte sich der Anwerbestopp auf die gesamte ausländische Bevölkerung aus. Diese hatte 1974 mit 4 127 000 Menschen einen ersten Höchststand erreicht. Bis 1977 sank die Zahl der Ausländer auf 3 948 000, stieg dann aber bis 1979 wieder auf 4 144 000 und erreichte damit ihren absoluten höchsten Stand. Fast 7% der Bevölkerung unseres Landes sind heute Ausländer (Tab. 2).

Die Abwanderung lediger Männer wurde z. T. ausgeglichen durch hohe Geburtenüberschüsse und durch weitere Zuwanderungen von Familienangehörigen.

Die Zuwanderung der ausländischen Arbeitnehmer begann um 1960 von Süden her in zwei nach Norden gerichteten Zügen und gleichzeitig in wachsenden konzentrischen Kreisen um bestimmte Schwerpunkte in den industriellen Ballungsräumen. (Giese 1978). Der erste Zug ging von der Schweizer Grenze aus in den Neckarraum mit Stuttgart und Ludwigsburg (1961), weiter in das Rhein-Main-Gebiet mit Frankfurt und Offenbach (1962), bis zur Rheinschiene mit Köln und Solingen (1964), nach Bielefeld und Hannover (1964), Wolfsburg, Hamburg (1969), Bremen (1970).

Der andere Weg führte über die österreichische Grenze nach München (1963), nach Nürnberg (1964), und verzweigte sich hier nach Hannover und nach Hof.

Weitere Zuwanderungen erfolgten von Südwesten in das Saargebiet und von Westen in den Rhein-Ruhr-Ballungsraum.

Auf der Karte wird deutlich, daß alle industriellen Ballungsräume hohe Anteile bzw. durchschnittliche Werte und überdurchschnittliche Werte an ausländischen Arbeitnehmern aufzuweisen haben.

Ganz besonders hohe Anteile finden sich in den Ballungsräumen südl. des Mains und im Rhein-Ruhr-Gebiet.

Diese am frühesten von den Ausländerwanderungen erreichten Gebiete haben sich im Laufe der längeren Zeiträume auch entsprechend stärker aufgefüllt. Die höchsten Werte ordnen sich von S nach N wie folgt: Ludwigsburg (Neckargebiet) mit 20 %, München 15,1%, Offenbach (Rhein-Main) 16%, Solingen (Rhein-Ruhr) 14,3%, Bielefeld 9,8%, Hannover 8,1%, Helmstedt (mit Wolfsburg) 6,7%, Hamburg 8,1%, Bremen 5,8%. Entsprechend ist die Abnahme auf der anderen Zuwanderstrecke: München 15,1%, Nürnberg 9,8%, Hof 5,4%.

Der auffällig hohe Anteil von Traunstein mit 10,0% erklärt sich aus dem hohen Besatz von Ausländern im Fremdenverkehr und Gaststättengewerbe.

(1) Ausländer in der Bundesrepublik (Stand 30. 9. 1979)

Türken	1 268 300	30,6%
Jugoslawen	620 600	15,0%
Italiener	594 400	14,3%
Griechen	296 800	7,2%
Spanier	182 200	4,4%
Portugiesen	109 800	2,6%
andere	1 071 700	25,9%
insges.	4 143 800	100,0%

(2) Einwohner – Ausländer – Erwerbstätige 1969 bis 1979 (Angaben in 1000)

	1976	1977	1978	1979
Einwohner der BRD	61 531	61 400	61 327	61 359
davon Ausländer	3 948	3 948	3 981	4 144
Ausländer in %	6,4	6,4	6,5	6,8
Erwerbstätige in der BRD	25 088	25 044	25 230	25 548
davon Ausländer	1 937	1 889	1 869	1 934
Anteil d. Ausländer an den Erwerbst. in %	7,7	7,5	7,4	7,6

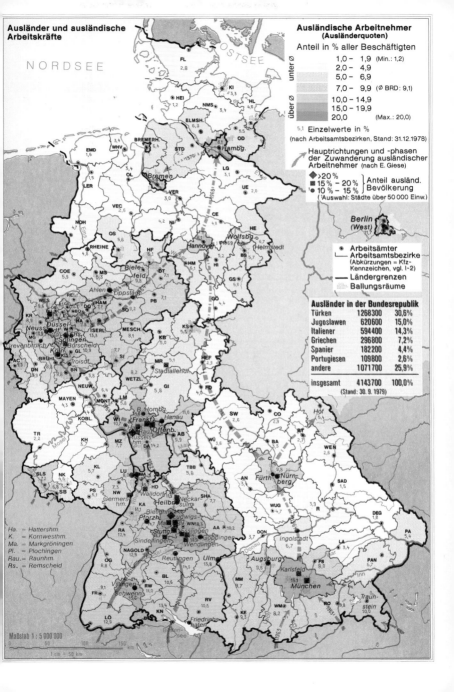

Ausländer und ausländische Arbeitskräfte

III-7 Altersgliederung

Der Altersaufbau der Bundesrepublik Deutschland im Jahre 1978 zeigt, vor allem als Folge der beiden Weltkriege, ein ungünstiges Bild. Durch den Geburtenrückgang der 70er Jahre ist die Basis der 1- bis 6jährigen äußerst schmal.

Bei den heute 15- und 16jährigen wird, als Folge des »Babybooms« der Nachkriegszeit (III-3), ein Maximum erreicht. In allen Jahrgängen herrscht bis zu den heute 51jährigen ein geringer, biologisch bedingter Männerüberschuß; denn es werden im allgemeinen mehr Knaben als Mädchen geboren.

Die Geburtenausfälle des Zweiten Weltkrieges führten zu starken Rückgängen bei den heute 31- bis 34jährigen Männern und Frauen. Entsprechende Einschnitte haben die Geburtenrückgänge während der Weltwirtschaftskrise 1932 und im Ersten Weltkrieg bei den heute 46- bis 48jährigen und den 60- bis 64jährigen zur Folge. Zu dem Geburtenausfall im Ersten Weltkrieg kommt auf der Männerseite noch die große Zahl der Gefallenen des Zweiten Weltkrieges, wovon die Generation der 52- bis 82jährigen betroffen ist. Dadurch entstand ein enorm hoher Frauenüberschuß bei den 51jährigen, der bei den über 78jährigen durch die Gefallenen des Ersten Weltkrieges noch weiter verstärkt wird. Der hohe Anteil der Witwen bei den über 65jährigen hat hier seinen Ursprung.

1978 waren 24,2% der Bevölkerung unter 18 Jahre alt, 60,4% waren im sog. »erwerbsfähigen Alter« zwischen 18 und 65 Jahren und 15,4% über 65 Jahre, im sog. »Rentenalter«.

Die Karte stellt in gelben und roten Farbtönen die regionale Verteilung der im »erwerbsfähigen Alter« stehenden 18- bis 65jährigen dar. Die Schwerpunkte liegen eindeutig in den Ballungsräumen. Hier treten die »Zentralen Orte« der höheren Stufen (III-11) besonders deutlich hervor und fast alle Universitätsstädte (VII-1) mit ihrem hohen Anteil an Alleinstehenden im erwerbsfähigen Alter ohne junge und alte Familienmitglieder, die in den Heimatorten der Studierenden verbleiben.

Andererseits zeichnen sich dünn besiedelte, z. T. noch agrar bestimmte Abwanderungsgebiete durch einen geringen Anteil an erwerbsfähiger Bevölkerung aus, wie das südliche Schleswig-Holstein, das Emsland, die zentrale Eifel.

Auf die Flächenfarben aufgesetzte schwarze Schraffur und blaue Punktur stellen in der Karte Gebiete mit besonders hohen Anteilen an alter bzw. junger Bevölkerung dar. Überdurchschnittlich »junge« Gebiete mit hohen Geburtenraten kennzeichnen Räume traditionellen Verhaltens außerhalb der Ballungsräume und der großen Städte, deren Bevölkerung der modernen Familienplanung skeptisch gegenübersteht. Das sind vor allem katholisch bestimmte ländliche Gebiete wie das Emsland, das Münsterland, der linke Niederrhein, Eifel und Hunsrück, das Moselland, das östliche, früher kurkölnische Sauerland, die ehemals geistlichen Territorien am Main, der größte Teil Bayerns mit Ausnahme der großen Städte (III-9).

Als überaltert werden in der Karte solche Gemeinden gekennzeichnet, deren Bevölkerung zu über 18% aus »Alten« über 65 Jahren besteht. Es sind vor allem attraktive Gebiete, die zu Zielen der Altenwanderung geworden sind. So erklärt sich der hohe Anteil älterer Menschen in den Städten: von den 51 Gebieten mit einem Altenanteil von über 18% sind 30 kreisfreie Städte gegenüber nur 21 Landkreisen.

Städte sind mit Hinblick auf ihre Einrichtungen zur Freizeitgestaltung und medizinischen Betreuung begehrte Altensitze. Unter den Landkreisen werden ebenfalls Gebiete mit besonderer Freizeitattraktivität bevorzugt, wie z. B. die Alpen (Berchtesgaden, Garmisch-Partenkirchen), Frankenwald und Fichtelgebirge (Hof), Harz und Bodensee (Lindau). Dabei ist die See gegenüber dem Mittel- und Hochgebirge, im Gegensatz zum Urlaubsverhalten, weniger gefragt. Den höchsten Anteil an »Alten« haben mit 22% das Weltbad Baden-Baden und mit 22,8% Berlin (West) aufzuweisen. In den Randgebieten der Innenstädte bleibt häufig ein großer Teil alter Menschen, die in diesen Stadtvierteln aufgewachsen sind, zurück, wenn die jüngeren in die Außenbezirke abwandern, z. B. in Essen, Wuppertal und Solingen.

Altersaufbau der Bevölkerung

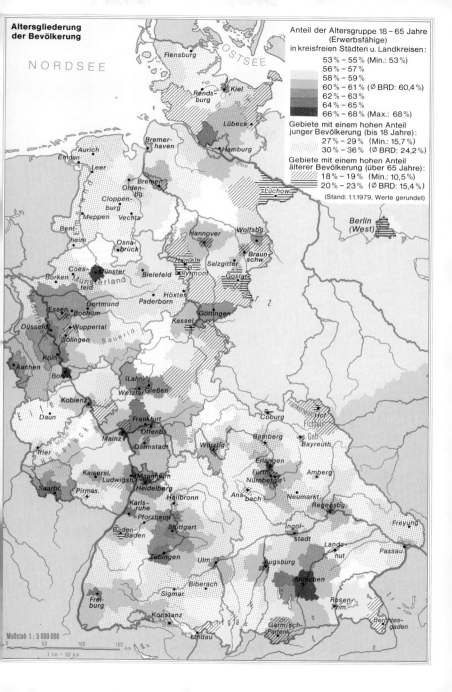

Altersgliederung der Bevölkerung

Anteil der Altersgruppe 18–65 Jahre
(Erwerbsfähige)
in kreisfreien Städten u. Landkreisen:
- 53% – 55% (Min.: 53%)
- 56% – 57%
- 58% – 59%
- 60% – 61% (Ø BRD: 60,4%)
- 62% – 63%
- 64% – 65%
- 66% – 68% (Max.: 68%)

Gebiete mit einem hohen Anteil
junger Bevölkerung (bis 18 Jahre):
- 27% – 29% (Min.: 15,7%)
- 30% – 36% (Ø BRD: 24,2%)

Gebiete mit einem hohen Anteil
älterer Bevölkerung (über 65 Jahre):
- 18% – 19% (Min.: 10,5%)
- 20% – 23% (Ø BRD: 15,4%)

(Stand: 1.1.1979, Werte gerundet)

Maßstab 1 : 5 000 000

0   50   100   150   km

1 cm ≙ 50 km

III-8 Gesundheitliche Versorgung

Die gesundheitliche Versorgung in der Bundesrepublik Deutschland hat sich in den letzten 20 Jahren beachtlich verbessert. Die Zahl der Ärzte stieg von 79 000 im Jahr 1960 auf 135 700 im Jahr 1979. Ein Arzt hatte 1960 im Durchschnitt 700 Menschen zu betreuen, 1978 hingegen standen statistisch für jeweils 453 Menschen ein Arzt und für 86 Einwohner ein Krankenhausbett zur Verfügung.

Weltweit gesehen steht die Bundesrepublik im Hinblick auf die ärztliche Versorgung an 6. Stelle, nach Israel, der ČSSR, Österreich, Ungarn und Bulgarien.

Von 1960 bis 1978 stieg der Anteil der Fachärzte von 41 % auf 46 % aller Ärzte. 1978 betrieben 45 % der Ärzte eine freie Praxis, 46 % waren hauptamtlich an den insges. 3328 Krankenhäusern und Kliniken der Bundesrepublik beschäftigt und 9 % in Verwaltung und Forschung tätig.

Die Karte gibt Auskunft über den Stand der ärztlichen Versorgung in den kreisfreien Städten und Landkreisen. Berücksichtigt wurden alle Ärzte außer den Zahnärzten, sowohl die in freier Praxis als auch die in Krankenhäusern und Kliniken, Verwaltung und Forschung. Für jede statistische Einheit wurde die Zahl der Einwohner pro Arzt (E/A) berechnet und entsprechend dargestellt: Je kleiner dieser Wert, um so besser ist die ärztliche Versorgung bzw. um so höher die »Arztdichte«.

Im allgemeinen sind die kreisfreien Städte besser versorgt als die Landkreise, die größeren Städte besser als die kleinen und besonders gut die Universitätsstädte, zumal solche mit medizinischen Fakultäten und Kliniken. Auch die Zentralität der Orte (III-11) ist von Bedeutung: Großzentren und Oberzentren gehören zu den besonders gut versorgten Orten. Verhältnismäßig gut versorgt sind auch die Bäder und Kurorte. Wenn auch die hier ansässigen Ärzte besonders durch die Kurgäste beansprucht werden, so kommt ihre Tätigkeit aber auch allen anderen Bürgern zugute. Orte mit hohem Freizeitwert und einem großen Bildungs- und Unterhaltungsangebot sind als Sitz für frei praktizierende Ärzte ebenso interessant und beliebt wie für andere Berufe. So

haben Heidelberg und Freiburg mit 106 bzw. 137 E/A die beste ärztl. Versorgung in der Bundesrepublik aufzuweisen. Beides sind Oberzentren und haben Universitäten mit Kliniken, aber beide haben auch einen hohen »Freizeitwert« und ein großes Bildungs- und Unterhaltungsangebot in landschaftlich reizvoller Umgebung (Tab. in Karte).

Am schlechtesten versorgt sind die Landkreise Coburg und Fürth mit 2024 bzw. 2273 E/A. Aber inmitten dieser unterversorgten Kreise liegen die kreisfreien Städte Coburg und Fürth und in nächster Nachbarschaft auch Nürnberg und Erlangen mit weit günstigerer Versorgung: Coburg 298 E/A, Fürth 448 E/A, Nürnberg 433 E/A und Erlangen 152 E/A. Dieses typische Gefälle von einem Zentrum besserer Versorgung zu einem schlechter versorgten Umland verzeichnet die Karte in großen Teilen Bayerns, am nördl. Oberrhein, im Rhein-Main-Gebiet, im Ruhrgebiet, im Münsterland und in weiten Teilen der Norddeutschen Tieflandes. Aber auch in anderen Regionen, wo die Karte größere Flächen relativ guter Versorgung darstellt, gilt innerhalb dieser Flächen dasselbe Prinzip der zentral-peripheren Differenzierung, das Gefälle von innen nach außen. Es tritt nur in unserer Darstellung nicht hervor, wenn relativ große Orte mit guter Versorgung nicht kreisfrei, sondern kreisangehörig sind, so daß ihre Werte mit denen des Umlandes gemittelt werden. Regional am schlechtesten versorgt sind periphere Räume: das Emsland im Nordwesten, die Eifel im Westen, der Bayerische Wald und der Oberpfälzer Wald im Südosten. Trotz der relativ günstigen ärztl. Versorgung der Bundesrepublik, wie sie in dem o. a. internationalen Vergleich deutlich wird, herrscht immer noch ein Mangel an Ärzten. Fast 2/3 (61 %) der Bevölkerung leben in Städten und Landkreisen mit unterdurchschnittlicher ärztlicher Versorgung mit mehr als 500 E/A. Nach Berechnungen des Deutschen Beamtenbundes fehlen etwa 20 000 Ärzte an den Krankenhäusern. Im Hinblick auf die frei praktizierenden Ärzte sind vor allem die ländlichen und peripheren Gebiete unterversorgt.

Ärztliche Versorgung

Stufe	Versorgungs- grad	Einw. pro Arzt (E/A)	Kreis- freie Städte	Land- kreise	Bd.-/ Landes- Hptst.	Universitäts- orte	kliniken	Kur- orte, Bäder[1]	Zentralität G	O/G	O	Einw. BRD
1	sehr gut	<250	14	1	4	13	11	–	2	1	10	6,4 %
2	gut	250–500	65	28	7	29	12	56	3[2]	9	29	32,4 %
3	mäßig	500–750	14	98	–	7	–	60	–	–	3	35,9 %
4	schlecht	750–1000	–	69	–	–	–	7	–	–	–	18,2 %
5	sehr schlecht	>1000	–	37	–	–	–	3	–	–	–	7,2 %

[1] m. > 340 000 jährl. Übernachtungen
[2] einschl. Berlin (W)

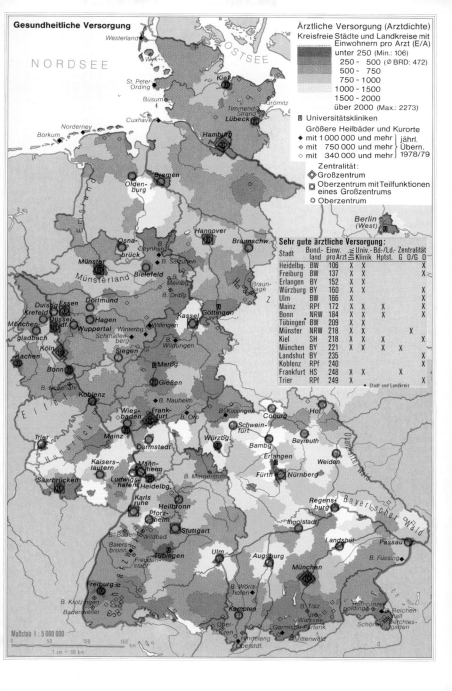

Gesundheitliche Versorgung

NORDSEE

OSTSEE

Westerland
Wyk
Kiel
St. Peter-Ording
Büsum
Timmend. Strand Grömitz
Cuxhaven Lübeck
Norderney
Borkum Hamburg
Bremen
Oldenburg
Berlin (West)
Hannover Braunschw.
Osnabrück B. Oeynh. B. Salzuflen
Münster Bielefeld Meinbg Braun-lage
Münsterland B. Driibg
Duisbg Essen Dortmund Kassel Göttingen
Krefeld Hagen Winterbg Willingen
Mönchen-gladbach Düssel.df. Wuppertal Schmallen-berg
Köln Siegen Schwallen-berg B. Wildungen
Aachen Marbg
Bonn Gießen
B. Neuenahr B. Nauheim
Koblenz Wies-baden Frank-furt B. Orb B. Kissingen Coburg Hof
Trier Mainz Würzbg Schwein-furt
Darmstadt Bambg Bayreuth
Kaisers-lautern Mann-heim Erlangen
Saarbrücken Ludwigs-hafen B. Mergentm. Weiden
Heidelbg. Fürth Nürnberg
Karls-ruhe Heilbronn Regens-burg
Pforzheim Bayerischer Wald
B.-Baden Wildbad Stuttgart Ingolstadt
Baiers-bronn Freuden-stadt Tübingen Ulm Landshut Passau
Augsburg B. Füssing
Freiburg München
B. Klotzingen B. Wöris-hofen
Badenweiler Kempten Reichen-hall
B. Tölz Wiessee Berchtes-gaden
Ober-stdfen Garmisch-Partenk. Schönau
Hindelang Mittenwald
Oberstdf.

Ärztliche Versorgung (Arztdichte)

Kreisfreie Städte und Landkreise mit
Einwohnern pro Arzt (E/A)

- unter 250 (Min.: 106)
- 250 - 500 (Ø BRD: 472)
- 500 - 750
- 750 - 1000
- 1000 - 1500
- 1500 - 2000
- über 2000 (Max.: 2273)

Ⓤ Universitätskliniken

Größere Heilbäder und Kurorte
- ◆ mit 1 000 000 und mehr ⎫ jährl.
- ◈ mit 750 000 und mehr ⎬ Übern.
- ◇ mit 340 000 und mehr ⎭ 1978/79

Zentralität:
- ◈ Großzentrum
- ◉ Oberzentrum mit Teilfunktionen eines Großzentrums
- ○ Oberzentrum

Sehr gute ärztliche Versorgung:

Stadt	Bund-land	Einw. pro Arzt	Univ.-Klinik	Bd-/Ld-Hptst.	Zentralität G	O/G	O
Heidelbg.	BW	106	X	X			X
Freiburg	BW	137	X	X			X
Erlangen	BY	152	X	X			
Würzburg	BY	160	X	X			X
Ulm	BW	166	X	X			X
Mainz	RPf	172	X	X	X		X
Bonn	NRW	184	X	X	X		X
Tübingen	BW	209	X	X			
Münster	NRW	218	X	X		X	
Kiel	SH	218	X	X	X		X
München	BY	221	X	X	X	X	
Landshut	BY	235					X
Koblenz	RPf	240					X
Frankfurt	HS	248	X	X		X	
Trier	RPf	249	X				X

• Stadt und Landkreis

Maßstab 1 : 5 000 000

0   50   100   150 km

1 cm ≙ 50 km

Eifel Hunsrück Hessen Harz Emsland Oberpfälzer Wald

III-9 Konfessionen

Die Konfessionskarte ähnelt einem Mosaik. In Norddeutschland überwiegen evangelische, in Süddeutschland katholische Christen; dazwischen liegen Mischzonen. Innerhalb der Gebiete mit festen Mehrheiten sind unterschiedlich große Regionen der anderen Konfession eingestreut.

Die Wurzeln dieser verwirrenden Vielfalt reichen in das Zeitalter der Reformation. Wittenberg (Luther), Zürich (Zwingli) und Genf (Calvin) waren die Zentren, von denen die neue Lehre ausging und sich rasch verbreitete. Die reformatorische Bewegung veranlaßte die romtreue Bischofskirche, sich zu regenerieren. Die Glaubensspaltung wurde 1555 durch den Grundsatz »cuius regio eius religio« verfestigt: Von nun an konnten die Landesherren die Konfession der Untertanen ihres Territoriums bestimmen. Nach dem 30jährigen Krieg (1618–1648) hatte sich das alte Deutsche Reich in ca. 300 Territorien mit geistlichen und weltlichen Herrschern aufgesplittert. Das konfessionelle Bild Deutschlands erhielt damit seine Grundzüge, die bis heute erkennbar sind: So prägte das Luthertum Nord-, Ost- und Mitteldeutschland, Hessen-Kassel, Waldeck, in Süddeutschland Württemberg, Ansbach, Bayreuth, kleinere Territorien und Reichsstädte wie Dortmund, Soest, Nürnberg. – Der Calvinismus beeinflußte Ostfriesland, Bremen, Moers, Lippe, Tecklenburg, Bentheim, Teile von Kleve-Jülich-Berg, Nassau, Sayn-Wittgenstein, die Kurpfalz und Regionen der Oberpfalz. – Dem Katholizismus blieben erhalten oder zu ihm kehrten zurück die ehemaligen Bistumslande Hildesheim, Osnabrück, Münster (Südoldenburg, Emsland), Paderborn, Köln, Trier, Mainz, Würzburg, Bamberg und die anschließenden süddeutschen Bistümer, die weltlichen Territorien Baden-Baden, Hohenzollern, Pfalz-Neuburg, Oberpfalz, Bayern. Diese regionale Verteilung blieb trotz mancher Binnenwanderungen bis 1945 weitgehend konstant. Im Deutschen Reich lebten etwa 2/3 Evangelische und 1/3 Katholiken. Zwischen 1871

und 1939 lassen sich leichte Schwankungen beobachten. Sie sind auf Gebiets- und Bevölkerungsverluste nach dem 1. Weltkrieg zurückzuführen (VIII-1); außerdem stieg die Zahl der Kirchenaustritte. – In der DDR bekannten sich 1974 von 16,8 Mio. Einwohnern schätzungsweise noch 9,9 Mio. zu den christlichen Konfessionen, davon 86% Evangelische, 13% Katholiken, 1% Freikirchliche. – Auf dem Gebiet der heutigen Bundesrepublik waren 1939 die Unterschiede zwischen Katholiken und Evangelischen nicht so groß wie auf dem Reichsgebiet. Nach 1945 wuchs jedoch der Anteil der Evangelischen durch Vertriebene aus den Ostgebieten und DDR-Flüchtlinge (Vertriebene: 54% ev., 43% kath.; DDR-Flüchtlinge: 76% ev., 16% kath.). Die stellenweise jahrhundertealte konfessionelle Struktur der Räume wurde dadurch stark verändert. Kreise mit ehemals hoher Konfessionskonzentration wurden nivelliert. In den letzten Jahren läßt sich allerdings eine deutliche Entmischung der Bekenntnisse feststellen. Außerdem sinkt der Anteil der Evangelischen: Die Zuwanderung aus der DDR ist weitgehend versiegt; gleichzeitig wächst die katholische Bevölkerung durch Geburtenüberschuß und eine Zunahme der katholischen Gastarbeiter. – Kirchenaustritte und muslimische Gastarbeiter ließen die »Sonstigen« ansteigen. Sie bevorzugen offensichtlich evangelische Gebiete und Großstädte.

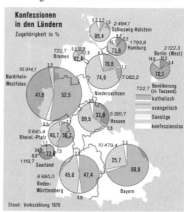

Konfessionen in den Ländern
Zugehörigkeit in %

Bevölkerung (in Tausend)
katholisch
evangelisch
Sonstige
konfessionslos

Stand: Volkszählung 1970

Konfessionsverteilg. im Wandel 1871–1970

	Deutsches Reich			Gebiet der Bundesrepublik Deutschland			
	1871	1925	1939	1871	1939	1961	1970
	%	%	%	%	%	%	%
Evangelische	62,3	64,1	60,8	51,1	48,6	51,1	49,0
Katholiken	36,2	32,4	33,2	47,5	46,4	44,1	44,6
Sonstige	1,5	3,5	6,0	1,4	5,0	4,8	6,4

Die Volkszählung von 1970, Grundlage der Karte, gibt nur die rechtliche Zugehörigkeit zu einer Konfession wieder, nicht aber die religiöse Überzeugung.

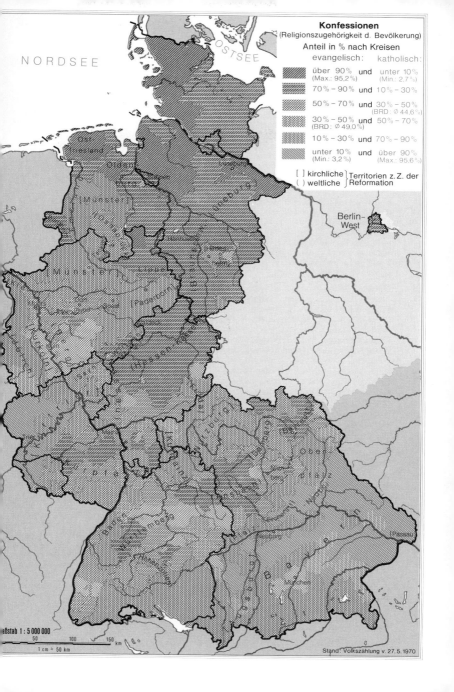

Die deutsche Hoch- und Schriftsprache gehört zu den wortreichsten, aber auch kompliziertesten Sprachen Europas. Sie dient der überregionalen Verständigung und ist nicht wie die Mundarten an einzelne Landschaften gebunden. Ihre heutige Form ist in vielen Jahrhunderten gewachsen; aktive und passive Sprachräume beeinflußten ihre Entwicklung. Die Mundarten von 5 Stämmen, der Alemannen, Franken, Thüringen, Sachsen und Bayern, bildeten die Grundlage der späteren Einheitssprache. Sie kristallisierten sich während der Völkerwanderungszeit heraus (um 400 n. Chr.). Im 5. Jh. läßt sich ein tiefgreifender Sprachwandel beobachten:

p→pf im Anlaut und in der Verdoppelung
pund→pfund   appel→apfel
p→f im In- und Auslaut
helpen→helfen   dorp→dorf
t→s, ss im In- und Auslaut
water→wasser   dat→das
k→ch im In- und Auslaut
maken→machen   ik→ich.

Diese »2. oder hochdeutsche Lautverschiebung« erfaßte den gesamten oberdeutschen Raum; das Mitteldeutsche wurde nur teilweise beeinflußt. Beide Ausformungen des Frühdeutschen lassen sich zum Hochdeutschen zusammenfassen. Das Niederdeutsche griff den Sprachwandel nicht auf, ebensowenig das Friesische; es ist mit dem Niederdeutschen, stärker aber mit dem Englischen verwandt. Im Mittelalter wuchsen Mundarten über ihre Kernräume hinaus. Es hatten sich auf altem Stammes- und Reichsboden neue Herrschaftsgebiete geformt, die abgegrenzte Wirtschafts- und Verkehrslandschaften darstellten. Dieser Ausdehnungsprozeß wurde durch die Ostsiedlung des 12./13. Jhs. fortgesetzt. Mit Obersachsen, Schlesien, der Mark Brandenburg, Mecklenburg, Pommern, Ostpreußen und Schleswig-Holstein erreichte der geschlossene deutsche Sprachraum seine größte Ausdehnung. Die Grenzen der alten und neuen Mundartlandschaften blieben in der Folgezeit weitgehend unverändert. Daher sind Sprach- und Staatsgrenzen der Jetztzeit vielfach nicht deckungsgleich.
Die Folgen des 2. Weltkriegs brachten eine weitreichende Verschiebung des deutschen Staats- und Sprachraumes. Die Einwohner der Gebiete östlich der Oder-Neiße-Linie und des Sudetenlandes flohen oder wurden vertrieben, ebenso die Deutschsprechenden Ungarns, Jugoslawiens und vieler Sprachinseln im östlichen Europa. Doch die ostdeutschen Mundarten sind ohne Einfluß auf die westlichen Gastländer geblieben. Die Karte zeigt die Mundartlandschaften und die kennzeichnenden Merkmale der Zeit vor 1945. Die Linien verbinden Orte mit gleicher Spracheigentümlichkeit (Isoglossen). Die Grenzen sind jedoch nicht scharf gezogen; sie geben nur Anhaltspunkte für häufig auftretende Besonderheiten (Grenzzonen). Weit gefächert sind die Isoglossen im Bereich Westmitteldeutschlands, während das Linienbündel an der Grenze zum Niederdeutschen zwischen Rhein und Elbe eng zusammenläuft. Hier bestand die Gefahr einer Teilung in zwei Sprachräume. Sie wurde dadurch abgewendet, daß die Niederdeutsche Region die hochdeutsche Schriftsprache übernahm.
Das Werden der Einheitssprache spiegelt die politisch-rechtlichen Wandlungsprozesse der deutschen Geschichte. Nach ersten Ansätzen zu einer »Gemeinsprache« im 8./9. Jh. (theodisca lingua) war die mittelhochdeutsche Literatursprache des 12./13. Jhs. vollendeter Ausdruck höfisch-ritterlichen Lebens. Das aufstrebende Bürgertum und die staatliche Zersplitterung des späten Mittelalters führten erneut zu einer ausgeprägten sprachlichen Differenzierung.
Dieser Vorgang wurde durch die sprachlichen Ergebnisse der Ostkolonisation aufgefangen. Siedler aus vorwiegend mittel- und oberdeutschen Sprachgegenden schufen eine Mischsprache, das Ostmitteldeutsch. Diese Ausgleichsmundart diente dem aufstrebenden kursächsischen Staat als Kanzleisprache. Martin Luther gab der trockenen Juristen- und Aktensprache treffende, volksnahe, bildhafte Lebendigkeit. Er legte damit den Grundstock für die neuhochdeutsche Schriftsprache. Im 18./19. Jh. formten Dichter wie Wieland, Klopstock, Lessing, Schiller und Goethe das Lutherdeutsch zur Kultursprache. Die deutsche Sprache erreichte damit ihre höchste Stufe. Sie schuf die Voraussetzungen für die geistige, kulturelle und politische Einigung der Deuschen.
Zeitung, Rundfunk, Film und Fernsehen der Gegenwart führen zu neuen sprachlichen Ausgleichsbewegungen. Die Mundarten werden abgeschliffen. Es bilden sich weiträumige Umgangssprachen, die zwischen der Volks- und Hochsprache stehen, wie Schwäbisch, Hessisch, Berlinisch. Zu diesen Ausgleichsbewegungen treten Veränderungen des Wortschatzes. Sie sind durch die politische Teilung Deutschlands verursacht und wirken sich auf die Wortschöpfung (englischsprachiger/russischsprachiger Einfluß) und auf den Bedeutungswandel aus.

Mundarten und Hochsprache

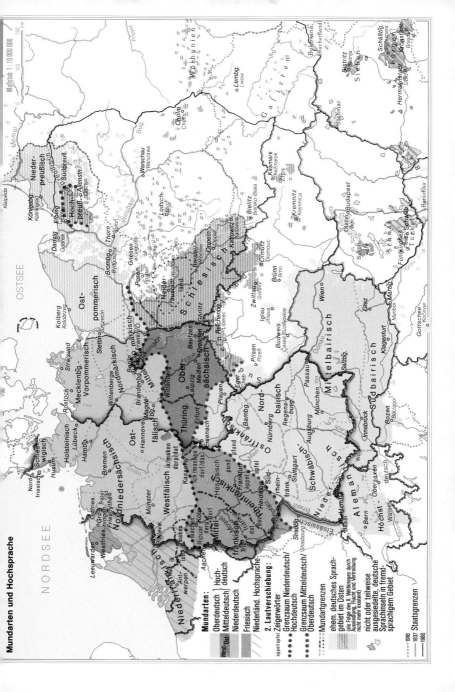

Zentrale Orte (ZO) sind Mittelpunkte eines von ihnen bestimmten Einzugsbereiches. Sie bieten Waren und Dienstleistungen in einem Maße an, das den Bedarf ihrer eigenen Bevölkerung übersteigt und an die Bewohner eines mehr oder weniger ausgedehnten Einzugsbereiches gerichtet ist. Dadurch erhält der ZO einen »Bedeutungsüberschuß« (Christaller). Kennzeichnend ist dabei ein hoher Anteil der im tertiären Sektor (Dienstleistungssektor) Beschäftigten.

Je größer das Angebot der Waren und Dienste eines ZO ist, um so größer ist auch im allgemeinen sein Einzugsbereich. Allerdings liegen ZO in dicht bevölkerten Ballungsräumen wie im Ruhrrevier auch dicht beieinander und haben flächenhaft kleinere Einzugsgebiete.

Unterschiedliche Ausstattungen, Angebote und Reichweiten der ZO bedingen eine hierarchische Ordnung von Orten gestufter zentraler Bedeutung. Für die Bundesrepublik Deutschland hat man nach Untersuchungen der Bundesforschungsanstalt für Landeskunde und Raumordnung vier Stufen und drei weitere Zwischenstufen unterschieden:

1. *Unterzentren* oder ZO der unteren Stufe decken den allgemeinen täglichen oder kurzfristigen Bedarf eines relativ kleinen *Umlandes*. Sie sind Sitze von unteren Verwaltungsbehörden wie Gemeinde- oder Amtsverwaltungen, haben im allgemeinen ein Postamt, ein oder zwei Kirchen, eine Realschule oder ein Progymnasium, eine Apotheke, ein oder zwei praktische Ärzte und Zahnärzte, ein kleines Krankenhaus, mehrere Sparkassenstellen.

Unterzentren mit Teilfunktionen eines ZO der nächst höheren Stufe verfügen zusätzlich u. a. über ein voll ausgebautes Gymnasium und über ein Krankenhaus mit einigen Fachabteilungen.

Die Unterzentren gibt es vorwiegend in den dünn besiedelten, noch in gewisser Weise agrar bestimmten Räumen, häufig in Randlagen und recht weit entfernt von den höherrangigen ZO. Sie fehlen meist in der Nähe der größeren Zentren, weil diese gleichzeitig mit ihren weiter reichenden Funktionen auch die Versorgung für den täglichen und kurzfristigen Bedarf übernehmen. Wegen des kleinen Maßstabes konnten die Unterzentren und ihr Umland nicht in unserer Karte dargestellt werden.

2. *Mittelzentren* oder ZO mittlerer Stufe dienen der Deckung des allgemeinen periodischen und des normalen gehobenen Bedarfs ihres *Hinterlandes*.

Sie weisen schon ein typisch »städtisches« Angebot auf, mit Einkaufsstraße(n) und wichtigen Fachgeschäften. Sie haben eine oder mehrere weiterführende Schulen und Fachschulen, ein Krankenhaus mit mehreren Fachabteilungen, einen Theatersaal oder eine Mehrzweckhalle für Gastspiele auswärtiger Theatertruppen und Orchester, mittlere Behörden wie Kreisverwaltung, Amtsgericht, Arbeitsamt, mehrere Banken und Sparkassen, charakteristische Berufsgruppen wie Fachärzte, Rechtsanwälte, Notare, Steuerberater. Zu ihnen gehören die meisten Kreisstädte, einschließlich der ehemaligen vor der kommunalen Neugliederung, und eine größere Anzahl von kreisfreien Städten.

In der Bundesrepublik gab es 1970 insgesamt 556 Mittelzentren, darunter 345 Kreisstädte und kreisfreie Städte. Von den 321 voll wirksamen Mittelzentren waren 1970 251 Kreisstädte (78%), während es unter den nicht voll wirksamen Mittelzentren nur 94 waren (40%). Hinzu kamen 33 weitere Mittelzentren, die schon Teilfunktionen der nächst höheren Stufe (Oberzentren) mit übernehmen.

3. *Oberzentren* oder ZO höherer Stufe decken den allgemeinen episodischen und spezifischen Bedarf eines ausgedehnten *Einflußgebietes*. Sie sind Einkaufsstädte mit mehreren großen Waren- und Kaufhäusern, aber auch mit Spezialgeschäften für differenzierte, z. T. wertvolle und teure Waren. Sie verfügen über eigene Theater-Ensembles und Orchester, über Museen, Gemäldegalerien, sind Sitze von weitreichenden Behörden und Wirtschaftsverbänden, von Hoch- und Fachschulen, Spezialkliniken und haben größere Sport- und Vergnügungsstätten. Zu den Oberzentren gehören die meisten kreisfreien Städte. Ihre Einflußgebiete umfassen im allgemeinen mehrere Landkreise und Städte. Zu den 42 typischen Oberzentren kommen noch 10 weitere, die zusätzliche Funktionen übernehmen, die sonst den ZO höchster Stufe vorbehalten sind: Düsseldorf, Essen, Hamburg, Karlsruhe, Kassel, Mannheim, Münster, Nürnberg, Saarbrücken, Stuttgart.

4. *Großzentren* oder ZO der höchsten Stufe bieten Waren für einen hoch spezialisierten und seltenen Bedarf an und sind Standorte überregionaler Einrichtungen der Verwaltung, Wirtschaft und des kulturellen Lebens, der Presse und des Verlagswesens. In der Bundesrepublik gibt es vier gleichmäßig über das ganze Land verteilte Großzentren: Frankfurt, Hamburg, Köln und München.

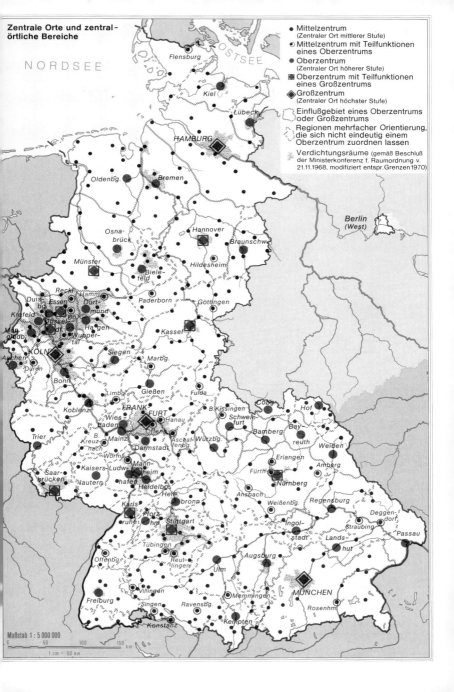

Allgemeine Entwicklung der Landwirtschaft – Landwirtschaftliche Betriebsgrößen

In der Landwirtschaft erwirtschaften immer weniger Beschäftigte immer mehr an landwirtschaftlichen Erzeugnissen. 1960 waren 3,9 Mio. Menschen in landwirtschaftlichen Betrieben von über 2 ha landwirtschaftlicher Fläche (LF) beschäftigt (15 % aller Berufstätigen), aber 1979 nur noch 1,7 Mio. (7 %). Dabei stellten 1960 die Familienarbeitskräfte 86 % der in der Landwirtschaft Tätigen. Bis 1979 war ihr Anteil auf 96 % angestiegen. Das ist eine Folge des geringeren Anreizes landwirtschaftlicher Arbeit und der wachsenden Lohn- und Sozialkosten für familienfremde Arbeitskräfte.

Von 1960 bis 1979 wurden fast eine halbe Mio. landwirtschaftliche Betriebe mit mehr als 2 ha LF aufgegeben; und die gesamte LF schrumpfte in diesem Zeitraum um 1,8 Mio. ha von 12,6 auf 10,6 Mio. ha. Das entspricht der Fläche von 60000 mittelgroßen Bauernhöfen von je 30 ha. In diesem Zeitraum wurden 500000 kleinere Betriebe mit jeweils weniger als 20 ha LF aufgegeben, während die Zahl der Betriebe mit mehr als 20 ha sich durch Aufstockung vergrößerte und um 70000 anwuchs.

1971 lag die Durchschnittsgröße der landwirtschaftlichen Betriebe bei 11,8 ha, aber innerhalb unseres Landes bestehen bezüglich der Größe erhebliche regionale Unterschiede. Weit über diesem Durchschnitt liegen die Betriebe im größten Teil des Norddeutschen Tieflandes, besonders im Bereich der Schleswig-Holsteinischen Jungmoränenlandschaft und in den Lößbörden von der Niederrheinischen Tieflandsbucht bis zum nördlichen Harzvorland. Der größte Teil dieses Gebietes liegt im Bereich alten Anerbenrechtes, wo der Hof im Erbfall ungeteilt an einen Nachfolger übergeben wird. Dazu kommt in Schleswig-Holstein die Entwicklung von großen Gütern schon seit dem Mittelalter. Aber in diesem Anerbengebiet gibt es auch eingestreute Inseln mit kleineren Betriebsgrößen, so in unmittelbarer Umgebung der großen Städte (Hamburg, Ruhrgebiet), aber auch im Minden-Ravensburger Land um Minden, Herford und Bielefeld. Hier entstanden durch die Markenteilung seit Anfang des 19. Jhs. in großer Zahl viele kleine Kötterbetriebe, durch die der Durchschnittswert der Betriebsgrößen bis heute stark herabgesetzt wird.

Etwa $\frac{1}{3}$ der Fläche im Südwesten der Bundesrepublik Deutschland ist durch kleine,

z. T. weit unter dem Durchschnitt liegende Betriebsgrößen bestimmt. Fast in diesem ganzen Bereich herrscht Teilerbrecht, d. h. im Erbfall wird das Hofland unter den Erbberechtigten verteilt. Außerdem liegen hier aber auch die Schwerpunkte der intensiven Sonderkulturen mit dem gesamten Weinbau der Bundesrepublik (IV-3). Hier ermöglichen die hohen Erträge intensiver Arbeit auch die Existenz kleiner Betriebe.

Trotz der Abnahme der Arbeitskräfte und der Schrumpfung der LF stiegen die Erträge der meisten landwirtschaftlichen Produkte von 1960 bis 1978 erheblich an: Getreide um 54 %, Milch um 21 %, die Schlachtmenge inländischer Tiere um 43 %. Nur bei Kartoffeln war ein starker Rückgang um 57 % zu verzeichnen. Der Rindviehstapel wuchs um 17 %, der Schweinebestand sogar um 43 %.

Die Ursachen dieser Entwicklung liegen z. T. in den gesteigerten Ansprüchen der Verbraucher nach hochwertigen Nahrungsmitteln wie Fleisch, Milchprodukten, Eiern oder Weizen statt Roggen.

Dazu kommen die Auswirkungen erfolgreicher Rationalisierung, verbesserter Anbaumethoden, Übernahme wissenschaftlicher Forschungsergebnisse, Züchtung und Einfuhr von neuem Saat- und Pflanzengut und der Einsatz von Pflanzenschutzmitteln.

Produktionssteigernd wirkte außerdem die zunehmende Verwendung von Mineral- und Naturdünger, letzterer als Folge der zunehmenden Rinder- und Schweinehaltung.

Die Abnahme der Arbeitskräfte führte zu der zunehmenden Verwendung von lohn- und arbeitsparenden Maschinen, besonders von Mähdreschern und Erntemaschinen und damit zur Einschränkung des Hackfruchtanbaus wie Kartoffeln und Futterrüben, zugunsten der »Mähdruschfrüchte« (Getreide, Raps, Rübsen, Körnermais, Hülsenfrüchte und Grassamen). Während sich die Anbauflächen für Getreide und Futterpflanzen von 1960 bis 1977 nur geringfügig veränderten, sank die der Hackfrüchte auf 59 %. Das hängt auch mit der geringeren Nachfrage nach Kartoffeln zusammen. Veränderte Konsumgewohnheiten der Verbraucher verursachten eine starke Zunahme der Weizenanbaufläche auf Kosten des Roggenanbaus. Durch den großen Futterbedarf der Veredelungswirtschaft nahm der Anbau von Sommer- und Wintergerste stark zu. Aus gleichem Grund stieg der Maisanbau sehr stark an.

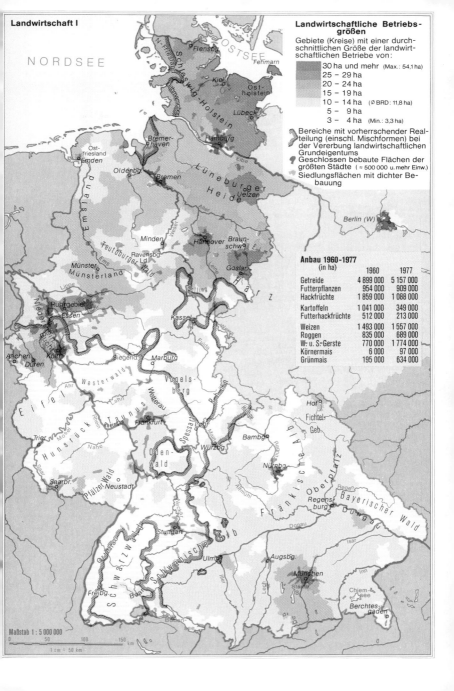

Landwirtschaft I

NORDSEE

OSTSEE

Landwirtschaftliche Betriebsgrößen

Gebiete (Kreise) mit einer durchschnittlichen Größe der landwirtschaftlichen Betriebe von:

- 30 ha und mehr (Max.: 54,1 ha)
- 25 – 29 ha
- 20 – 24 ha
- 15 – 19 ha
- 10 – 14 ha (∅ BRD: 11,8 ha)
- 5 – 9 ha
- 3 – 4 ha (Min.: 3,3 ha)

Bereiche mit vorherrschender Realteilung (einschl. Mischformen) bei der Vererbung landwirtschaftlichen Grundeigentums

Geschlossen bebaute Flächen der größten Städte (≈ 500 000 u. mehr Einw.)

Siedlungsflächen mit dichter Bebauung

Anbau 1960-1977
(in ha)

	1960	1977
Getreide	4 899 000	5 157 000
Futterpflanzen	954 000	909 000
Hackfrüchte	1 859 000	1 088 000
Kartoffeln	1 041 000	349 000
Futterhackfrüchte	512 000	213 000
Weizen	1 493 000	1 557 000
Roggen	835 000	689 000
W:- u. S:-Gerste	770 000	1 774 000
Körnermais	6 000	97 000
Grünmais	195 000	634 000

Flensbg · Fehmarn · Schleswig-Holstein · N-Friesland · Kiel · Ost-holstein · Husum · Lübeck · Hamburg · Bremer-haven · Ost-friesland · Emden · Oldenbg · Bremen · Lüneburger Heide · Uelzen · Elbe · Aller · Berlin (W) · Emsland · Ems · Weser · Minden · Teutoburger Wald · Ravensbg. Ld · Hannover · Braunschw. · Münster · Münsterland · Leine · Goslar · Lippe · Harz · Ruhrgebiet · Niederrhein · Essen · Fulda · Kassel · Aachen · Düren · Köln · Siegerld · Marburg · Westerwald · Vogels-berg · Ahr · Taunus · Wetterau · Lahn · Rhein · Eifel · Hunsrück · Mosel · Trier · Nahe · Saar · Rheingau · Frankfurt · Spessart · Main · Oden-wald · Würzbg · Hof · Fichtel-Geb. · Bamberg · Regnitz · Fränkische Alb · Nürnbg · Saarbr. · Pfälzer Wald · Neustadt · Altmühl · Oberpfalz · Regen · Bayerischer Wald · Regensburg · Donau · Schwarzwald · Neckar · Stuttgart · Schwäbische Alb · Baar · Ulm · Iller · Augsbg. · Lech · München · Isar · Inn · Freibg · Bodensee · Starnb. S. · Chiem-see · Berchtes-gaden

Maßstab 1 : 5 000 000

0 — 50 — 100 — 150 km

1 cm ≙ 50 km

Mit 7,3 Mio. ha bedeckt der Wald über ein Viertel der Fläche unseres Landes (29%). Das entspricht etwa der Ausdehnung des Ackerlandes. Die größten zusammenhängenden Waldgebiete, die nur durch Rodungsinseln und schmale Rodungsgassen gelichtet sind, erstrecken sich über die Höhenlagen der Mittelgebirge und des Hochgebirges. Hier blieb der Wald auf steilen Hängen und flachgründigen Böden erhalten, während flachere Hanglagen und Hochflächen durch die mittelalterliche Rodung erschlossen wurden. Ausgedehnte Bergwälder gibt es noch im Rheinischen Schiefergebirge und im Harz, im Schwarzwald, Pfälzer Wald und im Odenwald, im Spessart, in der Rhön und im Bayerischen Wald. Als schmale Waldstreifen treten auf der Karte die Schichtkämme und Schichtstufen im Weserbergland und in Süddeutschland hervor (II-1 u. 2). Weitgehend bewaldet sind auch die nährstoffarmen, sandigen Keuperböden des Süddeutschen Stufenlandes mit dem Reichswald bei Nürnberg. Im Norddeutschen Tiefland einschließlich der Westfälischen Bucht, besonders in der Lüneburger Heide und in der Senne, wurden im 19. Jh. ausgedehnte Heideflächen wieder aufgeforstet, während die nordwestdeutschen Moore in Grünland umgewandelt wurden.

Durch forstliche Maßnahmen wurde der natürliche Wald stark verändert. Seit dem Beginn des 19. Jhs. verdrängen Nadelhölzer die Laubbäume: Kiefern im Tiefland, Fichten im Mittelgebirge. In den Höhenlagen ist die natürliche Fichtenstufe wie im Harz und im Schwarzwald auf Kosten des Laubholzes weit nach unten ausgedehnt worden. Heute sind $^2/_3$ der Waldfläche mit Nadelholz bestockt. Die moderne Forstwirtschaft ist aber bestrebt, wieder mehr Mischwald aufzuforsten. Bei steigenden Lohn- und Sozialkosten und bei einem Preisverfall für die meisten Holzsorten ist die Forstwirtschaft, die einst hohe Gewinne erzielte, weitgehend zu einem Zuschußunternehmen geworden (IV-10). Andererseits kann der Bedarf der holzverarbeitenden Industrie, die z. T. auf andere Sorten angewiesen ist, nicht aus der heimischen Produktion gedeckt werden. Aber der Erhalt des Waldes und seine entsprechende Pflege sind wegen ihrer großen Bedeutung für die Erholung und das Klima in einem dicht besiedelten Industrieland unabdinglich (IV-16).

1979 gab es in unserem Land 5 Mio. ha Dauergrünland. Das sind etwa $^1/_5$ der Gesamtfläche und etwa $^1/_3$ (36%) der landwirtschaftlichen Fläche.

Das auf der Karte ausgewiesene Grünland kennzeichnet landwirtschaftlich genutzte Flächen, auf denen das Grünland das Ackerland übertrifft. Es handelt sich dabei meist um Grünland-Futterbau-Betriebe mit hohem Viehbestand, ausgedehntem Grünland und mit hohem Anteil an Futtergewächsen auf dem zugehörigen Ackerland.

Drei Grünlandgebiete treten auf der Karte deutlich hervor:

1. der größte Teil des Norddeutschen Tieflandes auf Marsch und Geest ohne das Jungmoränenland im östlichen Schleswig-Holstein (II-3), 2. die Täler und Rodungsinseln der Mittelgebirge, 3. das Alpenvorland und die Alpen. In allen drei Gebieten begünstigen Klima und Boden Grünlandwirtschaft und Viehhaltung gegenüber dem Anbau.

1. Im Norddeutschen Tiefland wird das Grünland vorwiegend als Weide genutzt. Das wintermilde atlantische Klima ermöglicht einen langen Weidegang. Andererseits erschwert die hohe Luftfeuchtigkeit, besonders im Zusammenhang mit lang andauernden Nieselregen- und Nebelperioden, die Heugewinnung. Die meisten Betriebe sind auf Mast oder – vor allem in der Nähe der großen Städte – auf Milcherzeugung eingestellt. In den kleineren Betrieben unter 20 ha nimmt die Tendenz zur reinen Grünlandwirtschaft unter Aufgabe des Anbaus immer mehr zu, weil ihre kleinen Ackerparzellen für eine moderne rationale Nutzung nicht geeignet sind. Auf den schweren Marschböden stellen sich auch große Betriebe immer mehr auf ausschließliche Grünlandnutzung ein. 2. Im Mittelgebirge führen kühle Winter, hohe Niederschläge, große Luftfeuchtigkeit und steile Hanglagen zur Einschränkung des Ackerlandes und zur Ausdehnung der Grünlandflächen. Der kurze Weidegang erfordert verstärkten Futterbau, nicht nur auf den kleinen Dauerackerlandflächen, sondern auch auf dem Wechselland, auf dem Acker und Grünlandperioden miteinander abwechseln. 3. Im Voralpenland und in den Alpen wird das Grünland vorwiegend als Wiese zur Heugewinnung genutzt. Hohe Niederschläge schränken die Ackernutzung ein. Lange und kühle Winter zwingen zu Wintervorräten. Milchgewinnung und -verwertung in Großmolkereien und Großkäsereien – auch für weit entfernte Absatzgebiete – sind wichtigste Produktionsziele (IV-13).

Mit 7,5 Mio. ha nimmt das Ackerland fast 30% der Gesamtfläche unseres Landes ein und damit etwas mehr als die Hälfte der landwirtschaftlichen Fläche (LF). Bei dem auf der Karte dargestellten »*Ackerland auf guten Böden*« handelt es sich um Betriebe mit weit unter dem Durchschnitt liegenden Grünlandanteilen und hohen Anteilen von Ackerland. Dieses günstige Ackerland mit intensiver, ausgedehnter Ackernutzung erstreckt sich im Norddt. Tiefland von den nährstoffreichen Jungmoränenböden im östl. Schleswig-Holstein über die jungen Marschen von Eiderstedt bis an die Emsmündung. Die größte Ausdehnung hat es auf den fruchtbaren Lößböden der Börden am Nordsaum und in den Becken der Mittelgebirgsschwelle, wo zudem noch durch relativ warmes und trockenes Klima gute Anbauvoraussetzungen gegeben sind. Weizen und Zuckerrüben sind die charakteristischen Ackerfrüchte dieser Regionen. Wegen der besonders günstigen und ertragreichen Verwendung der Zuckerrüben zur Zuckergewinnung und als Futtergrundlage hat hier der Hackfruchtanbau, im Gegensatz zu den anderen Agrarregionen, seine dominierende Stellung behalten können. Getreide-Hackfruchtanbau und Hackfrucht-Getreideanbau sind die vorherrschenden Bodennutzungssysteme.

Das »*weniger günstige Ackerland*« ist stärker mit Grünland durchsetzt, macht aber mehr als 50% der LF aus. Im Norddeutschen Tiefland hat es seine größte Ausdehnung auf den trockenen Böden der Ems-Hunte-Geest, in der Lüneburger Heide und auf den kalkigen Kleiböden der Westfäl. Bucht, während die feuchteren Niederungen stärker durch Grünland bestimmt sind. In der Mittelgebirgsregion erstreckt es sich über die Ränder der o. a. Becken und über die unteren und mittleren Hanglagen, während auf den Höhen grünlandbestimmte Wirtschaftsformen vorherrschen. Besonders groß ist die Ausdehnung dieses »weniger günstigen Ackerlandes« auf den zwar nährstoffreichen, aber steinigen und klimatisch ungünstigen Kalkböden der Schwäb.-Fränk. Alb. Im Gegensatz zu den günstigen Ackerböden mit ihrem auch heute noch starken Zuckerrübenanbau hat der Anteil der Hackfrüchte im Bereich der ärmeren Böden stark abgenommen. Der Kartoffelanbau ging mit der geänderten Geschmacksrichtung der Verbraucher zurück. Futterrüben wurden aus arbeitstechnischen Gründen

zugunsten von Mähdruschfrüchten wie Gerste, Hafer, Mais, Raps und Grassamen stark eingeschränkt. Getreide- und Futterbaubetriebe überwiegen, wobei ein großer Teil der Mähdruschfrüchte für die Viehhaltung verwendet wird. *Sonderkulturen* bringen auf kleinen Flächen hohe Erträge bei intensivem Arbeitseinsatz: Wein, Obst, Hopfen und Gemüse. Außerdem sind sie meist auf warmes und trockenes Klima angewiesen, was in ganz besonderem Maße für den Weinbau gilt. Nach seiner größten Ausdehnung im Mittelalter hat er sich in der Neuzeit auf die besonders günstigen Lagen an den sonnseitigen Hängen der warmen Täler zurückgezogen. Seine Nordgrenze liegt heute am Siebengebirge und im Ahrtal. Schwerpunkte bilden die Täler von Mittelrhein, Mosel, Saar, Ruwer und Nahe, das Oberrheingebiet mit der Rheinpfalz und dem Markgräfler Land am Fuße des Schwarzwaldes. Kleinere Gebiete liegen in den Becken des Main- und Neckartales und am Bodensee. Im modernen Weinbau können die Arbeitskräfte fast das ganze Jahr über produktiv beschäftigt werden. Es gibt nur wenige Monokulturbetriebe in Form von großen Weingütern. Vorherrschend sind kleine bäuerliche Betriebe mit mehr oder weniger großen Weinbau-Anteilen. Die Vorteile liegen hier im geringeren Risiko bei klimatisch bedingten, jährlichen Ertragsschwankungen, im günstigeren Düngerausgleich und in günstigerer Arbeitsverteilung. Kelterei und Vermarktung werden zum größten Teil durch Winzergenossenschaften und einige private Großbetriebe durchgeführt. Der Obstanbau bevorzugt warme und trockene Lagen; daher liegt ein großer Teil der deutschen Anbaugebiete in unmittelbarer Nähe der Weinbaugebiete. Hier ist der Obstbau oft auch Nachfolgekultur des aufgelassenen Reblandes geworden. Außerhalb der Nachbarschaft zum Weinbau liegt das größte norddt. Obstbaugebiet im Alten Land sw. Hamburg, wo es sich vor allem durch die günstige Marktlage entwickeln konnte. Noch stärker abhängig von der Marktnähe zu den großstädtischen Verbrauchern sind die meisten Gemüseanbaugebiete. Der Hopfenbau erfordert sehr hohen Arbeitseinsatz und hohen Düngemittelverbrauch. Die Hallertau nördl. München entwickelte sich seit der 2. Hälfte d. 19. Jhs. (Aufteilung der gemeinen Marken) zum größten dt. Hopfenanbaugebiet und drittgrößten der Erde.

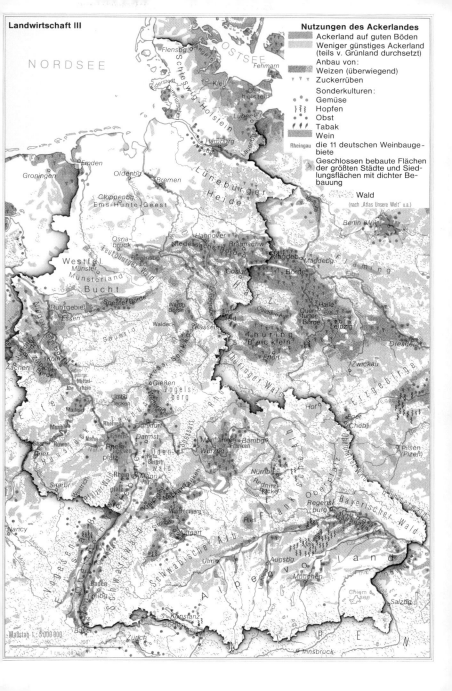

Landwirtschaft III

NORDSEE

Nutzungen des Ackerlandes

Ackerland auf guten Böden

Weniger günstiges Ackerland (teils v. Grünland durchsetzt)

Anbau von:
Weizen (überwiegend)
Zuckerrüben

Sonderkulturen:
Gemüse
Hopfen
Obst
Tabak
Wein

Rheingau die 11 deutschen Weinbaugebiete

Geschlossen bebaute Flächen der größten Städte und Siedlungsflächen mit dichter Bebauung

Wald

(nach „Atlas Unsere Welt" u.a.)

Maßstab 1: 5 000 000

IV-4   Sozialbrache

In den 50er Jahren stellte man überraschenderweise fest, daß in weiten Teilen der Bundesrepublik bisher als Acker und Grünland genutzte Flächen auf einmal nicht mehr bestellt wurden, sondern sich selbst überlassen bleiben. Sie bedeckten sich mit hohem Gras, Unkraut, Stauden und Gebüsch. Solche verwilderten Parzellen trifft man seither mitten in der Flur, umgeben von weiterhin sorgfältig bestelltem Land. Dieses »Auflassen« von Kulturland hat man seitdem als Sozialbrache bezeichnet.

1969 betrug diese nicht mehr genutzte Fläche 1 500 000 ha, bis 1977 stieg sie auf 311 400 ha an. Das sind 2,35 % der landwirtschaftlichen Nutzfläche der Bundesrepublik. (IV-1) Bei der Sozialbrache handelt es sich keineswegs um eine Aussonderung weniger günstigen Landes innerhalb der Gemarkungen; betroffen sind sowohl gute als schlechte Böden, sowohl weit vom Hof entfernte als auch nahe gelegene Parzellen.

Die Ursache liegt vielmehr in sozialen Strukturänderungen, daher die Bezeichnung »Sozialbrache«. Das Land wird nicht weiter bestellt, weil seine Besitzer besser bezahlte Arbeit in anderen Erwerbszweigen gefunden haben, in erster Linie in der Industrie, in zunehmendem Maße auch im Fremdenverkehrsgewerbe. Jedoch wird das brachgefallene Land nicht verpachtet oder verkauft, sondern bleibt als Reserve »für alle Fälle« zur jederzeitigen Verfügung des Besitzers. Es kommt aber nicht zur Sozialbrache, wenn benachbarte Bauern bereit und in der Lage sind, Land zu kaufen oder zu pachten, um ihre Betriebe aufzustocken. So ist die Sozialbrache nicht mit einer Abwanderung der Bevölkerung oder einer Verarmung der Dörfer verbunden. Vielmehr wird im Gegenteil mit den höheren Erlösen aus der Industrie die Lebenshaltung verbessert, was sich häufig auch im äußeren Bild der Dörfer zeigt.

Von der Sozialbrache betroffen sind ausschließlich kleinbäuerliche Betriebe und Nebenerwerbs- und Zuerwerbswirtschaften. Solche Betriebsgrößen treten vor allem in den Realerbteilungsgebieten auf. Hier hat sich daher die Sozialbrache auch besonders ausgedehnt, während sie im Bereich der geschlossenen Hofübergabe kaum bemerkbar ist (IV-1). So erklären sich die hohen Werte im Rheinischen Schiefergebirge, im Saarland, in Hessen und in Südwestdeutschland und der geringe Anteil der Sozialbrache in Schleswig-Holstein, in der Norddeutschen Tiefebene und im bayerischen Voralpenland.

Außerdem treten auf der Karte überall die stärker industriell bestimmten Regionen (IV-14) und deren nähere Umgebung als Schwerpunkte der Sozialbrache hervor, weil hier die Industrie die notwendigen Beschäftigungsmöglichkeiten anbietet. Besonders hohe Werte werden dort erreicht, wo industrielle Ballungsräume im Bereich der Realerbteilung liegen, wie im Rhein-Main-Gebiet, in Teilen Württembergs, im nördl. Baden, im Saarland.

Auch die Auswirkungen des Fremdenverkehrs (IV-16, 17) sind z. T. auf der Karte abzulesen, wie im Harz, im südl. Schwarzwald und in den Alpen (Garmisch-Partenkirchen). Verstärkt weise diese durch sozialen Strukturwandel eingeleitete Abwendung von der Landwirtschaft in klima- und bodenungünstigen Mittelgebirgslagen. So zeigt die Karte höchste Beträge der Sozialbrache von mehr als 10 % der landwirtschaftlichen Nutzfläche im Siegerland, im Westerwald, im Saargebiet, im Hunsrück, Taunus, Pfälzer Bergland und Spessart. Die sehr hohen Anteile des Siegerlandes erklären sich dadurch, daß mit der Hinwendung zur Industrie vor allem die intensive Pflege der Rieselwiesen aufgegeben wird.

Höchste Werte von über 10 % verzeichnen auch einige Industriezentren und ihr Pendlereinzugsbereich, so im Frankfurter Umland, um Pforzheim, Stuttgart, Nürnberg und im Ruhrgebiet um Essen. Die niedrigsten Werte, unter 0,5 %, finden sich in industriefernen Anerbenrechtsgebieten, wie im größten Teil Schleswig-Holsteins, in Teilen der niedersächsischen Geest (Landkreise Gft. Bentheim, Vechta, Gft. Hoya), im Münsterland, am unteren Niederrhein und in Süddeutschland südl. der Donau. Dem entsprechen die Werte der einzelnen Bundesländer. Schleswig-Holstein, Niedersachsen und Bayern liegen beachtlich unter dem Durchschnittswert für die Bundesrepublik. Außerdem sind hier die Industriezentren weit gestreut, so daß zwischen ihnen ausgedehnte Flächen mit geringerer Industrieentwicklung einen entsprechend schwachen Anreiz für die Entwicklung der Sozialbrache bieten. Eine Mittelstellung nehmen Nordrhein-Westfalen und Baden-Württemberg ein, die nicht sehr weit vom Mittelwert entfernt liegen.

Weit darüber stehen Hessen, Rheinland-Pfalz und das Saarland. Alle drei gehören zum Bereich vorherrschender Realerbteilung und entsprechender kleiner Betriebsgrößen bei hohen Angeboten industrieller Beschäftigung.

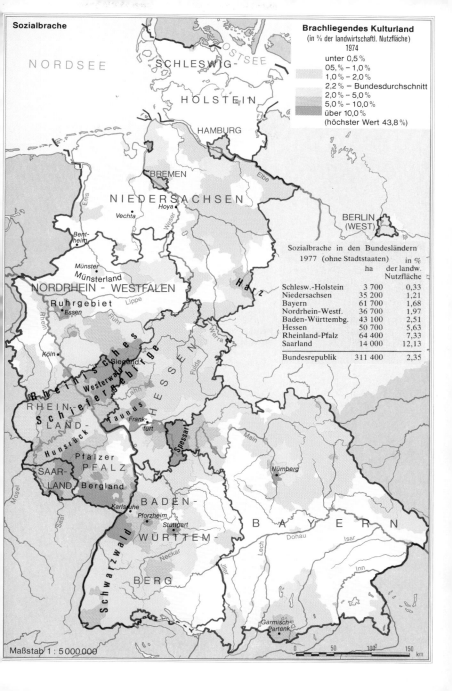

Sozialbrache

NORDSEE

SCHLESWIG-
HOLSTEIN

OSTSEE

HAMBURG

BREMEN

NIEDERSACHSEN

BERLIN
(WEST)

Hoya
Vechta

Bentheim

Münster
Münsterland

NORDRHEIN - WESTFALEN

Ruhrgebiet
Essen

Köln

Rheinisches
Siegerland
Westerwald
Schiefergebirge
RHEIN-
Taunus
Frankfurt
SCHIEFER-
Hunsrück
LAND-
Pfälzer
SAAR-
PFALZ
LAND
Bergland

HESSEN

Harz

Spessart

Nürnberg

Main

Karlsruhe
Pforzheim
Stuttgart

BADEN-

WÜRTTEM-

Schwarzwald

BERG

BAYERN

Donau

Lech   Isar

Iller

Inn

Garmisch-
Partenk.

Brachliegendes Kulturland
(in % der landwirtschaftl. Nutzfläche)
1974

unter 0,5 %
05,% – 1,0 %
1,0 % – 2,0 %
2,2 % = Bundesdurchschnitt
2,0 % – 5,0 %
5,0 % – 10,0 %
über 10,0 %
(höchster Wert 43,8 %)

Sozialbrache in den Bundesländern
1977 (ohne Stadtstaaten)

	ha	in % der landw. Nutzfläche
Schlesw.-Holstein	3 700	0,33
Niedersachsen	35 200	1,21
Bayern	61 700	1,68
Nordrhein-Westf.	36 700	1,97
Baden-Württembg.	43 100	2,51
Hessen	50 700	5,63
Rheinland-Pfalz	64 400	7,33
Saarland	14 000	12,13
Bundesrepublik	311 400	2,35

Maßstab 1 : 5 000 000

0   50   100   150
km

Die Hochsee- und Küstenfischerei erbrachte im Jahr 1979 für die Bundesrepublik Deutschland nur einen halb so großen Ertrag wie 1968 (Tab.). In den deutschen Häfen wurden nur 342 200 t Fisch und andere Meeresfrüchte angelandet gegenüber 684 800 t vor 11 Jahren. Dieser Rückgang um rd. 50 % hat mehrere Ursachen. In vielen Seegebieten nahmen die Fischbestände durch zu große Überfischung ab. Das gilt ganz besonders für den gesamten Lebensraum der Nordsee-Heringe zwischen der norwegischen Küste und Island, der zur Zeit vollkommen »unproduktiv« ist. Demzufolge nahmen auch die deutschen Heringsfänge zwischen 1968 und 1979 um 94 %, von 138 000 t auf 8000 t, ab. Heute werden für die Bundesrepublik fast nur noch Ostseeheringe gefangen. Um eine weitere Überfischung zu unterbinden, wurden durch internationale Vereinbarungen Schonzeiten und Schongebiete festgelegt und Mindestmaschenweiten für die Netze vorgeschrieben, um die Bestände an Jungfischen zu erhalten. Seit 1973 werden bestimmte Fangquoten in vielen Seegebieten den einzelnen Staaten zugeteilt. In den letzten Jahren haben viele Staaten ihre nationalen Fischereizonen erweitert; u. a. Island, Norwegen, Großbritannien. Dadurch wurden die Fänge anderer Nationen erheblich eingeschränkt. Die deutsche Fischerei ist davon besonders hart betroffen, zumal sie wegen ihrer geringen Küstenlänge nur wenig ausgedehnte eigene Hoheitsgebiete aufzuweisen hat. 1972 legte Island eine 50 sm breite Fischereizone um seine Inseln fest und erweiterte sie später sogar auf 200 sm (= 37 km). Seit 1978 ist jeglicher deutsche Fischfang in den isländischen Gewässern unterbunden (Tab.). Dadurch wurde es für die Bundesrepublik notwendig, neue, zum Teil weit entfernt gelegene Fischgründe zu erschließen. Die ertragreichsten Fänge kamen 1979 aus den Gewässern vor den grönländischen West- und Ostküsten.

An zweiter Stelle stand die Nordsee, an dritter, jedoch mit weitem Abstand, die norwegische Küste. Entsprechend der gesamten Abnahme der Anlandungen seit 1968 hatten 1979 die meisten Fanggebiete geringere Erträge aufzuweisen. Zunahmen verzeichneten nur die Fischgründe im Südatlantik und in den westbritischen Gewässern. Die Fänge aus dem Südatlantik kamen aus etwa gleichen Teilen von der Südwestküste Afrikas (9901 t) und von der Ostküste Südamerikas (9342 t), also aus neuerschlossenen Fanggebieten der Fernfischerei. Die westbritischen Gewässer gehören zu dem »Europameer« der EG, in denen die Mitgliedsländer bevorzugte Rechte haben. Innerhalb des allgemeinen Rückgangs der Fänge in den letzten 10 Jahren sind die »klassischen« Fischarten der deutschen Haushalte, Hering, Kabeljau, Schellfisch, Seelachs und Rotbarsch, besonders stark zurückgegangen. Betrug ihr Anteil an der gesamten Fangmenge 1968 noch fast 80 %, so sank er bis 1979 auf 44 %. Dafür nahm in entsprechender Weise der Anteil anderer Fischarten, die in zunehmendem Maße dem Verbraucher angeboten werden, zu – wie Schwarzer Heilbutt, Kattfisch, Makrele, Seehecht, Grenadierfisch, Kliesche, Blauer Wittling. Mit 113 000 t erreichte der Anteil dieser »sonstigen Fische« 1979 ein Drittel der Fänge. Die Ausfälle der Fänge wurden für die Versorgung der Bevölkerung durch verstärkte Einfuhren ausgeglichen. Seit 1976 übersteigen die Einfuhrmengen in wachsendem Maße die Eigenfänge. Trotzdem stand 1979 weniger Fisch zur Verfügung als 1968, und der Fischverbrauch pro Kopf der Bevölkerung sank von 11 auf 9,1 kg. Für einen weltweiten Vergleich des Fischverbrauchs liegen nur Zahlen von 1975 vor. Danach liegt die Bundesrepublik mit einem Verbrauch von 11,5 kg unter dem Weltdurchschnitt von 13,1 kg und an 62. Stelle.

Fanggebiete und Fangmengen
der deutschen Seefischerei 1969 – 1975 –
1979 (Fangmengen in 1000 t)

Fanggebiet	1968	1975	1979	%
Nordsee	155,7	100,0	91,6	
Westbr. Gew.	17,7	21,4	30,7	
Ostsee	35,1	34,8	28,0	
Nahbereich	208,5	156,2	150,3	44
Färöer	18,7	15,8	11,9	
Island	122,0	55,1	–	
Nördl. Azoren	–	–	10,6	
Norweg. Küste	12,1	61,2	38,4	
Barentssee	–	26,5	–	
Bäreninsel	–	35,1	–	
Mittlere Fahrt	152,8	193,7	60,9	18
Grönland	177,9	19,9	106,0	
Labrador	58,0	24,5	2,1	
Neufundland	–	12,2	3,0	
Neuschottland	10,6	2,4	1,8	
Neuengland	73,2	25,2	–	
Süd-Atlantik	3,8	4,4	19,2	
Fernfischerei	323,5	88,6	132,1	38
Seef. BRD	684,8	438,6	343,1	100
Welt-Seefischerei	64 300	71 004	72 400	

Fischereiwirtschaft

Fischverbrauch

über 40 kg (Max.: 74,7 kg)
30 – 40 kg
20 – 30 kg } pro Kopf der
15 – 20 kg } Bevölkerung
10 – 15 kg } 1975
5 – 10 kg } (Ø Welt: 13,1 kg)
1 – 5 kg } (Min.: 0,1 kg)
keine Angaben

11,5 Verbrauch pro Kopf/Land (kg)
? keine Angaben

Fangmengen und Fanggebiete
der deutschen Hochsee- u. Küstenfischerei
1968 1975 1979

100 000 t = Nahbereich

50 000 t = Mittlere Fahrt

= Fernfischerei
.... keine Fänge im betr. Jahr

EG und von EG-Staaten abhängige, unselbständige Gebiete

Nordpol

Spitzbergen norw.

Barents-see

Bären-insel norw. Nordkap

KANADA

Grönland zu Dänemark (autonom)

Baffin-bai

Jan Mayen norw.

Norw. Küste 47,3

FINNLAND

SCHWEDEN

NORWEGEN

22,1

Ostsee 29,8

ISLAND 66,8

Färöer

Färöer z. Dän. (auton.)

Polarkreis

Nordsee

DÄN. 34,9

POLEN 22,1

UdSSR 27,9

Labrador

Grönland West

Farvel

Grönland Öst

Island

Westbrit. Gewässer

GROSS BRIT. 13,5

IRLAND 11,0

NL. BR. DTLD. 13,2 7,5

DDR 7,5

ČSSR

UNG. 4,7

RUMÄN. 7,3

BULG. TÜRKEI 5,2

16,6

Labrador

USA 15,9

Neu-england

Neu-schottland

St. Pierre u. Miquelon franz.

Neufundland

Neufundld.

Neuschottld.

FRANK-REICH

IT ALIEN 12,8

JUGOSL. 3,7

ALB.

GRIECHEN-LAND

Neuengland

Bermuda-inseln brit.

Nördl. d. Azoren ..

Azoren port.

PORTUGAL 50,4

SPANIEN 39,5

MALTA 12,3

TUNESIEN 5,8

LIBYEN 6,9

Madeira ? port.

MAROKKO 4,8

ALGERIEN 2,2

Nördl. Wendekreis

Kanar. In. span. ...

SAHARA

15,6

TSCHAD

DOMIN. REP. 4,8 Puerto Rico z. USA (autonom) 25,0

Guadeloupe franz.

DOMINICA

Martinique franz.

STA. LUCIA

ST. VINCENT GRENADA

BARBADOS

TRINIDAD u. TOBAGO 10,1

VENEZUELA 11,7

GUYANA 20,2 SURI-NAM Franz.-Guayana

MAURETAN. 22,0

MALI 9,1

NIGER 2,1

KAPVERDEN ?

K. Verde 37,6

SENEGAL 24,6 GAMBIA

GUINEA-BISSAU

GUINEA 3,6

SA. LEONE 25,9

LIBERIA 16,6

ELFENB. KÜSTE 24,7

GHANA 28,1

OBER-VOLTA 1,0

TOGO 11,6

BENIN 12,2

NIGERIA 6,8

KAMERUN 13,6

S. TOMÉ/PRINC. ?

ÄQUAT.-GUINEA

GABUN 13,5

KONGO 9,0

BRASILIEN 7,3

Fern. de Noronha bras.

K. Branco

Ascension brit.

Äquator

St. Helena brit.

ANGOLA 7,2

BOLIVIEN 1,2

PARAGUAY 1,1

ARGENTINIEN 6,5

CHILE 15,1

URUGUAY 4,7

Trinidade bras.

Südl. Wendekreis

Tristan da Cunha brit.

Südatlantik (O.-Küste Südamerika) ...

Maßstab 1 : 80 000 000

Meridian O. v. Greenwich

Südpazifik ...

Südatlantik (Küste SW-Afrika) ...

NAMIBIA

REP. SÜDAFRIKA 8,9

K. d. Guten Hoffnung

Infolge des vielseitig differenzierten Untergrundes (II-2) verfügt die Bundesrepublik Deutschland über viele mineralische Rohstoffe, deren Mengen allerdings begrenzt sind. Nur der Abbau von Steinkohle, Braunkohle, Kali und Steinsalz kann den eigenen Bedarf decken.

1977 wurden 95,2 Mio. t *Steinkohlen* gefördert: 78,9 Mio. t im Ruhrrevier. 8,9 Mio. t an der Saar, 5,8 Mio. t im Aachener Revier und 1,9 Mio. t in Ibbenbüren am Teutoburger Wald, 0,35 Mio. t in Kleinzechen. Die deutschen Steinkohlenlagerstätten entstanden im Oberkarbon, und zwar mit Ausnahme des Saargebietes am Nordrand eines großen Kontinents durch mehrfache Meeresüberflutungen. Die Saarkohle wurde im Süßwasser zwischen alten Landmassen abgelagert.

Das Ruhrgebiet gehört zu den größten Steinkohlenlagerstätten der Erde. Das produktive Oberkarbon ist hier 3000 m mächtig. Nachteilig ist aber die geringe Mächtigkeit der 75 Flöze zwischen 0,6 m und 4 m, im Durchschnitt 1,10 m. Außerdem sind die kohleführenden Schichten stark gefaltet und durch Verwerfungen gestört. Im Ruhrgebiet sind alle Kohlensorten vertreten, von gasarmen Anthraziten und Magerkohlen im Süden, die früher für den Hausbrand eine große Bedeutung hatten, über die besonders zur Verkokung geeigneten Eß- und Fettkohlen in der Mitte bis zu den gashaltigen Gas- und Gasflammkohlen im Norden, die besonders in der Kohlechemie verwendet werden.

Mit 123 Mio. t *Braunkohle* lag die Bundesrepublik Deutschland 1977 nach der DDR und der Sowjetunion an dritter Stelle der Weltförderung. Die bis zu 100 m mächtigen Flöze sind in tertiäre Sand- und Tonschichten eingelagert und werden im Tagebau abgebaut. Das größte Revier liegt auf dem Höhenzug des Vorgebirges, der Ville, westl. von Köln (1977: 108 Mio. t). Der Abbau begann im südl. Teil der Ville, wo die Deckschichten die geringste Mächtigkeit haben, und schritt von hier nach Norden fort. Im Süden wurden die ausgekohlten Tagebaue rekultiviert. So entstand eine stadtnahe Erholungslandschaft mit Wäldern und Seen. Geplant ist eine Ausdehnung des Abbaus nach W. in die Niederrheinische Bucht hinein. Hier entsteht im Hambacher Forst der größte Braunkohletagebau der Erde, wobei eine Teufe von 500 m erreicht werden soll.

1977 wurden in der Bundesrepublik 137 Mio. t *Erdöl* verbraucht, aber nur 5,4 Mio. t gefördert. Davon wurden 5 Mio. t im Norddeutschen Tiefland, vorwiegend aus Jura- und Kreideschichten des tieferen Untergrundes, gewonnen. In Süddeutschland befindet sich das Erdöl im tertiären Molassebecken des Voralpenlandes und in den tertiären Ablagerungen des Oberrheingrabens. 1977 wurden 19 Mrd. m³ *Erdgas* gefördert. Lagerstätten und Abbaustellen entsprechen weitgehend denen des Erdöls. Der weitaus größte Teil stammte aus dem Norddeutschen Tiefland, nur 0,8 Mio. m³ aus dem Alpenvorland und 0,005 Mrd. m³ aus dem Oberrheingraben.

Die Bundesrepublik gehört zu den salzreichsten Ländern der Erde. 1977 wurden 2,3 Mio. t *Steinsalz* und sogar 8,3 Mio. t Kali (= 10% der Welterzeugung) gewonnen. Die meisten Kali- und Steinsalze werden aus dem Zechstein gefördert, das Salz in Württemberg z. T. auch aus dem Muschelkalk. Im Norddeutschen Tiefland treten Salz und Kali vorwiegend in Salzstöcken auf, in denen das Salz durch hohen Druck aufgedrungen ist. Sonst herrschen flachlagernde Bänke vor. Die meisten Kaliabbaubetriebe gibt es im Raum Hannover–Hildesheim. Die Kaliwerke mit der höchsten Erzeugung liegen in der Hessischen Senke.

Der Abbau von *Eisenerzen* ist stark rückläufig: 1960 noch 18,9 Mio. t, 1977 nur noch 2,9 Mio. t mit einem durchschnittl. Eisengehalt von 29%. Die hochwertigeren Gangerze in den alten Gebirgsmassiven sind erschöpft. Die weniger eisenhaltigen sedimentären Erze sind gegenüber hochwertigen Importen aus Übersee nicht mehr konkurrenzfähig. So wurden zwischen 1960 und 1968 40 Gruben stillgelegt. 1962 wurde der letzte Schacht im Siegerland geschlossen. 1977 förderten nur noch 8 Gruben, davon stellten zwei ihren Betrieb im Laufe des Jahres ein. 78% der Förderung kam 1977 aus den sedimentären Lagerstätten der Unteren Kreide und des Oberen Jura im Bezirk von Salzgitter. Im Wesergebirge wurden Erze aus dem Korallen-Oolith (Oberer Jura) abgebaut, in der Oberpfalz aus reidesedimenten und nur an der Lahn noch aus dem Mittel- und Oberdevonischen Grenzbereich des alten Gebirges. Bei den *Nichteisenmetallen* hat nur der Abbau von Blei, Zink und Kupfer eine gewisse Bedeutung. Im Gegensatz zu den Eisenerzen werden diese Erze ausschließlich aus Gängen in den alten Gebirgen gewonnen: am Lüderich im Bergischen Land östl. Köln, in Meggen im Sauerland und im Harz bei Bad Grund und am Rammelsberg bei Goslar, der früher für seine Silberförderung berühmt war. 1977 wurden 31 000 t Blei-, 116 000 t Zink- und 1200 t Kupfererz gefördert.

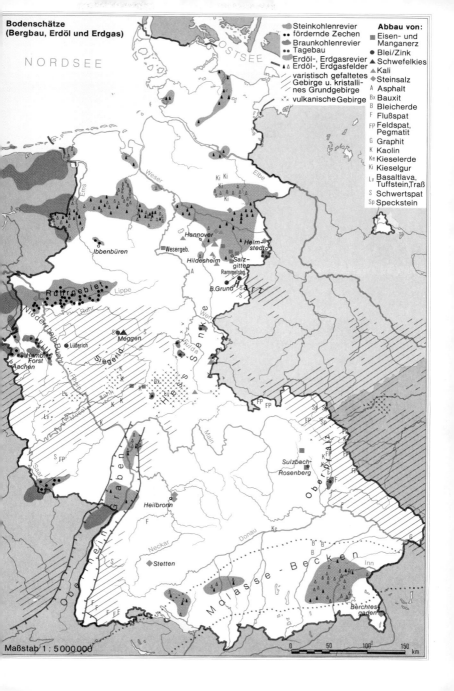

Bodenschätze
(Bergbau, Erdöl und Erdgas)

Steinkohlenrevier
•• fördernde Zechen
Braunkohlenrevier
•• Tagebau
Erdöl-, Erdgasrevier
▲△ Erdöl-, Erdgasfelder
varistisch gefaltetes
Gebirge u. kristalli-
nes Grundgebirge
×ˣ vulkanische Gebirge

Abbau von:
■ Eisen- und
    Manganerz
● Blei/Zink
▲ Schwefelkies
▲ Kali
◆ Steinsalz
A Asphalt
Bx Bauxit
B Bleicherde
F Flußspat
FP Feldspat,
    Pegmatit
G Graphit
K Kaolin
Ke Kieselerde
Ki Kieselgur
Lv Basaltlava,
    Tuffstein,Traß
S Schwertspat
Sp Speckstein

NORDSEE

OSTSEE

Weser

Ki Ki
Ki
Ki

Elbe

Hannover

Helm-
stedt

Wesergeb.
Hildesheim
Salz-
gitter
Rammelsbg
B.Grund

Ibbenbüren

Ems
Lippe
Ruhrgebiet
Niederrhein. Bucht
Ruhr

Lüderich
Meggen
Siegerld.
Fulda
Werra

Haarb.
Forst
Aachen

Hessen

FP FP

S
FP
Sp

Main
Sulzbach-
Rosenberg
Oberpfalz

Oberrhein.
Graben
Heilbronn

Neckar
Stetten

Donau

Molasse-Becken

Inn
Berchtes-
gaden

Maßstab 1 : 5 000 000

0   50   100   150
                        km

IV-7   Erdöl- und Erdgasversorgung

Erdöl und Erdgas sind nicht nur wichtige Energieträger (IV-9), sondern auch wertvolle Rohstoffe für die chemische Industrie (Petrochemie IV-10). Mit dem zunehmenden Verbrauch entwickelte sich seit 1960 das heutige Netz der Erdöl- und Erdgasleitungen (Pipelines). Rohrleitungen sind billiger als Schiffe, Eisenbahnen und Lastkraftwagen, denn sie transportieren pausenlos, und es gibt keine Behinderungen durch das Wetter und keine Wartezeiten an den Grenzübergängen.

1979 förderte die Bundesrepublik 4,8 Mio. t Erdöl, mußte aber 107 Mio. t einführen.

Die wichtigsten Erdöleinfuhrländer
(Angaben in Mio. t)

	1975	1979
Saudi-Arabien	18,6	17,9
Libyen	14,8	17,3
Nigeria	10,1	14,5
Großbritannien	– –	11,8
Iran	14,2	11,5
Algerien	10,2	9,7
Verein. Arab. Emirate	7,9	7,6
UdSSR	3,1	3,6
Norwegen	0,6	3,5
Kuwait	2,7	2,7
Übrige (Irak,		
Venezuela u. a.)	7,8	7,3
Gesamter Import	90,0	107,4
Eigene Förderung	5,7	4,8
Gesamter Verbrauch	129	147

Da fast alle Lieferländer in Übersee liegen, wird das Rohöl mit Tankern in den europäischen Häfen angelandet und zum größten Teil (85%) durch Pipelines, zum geringeren (15%) mit Binnenschiffen in die Verbrauchsgebiete transportiert. Auch die Raffinerieprodukte werden z. T. durch Rohrleitungen zu den Verbrauchern gebracht, z. B. nach Höchst und zum Frankfurter Flughafen (vgl. Tabelle in Karte).

Die Nordseehäfen Wilhelmshaven und Rotterdam versorgen durch zwei Leitungen (NNO und RRP) das Rheinisch-Westfälische Industriegebiet und den Frankfurter Industrieraum.

Vom Mittelmeer führen die Leitungen aus Lavéra bei Marseille (SEPL), Genua (CEL) und Triest (TAL) das Erdöl in die süddeutschen Industriegebiete.

Raffinerien und andere erdölverarbeitende Industrie entstanden an den Einfuhrhäfen (Wilhelmshaven, Hamburg, Bremen) und an den Leitungen in den industriellen Ballungsräumen, besonders an der Rhein-Neckar-Achse. Im Schnittpunkt der Leitungen aus Genua und Triest entwickelte sich Ingolstadt

nach 1960 zu einem neuen Zentrum der Erdölverarbeitung (IV-10).

Durch Gesetz sind Raffineriegesellschaften und Händler verpflichtet, Rohölvorräte anzulegen. Auch die Bundesregierung verfügt über einige Ölreserven. Ein großer Teil dieser Vorräte wird in künstlich angelegten Hohlräumen (Kavernen) eingelagert. Ihre Anlage verursacht geringere Kosten als oberirdische Lager. Sie bieten größere Sicherheit für die Umwelt (Brand, Wasserverschmutzung), und es gibt keine Beeinträchtigung des Landschaftsbildes, außerdem werden keine Grundstücke benötigt. Die größten Kavernen liegen bei Wilhelmshaven, dem größten deutschen Importhafen, in einem großen unterirdischen Salzstock (II-2).

Fast die Hälfte des Erdgasbedarfs wird aus der eigenen Förderung gedeckt (IV-6). Größter Lieferant sind die benachbarten Niederlande, von denen drei Gasleitungen in die Bundesrepublik führen; eine von den großen Erdölfeldern der Provinz Groningen nach Bremen, Hamburg und Hannover, eine zweite überschreitet die Grenze bei Emmerich und versorgt das Rheinisch-Westfälische Industriegebiet und die Ballungsräume der Rhein-Neckar-Achse. Die dritte verläuft von Aachen quer durch die Eifel in das Oberrheinische Chemiezentrum mit Mannheim – Ludwigshafen – Karlsruhe und in den Stuttgarter Raum.

Das Erdgas aus der UdSSR stammt aus den Lagerstätten bei Lemberg (Lwow) und wird durch die Tschechoslowakei nach Nürnberg geleitet. Eine Abzweigleitung führt über Ingolstadt nach München.

Aus Österreich wird Erdgas nach München, Augsburg und Stuttgart geleitet.

Eine Unterwasserleitung bringt Erdgas aus dem norwegischen Nordseefeld Ekofisk nach Emden.

Ein geplanter Terminal für den Umschlag von Flüssiggas aus Algerien soll in Wilhelmshaven gebaut werden.

Die aus dem Ausland kommenden Erdgasleitungen laufen in der Nähe von Kaiserslautern zusammen. Hier wird mit Hilfe der Europäischen Investitionsbank eine zentrale Verteilerstelle gebaut, um das eurasische Gemisch mit einem Ausgleich der Heizwerte und der Fremdstoffe überall einsetzen zu können.

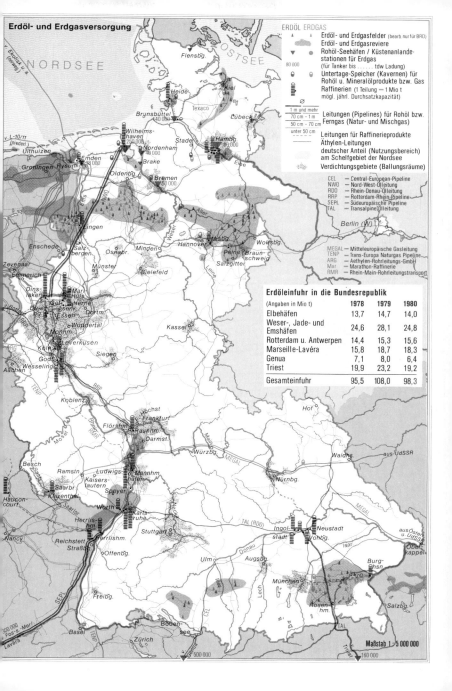

Erdöl- und Erdgasversorgung

ERDÖL ERDGAS
- Erdöl- und Erdgasfelder (bearb. nur für BRD)
- Erdöl- und Erdgasreviere
- Rohöl-Seehäfen / Küstenanlandestationen für Erdgas (für Tanker bis ...... tdw Ladung)
- Untertage-Speicher (Kavernen) für Rohöl u. Mineralölprodukte bzw. Gas
- Raffinerien (1 Teilung — 1 Mio t mögl. jährl. Durchsatzkapazität)

Leitungen (Pipelines) für Rohöl bzw. Ferngas (Natur- und Mischgas)
- 1 m und mehr
- 70 cm – 1 m
- 50 cm – 70 cm
- unter 50 cm

Leitungen für Raffinerieprodukte
Äthylen-Leitungen
deutscher Anteil (Nutzungsbereich) am Schelfgebiet der Nordsee
Verdichtungsgebiete (Ballungsräume)

CEL — Central-European-Pipeline
NWO — Nord-West-Ölleitung
RDO — Rhein-Donau-Ölleitung
RRP — Rotterdam-Rhein-Pipeline
SEPL — Südeuropäische Pipeline
TAL — Transalpine Ölleitung

MEGAL — Mitteleuropäische Gasleitung
TENP — Trans-Europa Naturgas Pipeline
ARG — Aethylen-Rohrleitungs-GmbH
Mar — Marathon-Raffinerie
RMR — Rhein-Main-Rohrleitungstransport

Erdöleinfuhr in die Bundesrepublik

(Angaben in Mio t)	1978	1979	1980
Elbehäfen	13,7	14,7	14,0
Weser-, Jade- und Emshäfen	24,6	28,1	24,8
Rotterdam u. Antwerpen	14,4	15,3	15,6
Marseille-Lavéra	15,8	18,7	18,3
Genua	7,1	8,0	6,4
Triest	19,9	23,2	19,2
Gesamteinfuhr	95,5	108,0	98,3

Maßstab 1 : 5 000 000

Vor 200 Jahren, im vorindustriellen Zeitalter, benötigte ein Bewohner der deutschen Lande für seine persönlichen Bedürfnisse 30 l Wasser pro Tag; bis 1953 stieg diese Menge im Bereich der Bundesrepublik Deutschland auf 85 l und bis 1978 auf 136 l. Mit weiteren Steigerungen ist zu rechnen! Dabei macht dieser Bedarf der privaten Haushalte nicht einmal 10% des gesamten Wasserbedarfs aus (Tab. 1). Weit mehr verbrauchen Industrie und Elektrizitätswirtschaft. Man rechnet damit, daß sich der heutige Gesamtbedarf von 30 Mrd. m³ pro Jahr bis zum Jahre 2000 mehr als verdoppeln wird. Die öffentliche Wasserversorgung erbrachte 1975 rd. 6 Mrd. m³ Wasser, davon 4,8 Mrd. aus eigener Gewinnung, den Rest aus Fremdbezug. Es wurde zum weitaus größten Teil aus Grundwasser gewonnen (Tab. 2). Die benötigten Grundwassermengen können nur gefördert werden, wenn das Grundwasser künstlich angereichert wird und unabhängig von jahreszeitlichen Schwankungen jederzeit in erforderlichen Mengen zur Verfügung steht. 1975 gab es in der Bundesrepublik 266 Talsperren mit der Größenordnung eines Speicherraums von jeweils mehr als 300 000 m³, darunter 152 mit einem Speicherraum von mehr als 1 Mio. m³. Die letzteren sind in der Karte dargestellt. Die größte Talsperrendichte findet sich in den stark beregneten Bergländern, besonders im nördl. Rheinischen Schiefergebirge (in Nähe der größten Ballungsräume), in Teilen des Hess. Berglandes, im Harz, im südl. Schwarzwald und im Alpenrandgebiet. Von den fast 4 Mrd. m³, welche die öffentliche Wasserversorgung alljährlich aus Grundwasser aufzubringen hat, stammen 54% aus den Talsperren des nördl. Rheinischen Schiefergebirges im Einzugsgebiet von Ruhr, Sieg, Wupper und Rur, 19% aus dem Haltener Stausee an der Lippe, unmittelbar im N an das Ruhrgebiet angrenzend, 21% aus den Harztalsperren, vorwiegend für die Ballungsräume Hannover und Braunschweig und nur 7% aus den übrigen Talsperren. 1899 kam es zu einem ersten Zusammenschluß der Wassernutzer des Flußgebietes der Ruhr für die Versorgung des Ruhrreviers durch die Gründung des »Ruhrtalsperrenverbandes«. Das in seinen Talsperren gestaute Wasser wird, dem Bedarf entsprechend, durch die Ruhr in das Verbrauchsgebiet geleitet, im Unterlauf des Flusses in zahlreichen Wassergewinnungsanlagen aus dem angereicherten Grundwasser aufbereitet und durch Leitungen über die Wasser-

scheide nach N in das Revier geführt. Das Abwasser wird über die Emscher dem Rhein zugeleitet (IV-20).

Außer zur Trinkwassererzeugung dienen die Talsperren dem Hochwasserschutz, zur Krafterzeugung, zur Aufhöhung des Niedrigwassers, besonders in Form von Zuschußwasser für die Schiffahrt, zur Bereitstellung von Industriewasser und wegen ihrer reizvollen Lage in waldiger Umgebung auch der Erholung (IV-16). Die meisten Talsperren haben mehrere dieser Funktionen zugleich zu erfüllen; nur wenige kleinere dienen ausschließlich der Trinkwasserversorgung. Vorrangig für den Hochwasserschutz wurden die Talsperren in den Einzugsbereichen von Neckar, Main und den linken Donauzuflüssen gebaut. Die Harztalsperren haben große Bedeutung für die Bereitstellung von Industriewasser. Der Speisung des Kanalnetzes der Schiffahrt dienen vor allem die Edertalsperre (Mittellandkanal), die Thülsfelder Talsperre a. d. Soeste im Einzugsbereich der Ems (Dortmund-Ems-Kanal) und die Talsperren im Einflußbereich des Rhein-Main-Donau-Kanals. Zur Energieversorgung tragen besonders die Talsperren im Südschwarzwald und am Alpenrand bei, die in größerer Entfernung zu den Ballungsräumen liegen. Nicht immer stehen geeignete natürliche Vorfluter zur Verfügung, um das Wasser aus den Talsperren in die Bedarfsgebiete zu leiten. Dann müssen aufwendige Fernleitungen gebaut werden, so von den Harz-Talsperren zu den Ballungsgebieten von Hannover, Braunschweig und Bremen. Grundwasser aus dem Bodensee versorgt den Stuttgarter Ballungsraum. Der Frankfurter Raum erhält Wasser aus dem stark beregneten Vogelsberg.

1. Wasserbedarf in der Bundesrepublik
(in Mio. m³)

	1974		2000 (Schätzg.)	
Industrie	11 728	37,7%	16 066	23,0%
Elektrizitätsw.	15 303	49,2%	48 622	69,8%
Öffentliche Wasservers.	3 343	10,8%	4 481	6,5%
Landwirtschaft	712	2,3%	510	0,7%
Gesamt	31 086	100,0%	69 679	100,0%

2. Wasserversorgung 1975

	Mio. m³	%
Eigengewinnung aus	4 765,9	100
Grundwasser	3 710,8	78
Quellen	655,3	13
Oberflächenwasser	419,8	9

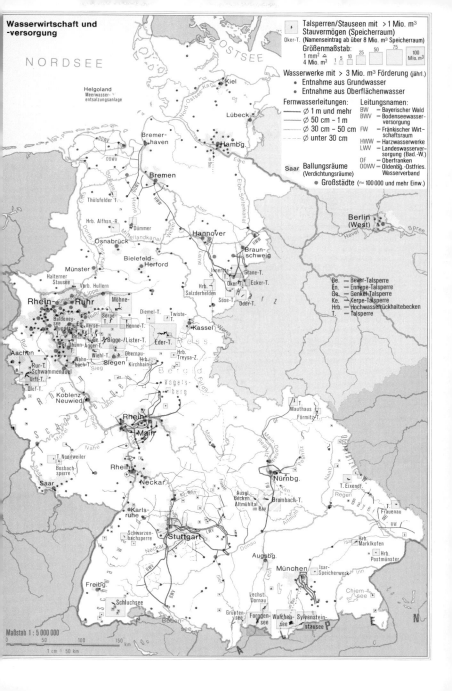

Wasserwirtschaft und -versorgung

NORDSEE

OSTSEE

Talsperren/Stauseen mit > 1 Mio. m³
Stauvermögen (Speicherraum)
Oker-T. (Namenseintrag ab über 8 Mio. m³ Speicherraum)

Größenmaßstab:
1 mm² ≙
4 Mio. m³   1 5 10   25 50 75 100 Mio. m³

Wasserwerke mit > 3 Mio. m³ Förderung (jährl.)
● Entnahme aus Grundwasser
● Entnahme aus Oberflächenwasser

Fernwasserleitungen:
—— Ø 1 m und mehr
—— Ø 50 cm – 1 m
—— Ø 30 cm – 50 cm
···· Ø unter 30 cm

Leitungsnamen:
BW = Bayerischer Wald
BWV = Bodenseewasser-
versorgung
FW = Fränkischer Wirt-
schaftsraum
HWW = Harzwasserwerke
LWV = Landeswasserversor-
gung (Bad.-W.)
OF = Oberfranken
OOWV = Oldenbg.-Ostfries.
Wasserverband

Saar **Ballungsräume**
(Verdichtungsräume)

● **Großstädte** (≈ 100 000 und mehr Einw.)

Be. = Bever-Talsperre
En. = Ennepe-Talsperre
Ge. = Genkel-Talsperre
Ke. = Kerpe-Talsperre
Hrb. = Hochwasserrückhaltebecken
T. = Talsperre

Helgoland
Meerwasser-
entsalzungsanlage

Kiel
Lübeck
Bremerhaven
Bremen
Hamburg
Berlin (West)

Thülsfelder T.
Hrb. Alfhsn.-R.
Dümmer
Osnabrück
Bielefeld-Herford
Münster
Halterner Stausee
Verb. Hullern
Rhein-Ruhr
Aachen
Hannover
Braunschweig
Innerste-
Grane-T.
Oker-T.
Ecker-T.
Harz
Söse-T.
Oder-T.
Hrb. Salzderhelden

Baldeney-
see
Wupper
Sorpe-T.
Verse-T.
Kel T.
Ge. Dhünn-Agger-T.
Wahn-
bach-T.
Möhne-T.
Henne-T.
Diemel-T.
Twiste-T.
Bigge-/Lister-T.
Eder-T.
Kassel
Obernau-T.
Hrb. Kirchhain
Wiehl-T.
Siegen
Hrb. Treysa-Z.
Rur-T.
Schwammenauel
Urft-T.
Olef-T.
Koblenz
Neuwied
Vogelsberg
Fulda
Rhein
Main
Lahn
Rhein
Neckar
T. Nonnweiler
Bosbach-
sperre
Saar
Nahe
Mosel
T. Mauthaus
Förmitz-T.
Nürnberg
Pegnitz
T. Eixendf.
Regen
Bayer.
Karlsruhe
Ausgl. Becken Altmühltal im Bau
Brombach-T.
Main-Donau
Donau
Frauenau
BW
Schwarzen-
bachsperre
Stuttgart
Neckar
LWV
Augsburg
Donau
Isar
Hrb. Marklkofen
Hrb. Postmünster
Freiburg
Schluchsee
München
Lechst.
Dornau
Grünten-
see
Forggen-
see
Walchen-
see
Sylvenstein-
stausee
Isar-
Speicherwerk
Lech
Inn
Chiem-
see
Bodensee
BWV
RWV

Maßstab 1 : 5 000 000
0   50   100   150 km
1 cm ≙ 50 km

Lebensstandard, wirtschaftliches Wachstum und Energieverbrauch hängen eng zusammen. Das zeigt besonders deutlich die Entwicklung der westlichen Industrieländer nach 1945. So verdoppelte die Bundesrepublik zwischen 1960 und 1980 ihren Verbrauch an Primärenergie auf insgesamt 391 Mio. t Steinkohleneinheiten (SKE). Das Mineralöl ist mit 48% (1979: 51%) der wichtigste Energieträger. Die zweite Säule ist die Kohle mit 29%, gefolgt von Erdgas (17%), Kernenergie (4%) und anderen Energielieferanten (2%). Bei steigender Energienachfrage wird für das Jahr 2000 ein Verbrauch von 600 Mio. t SKE prognostiziert (Abb. in Karte). Der wachsende Konsum ist mit einem Strukturwandel des Energiemarktes verbunden: Erdöl und Steinkohle zeigen rückläufige Tendenzen, Erdgas und Kernenergie jedoch steigende Versorgungsbeiträge. Die zukünftige Entwicklung läßt allerdings eine Stabilisierung und später eine stufenweise Erhöhung des Kohleanteils erkennen. Dadurch soll die Importabhängigkeit vom Erdöl (IV-7) verringert werden.

Ein wesentlicher Teil der Energieträger wird zu Elektrizität »veredelt«. 1980 betrug die Brutto-Erzeugung in der Bundesrepublik 369 Mrd. Kilowattstunden (kWh) (GB: 288, F: 218, I: 171 Mrd. kWh 1978). Inländische Kraftwerke produzierten davon 95%; die restlichen 5% wurden über das mitteleuropäische Verbundsystem aus Österreich, der Schweiz und der DDR eingespeist. Die Wasserkraftwerke liefern wegen der geringen Laufwasser-Energie der deutschen Flüsse nur einen Anteil von 8%; 92% des Stromaufkommens entstammen Wärmekraftwerken (80% öffentliche, 18% industrielle, 2% bundesbahneigene WKW). Sie sind überwiegend längs der Rheinachse und in Verdichtungsräumen und deren Randzonen konzentriert. Braunkohlenkraftwerke (Anteil an der gesamten Kraftwerksleistung 1980: 30%) befinden sich wegen der hohen Transportkosten in Reviernähe. Die Verteilung der Steinkohlenkraftwerke (Anteil 27%) ist ähnlich; in Küstennähe basieren sie auf der rentablen Importkohle. Gaskraftwerke sind an die norddeutschen und niederländischen Gasvorkommen gebunden, die Ölkraftwerke an die süd- und norddeutschen Raffineriestandorte; beide zusammen erzeugen einen Anteil von 22%. Die Kernkraftwerke (Anteil 14%) liegen wegen des hohen Kühlwasserverbrauchs an den Flüssen (Sonstige 2%).

Der Energiezuwachs spiegelt den Zuwachs an Lebensqualität. 52% aller Wohnungen werden ölbeheizt. Elektrische Haushaltsgeräte verdoppelten zwischen 1970 und 1980 den Stromverbrauch. Während dieser Zeit stieg in 100 Haushalten mit mittlerem Einkommen der Anteil der elektrischen Nähmaschinen von 48 auf 76%, der Gefriergeräte von 19 auf 80%, der Waschvollautomaten von 38 auf 79%, der Farbfernseher von 4 auf 74%. Deshalb entfallen heute rd. 25% des gesamten Bedarfs an Elektrizität auf die Haushalte. Der Verkehr benötigt 21%; 34% fordert die Industrie. Geschätzte Zuwachsraten von jährlich 4% werden den Stromverbrauch bis 1990 auf 440 Mrd. kWh ansteigen lassen. Um diesen Bedarf zu decken, sind zusätzliche Kraftwerkskapazitäten von 30 Gigawatt erforderlich (1 GW = 10^6 Kilowatt). Da manche Neubauprojekte jedoch Vorlaufzeiten bis zu 30 Jahren haben, bedrohen Stromlücken eine ausreichende Versorgung. Diese Entwicklung ist nicht nur auf die Bundesrepublik beschränkt. Einer erwarteten Vervielfachung des Weltenergieverbrauchs stehen jedoch nur begrenzte Energiereserven gegenüber. Obwohl eine umfassende quantitative Bestandsaufnahme und Bewertung der konventionellen Rohstoffe nicht vorliegt, gibt man den »sicheren«, d. h. derzeit abbaufähigen Kohlereserven noch rd. 130 Jahre, den Gasvorräten 46 und den Ölbeständen 28. Daher müssen alternative Energiequellen erschlossen werden. Eine der größten potentiellen Quellen liegt in der rationelleren Ausnutzung der Rohenergie. Bei ihrer Umwandlung zu Edelenergie gehen in der Bundesrepublik über 60% verloren (Haushalte 55%, Industrie 44%, Verkehr 80%). – Einheimische Kohle kann zwar Öl nicht ersetzen, aber durch neue Technologien (Verflüssigung, Vergasung) intensiver genutzt werden (Gefahr: »Treibhauseffekt« durch CO_2-Anreicherung der Atmosphäre, Belastung der Ökosysteme durch saure Regen [Wäldersterben]; erbgutschädigende und krebserzeugende Verbrennungsprodukte). – Sonnenenergie steht fast unbegrenzt zur Verfügung, nicht jedoch in der Bundesrepublik (II-9). – Windenergie ließe sich an der Nordseeküste gewinnen. Für ein Gezeitenkraftwerk ist der Tidenhub zu gering. – Erdwärme hat in manchen Gebieten Süddeutschlands lokale Bedeutung. – Weitgehend unentdeckt ist die Abfallwärme der Landwirtschaft (Stallwärme, Stroh, Biogas). – Alle erneuerbaren Energien haben jedoch vorerst keine großtechnische Zukunft. Die Bundesregierung hält den Bau weiterer Kernkraftwerke bei allen Bedenken für unerläßlich. Bis zum Jahre 1985 sollen sie 30% des Energiebedarfs decken.

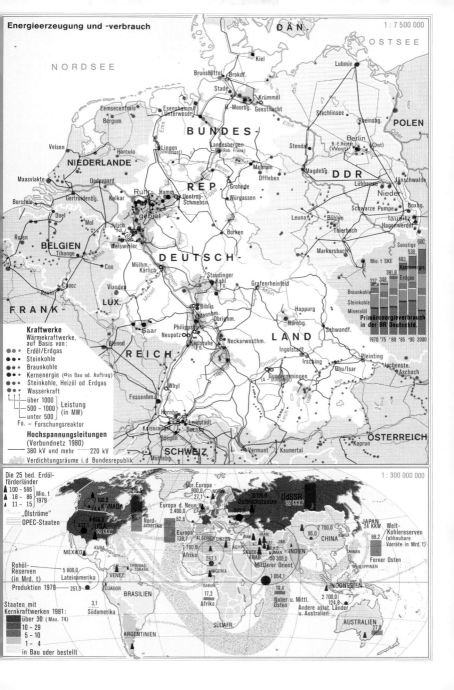

Hinweise und Erläuterungen zu den folgenden Industrie-Karten IV-10 bis 13

Die vier folgenden Karten geben Auskunft über die wichtigsten Industriezweige oder Branchen. Dabei wird die Wirtschaftsgliederung des Statistischen Bundesamtes zugrunde gelegt, die aus der gegenüberstehenden Tabelle zu ersehen ist.

Die Symbole auf den Karten stellen raumwirksame Konzentrationen der Branchen dar, wobei im allg. ein Symbol eine nicht näher bestimmte Anzahl von zugehörigen Betrieben bezeichnet. Nur in Einzelfällen kann es sich auch einmal um einen einzigen, sehr großen Betrieb handeln, wie z. B. das Volkswagenwerk in Wolfsburg oder die Bayerwerke in Leverkusen. Dargestellt werden Betriebe, nicht Unternehmen, denn diese bestehen nicht selten aus mehreren, räumlich getrennten Betrieben. Die folgenden Karten und die amtliche Statistik weisen vier Groß-Wirtschaftszweige auf:

1. Grundstoff- und Produktionsgüterindustrie

Hier werden Güter hergestellt, die von anderen Industriezweigen weiter zu Fertigwaren verarbeitet werden. Es handelt sich um große Mengen und meist auch um große und sehr große Betriebe. Eine exakte Trennung von Grundstoffherstellung und Weiterverarbeitung ist jedoch nicht immer möglich, da beides oft im gleichen Betrieb erfolgt, so z. B. die Herstellung von chemischen Grundstoffen und deren Weiterverarbeitung zu Fertigprodukten wie Arzneimittel, Filme u. a.

2. Investitionsgüterindustrie

Ihre Erzeugnisse werden benötigt zur Produktion anderer Güter, wie Maschinen, Werkzeuge, Apparate, Automaten, Computer, elektronische Fertigungen, auch Fahrzeuge.

3. Die Verbrauchsgüterindustrie deckt den täglichen, kurzfristigen und langfristigen Bedarf der Bevölkerung an Gütern aller Art.

4. Die Nahrungs- und Genußmittelindustrie gehört zweifellos zur Verbrauchsgüterindustrie; wegen ihrer weiten Verzweigung in viele Einzelbranchen wird sie aber in der Statistik und dementsprechend in unseren Karten gesondert aufgeführt und dargestellt.

Auf einer fünften Industrie-Karte wird das räumliche Gefüge der gesamten Industrie veranschaulicht.

Wie die Tabelle zeigt, hat die Investitionsgüterindustrie von den vier Wirtschaftsbereichen die meisten Betriebe, die meisten Beschäftigten, den höchsten Umsatz und auch den höchsten Auslandsumsatz. Sie umfaßt die wichtigsten Zweige der Exportindustrie: Straßenfahrzeugbau, Maschinenbau und Elektrotechnik.

Von ähnlich großer Bedeutung für den Export sind aus den anderen Wirtschaftsbereichen nur noch die chemische Industrie und die eisen- und stahlschaffende Industrie, beide zum Bereich der Grundstoffindustrie gehörend.

Die hier genannten Industriezweige erbrachten 1978 über $2/3$ (70,6%) des gesamten Auslandsumsatzes aller Wirtschaftsbereiche.

Wirtschaftsbereich	Betriebe %	Beschäftigte %	Umsatz %	Auslands-Umsatz %
Grundstoff- u. Produktionsgüter	20,1	20,8	32,0	30,5
Investitionsgüter	38,0	51,0	40,6	57,2
Verbrauchsgüter	31,8	21,6	15,0	8,9
Nahrungs- und Genußmittel	10,1	6,6	12,4	3,4

Wirtschaftsbereiche und Industriezweige 1979

		Betriebe in 1000	Beschäftigte in 1000	Gesamt-umsatz Mio. DM	davon Auslands-umsatz Mio. DM
	Grundst.- u. Produktionsgüterindustrie	**9 809**	**1 530**	**344 770**	**79 388**
22	Mineralölverarbeitung	92	29	73 049	2 279
24	H. u. Verarb. v. Spalt- u. Brutstoffen . .	7	2	318	77
25	Gew. u. Verarb. v. Steinen u. Erden . . .	3 910	192	28 371	2 343
27	Eisenschaffende Industrie	175	288	45 619	15 476
28	NE-Metallerzeugung, NE-Metallhalb-zeugwerke	210	76	20 775	5 268
29	Gießerei	560	116	10 502	1 632
3011	Stabziehereien, Kaltwalzwerke	77	15	3 093	833
3015	Drahtziehereien (einschl. H. v. Draht-erzeugnissen)	233	31	4 917	1 008
3030	Mechanik, a. n. g.	135	5	386	4
40	Chemische Industrie	1 635	560	126 270	44 253
53	Holzbearbeitung	2 302	59	9 187	843
55	Zellstoff-, Holzschliff-, Papier- u. Pappeerzeugung	184	53	10 355	2 581
59	Gummiverarbeitung	288	104	11 928	2 789
	Investitionsgüter produzierende Industrie	**18 543**	**3 765**	**438 098**	**148 782**
3021	H. v. Gesenk- u. leichten Freiformschmie-destücken, schweren Preßteilen . . .	269	43	4 848	790
3025	Stahlverformung, a. n. g., Oberflächen-veredlung, Härtung	956	83	7 969	1 125
31	Stahl- u. Leichtmetallbau, Schienen-fahrzeugbau	1 478	208	19 682	4 640
32	Maschinenbau	5 370	1 013	111 449	47 201
33	Straßenfahrzeugbau, Rep. v. Kraftfahr-zeugen usw.	2 784	787	124 638	47 527
34	Schiffbau	144	58	4 487	1 720
35	Luft- und Raumfahrzeugbau	62	57	5 465	1 567
36	Elektrotechnik, Rep. v. Haushalts-geräten	3 289	970	103 832	29 113
37	Feinmechanik, Optik, H. v. Uhren . . .	1 455	163	14 493	4 780
38	H. v. EBM-Waren	2 619	315	34 475	7 072
50	H. v. Büromaschinen, ADV-Geräten u. Einrichtungen	118	68	6 758	3 247
	Verbrauchsgüter produzierende Industrie	**15 536**	**1 593**	**161 844**	**23 025**
39	H. v. Musikinstrumenten, Spielwaren, Füllhaltern usw.	798	65	5 864	1 531
51	Feinkeramik	205	57	3 591	1 153
52	H. und Verarb. v. Glas	363	77	7 809	1 524
54	Holzverarbeitung	2 739	241	26 686	2 570
56	Papier- u. Pappeverarbeitung	935	111	13 873	1 387
57	Druckerei, Vervielfältigung	2 013	180	18 807	927
58	H. v. Kunststoffwaren	1 943	207	24 562	4 247
61	Ledererzeugung	82	7	1 214	—³
62	Lederverarbeitung	845	81	7 183	947
63	Textilgewerbe	2 309	311	32 279	6 129
64	Bekleidungsgewerbe	3 295	257	19 959	2 371
65	Rep. v. Gebrauchsgütern (ohne elektr. Geräte)	9	0	17	—³
	Nahrungs- und Genußmittelindustrie . .	**4 955**	**489**	**133 343**	**8 960**
68	Ernährungsgewerbe	4 857	468	123 644	8 495
	darunter:				
6831	Molkerei, Käserei	439	34	16 770	1 265
6836	H. v. Dauermilch, Milchpräparaten Schmelzkäse	63	13	5 877	980
6871	Brauerei	596	69	11 703	319
69	Tabakverarbeitung	98	21	9 699	465
	Industrie, insgesamt	**48 843**	**7 376**	**1 078 055**	**260 155**

85

Die *eisen- und stahlschaffende Industrie* mit Eisenhütten, Stahlwerken und oft angegliederten Walzwerken, die sog. »Schwerindustrie«, konzentriert sich immer noch auf die beiden Steinkohlenreviere an der Ruhr und an der Saar. Diese entstanden im frühindustriellen Zeitalter »auf der Kohle«, als man zur Verhüttung größere Kohlen- als Erzmengen benötigte. Sie blieben bestehen, als man später weniger Kohle benötigte und als die Erzbasis immer weiter verlagert wurde (Schweden, Liberia, Brasilien). Für den Massentransport der Rohstoffe ist die Lage an kostengünstigen Wasserstraßen von großem Wert, daher die deutliche Konzentration der Schwerindustrie innerhalb des Ruhrreviers am Rhein (Duisburg, Oberhausen), schon weniger am Dortmund-Ems-Kanal (Dortmund) und noch weniger zwischen beiden (Bochum).

Noch frachtgünstiger sind Küstenstandorte. So entstand hier eine neue Generation der Schwerindustrie in Lübeck und Bremen. Auf der Erzbasis arbeitet heute nur noch teilweise die eisen- und stahlschaffende Industrie von Salzgitter und Ilsede, die aber auch einen Teil ihres Erzbedarfs einführt. Auf ehemaliger Erzbasis entstanden schon in vorindustrieller Zeit die Hütten im Siegerland und im Lahn-Dill-Gebiet, die heute nur importierte Erze verwenden. In der Stahlerzeugung steht die Bundesrepublik Deutschland mit 41 Mio. t an vierter Stelle, allerdings mit beachtlichem Abstand hinter der Sowjetunion (151 Mio. t), den USA (124 Mio. t) und Japan (102 Mio. t).

Walzwerke und Gießereien stellen die nächsten Verarbeitungsstufen dar, die vorwiegend Halbfertigwaren für andere Industrien herstellen. Sie finden sich als große Betriebe an den Standorten der eisen- und stahlschaffenden Werke, mit denen sie oft auch organisatorisch verbunden sind, außerdem in besonderer Dichte im Bergisch-Märkischen Land unmittelbar südlich des Ruhrreviers. Darüber hinaus gibt es sie, auch mit kleineren Betriebsgrößen, an den Standorten ehemaliger Erzverhüttung und, am Bedarf orientiert, in Nähe der weiterverarbeitenden Industriezweige.

Zu den Produktionsgütern rechnet die amtliche Statistik auch die Drahtziehereien und Kabelwerke. Diese haben einen deutlichen Schwerpunkt im Märkischen Land um Lüdenscheid, Iserlohn und Altena.

Seit den 50er Jahren ist *Aluminium* das wichtigste der Nichteisenmetalle geworden. Da zur Verhüttung große Strommengen benötigt werden, liegen die Hütten in unmittelbarer Nähe leistungsfähiger Kraftwerke und damit in den großen Steinkohlen- und Braunkohlenrevieren und an den Wasserkraftwerken. Die größte deutsche Aluminiumhütte entstand erst nach dem 2. Weltkrieg im südbayerischen Industriedreieck in Töging am Inn neben einem neuen Wasserkraftwerk. Für den importierten Rohstoff Bauxit ist die Lage der Verarbeitungsbetriebe an Wasserstraßen günstig, so am Rhein, an der Donau und an verschiedenen Kanälen.

Die *Buntmetallverhüttung* (Kupfer, Blei, Zink, Zinn) hat zwei Schwerpunkte: 1. im Harz (Blei, Zink aufgrund der heute noch abgebauten Erze im Rammelsberg bei Goslar [IV-6]) und 2. in Duisburg (Kupfer) an der günstigen Wasserstraße und auf Kohlebasis.

Die *chemische Industrie* hat einen sehr großen Wasserbedarf; verbraucht sie doch 20% des gesamten Wasseraufkommens der Bundesrepublik, doppelt soviel wie alle privaten Haushalte zusammen (IV-8). Alle großen chemischen Werke liegen daher an größeren Flüssen, besonders am Rhein und am unteren Main (Duisburg, Leverkusen, Mainz, Höchst, Ludwigshafen). Aber es gibt auch ursprünglich rohstofforientierte Standorte, so auf der Steinkohlenbasis in Marl-Hüls im nördlichen Ruhrgebiet oder in Wesseling am Rhein zwischen Köln und Bonn in unmittelbarer Nachbarschaft zur Braunkohle auf der Ville. Mit dem Übergang von der Kohlechemie zur Petrochemie wurden die großen Ölraffinerien als Rohstofflieferanten zu Standorten der chemischen Industrie, so in jüngster Zeit im südbayerischen Industriedreieck an Inn, Alz und Salzach am Ende von Erdgasleitungen aus München und Ingolstadt.

Auch die *Papierindustrie* mit Holzschleifereien, Papier- und Pappeherstellung ist auf ausreichendes und vor allem klares Wasser angewiesen (IV-20). Daher liegen die meisten Standorte außerhalb der dicht besiedelten industriellen Ballungsräume am Rande dünn besiedelter, wasserreicher Waldgebiete, so im Eifelvorland (Düren), am Harzrand, am Ausgang der Schwarzwaldtäler in die Rheinebene und an den wasserreichen Alpenflüssen im Allgäu und in Oberbayern.

Am stärksten rohstofforientiert sind naturgemäß die Industriezweige der *Steine und Erden*. Die Zementindustrie verarbeitet Kalke verschiedenen geologischen Alters u. a. im Weserbergland, in der Westfälischen Bucht, im Rheinischen Schiefergebirge und in der Schwäbisch-Fränkischen Alb.

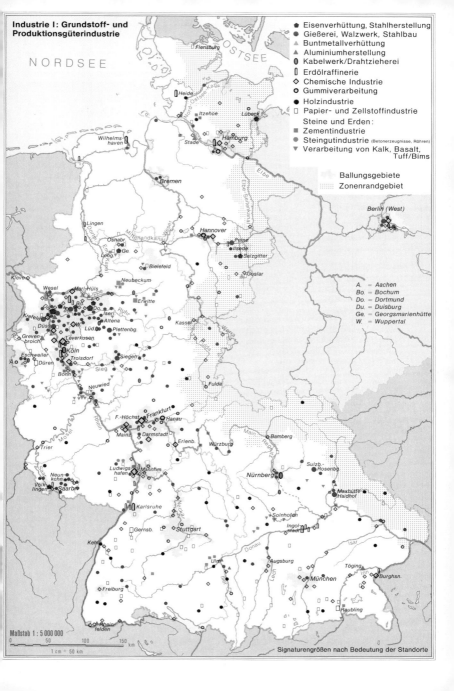

Industrie I: Grundstoff- und Produktionsgüterindustrie

NORDSEE

OSTSEE

Legende:
- ⬟ Eisenverhüttung, Stahlherstellung
- ⬣ Gießerei, Walzwerk, Stahlbau
- ▲ Buntmetallverhüttung
- ▲ Aluminiumherstellung
- ◖ Kabelwerk/Drahtzieherei
- ◖ Erdölraffinerie
- ◇ Chemische Industrie
- ◎ Gummiverarbeitung
- ● Holzindustrie
- □ Papier- und Zellstoffindustrie

Steine und Erden:
- ■ Zementindustrie
- ● Steingutindustrie (Betonerzeugnisse, Röhren)
- ▼ Verarbeitung von Kalk, Basalt, Tuff/Bims

Ballungsgebiete
Zonenrandgebiet

A. = Aachen
Bo = Bochum
Do. = Dortmund
Du. = Duisburg
Ge. = Georgsmarienhütte
W. = Wuppertal

Maßstab 1 : 5 000 000
0   50   100   150 km
1 cm ≙ 50 km

Signaturengrößen nach Bedeutung der Standorte

Ortsnamen (Auswahl): Flensburg, Heide, Itzehoe, Lübeck, Wilhelms-haven, Stade, Hamburg, Bremen, Lingen, Osnabr., Leng., Ge., Bielefeld, Hannover, Peine, Ilsede, Salzgitter, Goslar, Berlin (West), Kleve, Wesel, Marl-Hüls, Neubeckum, Erwitte, Bo., Do., Iserl., Krefeld, Altena, Düss., W., Lüd., Plettenbg., Greven-broich, Leverkusen, Kassel, Eschweiler, Düren, Köln, Troisdorf, Siegen, A., Bonn, Sieg, Neuwied, Trier, Fulda, F.-Höchst, Frankfurt, Hanau, Mainz, Darmstadt, Erlenb., Würzburg, Bamberg, Neun-kchn., Völk-lingen, Saarbr., Ludwigs-hafen, Mannhm., Nürnberg, Sulzb.-Rosenbg., Maxhütte-Haidhof, Karlsruhe, Solnhofen, Ingol-stadt, Gernsb., Stuttgart, Kehl, Ulm, Donau, Augsburg, Lech, Töging, München, Burghsn., Freiburg, Raubling, Rhein-felden

IV-11   Industrie II: Investitionsgüterindustrie

Die meisten der hier aufgeführten Industriezweige sind über das ganze Bundesgebiet verteilt, mit einer gewissen Verdichtung in den Ballungsgebieten, besonders entlang der Rhein-Neckar-Achse. Sie sind nie rohstofforientiert, selten verkehrsorientiert, aber ganz besonders arbeitsorientiert. So ziehen sie einerseits häufig Arbeitskräfte an, andererseits aber suchen sie ihre Standorte eben dort, wo Arbeitskräfte zur Verfügung stehen, so z. B. schon früh in den südwestdeutschen Realerbteilungsgebieten oder in den Mittelgebirgen, wo die Landwirtschaft die zunehmende Bevölkerung nicht ernähren konnte und die Bewohner entweder zur Abwanderung oder zur gewerblichen Tätigkeit gezwungen waren, aus welcher sich später Industriezweige entwickelten. Aber auch der Bedarf anderer Industriezweige war von maßgeblicher Bedeutung für die Ansiedlung entsprechender Industrien in unmittelbarer Nachbarschaft. So ist die enge Verflochtenheit verschiedener Branchen besonders kennzeichnend für diesen Wirtschaftsbereich, wie es das Beispiel der Autoindustrie auf der Karte zeigt.

Die Eisen, Blech- und Metallwarenindustrie (EBM) zeigt trotz weiter Streuung eine gewisse Konzentration in den Tälern des Bergisch-Märkischen Landes in unmittelbarem Anschluß an das Ruhrrevier.

Aufgrund von eigenen Erzen, die aber seit langem abgebaut sind, der Holzkohle aus den ausgedehnten Bergwäldern und der Nutzung der Wasserkraft für den Betrieb von Fallhämmern, Blasebälgen und Schleifsteinen wurden schon im Mittelalter Geräte, Waffen und Werkzeuge weit über den eigenen Bedarf hinaus hergestellt. Dabei kam es früh zu einer räumlichen Spezialisierung, z. B. blanke Waffen und Schneidwaren in Solingen, Werkzeuge in Remscheid, Schlösser im Niederbergischen um Velbert. Die industrielle Weiterentwicklung dieser alten Gewerbe wurde im Bergisch-Märkischen durch die Nähe des Ruhrgebietes besonders begünstigt, das Kohle, Eisen und Stahl, z. T. als Halbzeug, liefert und einen großen Teil der Fertigwaren aufnimmt. Dabei hat sich die Produktion der Fertigwarenindustrie in hohem Maße auf den unmittelbaren Bedarf des Ruhrgebietes eingestellt. »Industriegassen« mit dichter Reihung von Betrieben der EBM-Gruppe sind auf der Karte in vielen Tälern fast aller Mittelgebirge zu finden, so z. B. im Siegerland, am mittleren Neckar und in seinen Nebentälern, oder im Rednitztal um Nürnberg.

Die Maschinenbauindustrie ist weitgehend mit der EBM-Industrie verbunden und hat ein ähnliches Verbreitungsgebiet.

Während die *Elektrotechnische Industrie* über das ganze Bundesgebiet verstreut ist, hat die hochwertige *Feinmechanische Industrie* ihre Schwerpunkte in Südwestdeutschland aufzuweisen. Besonders deutlich abgegrenzt ist das Verbreitungsgebiet der Uhrenherstellung in den Schwarzwaldtälern und dem östlichen Schwarzwaldvorland. Sie entwickelte sich aus winterlicher Heimarbeit, die auf Holzverarbeitung eingestellt war.

Auch die *optische Industrie* mit einem großen Anteil von Fotowaren ist in Süddeutschland weit stärker vertreten als im Norden.

Fahrzeuge werden im allgemeinen zu den Investitionsgütern gerechnet, wenn sie auch z. T., wie viele private Pkw, als Verbrauchsgüter angesehen werden können.

Der *Schiffbau* ist auf drei Ostsee- und drei Nordseehäfen konzentriert. Seit 1974 geht seine Produktion weltweit zurück, daher auch in der Bundesrepublik. Die Ursache liegt in erster Linie in einem großen Überangebot, besonders an Tankern.

Der *Automobilbau* ist über die ganze Bundesrepublik verstreut, mit Schwerpunkten in fast allen Ballungsräumen. Die ältesten Standorte entwickelten sich aus der persönlichen Initiative von Unternehmern wie Opel in Rüsselsheim, Daimler und Benz in Stuttgart, während VW, das größte Unternehmen, als Staatsbetrieb in Wolfsburg am Mittelland-Kanal gebaut wurde. Nach dem Kriege gründeten große Firmen Zweigwerke in den Ballungsräumen, wie Ford in Köln.

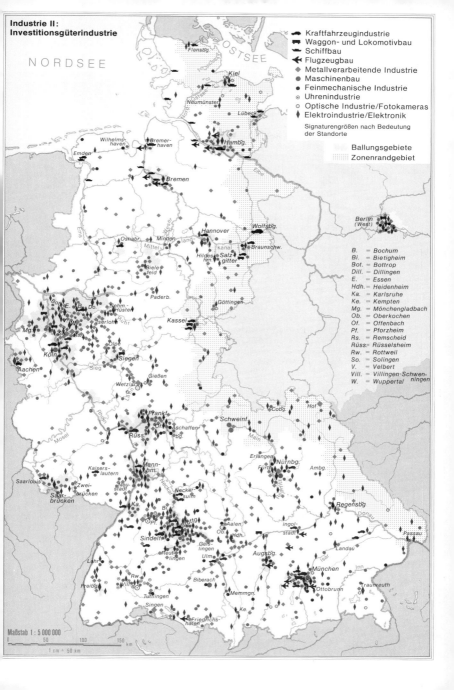

Industrie II: Investitionsgüterindustrie

NORDSEE

OSTSEE

Legende

- ➤ Kraftfahrzeugindustrie
- ➤ Waggon- und Lokomotivbau
- ➤ Schiffbau
- ➤ Flugzeugbau
- ◆ Metallverarbeitende Industrie
- ● Maschinenbau
- ● Feinmechanische Industrie
- ⊙ Uhrenindustrie
- ○ Optische Industrie/Fotokameras
- ⬥ Elektroindustrie/Elektronik

Signaturengrößen nach Bedeutung der Standorte

Ballungsgebiete
Zonenrandgebiet

B. = Bochum
Bi. = Bietigheim
Bot. = Bottrop
Dill. = Dillingen
E. = Essen
Hdh. = Heidenheim
Ka. = Karlsruhe
Ke. = Kempten
Mg. = Mönchengladbach
Ob. = Oberkochen
Of. = Offenbach
Pf. = Pforzheim
Rs. = Remscheid
Rüss. = Rüsselsheim
Rw. = Rottweil
So. = Solingen
V. = Velbert
Vill. = Villingen-Schwenningen
W. = Wuppertal

Maßstab 1 : 5 000 000

0   50   100   150 km

1 cm ≙ 50 km

Die äußerst vielseitige *Textilindustrie* bezieht ihre Rohstoffe, vor allem Baumwolle, Wolle und Seide aus dem Ausland, kann aber ihren hohen Bedarf an Kunstfasern aus der heimischen Produktion fast decken. Die Textilindustrie entwickelte sich aus der Hausweberei in den Gebieten mit Schafhaltung und Flachsanbau auf dem Lande, während Weiterverarbeitung und Handel in den Städten konzentriert waren. Förderung durch die Landesherren, durch Privilegien und die Ansiedlung von Glaubensflüchtlingen führten zu noch heute sichtbaren Konzentrationen (Wuppertal, Krefeld). Wegen ihrer niedrigeren Löhne ist die Textilindustrie mehr in den Randgebieten als in den Kernen der großen Industrieregionen angesiedelt.

Die Karte läßt drei stark von der Textilindustrie bestimmten Regionen erkennen:

1. Rund um das Ruhrgebiet vom westfälischen Münsterland über Krefeld – Mönchengladbach –Aachen –Wuppertal – Bielefeld–Herford–Osnabrück.

2. In Süddeutschland im schwäbischen Albvorland von Albstadt (Ebingen) bis Aalen.

3. In Oberfranken im Dreieck Bamberg–Bayreuth–Hof.

Darüber hinaus ist die stark arbeitsmarktorientierte Textilindustrie weit über das ganze Land verstreut, da sie unabhängig von Rohstofflagern ist. Ihre leichtgewichtigen Rohstoffe und Erzeugnisse können bei guter Infrastruktur problemlos überall hin transportiert werden.

Ähnlich wie in der Kleineisenindustrie kommt es häufig zu regionalen Spezialisierungen, wie Seidenwaren in Krefeld, Baumwollerzeugnisse in Mönchengladbach, Tuche in Aachen, Leinenverarbeitung in Ravensberger Land um Bielefeld. Oft wurde die Textilindustrie zum Anstoß für die Entwicklung anderer Verarbeitungen wie Appretur, Färberei oder Textilmaschinenbau.

Im Gegensatz zur Textilindustrie ist die *Bekleidungsindustrie* in der Wahl ihrer Standorte stärker auf die großen Stadtregionen eingestellt. Da ihre Produktion stark durch die Mode bestimmt wird, sucht sie die Fühlungsvorteile der Ballungsräume und Großstädte. Ihre Schwerpunkte liegen in Berlin, Frankfurt, Aschaffenburg, Nürnberg, Stuttgart und – in stärkerem Zusammenhang mit der Textilindustrie – auch in Krefeld und Wuppertal.

In Pirmasens entwickelte sich aus dem Bedarf einer Garnison das deutsche *Schuhwarenzentrum*. In Offenbach ist die *Lederwarenindustrie* konzentriert mit einer alljährlich stattfindenden, internationalen Lederwarenmesse.

Innerhalb der *holzverarbeitenden Industrie* hat die Möbelherstellung einen eindeutigen Schwerpunkt im östlichen Westfalen zwischen Teutoburger Wald und Wiehengebirge und im Lipper Land. Sie entstand hier aus kleinen handwerklichen Tischlereien, die zunächst das Holz der waldreichen Umgebung verarbeiteten. Für die industrielle Entwicklung war der Bedarf des nahe gelegenen Ruhrreviers von großer Bedeutung. Heute ist diese Industrie auf die Einfuhr großer Holzmengen, vor allem aus tropischen Wäldern, angewiesen. Sie hat sich in vielen mittelgroßen und einigen sehr großen Betrieben weitgehend auf ganz bestimmte Produkte spezialisiert: Küchen, Polstermöbel, Büromöbel, Schulmöbel, Sitzmöbel u. a.

Glasherstellung und Glasverarbeitung entstanden zunächst auf der Rohstoffbasis in der Nähe quarzhaltiger Sande und Sandsteine. Später rückten sie näher an die Bedarfsgebiete heran, jedoch liegen sie immer noch deutlich außerhalb oder höchstens am Rande der großen Ballungsräume. Zur Glasindustrie kann auch z. T. die von sudetendeutschen Flüchtlingen aus Gablonz aufgebaute Schmuckwarenindustrie in Neugablonz gerechnet werden, die u. a. Kristall- und Kunstgläser herstellt (Zentren: Neugablonz bei Kaufbeuren, Schwäbisch-Gmünd, Bayreuth).

Die Porzellan- und Keramikindustrie hat mehrere Schwerpunkte: Industrie- und Haushaltskeramik im Saarland und im Kannebäcker Ländchen bei Montabaur/Westerwald, Keramik und Porzellan vor allem in Oberfranken und in der Oberpfalz (Selb, Marktredwitz). Von großer Bedeutung sind die ehem. fürstlichen, heute staatlichen Porzellanmanufakturen Berlin-Charlottenburg, Nymphenburg in München und Fürstenberg an der Weser.

Die *Schmuckwarenindustrie* entwickelte sich aus handwerklichen Halbedelsteinschleifereien im Hunsrück um Idar-Oberstein, wo zunächst Achate aus dem Diabas des Nahetales verarbeitet wurden. Heute werden hier Edelsteine und Halbedelsteine aus Übersee, vor allem aus Brasilien eingeführt. Die auf hochwertige Qualitäten ausgerichtete Schmuckwarenindustrie in Pforzheim entstand aus landesherrlicher Initiative und Förderung im 18. Jh. und ist heute durch hochintensiv arbeitende Kleinbetriebe geprägt.

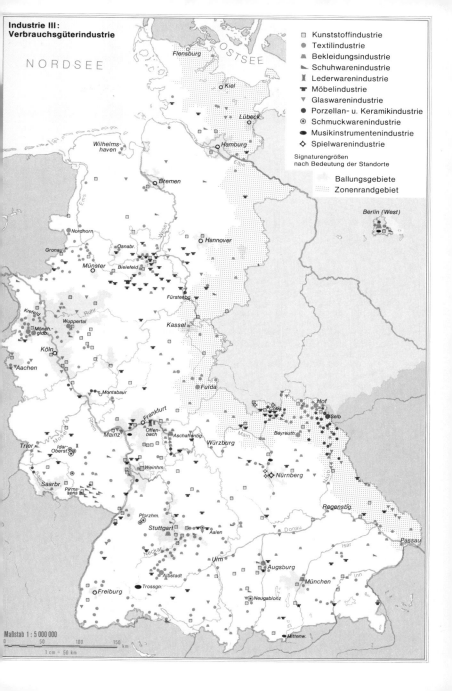

Industrie III:
Verbrauchsgüterindustrie

NORDSEE

OSTSEE

Legende:
▫ Kunststoffindustrie
● Textilindustrie
▲ Bekleidungsindustrie
► Schuhwarenindustrie
▌ Lederwarenindustrie
▼ Möbelindustrie
▽ Glaswarenindustrie
● Porzellan- u. Keramikindustrie
◉ Schmuckwarenindustrie
● Musikinstrumentenindustrie
◇ Spielwarenindustrie

Signaturengrößen
nach Bedeutung der Standorte

■ Ballungsgebiete
▒ Zonenrandgebiet

Flensburg
Kiel
Lübeck
Wilhelms-haven
Hamburg
Bremen
Elbe
Ems
Weser
Berlin (West)
Nordhorn
Osnabr.
Hannover
Gronau
Münster
Bielefeld
Krefeld
Wuppertal
Mönch-gldb.
Köln
Aachen
Ruhr
Fürstenbg.
Kassel
Montabaur
Fulda
Rhein
Mosel
Frankfurt
Offen-bach
Mainz
Aschaffenbg.
Würzburg
Main
Coburg
Hof
Selb
Bayreuth
Trier
Idar-Oberst.
Saar
Weinhm.
Nürnberg
Naab
Regensbg.
Pforzhm.
Stuttgart
Aalen
Donau
Passau
Neckar
Ulm
Isar
Augsburg
München
Inn
Albstadt
Trossgn.
Freiburg
Neugablonz
Mittenw.
Saarbr.
Pirma-sens

Maßstab 1 : 5 000 000
0   50   100   150 km
1 cm = 50 km

Die Nahrungs- und Genußmittelindustrie verarbeitet einheimische und eingeführte pflanzliche und tierische Rohstoffe. Dementsprechend hat sie ihre Standorte z. T. in den Anbaugebieten (z. B. Zuckerfabriken in den Lößbörden, Konservenfabriken in den Obst- und Gemüseanbaugebieten) und wegen der frachtgünstigen Lage in den großen Überseehäfen (z. B. Kaffee-, Tee- und Tabakverarbeitung). Außerdem gibt es diese Industrien aber auch in allen großen Städten und Ballungsräumen in unmittelbarer Nähe vieler Verbraucher, nicht zuletzt wegen der allgemeinen »Fühlungsvorteile« mit dem Markt und mit anderen Industriezweigen. Auch historische Gründe können zuweilen von Bedeutung für die heutige Verbreitung sein. So entwickelte sich aus der Backpulverherstellung in einer Bielefelder Apotheke einer der größten Konzerne der Nahrungs- und Genußmittelindustrie (Oetker). Die Lebkuchen- und Süßwarenindustrie von Nürnberg hat ihren Ausgangspunkt in dem Bedarf der Messebesucher bereits im Mittelalter. Die Zigarrenindustrie in Ostwestfalen mit dem Schwerpunkt Bünde entstand als Nachfolgeindustrie der Leinengewerbes durch persönliche Initiative eines einzelnen Unternehmers, der Tabak aus Bremen einführte und so für die Beschäftigung der brachliegenden Arbeitskräfte sorgte.

Am stärksten standortgebunden ist die Verarbeitung von Milch zu Butter, Käse, Sahne und anderen Milchprodukten. Die Karte läßt drei Schwerpunkträume erkennen:
1. das norddeutsche Viehhaltungsgebiet in der Marsch und auf der Geest; Butter- und Frischmilchproduktion überwiegen vor Käseverarbeitung,
2. das Alpenvorland und die Alpen mit besonderer Betonung der Käseherstellung,
3. die feuchten Mittelgebirgsregionen, besonders in der Nachbarschaft von großen Ballungsräumen wie dem Rhein-Ruhr-Gebiet.

In ähnlicher Weise ist die Zuckerrübenindustrie an den Zuckerrübenbau in den Börden gebunden, weil das Rohprodukt sehr ballastreich ist und Blätter und Abfälle der Zuckerproduktion zweckmäßigerweise gleich im Anbaugebiet verfüttert werden.

Ganz anders ist die Verbreitung der Brauereien. Ihre Standorte sind vollkommen unabhängig von den Rohstoffen Gerste und Hopfen. In dem größten deutschen Hopfenanbaugebiet, der Hallertau in Niederbayern, gibt es keine einzige Großbrauerei!

Statt dessen entwickelte sich die moderne Brauereiindustrie in Nähe der Verbraucher in den großen Ballungsräumen München, Ruhrgebiet, Rheinachse mit Duisburg, Düsseldorf und Köln sowie Bremen, Hamburg, Stuttgart, Nürnberg und Berlin. Es gibt in der Bundesrepublik etwa 1400 Brauereien, darunter an die 100 Großbrauereien.

Von Bedeutung ist aber das Wasser im Hinblick auf gute Qualität und ausreichende Mengen. Auch aus Kostengründen legten viele Großbrauereien eigene Brunnen an.

Großkellereien und Sektfabriken entstanden vorrangig in den drei großen Weinbaugebieten an der Mosel mit Schwerpunkt Trier, am Mittelrhein mit Schwerpunkten in Eltville und am Rhein bei Wiesbaden, am Oberrhein mit der großen Zentralkellerei der Badischen Winzergenossenschaften in Breisach. Die Spirituosenindustrie konzentriert sich mit der Verarbeitung importierter Rohstoffe auf die Hafenstädte, besonders Flensburg (Rum). Kornbrennereien entwickelten sich zunächst als kleine, oft nebenbäuerliche Betriebe in den Getreideanbaugebieten. Ein besonderer Schwerpunkt entstand in Steinhagen b. Bielefeld, wo man den Kornbranntwein mit Wacholderbeeren »veredelte«, die früher in der Umgebung gesammelt wurden. Rohstoffbedingt ist der Mineralbrunnenversand mit Schwerpunkten in der Vulkaneifel (Gerolstein) und an den tektonischen Störungslinien des Rhein. Schiefergebirges im unt. Lahntal mit Selters und Fachingen.

Das Rohmaterial der Genußmittel Kaffee, Tee und Tabak stammt aus überseeischen Ländern und wird zum Teil in den Hafenstädten Hamburg und Bremen verarbeitet, zum Teil aber auch in Nähe der Verbraucher in den großen Ballungsräumen.

Kakao hingegen wird zu einem beachtlichen Teil im Binnenland verarbeitet, so u. a. in Aachen, Köln und Hannover.

Die Tabakindustrie ist in den oberrheinischen und pfälzischen Anbaugebieten auch rohstofforientiert.

Die Fischverarbeitung ist naturgemäß auf die Hafenstädte konzentriert, an erster Stelle steht Bremerhaven.

Ein Schwerpunkt der fleischverarbeitenden Industrie liegt im östlichen Westfalen mit dem Zentrum Versmold westlich Bielefeld. Weitere Konzentrationen sind Braunschweig (»Braunschweiger Leberwurst«), Frankfurt (»Frankfurter Würstchen«), Göttingen, Hamburg (z. T. mit importiertem Fleisch), Hannover und auch Berlin.

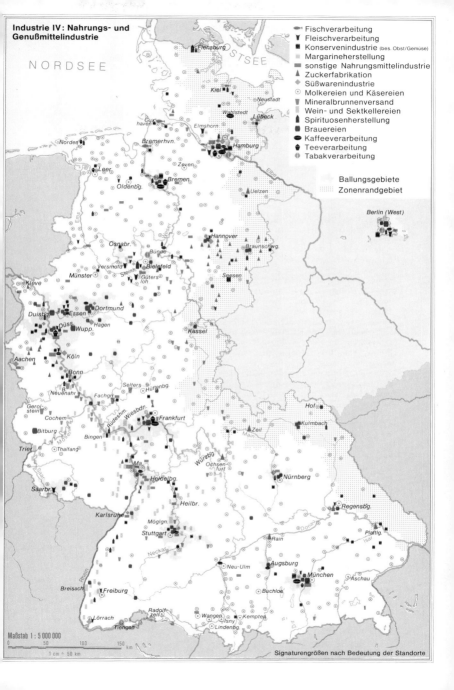

Seit dem Beginn der Industrialisierung bis zum Anfang des Zweiten Weltkrieges hatten sich im Bereich der heutigen Bundesrepublik Deutschland deutlich abgrenzbare Industriegebiete entwickelt, die den in III-1 aufgeführten industriellen Ballungsräumen entsprechen. Die meisten von ihnen ordnen sich zu zwei Achsen von West nach Ost am Nordrand der Mittelgebirge entlang und von Nord nach Süd rhein- und neckaraufwärts. Beide schneiden sich im Rheinisch-Westfälischen Industriegebiet, dem größten in der Bundesrepublik. Dazu gehören das Ruhrrevier zwischen Ruhr und Lippe, die Rheinschiene zwischen Wesel und Bonn und ostwärts daran anschließend das Bergisch-Märkische Land.

Außerhalb der beiden Achsen entwickelten sich in größeren Abständen andere Industriegebiete um die großen Städte, so um die großen Seehäfen Hamburg und Bremen, um Hannover, München, Nürnberg und im Saarland um Saarbrücken. Alle diese Industriegebiete sind von mehr oder weniger ausgedehnten Industriestandorten umgeben, in denen aber über die Hälfte der Erwerbstätigen in der Industrie arbeitet.

Nur wenig industriell entwickelt sind bis heute das Norddeutsche Tiefland zwischen den Hafenstädten und dem Nordrand der Mittelgebirge, große Teile der bewaldeten Mittelgebirgsblöcke und das Alpenvorland.

Lokale Rohstoffe und Energien hatten einst in entscheidender Weise die Entstehung und Entwicklung von Gewerbe und Industrie in den Städten und auf dem Lande begünstigt und gefördert, wie z. B. Erze, Holzkohle und Wasserkraft in den Mittelgebirgen, Wolle und Flachs aus der eigenen Landwirtschaft, Holz aus den heimischen Wäldern.

Aber im Laufe der Zeit löste sich die Industrie immer mehr von den heimischen Rohstoffen und versorgte sich durch weltweite Importe. In schwindendem Maße rohstofforientiert sind heute nur noch die Schwerindustrie der Steinkohlenreviere an Ruhr und Saar und der Eisenerzlager um Salzgitter.

Wichtiger wurde für die industrielle Standortwahl die Infrastruktur: Eisenbahnen, Autostraßen, Wasserwege und später Erdöltransportlinien, für die chemische Industrie auch die Lage an den großen Flüssen wegen ihres hohen Brauchwasserbedarfs, neuerdings die Lage in Nähe der großen Flughäfen.

Die Industrie der Bundesrepublik ist heute in erster Linie arbeitsmarktorientiert, d. h. von der Zahl und der Tüchtigkeit der Arbeitskräfte abhängig, verkehrs- und konsumorientiert, d. h. von der Nachfrage nach Gütern im In- und Ausland bestimmt. Trotz der gewaltigen Kriegszerstörungen vollzog sich der Wiederaufbau der Industrie im wesentlichen an den alten Standorten, bedingt durch zunächst unveränderte Rohstoffgrundlagen und Infrastrukturen. Der Zustrom von Flüchtlingen und Heimatvertriebenen bewirkte weniger die Aufnahme neuer Industrien (z. B. Damenstrümpfe, Gablonzer Glasartikel) als vielmehr eine Verdichtung der arbeitsfähigen Bevölkerung, nicht nur in den traditionellen Ballungsgebieten, sondern auch zwischen diesen »auf dem flachen Lande«. Hinzu kam später der Ausbau der Verkehrswege und Versorgungsleitungen (Elektrizität, Wasser, Erdöl, Erdgas), so daß neue Industriestandorte auch außerhalb der Kernräume entstehen konnten, wie u. a. in Schleswig-Holstein und im Alpenvorland. Nur in wenigen Fällen entstanden Flüchtlingsindustrien an neuen Standorten wie in Espelkamp, Neugablonz und Waldkraiburg.

Entscheidende Strukturveränderungen wurden seit 1960 spürbar:

1. Rückgang der Steinkohleförderung durch zunehmende Verwendung von Erdöl und Erdgas in der Industrie, in den privaten Haushalten und im Verkehrswesen; Rückgang des Koksbedarfs bei der Verhüttung. Zunehmende Angebote billiger Importkohle. Als Folge davon Ansiedlung neuer Industriezweige im Steinkohlenrevier, wie die Opelwerke in Bochum.

2. Die Mechanisierung aller und die Automatisierung vieler Branchen. Sie setzten Arbeitskräfte frei, besonders im Bereich der Ungelernten und Angelernten. Das hatte Arbeitslosigkeit und Rückführung von ausländischen Arbeitskräften zur Folge.

3. Die Automatisierung erfordert höhere Investitionen und mehr Kapital, was zur Aufgabe vieler Kleinbetriebe und zur Konzentration in größeren Einheiten führte. Der große Flächenbedarf der modernen Industrieverfahren hat die Auslagerung von Industriewerken aus den Kernen an die Ränder der Ballungsgebiete und darüber hinaus zur Folge. Aus denselben Ursachen kommt es zur Neuansiedlung an Standorten günstiger Infrastruktur wie an Autobahnauffahrten und -kreuzungen, an neu ausgebauten Wasserstraßen (Rhein und Neckar), an leistungsfähigen Rohrleitungen (Ingolstadt, bayer. Chemiedreieck), an den großen Flughäfen. So verdichten sich die Industrien immer mehr in den Bereichen besserer Infrastruktur.

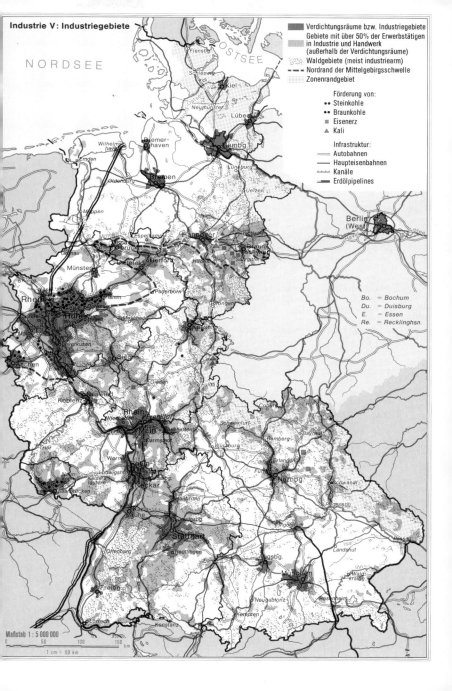

IV-15   Die größten Unternehmen

Die Karte zeigt die Standorte der 100 größten deutschen Industrieunternehmen (Stand 1977). Es sind nur die Sitze der Muttergesellschaft mit den Hauptproduktionsstätten angegeben. Sie konzentrieren sich in den bekannten industriellen Ballungsräumen (IV-10–15; III-1–4), besonders aber im Ruhrgebiet. In den Zwischenräumen fallen nur vereinzelt Schwerpunkte auf, wie z. B. Bielefeld/Gütersloh mit Oetker bzw. Bertelsmann oder Schweinfurt mit Kugelfischer und Fichtel & Sachs. Das Ruhrgebiet ist trotz der in jüngerer Zeit rasch gewachsenen südwestdeutschen Industrieräume *das* Wirtschaftszentrum der Bundesrepublik. Es ist zugleich das Gebiet der »klassischen« Unternehmenskonzentration. Die Zusammenlegung setzte um 1900 ein. Die zügige Entwicklung in dieser Zeit erforderte mehr Kapital als die privaten Unternehmer aufbringen konnten. Es entstanden Kapitalgesellschaften, die fast unbegrenzte Investitionsmittel zur Verfügung stellten und gleichzeitig zur Konzentration der Betriebe beitrugen. So schlossen sich 1916 die BASF, die Hoechst AG, die Bayer AG mit der Agfa und einigen kleineren Chemiebetrieben zur I.G. Farben zusammen. Eine ähnliche *»horizontale« Konzentration* von *gleichartigen Betrieben* erfolgte auch beim Bergbau (Kalisyndikat) und der Stahlindustrie (»Verein. Stahlwerke AG« von 1925). Die *»vertikale« Konzentration* ist typisch für die stahlschaffende und -verarbeitende Industrie. Hier werden *verschiedenartige Unternehmen* zusammengeschlossen: Erz- und Kohlegruben, Hochöfen und Walzstraßen, Maschinenfabriken und Werften sowie Verkaufsgesellschaft (Krupp).
Während der NS-Zeit wurde die Konzentration verstärkt, um u. a. die Voraussetzungen für die Wiederaufrüstung und Kriegsführung zu schaffen. 1945 wurden daher auf Beschluß der Besatzungsmächte alle Großunternehmen mit mehr als 10 000 Beschäftigten (Chemie- und Montanindustrie) aufgelöst. Die industrielle Produktion wurde auf 55% der Vorkriegsproduktion begrenzt, Mittel- und Ostdeutschland gingen mit etwa 30% der Industrie-Erzeugung verloren.
Die West-Orientierung der Bundesrepublik ermöglichte eine rasche wirtschaftliche Gesundung: Bereits 1962 erreichte die Produktion das 2½fache des Vorkriegsstandes. Gleichzeitig setzte die Rückverflechtung der Großunternehmen ein. So besitzen z. B. die Hoechst AG oder die BASF AG neben zahlreichen inländischen Konzernunternehmen auch Gesellschaften in fast allen Staaten

Westeuropas, in Nordamerika, Lateinamerika, Asien und Australien. Die zunehmende Konzentration der Firmen außerhalb der Ostblockstaaten ist ein weltweiter Prozeß (deutsche Investitionen im Ausland 1952 bis 1980: 74,2 Mrd. DM, davon 78% in westl. Ländern; ausländische Investitionen in der Bundesrepublik 1961–1980: 57,6 Mrd. DM, davon 95% aus westl. Ländern). Nach amerikanischen Schätzungen werden Mitte der 80er Jahre 300 Unternehmen mehr als 50% aller Waren und Dienstleistungen in der Welt produzieren. Bereits 1974 überstieg der Gesamtumsatz der 50 größten westl. Industrieunternehmen das Bruttosozialprodukt der UdSSR. Die deutschen Konzerne spielen im Weltvergleich allerdings eine bescheidene Rolle. In der Weltrangliste besetzte die Veba 1979 den 14., VW den 20. und Siemens den 25. Platz. Der Gesamtumsatz von Veba, VW, Siemens, BASF und Daimler (150 Mrd. DM) entsprach 1979 etwa dem des US-Konzerns Esso (145 Mrd. DM; 1980: 168 zu 187 Mrd. DM). Die Rangfolge ändert sich von Jahr zu Jahr. In der Bundesrepublik stieg die Veba 1975 nach der Fusion mit der Gelsenberg AG vom 7. auf den 1. Platz; mit 83 936 Beschäftigten erwirtschaftete sie 1980 einen Umsatz von 41 954 Mio. DM. VW rückte 1979 mit einer Umsatzsteigerung von 15% vom 3. auf den 2. Platz vor, verdrängte dabei Siemens und konnte 1980 diese Position halten. Insgesamt gab es bei den acht Listenführern seit 1972 keine grundlegenden Platzwechsel, wohl aber 1979 im Mittelfeld. Die Ursachen liegen in den Ölpreiserhöhungen von rd. 70%. Auch die anderen Energieträger, besonders Kohle, profitierten von den angehobenen Ölpreisen. Ruhrkohle und Saarbergbau verbesserten ihren Umsatz um rd. 30%; 1980 konnte diese Steigerung nicht gehalten werden. Seit 1978 lassen sich sinkende Gesamtwachstumsraten bei unterschiedlicher Umsatzentwicklung in den einzelnen Branchen erkennen; 1979 ergab sich eine Umsatzrendite von etwa 2,5%; 1980 lag sie noch darunter. Ebenso wie die Umsatzraten schwankt auch die Zahl der Arbeitskräfte. Sie wächst bei der Investitionsgüterindustrie, stagniert bei der Konsumgüterindustrie und schrumpft bei der eisenschaffenden Industrie und bei »Steine und Erden«. Eine tiefgreifende Veränderung wird das Mitbestimmungsgesetz auslösen. Zahlreiche Großunternehmen werden zu Einzelbetrieben mit weniger als 2000 Beschäftigten umgewandelt, um »mitbestimmungsfrei« zu bleiben.

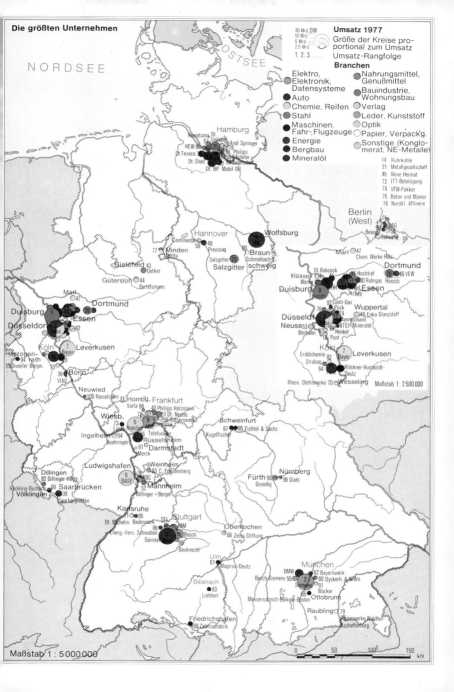

Zunehmende Freizeit, steigender Lebensstandard, wachsende Motorisierung und der Ausbau von Autobahnen und Bundesstraßen haben für breite Bevölkerungsschichten außer dem längeren Ferienurlaub (IV-17) auch kürzere Naherholungsfahrten möglich gemacht, vor allem am Wochenende mit dem im allgemeinen arbeitsfreien Samstag. An diesem Naherholungsverkehr beteiligen sich etwa $^1/_3$ der Bevölkerung aus den großen städtischen Ballungsgebieten.

Besonders geschätzt sind abwechslungsreiche Landschaften mit Berg und Tal, Wald und Feld und vor allem mit eingestreuten Wasserflächen, wie die eiszeitlichen Seen in Schleswig-Holstein und im Alpenvorland, aber auch die künstlichen Talsperren der Mittelgebirge. Je größer die Vielfalt der Landschaft, um so größer ist das Interesse der Erholungssuchenden. Nur wenige Landschaften der Bundesrepublik Deutschland sind für diesen Naherholungsverkehr ohne Interesse, wie etwa die weiten Ackerfluren der Börden oder ausgedehnte Grünlandmarschen.

Die auf der Karte dargestellten *Naherholungsgebiete* wurden durch Befragungen von der Bundesanstalt für Naturschutz und Landschaftsökologie ermittelt (Mrass 1978). Ihre Gesamtfläche bedeckt etwa die Hälfte der Bundesrepublik. Daraus wird ersichtlich, daß eine größere flächenhafte Ausdehnung dieser Gebiete nicht mehr möglich ist. Der weiter zunehmende Naherholungsverkehr erfordert eine Intensivierung und sinnvolle Planung vorhandener und neu zu schaffender Freizeitangebote einerseits und die Erhaltung von großflächigen Ruhe- und Erholungsräumen andererseits. Das ist bereits weitgehend in den Naturparks verwirklicht worden.

Naturparks umfassen größere Gebiete, die wegen ihrer landschaftlichen Schönheit und wegen ihres besonderen Erholungswertes für die Bevölkerung im Sinne von Landschaftsschutzgebieten geschützt sind: d. h. die Natur soll erhalten bleiben. Land- und Forstwirtschaft unterliegen keinen Einschränkungen, aber Häuser und Straßen dürfen nur in beschränktem Umfang gebaut werden. Die Naturparks werden darüber hinaus für den Erholungsverkehr, besonders für den Naherholungsverkehr, erschlossen durch die Anlage von Parkplätzen, Wanderwegen, besonders Autorundwanderwegen, Aussichtspunkten, Schutzhütten, Ruhebänken, Waldlehrpfaden, Trimmstrecken, Freizeitanlagen, Liegewiesen sowie Unterkunfts- und Übernachtungsmöglichkeiten, Hotels, Gasthäusern, Jugendherbergen und Jugendheimen.

In der Bundesrepublik gibt es heute 66 Naturparks mit einer Gesamtfläche von 48 223 km². Das ist über $^1/_3$ der Fläche der o. g. Naherholungsgebiete.

Die Naturparks liegen fast alle innerhalb der Naherholungsgebiete. Sie bilden ihren »harten Kern«, wodurch ersichtlich wird, daß ihre Auswahl und Abgrenzung sinnvoll waren. Naherholungsgebiete und Naturparks lassen sich bezüglich der Besucher den Ballungsräumen zuordnen. Den meisten Ballungsgebieten stehen mehrere Naturparks im Bereich einer mittleren Reichweite von 50 km zur Verfügung. Größere Distanzen, durch besondere Attraktivität einiger Naturparks bedingt, liegen zwischen Hamburg und Sylt oder den Hütterer Bergen, zwischen Stuttgart und dem Bodensee oder dem Allgäu, zwischen Nürnberg und dem Oberpfälzer oder Bayerischen Wald und vor allem zwischen Berlin und der Lüneburger Heide oder dem Harz.

An der deutschen Westgrenze sind bisher drei grenzüberschreitende Naturparks eingerichtet worden: der Deutsch-Niederländische Naturpark Schwalm-Nette, der Deutsch-Belgische Naturpark Nordeifel und der Deutsch-Luxemburgische Naturpark Südeifel. Leider wird es wohl in absehbarer Zeit nicht möglich sein, die geplante Ausdehnung der Naturparks Lauenburgische Seen und Harz über die innerdeutsche Grenze zu verwirklichen.

Im Gegensatz zu den großräumigen Naturparks, die in erster Linie der Erholung und Freizeitgestaltung dienen, haben die *Naturschutzgebiete* die Aufgabe, Pflanzen, Tiere und auch typische Landschaftsformen vor Zerstörung und Ausrottung zu schützen. Wegen ihrer jeweils geringen Flächenausdehnung sind sie auf der Karte nicht dargestellt. Diese o. a. Aufgaben fallen auch den großräumigen *Nationalparks* zu. Das sind »rechtsverbindlich festgesetzte, einheitlich zu schützende Gebiete, die

1. großräumig und von besonderer Eigenart sind,

2. im überwiegenden Teil ihres Gebietes die Voraussetzungen eines Naturschutzgebietes erfüllen,

3. sich in einem vom Menschen nicht oder nur wenig beeinflußten Zustand befinden und

4. vornehmlich der Erhaltung eines möglichst artenreichen, heimischen Pflanzen- und Tierbestandes dienen«.

In der Bundesrepublik gibt es bisher nur zwei Nationalparks: Bayerischer Wald und Berchtesgaden.

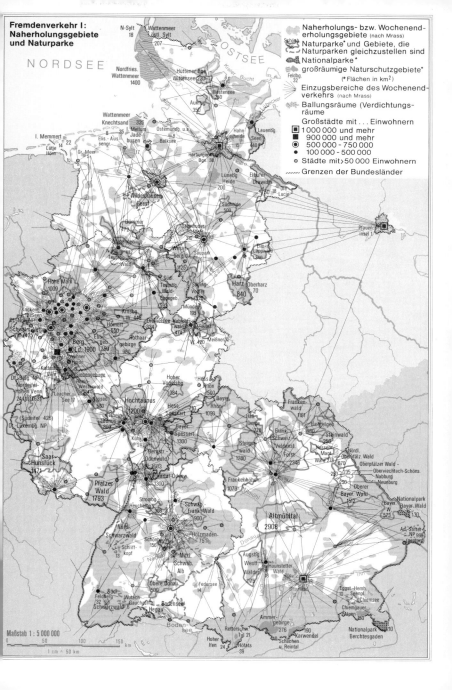

Fremdenverkehr I: Naherholungsgebiete und Naturparke

NORDSEE

OSTSEE

Naherholungs- bzw. Wochenend-
erholungsgebiete (nach Mrass)

Naturparke* und Gebiete, die
Naturparken gleichzustellen sind

Nationalparke*

großräumige Naturschutzgebiete*

(*Flächen in km²)

Einzugsbereiche des Wochenend-
verkehrs (nach Mrass)

Ballungsräume (Verdichtungsräume)

Großstädte mit ... Einwohnern

■ 1 000 000 und mehr

■ 900 000 und mehr

◉ 500 000 - 750 000

● 100 000 - 500 000

○ Städte mit >50 000 Einwohnern

////// Grenzen der Bundesländer

Maßstab 1 : 5 000 000

0   50   100   150   km

1 cm ≙ 50 km

Ferien- und Kuraufenthalte sind in der Statistik nicht eindeutig voneinander zu trennen. Bade- und Kurorte werden z. B. nicht nur von Kurgästen aufgesucht, die zur Wiederherstellung ihrer Gesundheit eine ärztlich verordnete Kur durchführen, sondern auch von vielen Erholungs- und Vergnügungsreisenden, zumal wenn der Ort entsprechende Attraktivitäten aufweist. Dies gilt in besonderem Maße für die Seebäder, aber auch für Kurorte in reizvoller Lage im Mittel- und Hochgebirge. Mit steigendem Wohlstand und verlängerter Freizeit haben nicht nur die Naherholungsreisen (IV-16) zugenommen, sondern auch die Reisen zu entfernteren Zielen. In zunehmendem Maße unternehmen viele Bürger jedes Jahr außer der großen Ferienreise, die oft ins Ausland führt, eine zweite Reise, meist zu inländischen Zielen. Trotz dieser Tendenz bleibt aber immer noch der größte Teil der Bevölkerung zu Hause: 1977/78 waren das 53% (Tab. 1). Von den 37 000 Reisen über 5 Tage, die im Reisejahr 1977/78 unternommen wurden, gingen 16 000 zu inländischen Zielen (44%) und 21 000 ins Ausland (56%).

Die Fremdenverkehrsgebiete der Bundesrepublik Deutschland konkurrieren vor allem mit ausländischen Zielen in Österreich, Italien, Spanien, Frankreich und Jugoslawien (Tab. in Karte). Die auf der Karte dargestellten Fernerholungsgebiete sind Räume, die bevorzugt von Urlaubs- und Erholungsreisenden aufgesucht werden. Dabei kommt es in der Nähe der Ballungsräume zu Überlagerungen mit dem Naherholungsverkehr.

Schwerpunkte des Urlaubsverkehrs in der Bundesrepublik sind in geogr. Anordnung von N nach S: Nord- und Ostseeküsten, Harz, Sauerland, Eifel und Hunsrück, Odenwald und Rhön, die ostbayerischen Grenzgebirge, Schwarzwald, Alpenvorland und Alpen. Unter den Reisezielen für den Haupturlaub stehen in der Bundesrepublik die Alpen an erster Stelle, gefolgt von Schwarzwald, Nordsee, Bayerischem Wald und Ostsee (Tab. in Karte).

Der Urlaubsverkehr an Nord- und Ostsee beschränkt sich auf einen schmalen Küstensaum, während die Urlaubsgebiete in den bewaldeten Mittelgebirgen große Flächen einnehmen. An der Nordsee liegen die Schwerpunkte vorwiegend auf den Inseln, an der Ostsee naturgemäß in der Küstenregion. In den Mittelgebirgen bilden Heilbäder, heilklimatische Kurorte, Kneippkurorte und Luftkurorte besondere Konzentrationspunkte des Fremdenverkehrs. Unsere Karte verzeichnet davon insges. 128 mit mehr als 340 000 Übernachtungen im Urlaubsjahr 1978 (ohne Campingplätze, Jugendherbergen und -heime). Darunter waren 45 Heilbäder (Heilquellen und Moorkurorte), 26 heilklimatische Kurorte, 10 Kneippkurorte, 20 Luftkurorte und 27 Seebäder (Tab. 2).

Heilbäder haben heilwirksame Mineral- oder Thermalwässer oder Moorablagerungen und für die Durchführung von Heilkuren erforderliche Einrichtungen zur Voraussetzung. Sie sind in ihrer Verbreitung an die tektonischen Störungen des Gebirges (II-2) und an geeignete Moorablagerungen gebunden. Bei den heilklimatischen Kurorten werden hohe Anforderungen an die Heilfaktoren des Klimas (II-10) gestellt, aber auch bei den Luftkurorten werden die klimatischen Voraussetzungen amtlich überprüft. Kneippkurorte müssen über die entsprechenden Einrichtungen zur Durchführung von Kneippkuren verfügen.

Die heilklimatischen Kurorte häufen sich in den Höhenlagen der Mittelgebirge und in den Alpen, besonders im Harz; die Luftkurorte in den bayerischen Grenzgebirgen und in den Alpen, während die Heilquellen- und Moorbäder in ihrer Bindung an die tektonischen Störungslinien über das Mittel- und Hochgebirge verstreut sind.

Tab. 1:
Urlaubs- und Erholungsreisen (von 5 und mehr Tagen) der Gesamtbevölkerung

Jahr	Wohnbevölk. in 1000	Reisende in 1000	%	darunter mit 2 u. mehr Reisen in 1000	%
1962	55 395	14 975	27	951	6
1970	61 305	22 962	37	2611	11
1977/78	61 342	29 054	47,4	5682	19,6

Tab. 2:
Übernachtungen im Urlaubsjahr 1978/79 (in Gemeinden mit mehr als 340 000 Ü. pro Jahr)

Anzahl	Art des Fremdenverkehrs	insgesamt in 1000	Übernachtungen Sommerhalbjahr 1979 in 1000	Übernachtungen Winterhalbjahr 78/79 in 1000
45	Heilquellen- u. Moorkurorte	35 040	23 209	11 831
26	Heilklimatische Kurorte	17 762	11 625	6 137
10	Kneippkurorte	6 167	4 284	1 883
20	Luftkurorte	12 351	8 798	3 553
27	Seebäder	19 411	17 618	1 793
128	Fremdenverkehrsorte	90 731	65 534	25 197

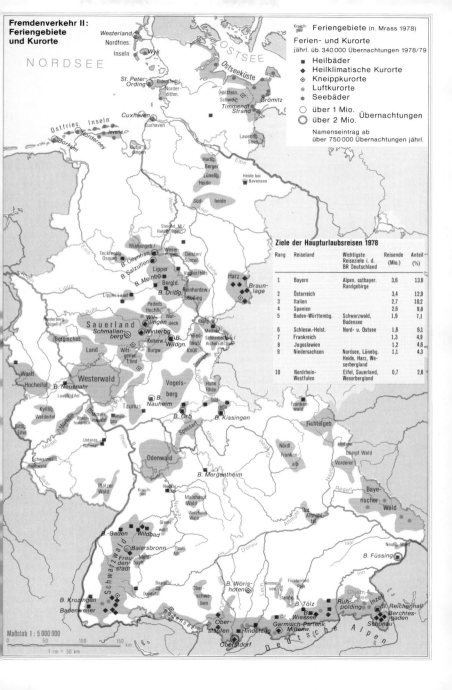

Fremdenverkehr II: Feriengebiete und Kurorte

NORDSEE — OSTSEE

Feriengebiete (n. Mrass 1978)

Ferien- und Kurorte
jährl. üb. 340 000 Übernachtungen 1978/79

- ■ Heilbäder
- ◆ Heilklimatische Kurorte
- ◈ Kneippkurorte
- ● Luftkurorte
- ● Seebäder
- ○ über 1 Mio. Übernachtungen
- ◎ über 2 Mio. Übernachtungen

Namenseintrag ab über 750 000 Übernachtungen jährl.

Ziele der Haupturlaubsreisen 1978

Rang	Reiseland	Wichtigste Reiseziele i. d. BR Deutschland	Reisende (Mio.)	Anteil (%)
1	Bayern	Alpen, ostbayer. Randgebirge	3,6	13,8
2	Österreich		3,4	12,9
3	Italien		2,7	10,2
4	Spanien		2,6	9,8
5	Baden-Württembg.	Schwarzwald, Bodensee	1,9	7,1
6	Schlesw.-Holst.	Nord- u. Ostsee	1,6	6,1
7	Frankreich		1,3	4,9
8	Jugoslawien		1,2	4,6
9	Niedersachsen	Nordsee, Lüneb. Heide, Harz, Weserbergland	1,1	4,3
10	Nordrhein-Westfalen	Eifel, Sauerland, Weserbergland	0,7	2,8

Maßstab 1 : 5 000 000
0   50   100   150 km
1 cm = 50 km

Die in der Karte dargestellte relative Kaufkraft der Bevölkerung in den kreisfreien Städten und Kreisen wurde von der GfK Nürnberg (Gesellschaft für Konsum-, Markt- und Absatzforschung) berechnet und durch den »verlag moderne industrie«, Landsberg, veröffentlicht. Dieser Berechnung liegen Angaben über die Nettoeinkommen der Lohn- und Einkommensteuerpflichtigen unter Berücksichtigung des Gemeindeanteils an der Einkommensteuer zugrunde. Dabei wurde die steuerliche Vergünstigung für die Landwirtschaft berücksichtigt. Auf der Karte wird die *relative* Kaufkraft dargestellt, nämlich die Abweichungen vom Durchschnitt für die gesamte Bundesrepublik, der gleich 100 gesetzt wird.

Innerhalb der kreisfreien Städte und Kreise gibt es große Unterschiede, im Extrem zwischen dem Landkreis Bitburg-Prüm mit 62 % und der Stadt Stuttgart mit 142 %.

Mit Ausnahme des Ruhrreviers und des Saargebietes treten auf der Karte alle Verdichtungsgebiete mit überdurchschnittlicher Kaufkraft und hohen Einkommen hervor. Von hier nimmt die Kaufkraft ringförmig nach außen ab. Am geringsten ist sie in drei grenznahen Randgebieten: im Nordwesten im Emsland, im Westen in der Eifel und im Saarland, im Südosten im Bayerischen Wald.

Die höchsten Einkommen und damit die größte Kaufkraft mit über 125 % konzentrieren sich auf große Städte mit hoher Zentralität, wie die Großzentren München und Frankfurt und die Oberzentren mit Teilfunktionen von Großzentren wie Düsseldorf, Stuttgart und Nürnberg. (Nach einer Aufstellung der »Financial Times« über die 50 teuersten Weltstädte 1979 nimmt Frankfurt nach London, Dschidda und Paris den 4. Rang ein.)

Baden-Baden und der Hochtaunuskreis mit Bad Homburg v. d. H. sind attraktive Wohnorte für einkommensstarke Bevölkerungsschichten. Dasselbe gilt für den Kreis Starnberg mit hohem Freizeitwert. Die Städte dieser Gruppe haben einen hohen Anteil an Beschäftigten im tertiären Sektor, besonders im Handel und in Dienstleistungen (III-4).

Die zweite Stufe mit überdurchschnittlichen Werten von 115 bis 125 % findet sich zum Teil in unmittelbarer Nachbarschaft der Zentren der ersten Stufe, wie z. B. in einem geschlossenen Ring um Stuttgart.

Zum größten Teil handelt es sich aber wieder um Zentren mit einem deutlichen Gefälle zu ihrem Umland. Darunter sind die beiden anderen Großzentren Hamburg und Köln und zahlreiche Oberzentren.

Auffällig ist das Fehlen dieser Größenordnung im Ruhrrevier mit seiner auch heute noch weitgehenp problematischen Monostruktur, während vielseitigere Industriezentren wie die benachbarten Bergischen Städte Wuppertal, Remscheid und Solingen besser gestellt sind. Die Städte und Kreise mit durchschnittlichen Werten zwischen 95 und 105 % und die etwas über dem Durchschnitt liegenden zwischen 105 und 115 % bilden breite Ringe und Bänder um und zwischen den bisher genannten Zentren höherer Kaufkraft. Dazwischen liegen ausgedehnte Flächen mit geringer Bevölkerungsdichte und geringen Anteilen an tertiären Berufen.

Besonders benachteiligt sind die drei oben genannten peripheren Gebiete im Nordwesten, Westen und Südosten. Hier sinkt die Kaufkraft auf unter 85 % des Durchschnittswertes. Alle drei sind gekennzeichnet durch geringe Bevölkerungsdichte (III-2), durch Bevölkerungsstagnation oder -abnahme (III-3), durch geringen Anteil an Beschäftigten in Industrie, Handwerk und Dienstleistungen (III-4), durch geringen Anteil der Bevölkerung in arbeitsfähigem Alter (III-7) und durch das Fehlen von zentralen Orten höherer Stufen (III-11).

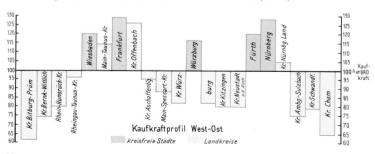

Kaufkraftprofil West-Ost

kreisfreie Städte   Landkreise

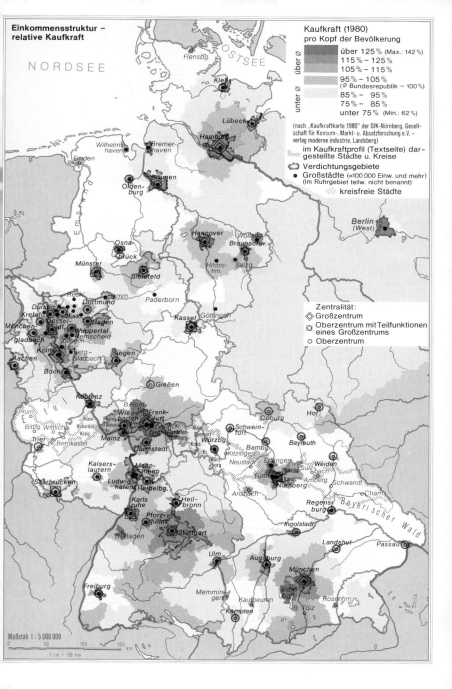

Einkommensstruktur – relative Kaufkraft

NORDSEE

OSTSEE

Kaufkraft (1980)
pro Kopf der Bevölkerung

über Ø
- über 125 % (Max.: 142 %)
- 115 % – 125 %
- 105 % – 115 %

95 % – 105 %
(Ø Bundesrepublik = 100 %)

unter Ø
- 85 % – 95 %
- 75 % – 85 %
- unter 75 % (Min.: 62 %)

(nach „Kaufkraftkarte 1980" der GfK-Nürnberg, Gesellschaft für Konsum-, Markt- u. Absatzforschung e.V. – verlag moderne industrie, Landsberg)

im Kaufkraftprofil (Textseite) dargestellte Städte u. Kreise

Verdichtungsgebiete

• Großstädte (≈100 000 Einw. und mehr) (im Ruhrgebiet teilw. nicht benannt)

kreisfreie Städte

Zentralität:
◈ Großzentrum
◉ Oberzentrum mit Teilfunktionen eines Großzentrums
○ Oberzentrum

Flensbg.

Kiel

Lübeck

Wilhelmshaven

Bremerhaven

Hamburg

Emden

Oldenburg

Bremen

Berlin (West)

Osnabrück

Münster

Hannover

Wolfsbg.

Braunschw.

Bielefeld

Hildesheim

Salzg.

Recklh.

Hamm

Paderborn

Duisburg

Dortmund

Kassel

Göttingen

Krefeld

Essen

Hagen

Mönchengladbach

Düsseldf.

Wuppertal

Solingen

Remscheid

Köln

Lev.

Berg.-Gladbach

Siegen

Aachen

Bonn

Gießen

Koblenz

B.Hom-burg

Frankfurt

Eifel

Prüm

Bittbg. Wittlich

Rhein-Hunsrück-Kreis

Taunus-Kr.

Rheing.-Taunus-Kr.

Hochtaunus-burg-Kr.

Wiesbaden

Mainz

Main-Spessart-Kreis

Kr.

Würzbg.

Schweinfurt

Coburg

Hof

Bernkastel

Trier

Darmstadt

Kr. Würzburg

Kitzingen

Neustadt

Bamb.

Bayreuth

Kaiserslautern

Mann-heim

Heidelbg.

Erlangen

Fürth

Weiden

Saarbrücken

Ludwigshafen

Ansbach

Sulzbach

Nürnberg

Land

Amberg

Schwandf.

Karlsruhe

Heilbronn

Cham

Pforzheim

Regensburg

Bayerischer Wald

B.-Baden

Stuttgart

Ingolstadt

Landshut

Passau

Ulm

Augsburg

München

Stadt u. Lkr.

Freiburg

Memmingen

Kaufbeuren

B. Tölz

Rosenhm.

Kempten

Maßstab 1 : 5 000 000
0   50   100   150 km
1 cm ≙ 50 km

Nach 1945 bestimmte der Ost-West-Gegensatz die Weltpolitik. In den 50er Jahren entwickelte sich ein weiterer Konfliktherd. Seine Ursachen liegen in der Kluft zwischen den reichen Industrieländern der Nordhalbkugel (IL) und den wirtschaftlich unterentwickelten Staaten der Südhemisphäre (EL). Diese beiden Interessengegensätze bedrohen seither den Frieden und die Sicherheit in der Welt. Die Politik der westlichen Industrieländer – und damit auch der Bundesrepublik – hat deshalb ein doppeltes Ziel: das militärische Gleichgewicht mit dem Osten zu halten und durch umfangreiche Hilfsmaßnahmen das Nord-Süd-Gefälle abzubauen.

Noch kennzeichnen Ungleichgewichte die Staaten der Dritten Welt. Hier leben 75% der insgesamt 4,4 Mrd. Weltbevölkerung (im Jahre 2000: 5 Mrd. von 6,3). Das Bevölkerungswachstum führt zu hoher Arbeitslosigkeit, geringer Gesamtproduktion und damit zu niedrigem Pro-Kopf-Einkommen. Die Ölpreiserhöhungen belasten zusätzlich das wirtschaftliche Wachstum. Daher erwirtschaften die EL lediglich ca. 20% des Welteinkommens, das 1977 rd. 7475 Mrd. $ betrug. Mehr als die Hälfte der Weltbevölkerung erhielt 1980 etwa 225 $ pro Kopf (IL: 10660, Ostblock: 3720). Knapp 1 Mrd. lebt weit unter dem Existenzminimum, denn die Durchschnittswerte berücksichtigen nicht die in vielen EL besonders extremen Einkommensunterschiede. Diese kommen auch in dem (scheinbar) hohen Pro-Kopf-Einkommen der Erdölländer (7390 $) und der Länder auf dem Wege zur Industrialisierung, der sog. Schwellenländer (z.B. Brasilien, 1580 $) zum Ausdruck (Zeit 16. 10. 81).

Diese Zahlen verdeutlichen die Inhomogenität der EL. Auch andere Strukturdaten wie Klima, Bodenwerte, Alphabetisierungsgrad oder soziokulturelle Entwicklung zeigen die Unterschiede. Daneben gibt es auch gemeinsame Merkmale, deren Elemente die Entwicklung hemmen. Ihre Ursachen liegen entweder in den EL selbst (endogene Faktoren) oder wurden durch die ehemalige Kolonialherrschaft der IL bewirkt (exogene Faktoren). Um den exogenen Ring zu durchbrechen, fordern die EL eine neue Weltwirtschaftsordnung mit festen Rohstoffpreisen und Abnahmegarantien, verbunden mit einer Weltwährungsordnung. Eine Ursache für diese – kaum realisierbare – Globalordnung liegt in den ungünstigen Austauschverhältnissen für Rohstoffe. Obwohl die IL auf die Rohstoffe der EL angewiesen sind (Bundesrepublik z.B. Naturkautschuk 97%,

Kupfererz 82%, Rohzinn 94%, Kaffee, Tee, Bananen 100%), erzielen sie niedrige Weltmarktpreise. Deshalb betrugen die Exporterlöse der EL 1978 lediglich 17% des gesamten Weltexports im Werte von 1303 Mrd.$. Die westlichen IL haben zwischen 1970 und 1979 rd. 128 Mrd. $ öffentliche Gelder aufgebracht (Zinsen: 0,75–2%, Laufzeiten: 30 bis 50 Jahre, verlorene Zuschüsse: 65 bis 83%). Das sind etwa 0,4% des BSPs. Der Ostblock stellte in der gleichen Zeit 6,5 Mrd. $ (0,04% BSP) in Aussicht (Zinsen: etwa 3%, Laufzeiten: ca. 15 Jahre, gebunden an Sachleistungen).

Die Bundesrepublik zahlte 1979 mit 6,1 Mrd. DM (0,44% BSP) allein das 4,8fache der östlichen Staatshandelsländer. Die Finanzhilfe geht ohne Lieferbindung direkt an die EL (bilateral) oder wird internationalen Organisationen zur Verfügung gestellt (multilateral). Die öffentlichen Leistungen werden durch private und Leistungen der Wirtschaft ergänzt:

	in Mrd. DM	
	1980	1950–80
Öffentl. Zusammenarbeit	6,4	63,7
– Bilateral	4,1	46,3
– Multilateral	2,3	17,1
Sonstige öfftl. Leistgn.	1,1	9,5
– Bilateral	1,1	6,8
– Multilateral	–	2,7
Private Entw. Hilfe	0,8	5,5
Leistg. der Wirtschaft	10,9	91,2
– Bilateral	8,5	75,1
– Multilateral	2,4	16,1
Gesamte Leistungen netto	19,2	169,9
davon öffentlich	7,5	73,2
privat	11,7	96,7

Zu diesen Summen kamen 1980 60 Mio. DM der Bundesländer, außerdem Maßnahmen zur techn. Zusammenarbeit und Spenden.

Für die Verteilung der Gelder stehen viele internationale und nationale Organisationen zur Verfügung. Ihre Maßnahmen sind nicht immer sinnvoll koordiniert, so daß es zu Reibungsverlusten kommen kann. Außerdem ist bei manchen EL die wirtschaftliche und organisatorische Aufnahmekapazität für Kapitalhilfe unzureichend, so daß die Gelder häufig nur einer dünnen Oberschicht zugute kommen. Die aber verschließen sich vielfach sozialen Reformen. – Ein weiterer Faktor, der den wirtschaftlichen und sozialen Fortschritt behindert, ist das Mißverhältnis zwischen öffentlicher Entwicklungshilfe (1979: 30 Mrd. $) und weltweiten Rüstungsausgaben (466 Mrd. $). Die EL (ohne China) sind mit 14% beteiligt; damit gehen 30–40% ihrer Währungsreserven für produktive Investitionen verloren.

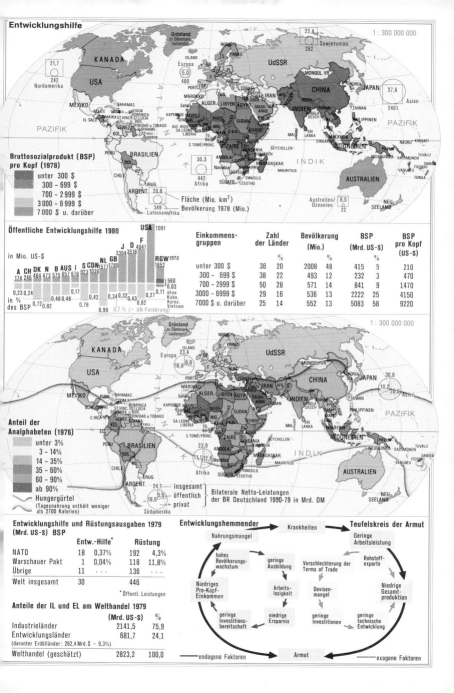

Entwicklungshilfe

1 : 300 000 000

Bruttosozialprodukt (BSP) pro Kopf (1978)
- unter 300 $
- 300 – 699 $
- 700 – 2 999 $
- 3 000 – 6 999 $
- 7 000 $ u. darüber

Fläche (Mio. km²)
Bevölkerung 1978 (Mio.)

Öffentliche Entwicklungshilfe 1980

in Mio. US-$

USA 7091
J 4041
D 3518
F 3304
GB 1785
NL 1577
S 1039
CDN 923
I 678
B 657
AUS 575
N 473
DK 464
CH 424
A 174

RGW 1979: 1852 / 1560 (ohne Kuba, Korea, Vietnam)

in % des BSP:
A 0,23 CH 0,24 DK 0,72 N 0,82 B 0,48 AUS 0,48 I 0,17 S 0,76 CDN 0,42 NL 0,34 GB 0,32 F 0,43 D 0,27 J 0,62 USA 0,11

RGW 0,99 / 0,7 % (= UN-Forderung)

Einkommensgruppen	Zahl der Länder		Bevölkerung (Mio.)		BSP (Mrd. US-$)		BSP pro Kopf (US-$)
		%		%		%	
unter 300 $	36	20	2008	48	415	5	210
300 – 699 $	38	22	493	12	232	3	470
700 – 2 999 $	50	28	571	14	841	9	1470
3000 – 6999 $	29	16	536	13	2222	25	4150
7000 $ u. darüber	25	14	552	13	5083	58	9220

1 : 300 000 000

Anteil der Analphabeten (1976)
- unter 3%
- 3 – 14%
- 14 – 35%
- 35 – 60%
- 60 – 90%
- ab 90%
- Hungergürtel (Tagesnahrung enthält weniger als 2700 Kalorien)

Bilaterale Netto-Leistungen der BR Deutschland 1950–79 in Mrd. DM
insgesamt / öffentlich / privat

Entwicklungshilfe und Rüstungsausgaben 1979
(Mrd. US-$) BSP

	Entw.-Hilfe*		Rüstung	
NATO	18	0,37%	192	4,3%
Warschauer Pakt	1	0,04%	118	11,8%
Übrige	11	· · ·	136	· · ·
Welt insgesamt	30		446	

* Öffentl. Leistungen

Anteile der IL und EL am Welthandel 1979

	(Mrd. US-$)	%
Industrieländer	2141,5	75,9
Entwicklungsländer	681,7	24,1
(darunter Erdölländer: 262,4 Mrd.$ – 9,3%)		
Welthandel (geschätzt)	2823,2	100,0

Entwicklungshemmer — Teufelskreis der Armut

Krankheiten · Nahrungsmangel · Geringe Arbeitsleistung · hohes Bevölkerungswachstum · geringe Ausbildung · Verschlechterung der Terms of Trade · Rohstoffexporte · Niedriges Pro-Kopf-Einkommen · Arbeitslosigkeit · Devisenmangel · Niedrige Gesamtproduktion · geringe Investitionsbereitschaft · niedrige Ersparnis · geringe Investitionen · geringe technische Entwicklung · Armut

endogene Faktoren — exogene Faktoren

Die Qualität unserer fließenden Gewässer wird durch Abwässer aus Haushalten und Industrie stark gemindert. So sind fast alle Flüsse im Bereich der dichtbesiedelten und stark industrialisierten Ballungsräume stark verunreinigt. Aber die Karte zeigt auch eine deutliche Tendenz der Flüsse zur Selbstreinigung, die jedoch immer wieder durch neue Abwasserzuleitungen aufgehoben wird. So wechseln belastete und entlastete Strecken miteinander ab. Verstärktes Umweltbewußtsein und entsprechende Auflagen des Gesetzgebers haben in den letzten Jahren zu einer spürbaren Verbesserung geführt, die aber noch lange nicht ausreicht.

Die Karte verzeichnet 7 Belastungsstufen oder Güteklassen:

1. Unbelastete bis sehr gering belastete Gewässer: Hervorragende Laichgewässer für Edelfische (z. B. Forellen und Groppen). Das Wasser ist rein, annähernd mit Sauerstoff gesättigt und nährstoffarm. Dadurch hat es einen nur geringen Bakteriengehalt und ist mäßig besiedelt.

Diese Wasserqualität gibt es nur noch in den obersten sommerkühlen Laufstrecken in dünnbesiedelten Gebirgslagen im Harz, im Bayerischen Wald und in den Alpen.

2. Gering belastete Gewässer: Edelfischgewässer. Geringe organische und anorganische Nährstoffzufuhr, keine nennenswerte Sauerstoffzehrung ermöglichen dichte, artenreiche Besiedlung. Solche gering belasteten Gewässer gibt es in den Höhenlagen im Anschluß an die unbelasteten Laufstrecken der 1. Stufe, ferner in dünnbesiedelten Mittelgebirgen (Eifel, Westerwald, östl. Sauerland und Schwarzwald).

3 Mäßig belastete Gewässer: Ertragreiche Fischgewässer. Durch nur mäßige Verunreinigung und gute Sauerstoffversorgung sind sie reich an Algen, Schnecken, Kleinkrebsen, Insektenlarven und Wasserpflanzen. Größere Laufstrecken dieser Wasserqualität gibt es am Hochrhein, am Ober- und Mittelrhein, an der Donau oberhalb Kehlheim und unterhalb Deggendorf, auf Strecken der alpinen Donauzuflüsse, im Mainviereck, an der unteren Ems, in den Oberläufen der Lippe und Ruhr, dem Wasserversorger des Ruhrreviers.

4. Gewässer mit kritischer Belastung: Meist noch ertragreiche Fischgewässer, aber ohne Edelfische. Zuweilen Fischsterben durch Sauerstoffmangel. Die Zufuhr von organischen, sauerstoffzehrenden Stoffen führt zu einem Rückgang der höheren Pflanzen und Tiere, während die Algen zunehmen. Von

dieser kritischen Belastung betroffen sind lange Laufstrecken der Elbe, Aller und Weser, des Ober- und Niederrheins und des oberen Mains.

5. Stark verschmutzte Gewässer: Fischerträge nach Menge und Güte gering, periodisches Fischsterben. Durch starke Zufuhr von organischen, sauerstoffzehrenden Schmutzmengen ist der Sauerstoffgehalt sehr niedrig, Abwasserbakterien sind stärker verbreitet als Algen und höhere Pflanzen. Die Tierwelt ist auf sauerstoffunempfindliche Schwämme, Egel und Wasserasseln beschränkt.

Die Karte verzeichnet lange Laufstrecken dieser starken Verschmutzung als Folge industrieller Zuflüsse an der unteren Weser und Elbe unterhalb von Bremen und Hamburg, am Niederrhein zwischen den Mündungen der Ruhr, Emscher und Lippe, an der Donau unterhalb von Regensburg.

6. Sehr stark verschmutzte Gewässer: Fische können sich auf die Dauer nicht halten und treten nur zuweilen in örtlicher Begrenzung auf. Die Lebensbedingungen sind durch starke Verschmutzungen eingeschränkt. Zu den organischen, sauerstoffzehrenden Stoffen treten häufig wasserlösliche Giftstoffe. So kommt es zeitweilig zu totalem Sauerstoffschwund und zu starken Trübungen durch Abwasserstoffe.

Diese sehr stark verschmutzten Gewässer gibt es in dicht besiedelten Industriegassen an der Wupper, am Neckar und am unteren Inn.

7. Übermäßig verschmutzte Gewässer: Fische fehlen. Durch die Zufuhr von organischen, sauerstoffzehrenden Abwässern herrschen Fäulnisprozesse vor. Sauerstoff gibt es über lange Zeiten nur in sehr geringer Konzentration, oft fehlt er auch vollständig. Bei starker Belastung mit wasserlöslichen Giften tritt biologische Verödung ein.

Höchste Verschmutzungswerte verzeichnen der Main bei Frankfurt und unterhalb Höchst und die Emscher durch ihre Funktion als Abwassersammler des Ruhrreviers. Eine Karte der Luftbelastung, auf der alle Gebiete miteinander vergleichbar sind (Bsp. Nbk. »Ruhrgebiet/Berlin«), flächendeckend für das Bundesgebiet zu entwickeln, ist z. Z. noch nicht möglich. Die Überwachung der Luftqualität ist Länderkompetenz, die großräumige Verteilung von Luftverunreinigungen wird vom Umweltbundesamt untersucht, dessen überregionales, weitmaschiges (ca. 200 km) Meßstellennetz kartiert wurde.

Die häufigsten Schadstoffe in der Luft sind Abgase und Stäube (vgl. Tabelle in Karte).

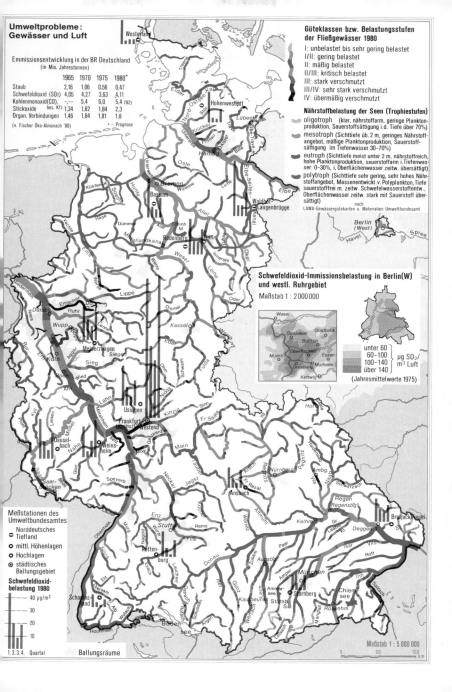

V-1   Straßennetz und -verkehr

Die wirtschaftliche und soziale Entwicklung eines Raumes hängt maßgeblich von einem leistungsstarken Verkehrswesen ab. Seine Qualität wird von dem sinnvollen Zusammenwirken der vier Verkehrsträger: Straße, Schiene, Wasser und Luft bestimmt.

Die folgenden Karten zeigen das gut ausgebaute Verkehrsnetz der Bundesrepublik. Es gibt nur wenige verkehrsferne Gebiete. Sie liegen überwiegend in grenznahen Regionen; auffallend dünn erschlossen sind die Zonenrandgebiete. Die starre Grenze hat das organisch gewachsene Verkehrsnetz Mitteleuropas zerrissen und die Funktion Deutschlands als Verkehrsdrehscheibe aufgehoben.

Die Einbindung der Bundesrepublik in das westliche Bündnissystem hat jedoch zu einem verstärkten Ausbau der N–S-gerichteten Verkehrsadern geführt. Neben diesen Durchgangsstraßen zeigen sich Bündelungstendenzen im Norden vor den Seehäfen und im Süden vor den Alpenüberquerungen. Besonders stark ist die Konzentration in den Dichtezentren um Hannover, an der Ruhr, im Rheintal und im Rhein-Main-Revier.

Dem Straßenverkehr stehen insgesamt 480 000 km zur Verfügung, davon 7292 km Autobahnen und 33 248 km Bundesstraßen (1. 1. 1980). Dieses Verkehrsnetz hat heute jedes Dorf eingeflochten und ermöglicht hohe Reisegeschwindigkeiten. Es ist allerdings noch jung und wurde im wesentlichen erst nach 1945 ausgebaut. Anfang des 18. Jhs. brauchte die Postkutsche noch 40 Stunden, um die 220 km lange Strecke von Frankfurt am Main nach Stuttgart zurückzulegen. Damals fing man an, die ersten befestigten Straßen, Chausseen, zu bauen. Sie dienten strategischen Interessen (Napoleon I., Preußen) und als Zubringer für das rasch wachsende Eisenbahnnetz. Erst die Entwicklung des Automobils um die Jahrhundertwende führte zu einem verstärkten Straßenbau und der Planung eines Autobahnnetzes, das während der NS-Zeit realisiert wurde (1938: 2100 km). Den eigentlichen Durchbruch brachte die Motorisierungswelle nach 1950. In der Zeit von 1960 bis 1980 stieg der Pkw-Bestand von 4,5 Mio. auf knapp 22 Mio. an; allein 1980 wurden ca. 2,2 Mio. Pkws neu zugelassen. Am 1. 7. 81 kamen 385 Pkws auf 1000 Einwohner (2,6 E/Pkw). Ebenfalls ungebrochen ist die seit einigen Jahren zu beobachtende Zunahme der Krafträder (1970: 229 000; 1. 7. 1981: 880 000), während bei den Lkws der Bestand zu stagnieren scheint (1. 7. 81: 1,3 Mio.). – Pkws und Krafträder

übernehmen mehr als 75 % des Personenverkehrs, Lkws etwa 37 % des Gütertransports.

Die Kosten für den Ausbau und die Unterhaltung der Straßen wachsen mit der Zunahme des Kfz-Bestandes (1980: 29,2 Mio.). So wurden in den Jahren 1971–1980 70,5 Mrd. DM für den Straßenbau ausgegeben; der Etat des Bundesministers für Verkehr umfaßte 1980 ca. 12 % des Gesamtetats der Bundesrepublik. Diese Summen rechtfertigen eine detaillierte Bundesverkehrsplanung, um die Investitionen, die ja nicht unbegrenzt weiterwachsen können, sinnvoll zu verwenden. Der Bundesverkehrswegeplan '80 setzt zum Ziel:

»– Erhaltung und Förderung der Mobilität für Bürger und Wirtschaft.
– Vorhaltung angemessener Verkehrsstrukturen für die sich weiterentwickelnde Wirtschaft.
– Sicherung der Freiheit der Wahl des Verkehrsmittels in einer kontrollierten Wettbewerbsordnung.«

Der Plan ist als Orientierungshilfe bis zum Jahre 1990 gedacht. Er berücksichtigt folgende allgemeine Entwicklungstendenzen: Abnahme der Bevölkerung, wachsende Bedeutung des Straßenverkehrs (Individual- und Straßengüterverkehr), steigende Pkw-Bestandszahlen (1990: 24,7 Mio.).

Trotz Erdöl-Verknappung und Benzin-Verteuerung scheint der Bürger nicht auf das private Auto verzichten zu wollen. Es ist bequemer, oft schneller und auch zuverlässiger als öffentliche Verkehrsmittel. Außerdem erleichtert es die Mobilität der Arbeitskräfte und entlastet damit die Ballungsräume. Darüber hinaus ermöglicht es, die längere Freizeit (5-Tage-Woche, 27 Tage Urlaub [1970: 21]) besser zu nutzen. So wird der Erholungsnahverkehr zu etwa 80 %, der Auslandsreiseverkehr zu etwa 65 % mit dem Pkw bewältigt (IV-16, 17).

Der wachsende Individualverkehr ist jedoch auch mit enormen Nachteilen verbunden: Verkehrsanlieger werden durch den Lärm beeinträchtigt; die Umwelt wird jährlich durch etwa 4000 t Blei, 7 Mio. t hochgiftiges Kohlenmonoxid, 120 000 t Schwefeldioxid, 1,2 Mio. t Kohlenwasserstoffe, 1 Mio. t Stickoxide und lungengängigen Feinstaub aus Reifenabrieb und Bremsenverschleiß belastet.

Auch hier versucht die Bundesregierung, notwendige Korrekturen vorzunehmen. Sie finden jedoch ihre Schranke in dem gegenwärtigen Stand der Technologie.

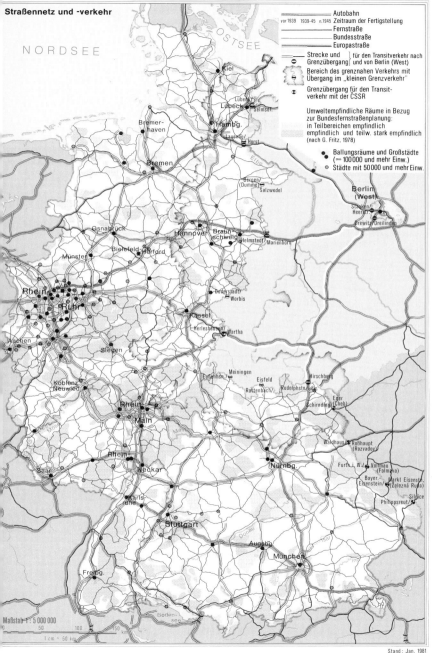

Straßennetz und -verkehr

NORDSEE

OSTSEE

Kiel

Lübeck
Selmsdf.

Bremer-
haven
Hambg.
Lauenbg./
Horst

Bremen

Elbe

Bergen/
(Dumme)/
Salzwedel

Berlin
(West)
Staaken/
Heerstr.
Dreiwitz/Dreilinden

Osnabrück
Hannover Braun-
schweig Helmstedt/
Marienborn

Bielefeld Herford
Münster

Rhein

Ruhr
Duderstadt/
Worbis

Aachen
Kassel
Herleshausen/ Wartha

Siegen

Koblenz
Neuwied
Eußenhsn./
Meiningen
Eisfeld
Rottenbach/
Rudolphstn.
Hirschberg

Rhein

Main
Eger
(Cheb)
Schirnding/

Rhein

Neckar
Waldhaus/ Roßhaupt
(Rozvadov)

Saar
Nürnbg.
Furth i. W./ Vollmau
(Folmava)
Bayer.-
Eisenstein/ Markt Eisenst.
(Železná Ruda)

Karls-
ruhe
Silbice
Philippsreut/

Stuttgart

Donau

Augsbg.

Freibg.
München

Bodensee

V-2   Verkehrsunfälle und Beitragszonen

Jährlich sterben in der Bundesrepublik etwa 30 000 Menschen an Unfallfolgen (1978: 4370 Arbeitsunfälle, 8755 Unfälle im Haushalt, darunter 2000 Kinder). An der Spitze der Unfallbilanz stehen die Verkehrsunfälle. Das Unfallrisiko der einzelnen Verkehrsträger ist aber unterschiedlich hoch. Am sichersten ist die Binnenschiffahrt (jährlich etwa 10 Tote). Auch der Luftverkehr hat trotz zunehmenden Verkehrsaufkommens vergleichsweise wenig Tote (1978: 140, 79: 81, 80: 68), die überwiegend beim privaten Verkehr starben; der Linienflugverkehr blieb 1978, 79 u. 80 unfallfrei. Bei der Bahn kamen 1978 280 Menschen ums Leben. – Diese Zahlen erscheinen jedoch geringfügig im Vergleich zu den 13 000 Toten, die 1980 auf den Straßen der Bundesrepublik starben. Deutschland steht damit in Europa an erster Stelle.

Dazu einige Zahlen: 1980 gab es rd. 1,68 Mio. Straßenverkehrsunfälle; davon waren 1,3 Mio. nur mit Sachschaden verbunden. Bei 378 430 Unfällen wurden 512 357 Menschen verletzt und 12 894 getötet. Das sind stündlich 58 Verunglückte, davon 1,49 Tote. Dieses hohe Unfallrisiko läßt sich seit 20 Jahren beobachten. Kinder unter 15 Jahren sind besonders stark gefährdet (1978: 1350 Tote, 23 000 Schwer-, 43 000 Leichtverletzte). Außerdem ist zwischen 1968 und 1979 ein Gesamtanstieg der Unfallzahlen von über 40 % bei jugendlichen Mofa-, Moped- und Motorradfahrern zu beobachten. Die eigentlichen Unfallverursacher sind aber die Pkw- oder Lkw-Fahrer. Sie sind mit rd. 70 % an den Unfällen mit Personenschäden beteiligt, Zweiradfahrer mit 19 %, Fußgänger mit 9 %. 68 % der Unfälle passieren im innerörtlichen Bereich; außerorts ist aber der Anteil der Getöteten höher, weil hier größere Geschwindigkeiten möglich und daher die Unfälle schwerer sind.

Entsprechend der Unfalldichte und -schwere wurde die Bundesrepublik in einzelne Kfz-Haftpflicht-Regionen eingeteilt. Um die Beiträge stärker zu vereinheitlichen, gibt es ab 1. 7. 1981 nur noch vier statt bisher sechs Regionalklassen. Sie werden in Großstädte über 300 000 Einwohner (RS) und in Regierungsbezirke (RL) aufgegliedert. Die Prämien richten sich nach dem niedrigeren durchschnittlichen Schadenbedarf in den Regierungsbezirken und dem höheren in den Großstädten. Angehörige des öffentlichen Dienstes, der Landwirtschaft und einiger Sonderorganisationen erhalten nach wie vor Spezialtarife (BS I, II; BL I, II).

Die Verkehrsteilnehmer verfolgen besorgt die Tarifpolitik der Versicherungsunternehmen. Neben aller berechtigten Kritik an den steigenden Beiträgen (s. Prämienrückvergütung 1979) wird vielfach übersehen, daß sie selbst diese Entwicklung beeinflussen können. Über 90 % aller Unfälle lassen sich nicht auf die Verkehrslage, sondern auf das Fehlverhalten der Fahrer und Fußgänger zurückführen, so z. B. auf nichtangepaßte Geschwindigkeit: 18 %, Nichtbeachten der Vorfahrt: 12 %, riskantes Überholen, falsches Vorbeifahren und falsche Straßenbenutzung: 11 %, Alkoholeinfluß: 8 %, falsches Überqueren der Fahrbahn durch Fußgänger: 8 %.

Ein Großteil dieser Unfälle wird durch Führerscheinneulinge verursacht. Ihre geringe Erfahrung wirkt sich besonders während der reise-intensiven Sommermonate aus, in denen 68 % der jährlichen Urlaubsfahrten anfallen (1979 insgesamt 109 Mio.; 78 Mio. Inländer, 31 Mio. Transitreisende). Außerdem werden 43 % aller Reisen an Wochenenden angetreten (Karte: Staugefahren) und rund die Hälfte aller Fahrer sitzt länger als 10 Stunden ohne Ablösung am Steuer. Daher liegt das Unfallrisiko in den Sommerferien um 16 % höher als in den übrigen 9 Monaten. Ein Vergleich der Gesamtunfallzahlen der letzten 21 Jahre zeigt ein Ansteigen der Unfälle mit Sachschäden und ein langsames Sinken der Unfälle mit Personenschäden (1970: >19 000 Tote, 1980: 12 894). Dieser Rückgang muß im Zusammenhang mit den angestiegenen Kfz-Bestandszahlen gesehen werden (1960: 10,2 Mio. Kraftfahrzeuge, 1. 7. 80: 29,2 Mio.). Die Unfallgefahr konnte also je Kfz und gefahrenen Kilometer auf rd. 40 % reduziert werden. Die Ursachen für diese positive Entwicklung liegen in der langsam, aber stetig wachsenden Verkehrssicherheit. So hat sich der Straßenbau um die Beseitigung von Unfallschwerpunkten bemüht (Bau von Ortsumgehungen, Beseitigung von Bahnübergängen, Anlage von Radwegen). Die Kraftfahrzeuge, besonders die Pkws, sind sicherer geworden (Sicherheitsgurte, Kopfstützen, gepolsterte Armaturenbretter, Knautschzonen). Das Rettungswesen wurde in seiner Wirksamkeit verbessert, so daß die Bundesrepublik heute über eines der besten Notfallrettungssysteme der Welt verfügt (s. Karte). Schließlich trugen auch die vielfältigen Maßnahmen zur Verkehrserziehung und -aufklärung dazu bei, die Unfallquoten zu senken. Trotz dieser relativen Verbesserung ist der Erfolg aller Bemühungen um die Verkehrssicherheit noch unbefriedigend.

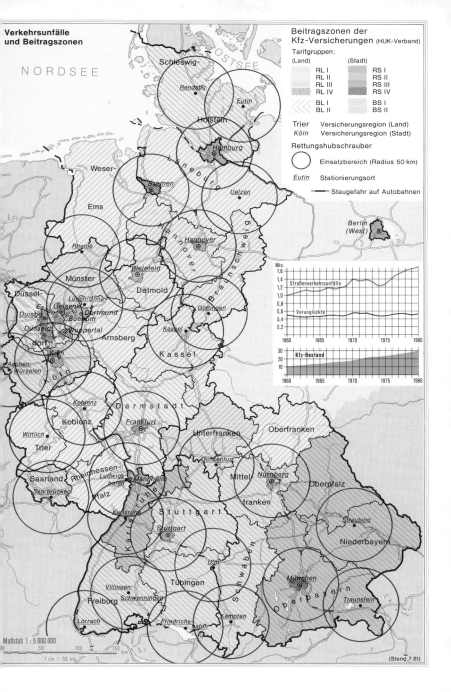

Verkehrsunfälle und Beitragszonen

NORDSEE

OSTSEE

Schleswig-

Rendsbg.

Eutin

Holstein

Hamburg

Weser-

Bremen

Lüneburg

Ems

Uelzen

Rheine

Hannover

Berlin (West)

Bielefeld

Münster

Detmold

Braunschweig

Düssel-

Lünen/Unna

Göttingen

Essen Gelsenk.

Duisbg. Bochum

Düsseld.

Wuppertal

Kassel

dorf

Köln

Arnsberg

Kassel

Aachen-Würselen

Koblenz

Darmstadt

Koblenz

Frankfurt

Unterfranken

Oberfranken

Wittlich

Trier

Ochsenfurt

Saarland

Rheinhessen-

Ludwigshafen Mannheim

Mittel

Nürnberg

Oberpfalz

Saarbrücken

Pfalz

franken

Karlsruhe

Stuttgart

Straubing

Karlsruhe

Stuttgart

Niederbayern

Ulm

Schwaben

München

Villingen-

Tübingen

Freiburg

Schwenningen

Oberbayern

Traunstein

Lörrach

Friedrichs-hafen

Kempten

Maßstab 1 : 5 000 000

50   100   150

km

1 cm = 50 km

(Stand 7.81)

Beitragszonen der Kfz-Versicherungen (HUK-Verband)

Tarifgruppen:

(Land)   (Stadt)

RL I   RS I
RL II   RS II
RL III   RS III
RL IV   RS IV

BL I   BS I
BL II   BS II

Trier   Versicherungsregion (Land)
Köln   Versicherungsregion (Stadt)

Rettungshubschrauber

⭕ Einsatzbereich (Radius 50 km)

Eutin Stationierungsort

═══ Staugefahr auf Autobahnen

Mio.
1,6
1,4   Straßenverkehrsfälle
1,2
1,0
0,8
0,6   Verunglückte
0,4
0,2
     1960   1965   1970   1975   1980

30   Kfz-Bestand
20
10
     1960   1965   1970   1975   1980

V-3   Eisenbahnnetz und -verkehr

Als es dem Engländer George Stephenson im Jahre 1814 gelang, die Dampfmaschine mit der Spurbefestigung (Gleis) zu kombinieren, wurde damit ein neues Zeitalter begründet: das Eisenbahn-, Industrie- und Verkehrszeitalter. Jetzt konnten verschiedene Wirtschaftsräume durch Eisenbahnlinien verflochten und damit ein überregionaler einheitlicher Binnenmarkt geschaffen werden. Die Transportkosten sanken im Vergleich zum Straßenverkehr, die Transportgeschwindigkeit stieg, die Arbeitskräfte brauchten nicht mehr in unmittelbarer Nähe ihrer Arbeitsplätze zu wohnen. Diese Faktoren begünstigten eine breit gefächerte Industrialisierung und veränderten damit die Wirtschafts-, Siedlungs- und Sozialstruktur der erwachenden Industrienationen.

In Deutschland wurde die Entwicklung eines nationalen Bahnsystems durch die staatliche Zerrissenheit stark gehemmt. Nach der Eröffnung der ersten Strecke zwischen Nürnberg und Fürth (6 km) im Jahre 1835 wurden in den einzelnen deutschen Ländern dezentralisierte Netze mit den Knotenpunkten Berlin, Köln, Frankfurt, Nürnberg und später auch München angelegt. Sie sind erst nach 1870 miteinander verschmolzen. Die Karte zeigt aber noch jetzt ihr unsystematisches Wachstum. – Träger des Ausbaus waren zunächst Aktiengesellschaften; ab 1875 wurden die Privatbahnen jedoch verstaatlicht. Allerdings gelang es bis 1918 nicht, eine Reichseisenbahn zu schaffen. Lediglich Tarife, Fahrpläne und die Spur (engl. Spurweite: 4 Fuß 8¹/₂ Zoll = 1435 mm, »Normalspur«) wurden vereinheitlicht. Erst die Weimarer Republik legte 1920 die 8 Partikularnetze zur Deutschen Reichsbahn zusammen.

Ihr Streckennetz (1915: 62 400 km) ist auch heute noch Grundlage des Bahnverkehrs. Die Trassen, den Dampfloks des 19. Jhs. angepaßt, verlaufen in Tälern (Leine, Rhein) und Senken und überwinden Höhenunterschiede in engen Schleifen. Als 1949 die Deutsche Bundesbahn als größtes Verkehrsunternehmen der Bundesrepublik gegründet wurde, übernahm sie ein technisch überholtes Streckennetz, das u. a. größere Geschwindigkeiten nicht zuläßt. Außerdem waren der Wagenpark veraltet, die technischen Einrichtungen und Bahnhöfe zerstört. Die bald einsetzende Nachkriegsentwicklung wurde jedoch durch den rasch anwachsenden Straßenverkehr beendet. Fuhren 1952 noch 40 % aller Reisenden mit der Bahn, so waren es 1980 nur noch rd. 7 %; beim Güterverkehr sank die Transportleistung von 56 % auf 32 %, die der Lkws stieg im gleichen Zeitraum von 15 % auf 37 %. Damit verringerten sich die Einnahmen, die Betriebskosten kletterten jedoch weiter: die Umstellung von Dampf- auf den Elektro- und Dieselbetrieb wurde 1977 abgeschlossen; der öffentliche Personennahverkehr (S-Bahnen und Busstrecken) kann aus sozialpolitischen Gründen nicht kostendeckend arbeiten; die Sozialtarife für Schüler, Berufstätige, Senioren und Behinderte erfordern weitere Zuschüsse. Deshalb war die Bundesbahn 1980 mit 34 Mrd. DM verschuldet. Wie lukrativ war dagegen die Bahn um die Jahrhundertwende, als 1913 ihre Einnahmen von 3,6 Mrd. Mark um 0,3 Mrd. höher lagen als der gesamte Reichsetat! – Die Bundesbahn muß daher versuchen, ihre jährlichen Verluste von rd. 4 Mrd. DM schrittweise abzubauen:

– So wurden seit 1958 etwa 173 000 Dienstkräfte durch natürliche Fluktuation eingespart; ihre Zahl wird weiter sinken müssen. – Das Schienennetz soll deshalb im Personenverkehr von 23 500 km (1977) auf 17 500 km (nach 1981) schrumpfen, im Güterverkehr von 28 500 auf 25 500 km. – Beim Güterfernverkehr lassen sich Zuwachstendenzen erkennen, ebenso bei besonderen Angeboten im Personenverkehr, wie den Städtetouren. Man rechnet bis 1990 mit einer Zunahme von 30 % für alle Trassen. Ihre Bewältigung ist aber nur möglich, wenn alte Strecken ausgebaut, zusätzliche angelegt werden und die Elektrifizierung voranschreitet. Die jetzigen Nord-Süd-Transversalen, die zu den am stärksten befahrenen Eisenbahnstrecken der Welt gehören, laufen verspätungsanfällig und unwirtschaftlich. Daher sind Hochgeschwindigkeitsstrecken geplant, die für Reisezüge ein Tempo von 200–250 km/h, für Güterzüge von 160 km/h ermöglichen werden. Sie sollen den Personenverkehr wieder attraktiv, den Gütertransport durch den Ausbau des Container- und Huckepack-Verkehrs (Lkws auf die Schiene) wirtschaftlich machen lassen. Zunächst sind daher die Strecken Hannover–Würzburg (327 km) und Mannheim–Stuttgart (105 km) vorgesehen. Umweltschützer behindern allerdings erfolgreich den zügigen Ausbau, obwohl die Bahn »umweltfreundlicher« (geringe Lärm- u. Emissionswerte) und energiesparender als die Straße ist. Außerdem werden neue Techniken, wie der Drehstrommotor, den Energieverbrauch weiter senken. Daher kann der Widerstand gegen das Transportmittel der »Nach-Ölzeit« schwerwiegende Folgen haben.

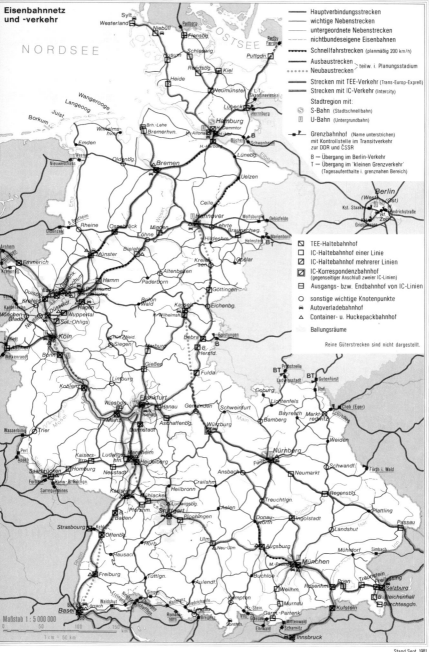

Eisenbahnnetz und -verkehr

Maßstab 1 : 5 000 000

Stand Sept. 1981

Flüsse und Bäche waren bereits in vorgeschichtlicher Zeit Hauptverkehrsträger des Menschen. Sie behielten ihre Funktion bis zur Entwicklung der Industrie und dem damit verbundenen Bau von Chausseen und Eisenbahnen. Fortan reichten die naturgegebenen Wasserwege für den zunehmenden Verkehr nicht mehr aus; Flüsse wurden reguliert, Kanäle gebaut. Die steigende Bedeutung der Binnenschiffahrt wurde jedoch um 1850 durch den Eisenbahnverkehr beendet. Erst als die wachsende Schwerindustrie die Transportkapazitäten der Bahn überstieg, setzte eine neue Phase der Flußregulierungen und Kanalbauten ein. Die Industriegebiete mußten mit Rohstoffen versorgt, ihre Produkte in die Seehäfen transportiert werden; die Bevölkerung der industriellen Ballungsräume und der Großstädte, von denen heute 75% an Binnenwasserstraßen liegen, war auf den Massentransport von Getreide angewiesen; zugleich wurden landwirtschaftliche Produktionszentren mit Verbraucherzentren verbunden.

So entstand zwischen 1899 und 1935 das nordwestdeutsche Kanalsystem. Es erschließt das Ruhrgebiet und knüpft den Rhein durch die Querverbindung von Küsten- und Mittellandkanal an die Ems (Emden), Weser (Bremen) und Elbe (Hamburg). Der Mittellandkanal mündet überdies in das Oderkanalsystem und versorgt damit Berlin (West).– Die Ostseekanäle sind wichtige Linien für Hamburg, das nach 1945 weitgehend sein Hinterland verloren hat. Dieser Funktionsverlust soll durch den 1976 gebauten Elbe-Seitenkanal mit dem größten Schiffshebewerk der Welt bei Lüneburg aufgefangen werden. – Im Süden und Südwesten erschließen die streckenweise stauregelten Flüsse die dortigen Industriereviere. Kanäle und regulierte Flüsse ergeben ein Netz von ca. 4870 km (¾ Flüsse, ¼ Kanäle), davon 3100 km für Schiffe von über 1350 t Tragfähigkeit. Die einzelnen Wasserstraßengebiete haben jedoch einen sehr ungleichen Anteil am Güterumschlag (Abb. 1).

Die 70% des Rheins zeigen seine Bedeutung als Hauptschiffahrtsweg Europas. Duisburg ist mit 15% des Güterumschlags der wichtigste Binnenhafen der Bundesrepublik (Köln 4,4%, Hamburg 3,3%). Er dient, wie die rd. 260 anderen Häfen, in erster Linie dem Massengüterverkehr der Wasserwege (Abb. 2). Der Massengüterverkehr soll bis 1990 um 25% anwachsen. Daher lohnt sich für die Bundesrepublik, das Netz weiterhin zu unterhalten, alle Kanäle und Flüsse den Maßen des »Europaschiffes« anzupassen und die Transportabläufe durch geeignete Verlade-Einrichtungen zu rationalisieren. Außerdem soll der Main-Donau-Kanal, trotz Zweifel an seiner Wirtschaftlichkeit, bis 1985 fertiggestellt werden. Damit wird die Donau in das deutsche und europäische Wasserstraßennetz einbezogen. Es besteht allerdings die Gefahr, daß die Ostblockstaaten, den Donauverkehr beherrschen, mit Dumpingpreisen auch in die Binnenschiffahrt der EG einbrechen. Für Substanzerhaltung und Ausbaumaßnahmen sind 8,5 Mrd. DM (1981–1990) vorgesehen. Das sind 5,7% der Gesamtinvestitionen für alle Verkehrsträger. Dieser Betrag erscheint niedrig, gemessen an der Leistung der Binnenschiffahrt (Abb. 3). Ihr Anteil liegt bei rd. 25% und zeigt insgesamt nur geringe Schwankungen. Die Ursachen sind in der hohen Wirtschaftlichkeit des Binnenschiffes zu suchen: großer Frachtraum (Europaschiff = 50–60 Güterwaggons), wenig Personal, geringer Energieverbrauch. Die Rentabilität wird zukünftig durch den verstärkten Einsatz der Schubschiffahrt erhöht, bei der mehrere Transporter mit einem Schubboot kombiniert werden. Diese Strukturveränderung setzt allerdings kapitalkräftige Unternehmen voraus. Da der größte Teil der ca. 4000 Güterschiffe noch im Besitz von Einzelschiffern und Kleinreedern ist, wird auch hier ein Wandel eintreten.

Neben dem Gütertransport spielt die Personenbeförderung auf den Bundeswasserstraßen nur eine untergeordnete Rolle. Sie übernimmt im wesentlichen den Fähr- und wachsenden Ausflugsbetrieb. Der steigende Freizeitwert der Schiffahrtswege wird außerdem am zunehmenden Sportbootverkehr deutlich. Das Wassernetz dient aber nicht nur als Verkehrsträger und der Freizeitgestaltung, sondern sorgt auch für Kühl- und Trinkwasser, reguliert den Wasserstand bei Hochwasser und ermöglicht die Energiegewinnung an stauregelten Flüssen.

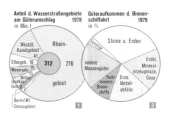

Anteil d. Wasserstraßengebiete am Güterumschlag 1978 in Mio. t

Güteraufkommen d. Binnenschiffahrt 1979 in %

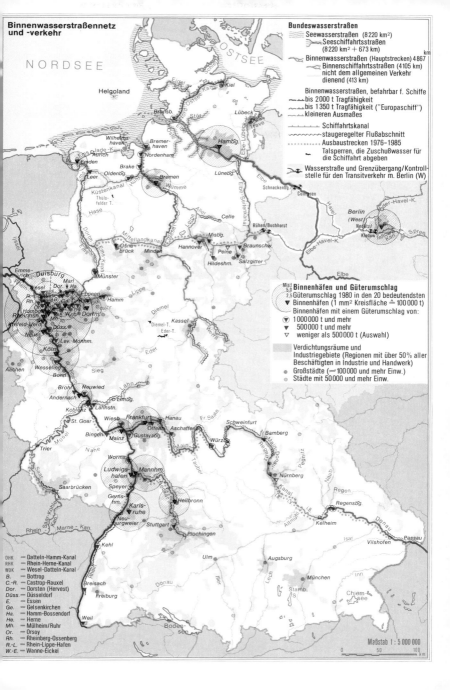

Die Bundesrepublik besetzt in der Rangfolge der Industrienationen nach den USA den 2. Platz. Sie produziert hochwertige Güter; Rohstoffe müssen jedoch eingeführt werden (Abb. 4). – Trotz angehobener Ölpreise ist die Außenhandelsbilanz noch positiv, die Exporte übersteigen den Wert der Importe (1979: 22 Mrd. DM; 1980: 9 Mrd.). Die Gesamtleistungsbilanz rutschte 1979 allerdings mit 10 Mrd. DM ins Defizit, weil Ölrechnungen zusammen mit den Ausgaben für Auslandsreisen und Überweisungen der Gastarbeiter erstmals höher waren als die Exportgewinne (1980: −28 Mrd. DM).

Die Außenhandelsgüter werden zur Hälfte auf dem Seewege transportiert. Die Rheinmündungshäfen Rotterdam und Antwerpen teilen sich mit den deutschen Seehäfen die Gesamtmenge von rd. 300 Mio t. Davon entfallen jedoch nur 20% auf den Versand, denn die Fertigerzeugnisse sind wesentlich leichter als die Massengutimporte. Ein Blick auf den Gesamtumschlag der deutschen Seehäfen zeigt besonders deutlich dieses Übergewicht der Rohstoffe (Abb. 1). Die einzelnen Häfen haben sich entsprechend ihrer Lagegunst spezialisiert: Emden ist durch den Dortmund-Ems-Kanal Erz- und Kohlehafen für das östl. Ruhrrevier. Das 20 m tiefe Jadewasser ermöglicht auch größeren Tankern Wilhelmshaven anzulaufen (Abb. 5). Bremen dient dem Sack- und Stückgutverkehr (Baumwolle, Tabak, Kaffee), während Bremerhaven Erz-, Container- und größter Fischereihafen Europas geworden ist; seine frühere Funktion als Haupthafen des internationalen Fahrgastverkehrs hat es jedoch verloren. Hamburg konnte durch die enge Verzahnung der Land- und Wassertransportwege seine Stellung als bedeutendster Umschlagplatz der Bundesrepublik behaupten. Seit 1970 zeichnet sich eine neue Entwicklung ab. Nicht nur Tanker, sondern auch Massengutfrachter (Bulkcarrier) und Containerschiffe überschreiten zunehmend die 50 000-t-Grenze. Diese Schiffe können wegen ihres Tiefganges die deutschen »Seehäfen im Binnenland« nur noch begrenzt anlaufen (Abb. 5). Bund und Länder versuchen zwar, die Flußmündungen ständig zu vertiefen und neue Hafenanlagen zu planen (Emden: Dollart; Wilhelmshaven: Flüssig-Erdgas; Hamburg: Scharhörn); es ist aber nicht möglich, mit den wachsenden Dimensionen der Superschiffe Schritt zu halten. Daher entwickeln sich die Häfen von Umschlagzentren zu Produktionszentren, denen Industriezonen längs der Flußufer bis zu den

Mündungen vorgelagert sind. Der Trend zu steigenden Schiffsgrößen ist auch bei der deutschen Handelsflotte zu beobachten. 1969 betrug die Durchschnittsgröße der Frachter 6300 BRT, 1979 14600 und von Tankern bereits 36 150 BRT (Bruttoregistertonnen = der gesamte Rauminhalt eines Schiffes, einschließlich Maschinenräume und Aufbauten). In der Rangliste der Welthandelsflotten nahm die Bundesrepublik 1980 mit einer Gesamttonnage von 8,4 Mio. BRT den 12. Platz ein (1979: 9,7 Mio. BRT, Platz 11), bei Containern sogar den 4. – Der Anteil der Schiffsarten entspricht aber nicht immer der Transportleistung (Abb. 2). Ein Vergleich mit früheren Jahren zeigt eine Zunahme der modernen Container- und RoRo-Schiffe, die nur in Bremerhaven, Bremen, Cuxhaven und Hamburg gelöscht werden können. Es handelt sich um neuartige Formen genormter Ladungsbehälter für verschiedenartige Stückgüter, die entweder als Container (ca. 12 t) auf Bahn, Binnenschiff oder Lkw (Transportkette) zum Überseefrachter gebracht oder als selbstrollende Roll-on-Roll-off-Großtransporter direkt in die Schiffe eingefahren werden können. Diese Entwicklung verdeutlicht den hohen Leistungsstand der deutschen Flotte. Sie gehört nach Alter und technischer Ausrüstung zu den jüngsten und modernsten der Welt. So waren 1981 68% der Schiffe jünger als 10, 35% sogar jünger als 5 Jahre.

Trotzdem bleiben auch die Reedereien der Bundesrepublik nicht von den allgemeinen Ertragseinbußen verschont, die seit einigen Jahren den Weltschiffahrtsmarkt belasten. Der Wettbewerb wird durch Dumpingpreise der östlichen Staatshandelsflotten verschärft, die sich außerdem selten an internationale Frachtroutenvereinbarungen halten. Eine weitere Konkurrenz erwächst neuerdings in der Transsibirischen Eisenbahn, die besonders die Fernostfahrt bedrängt. Die deutsche Handelsflotte zeigt bereits sinkende Bestandszahlen. Da die Bundesrepublik auf den Außenhandel und damit auf die deutsche Handelsflotte angewiesen ist, hat sie ein Schiffahrtsförderungsprogramm entwickelt.

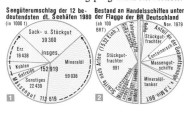

Seegüterumschlag der 12 bedeutendsten dt. Seehäfen 1980 (in 1000 t)

Bestand an Handelsschiffen unter der Flagge der BR Deutschland (ab 100 BRT) Nov. 1979

Sack- u. Stückgut 39 300

Erz 18 438

Kohlen

Getreide 22 439

Sonstiges 22 439

Mineralöl 59 038

insges. 152 919

insgesamt 113 619

Stückgutfrachter 991

1   **2**

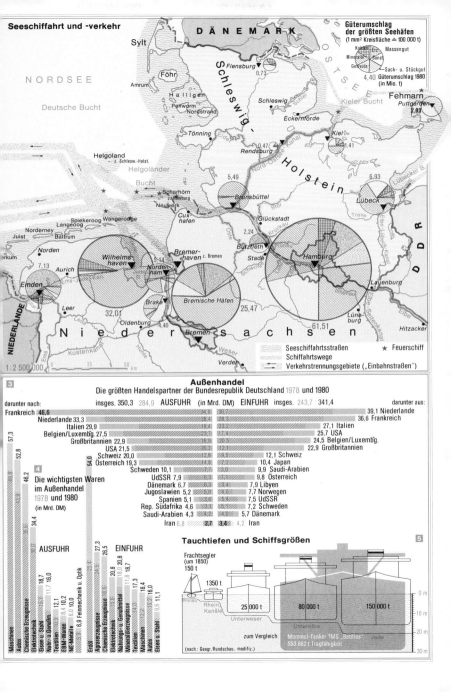

Der Luftverkehr erweitert das Verkehrsgefüge der Bundesrepublik um die dritte Dimension und fügt das letzte Glied in die landgebundenen Transportketten von Straße, Schiene und Schiff. Er läßt die Entfernungen zu entlegenen Reisezielen des Tourismus und zu Absatzmärkten der exportorientierten Fertigungsindustrie zusammenschrumpfen. Gleichzeitig wird der deutsche Markt um zahlreiche Produkte aus Übersee erweitert, die auf schnellen Transport angewiesen sind (u. a. Südfrüchte).

Der grenzüberschreitende Ex- und Import bindet damit das internationale Luftverkehrssystem in das nationale Netz, dessen festgelegte Routen wie Leitstrahlen die wichtigsten Ballungszentren verbinden. Die Verkehrsbelastung dieser Verdichtungsräume beeinträchtigt jedoch die An- und Abfahrtswege zu den Flughäfen; außerdem erfaßt das relativ weitmaschige Netz des Linienverkehrs, der an feste Fahrpläne und Strecken gebunden ist, nicht alle Regionen der Bundesrepublik. Deshalb nehmen den innerdeutschen Flugverkehr auch nur weniger Reisende in Anspruch als den Fernverkehr (1978: 8 Mio. gegenüber 25 Mio.).

Neben den Routen zeigt die Karte die Bedeutung der elf führenden Verkehrsflughäfen. 1978 registrierten sie insgesamt 979 745 Flugbewegungen, also Starts und Landungen, 6,5 % mehr als 1977. Auch die Zahlen für den Personen-, Güter- und Postverkehr weisen außer Berlin steigende Tendenzen auf. So wurden knapp 45 Mio. Fluggäste auf den Flughäfen abgefertigt (einschl. Transit), 855 000 t Luftfracht und 116 000 t Luftpost ein-, um- oder ausgeladen (1980: 1,02 Mio. Flugzeugbewegungen, 48,4 Mio. Fluggäste, 790 000 t Luftfracht, 150 000 t Luftpost). Diese Leistungen setzen durchrationalisierte Transport- und Verlade-Einrichtungen voraus, die mit modernsten Informations- und Datenverarbeitungsanlagen gekoppelt sind. So verfügt Frankfurt, das in der Rangfolge der internationalen Flughäfen 1978 den 12. Platz besetzte, über eine der leistungsstärksten Computeranlagen. Die anderen Flughäfen der Bundesrepublik folgen der dominierenden Stellung Frankfurts mit weitem Abstand. Alle aber haben sich nicht nur zu Nachrichten-, Wirtschafts- und Verkehrszentren ihrer Räume entwickelt; sie formen außerdem die Verkehrslandschaft und belasten zugleich aus mehreren Gründen das dichtbesiedelte Umland: Obgleich 1978 der Linienverkehr unfallfrei verlief (dsgl. '79 und '80), führte das gestiegene Verkehrsvolumen zu einer Reihe

von »Beinahe-Zusammenstößen«. Sie stellen vor allem durch das Ineinandergreifen von zivilem und militärischem Luftverkehr ein Sicherheitsrisiko dar. Deshalb sind im Bundesverkehrswegeplan '80 1,9 Mrd. DM für den Ausbau der Flugplätze und Flugsicherungen vorgesehen gewesen. – Eine Begleiterscheinung der Flugplätze ist u. a. der Lärm. Die Verkehrs- und Flughafengesellschaften haben bereits Maßnahmen zur Reduzierung des Geräuschpegels getroffen: Entwicklung leiserer Triebwerke, Erprobung neuer Start- und Landeverfahren, Bau von Schallschutzanlagen. Entscheidend wäre jedoch eine Raumplanung, die Verkehrs- und Wohnbedürfnisse sinnvoll verknüpft, denn zu dem Lärm kommt die Belastung durch Abgase. Auch hier versuchen die Verkehrsgesellschaften die Verbrennungsrückstände durch kerosin- und damit kostensparende Flugverfahren und Triebwerke so niedrig wie möglich zu halten. Allerdings sind nicht alle 70 ausländischen Fluggesellschaften des grenzüberschreitenden Verkehrs mit einer modernen, leisen, abgasniedrigen Flotte ausgestattet. Außerdem belasten knapp 6000 ein- und etwa 700 mehrmotorige Flugzeuge das deutsche Flugnetz.

Der Linienverkehr zwischen den Flugplätzen der Bundesrepublik (ohne Berlin) ist ausschließlich der Deutschen Lufthansa AG vorbehalten (74 % der Aktien in Bundesbesitz). 1926 gegründet, stieg sie bis 1939 zur führenden Luftfahrtgesellschaft Europas auf; sie verfügte über ein Streckennetz von 80000 km und einen Anteil am Weltluftverkehr von 7,5 %. Nach dem Zusammenbruch konnte erst 1955 ein Neuanfang gestartet werden. Heute ist sie wieder eine der bedeutendsten Luftlinien des Weltverkehrs. Ihr Streckennetz weitete sich von 8000 km (1955) bis zu 430000 km (1980) aus. Jüngster Zielflughafen ist Peking. Insgesamt werden 123 Städte in 71 Ländern aller Kontinente angeflogen. Die Deutschland- und Europastrecken erbringen jedoch mit knapp 50 % den Hauptanteil der Verkehrserträge, die 1979 mehr als 4,5 Mrd. DM betrugen (Passagiere 78 %, Fracht 20 %, Luftpost 2 %). Die Auslastung der modernen Flugzeuge ist relativ hoch (Nutzladefaktor 65 %, Sitzladefaktor 63 %) und ist nicht zuletzt durch eine wirtschaftliche Funktions- und Typenzuteilung der Flotte bedingt. Die weitere Entwicklung des Luftverkehrs läßt sich nur schwer vorhersagen. Sie ist an die Treibstoffpreise gebunden. 1980 und 1981 wurde bereits ein deutlicher Rückgang des Fluggastaufkommens festgestellt.

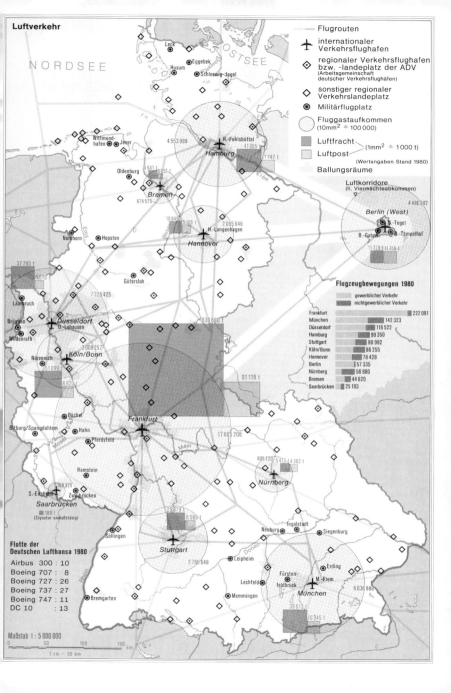

Luftverkehr

Legend:

─── Flugrouten

✈ internationaler Verkehrsflughafen

◈ regionaler Verkehrsflughafen bzw. -landeplatz der ADV (Arbeitsgemeinschaft deutscher Verkehrsflughäfen)

◇ sonstiger regionaler Verkehrslandeplatz

◉ Militärflugplatz

◯ Fluggastaufkommen (10 mm² ≙ 100 000)

■ Luftfracht ⎤ (1 mm² ≙ 1 000 t)
■ Luftpost ⎦
(Wertangaben Stand 1980)

Ballungsräume

Luftkorridore (lt. Viermächteabkommen)

Flugzeugbewegungen 1980

gewerblicher Verkehr
nichtgewerblicher Verkehr

Flughafen	Bewegungen
Frankfurt	222 091
München	142 323
Düsseldorf	116 522
Hamburg	99 350
Stuttgart	90 992
Köln/Bonn	86 255
Hannover	78 428
Berlin	57 335
Nürnberg	56 980
Bremen	44 620
Saarbrücken	25 193

Flotte der Deutschen Lufthansa 1980

Airbus 300 : 10
Boeing 707 : 8
Boeing 727 : 26
Boeing 737 : 27
Boeing 747 : 11
DC 10 : 13

Maßstab 1 : 5 000 000

0   50   100   150 km
1 cm ≙ 50 km

Map labels:

NORDSEE · OSTSEE · NORDHORN

Leck · Eggebek · Husum · Schleswig-Jagel

Wittmundhafen · Jever · Oldenburg

H.-Fuhlsbüttel · Hamburg · 4 553 999 · 41 065 t · 21 747 t

Bremen · 4 641 t · 1 231 t · 674 575 t

Hopsten · 10 846 t · 5 106 t · 2 065 846 · H.-Langenhagen · Hannover

Berlin (West) · 4 480 242 · B.-Tegel · B.-Gatow · B.-Tempelhof · 11 329 t · 13 156 t

Gütersloh

37 793 t · 5515 · Laarbruch

Brüggen · Wildenrath · Düsseldorf · D.-Lohausen · 7 226 425

Nörvenich · Köln/Bonn · 2 009 257 · 51 099 t · 8 920 t

630 680 t

Büchel · Bitburg/Spangdahlem · Hahn · Pferdsfeld · Mosel

Frankfurt · 17 605 208 · 91 119 t · Main

Ramstein · 805 720 · 5 413 t · 4 362 t · Nürnberg

S.-Ensheim · 168 329 · Zweibrücken · Saarbrücken · 189 t (Signator unmaßstäbig)

Söllingen · 20 879 t · 6 589 t · Stuttgart · 2 766 648

Neuburg · Ingolstadt · Siegenburg

Leipheim · Donau

Lechfeld · Fürstenfeldbruck · Erding · M.-Riem · München · 6 036 888 · 39 613 t · 10 945 t

Memmingen · Bremgarten

Rhein

VI-1 Politische Gliederung und Bundesbehörden

Die 11 Länder der Bundesrepublik Deutschland sind außer Bayern und den Stadtstaaten Bremen und Hamburg politische Neuschöpfungen der Besatzungsmächte (VIII 3–5). Baden-Württemberg war bis 1951 dreigeteilt; es wurde durch Volksentscheid vereinigt. In Niedersachsen versuchten 1975 der Verwaltungsbezirk Oldenburg und der Landkreis Schaumburg-Lippe selbständig zu werden. Diese Gebiete sind zu klein und wirtschaftlich zu schwach, so daß sie trotz des positiven Volksentscheids nicht ausgegliedert werden. Das Saarland wurde – nach einer Volksbefragung 1955 – aus dem wirtschafts- und währungspolitischen Verbund mit Frankreich gelöst und 1957 politisch, 1959 auch wirtschaftlich in die Bundesrepublik eingegliedert. Berlin gehört verfassungsrechtlich zur Bundesrepublik; alliierte Vorbehalte (Viermächtestatus) schränken jedoch seine volle Souveränität als 11. Bundesland ein.

Die Verwaltung der Länder ist aufsteigend von der Gemeinde über den Kreis, den Regierungsbezirk bis zur Landesebene organisiert. Die Länder und ihre Verfassungseinrichtungen sollten die von den Alliierten angestrebte Dezentralisation des ehemaligen zentralistisch gesteuerten Reiches fördern. 1949 trat das Grundgesetz in Kraft; es schuf die Voraussetzung für die eigenstaatliche Organisation der 3 ehemaligen Westzonen. Die Schöpfer des Grundgesetzes sollten nach dem Willen der Besatzungsmächte

»eine demokratische Verfassung ausarbeiten, die für die beteiligten Länder eine Regierungsform des föderalistischen Typs schafft und die am besten geeignet ist, die gegenwärtige zerrissene deutsche Einheit schließlich wiederherzustellen und die Rechte der beteiligten Länder schützt, eine angemessene Zentralinstanz schafft und die Garantien der individuellen Rechte und Freiheiten enthält«.

Die Bundesrepublik ist nach Art. 20 GG ein Bundesstaat: Bund und Länder sind souveräne Staaten mit Verfassung, Rechtsprechung, Parlament, Regierung und den Rechten der Gesetzgebung (Gewaltenteilung). Die Gesetzgebung der Länder ist auf das Schulwesen und eigene Verwaltung beschränkt. Im übrigen gelten Bundesgesetze. Sie müssen in ihrer Mehrzahl von den Ländern ausgeführt werden. Deshalb können die Länder bei der Gesetzgebung des Bundes und der Wahl des Bundesverfassungsgerichts (VI-2) mitwirken. Das föderalistische Prinzip zeigt sich auch in der Dezentralisation der Bundesorgane und Bundesbehörden:

Arb.G	=	Bundesarbeitsgericht
Bev.S	=	Bundesamt f. zivilen Bevölkerungsschutz
BGH	=	Bundesgerichtshof
DB	=	Deutsche Bundesbahn
Ernähr.	=	Bundesamt f. Ernährung u. Forstwirtschaft
Fin.	=	Bundesamt f. Finanzen
Flucht.	=	Bundesamt f. d. Anerkennung ausländ. Flüchtlinge
Krim.	=	Bundeskriminalamt
Luft.	=	Luftfahrt-Bundesamt
Rechn.	=	Bundesrechnungshof
Schiff.	=	Bundesamt f. Schiffsvermessung
See.	=	Bundesoberseeamt
Stat.	=	Statistisches Bundesamt
Vf.G.	=	Bundesverfassungsgericht
Vf.S.	=	Bundesamt f. Verfassungsschutz
Wass.	=	Bundesanstalt f. Gewässerkunde
Wehr.	=	Bundesamt für Wehrtechnik u. Beschaffung
Vw.A.	=	Bundesverwaltungsamt
Wirt.	=	Bundesamt f. gewerbliche Wirtschaft

Ihre schwerpunktartige Verteilung über das Bundesgebiet läßt sich aus den unterschiedlich großen Wappen ablesen; sie geben auch die Konkurrenz Frankfurts zu Bonn wieder (1949 Abstimmungsverhältnis 33:29 für Bonn als »provisorischer« Bundessitz).

Die 1945 geschaffenen Länder sind nach Größe, Einwohnerzahl (Farbabstufung der Reg.-Bezirke entsprechend Bevölkerungsdichte) und Wirtschaftskraft (BIP) sehr unterschiedlich.

Nach Art. 29 GG ist es möglich, das Bundesgebiet neu zu gliedern. Die neuen Länder sollen »nach Größe und Leistungsfähigkeit die ihnen obliegenden Aufgaben wirksam erfüllen können«. Daher befassen sich Neugliederungsvorschläge besonders mit dem norddeutschen und mittelwestdeutschen Raum. Nordrhein-Westfalen, Baden-Württemberg und Bayern sollen im wesentlichen erhalten bleiben.

Die zahlreichen Gebiets- und Verwltungsreformen der Bundesländer haben ein ähnliches Ziel: Die kommunale Neugliederung soll leistungsfähige Gemeinden schaffen.

Noch ungelöst ist die Entwicklung strukturschwacher Gebiete im Bereich der Grenze zur DDR. Die mit der DDR gemeinsame Grenze von 1381 km (W-Grenze zu EG-Staaten 1303 km) zerschneidet ehemals zusammengehörige Wirtschaftsräume. Der 1973 in Kraft getretene Grundvertrag erleichtert zwar den Reiseverkehr in die DDR – auch durch Öffnung neuer Straßenübergänge (V-1) –, er macht aber auch deutlich, daß in absehbarer Zeit nicht an eine Wiedervereinigung zu denken ist.

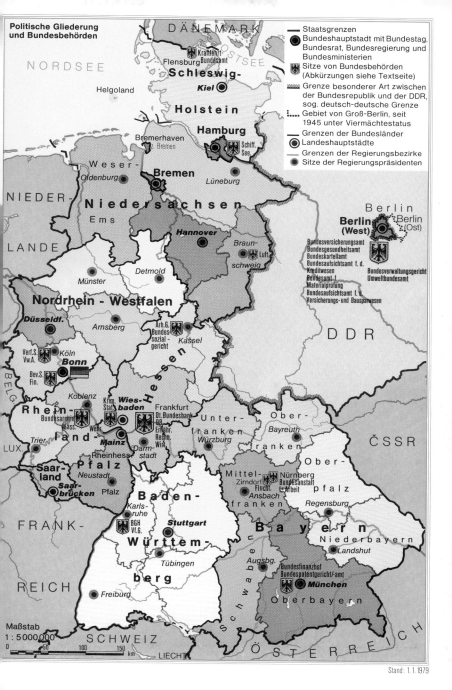

Politische Gliederung und Bundesbehörden

Staatsgrenzen
Bundeshauptstadt mit Bundestag, Bundesrat, Bundesregierung und Bundesministerien
Sitze von Bundesbehörden (Abkürzungen siehe Textseite)
Grenze besonderer Art zwischen der Bundesrepublik und der DDR, sog. deutsch-deutsche Grenze
Gebiet von Groß-Berlin, seit 1945 unter Viermächtestatus
Grenzen der Bundesländer
Landeshauptstädte
Grenzen der Regierungsbezirke
Sitze der Regierungspräsidenten

DÄNEMARK
OSTSEE
NORDSEE
Kraftfahrt-Bundesamt
Flensburg
Schleswig-
Holstein
Kiel
Helgoland
Hamburg
Bremerhaven
z. Bremen
Schiff. See.
Weser-
Bremen
Lüneburg
NIEDER-
Oldenburg
Niedersachsen
Ems
Braun-
Luft-
Hannover
schweig
LANDE
Detmold
Münster
Nordrhein - Westfalen
DDR
Düsseldf.
Arnsberg
Kassel
Arb.G.
Bundes-
sozial-
gericht
BELG.
Verf.S.
Vw.A.
Köln
Bonn
Bev.S.
Fin.
Hessen
Koblenz
Krim.
Stat.
Wies-
baden
Frankfurt
Dt. Bundesbank
Ober-
Bundesarchiv
DB
Ernähr.
Rechn.
Wirt.
Unter-
Bayreuth
franken
ČSSR
Trier
Wass.
Wehr.
Mainz
Würzburg
franken
LUX.
Rhein-
land-
Rheinhess.
Darm-
stadt
Ober-
Saar-
land
Pfalz
Mittel-
Zirndorf
Flücht.
Nürnberg
Bundesanstalt
f. Arbeit
pfalz
Neustadt
franken
Regensburg
Saar-
brücken
Pfalz
Ansbach
Karls-
ruhe
BGH
Vf.G.
Baden-
Stuttgart
Bayern
Niederbayern
FRANK-
Württem-
Landshut
Tübingen
Augsbg.
Bundesfinanzhof
Bundespatentgericht/-amt
München
REICH
Freiburg
berg
Oberbayern
Bundesversicherungsamt
Bundesgesundheitsamt
Bundeskartellamt
Bundesaufsichtsamt f. d. Kreditwesen
Bundesamt f. Materialprüfung
Bundesaufsichtsamt f. d. Versicherungs- und Bausparwesen
Bundesverwaltungsgericht
Umweltbundesamt
Berlin
Berlin (West)
Berlin (Ost)

SCHWEIZ
LIECHT.
ÖSTERREICH

Maßstab
1 : 5 000 000
0   50   100   150   km

Stand: 1.1.1979

VI-2 Justizverwaltung

Die Menschen neigen zu egoistischem Verhalten; zugleich sind sie gezwungen, in unterschiedlich großen Gruppen zusammenzuleben. Daraus ergeben sich zahlreiche Konfliktursachen. Sie erfordern eine verbindliche Ordnung des sozialen Lebens. Diese Ordnung ermöglichen allerdings auch absolutistische oder totalitäre Staaten, die das Recht des einzelnen dem Nützlichkeitsprinzip des Staates unterordnen.

Erst die freiheitlich-demokratischen Verfassungen westlicher Demokratien, deren Recht am Prinzip der Gerechtigkeit orientiert ist, garantieren ein sicheres Zusammenleben. Es beruht auf der Freiheit des einzelnen und schützt ihn vor staatlicher Willkür. Eine entscheidende Voraussetzung dafür ist die Kontrolle der Staatsmacht; sie wird durch die Teilung in die ausführende, richterliche und gesetzgebende Gewalt ermöglicht.

In der Bundesrepublik Deutschland hat der Bundestag das Recht, Gesetze zu erlassen. Um einen Machtmißbrauch der Bundestagsmehrheit zu verhindern, haben die »Väter des Grundgesetzes« verschiedene Hemmnisse vorgesehen. Ein wichtiges Kontrollorgan ist die Öffentlichkeit (Presse, Rundfunk, Fernsehen, Art. 5 GG). Die weiteren Begrenzungen der Gesetzgebungsbefugnis sind direkt im Grundgesetz verankert. So muß der Bundesrat, die Vertretung der Länder, dem Großteil der Gesetze (Art. 70–75) zustimmen. Alle Gesetze, auch die der Länderparlamente, müssen sich nach dem Grundgesetz, und hier besonders nach den Artikeln 1–20, richten. Diese Artikel enthalten die »klassischen« Grundrechte und die Gliederung des Bundes in Länder; sie dürfen nicht geändert werden. Scheint ein erlassenes Gesetz nicht mit dem Grundgesetz übereinzustimmen, kann das Bundesverfassungsgericht angerufen werden. Es »ist ein allen übrigen Verfassungsorganen gegenüber selbständiger und unabhängiger Gerichtshof des Bundes« (§ 1 BVG-Gesetz vom 12.3.51), der die Verfassungsmäßigkeit der Gesetzgebung überprüft (Normenkontrolle). Seine Entscheidungen haben Gesetzeskraft und binden alle anderen Verfassungsorgane, Gerichte und Behörden (GG 93; 18; 21; 61; 100). Eine entscheidende Voraussetzung für die Tätigkeit des BVG und der weiteren Gerichtsorgane ist die Unabhängigkeit der Richter (97,1 GG). Erst sie läßt die Judikative (92–104 GG) zur dritten Gewalt in Bund und Ländern werden.

Für die eigentliche Rechtsprechung der unteren und mittleren Instanzen sind die Länder zuständig (Richter insgesamt: 15 532, im Landesdienst: 15 045; 1.1.79). Die vielfältigen Probleme der modernen Industrie- und Wohlfahrtsgesellschaft haben zu einer Spezialisierung der Gerichte in einzelne Zweige geführt. Die »Ordentliche Gerichtsbarkeit« ist für Zivil- und Strafsachen, also für die Mehrzahl aller Rechtsfälle, zuständig. Ihre Grundlagen, das Strafgesetzbuch von 1871 und das Bürgerliche Gesetzbuch von 1896 wurden zum Vorbild für zahlreiche ausländische Rechtsordnungen. Beide Rechtsbücher wurden ab 1975 durch zahlreiche Reformen modernisiert. – Die »Besondere Gerichtsbarkeit« bildete sich im wesentlichen erst nach 1945 heraus und sichert dem Bürger einen fast lückenlosen Rechtsschutz. Fühlt er sich durch Maßnahmen einer Behörde in seinen gesetzlichen Rechten verletzt, so kann er die Verwaltungsgerichte anrufen. Die Arbeitsgerichte erfassen alle Bereiche des Arbeitslebens. Die Finanzgerichte regeln das Steuerrecht, und die Sozialgerichte schützen den Gesamtbereich der sozialen Sicherheit. Alle Abteilungen der öffentlichen Gewalt (Exekutive) sind also an das Gesetz gebunden, und ihr Handeln kann jederzeit durch unabhängige Richter kontrolliert werden (Kennzeichen des Rechtsstaates). Aber auch Gerichtsentscheidungen sind überprüfbar. So stehen dem Bürger die höheren Gerichte als Berufungs- oder Revisionsinstanzen zur Verfügung. An der Spitze der einzelnen Zweige hat das Grundgesetz oberste Gerichtshöfe errichtet (95,1 GG). Die fünf Bundesgerichte bilden einen gemeinsamen Senat, der die Einheitlichkeit der Rechtsprechung wahren soll.

BUNDESVERFASSUNGSGERICHT				VERFASSUNGSGERICHTE DER LÄNDER*
Gemeinsamer Senat der obersten Gerichtshöfe des Bundes				
Bundesgerichtshof	Bundesverwaltungsger.	Bundesfinanzhof	Bundesarbeitsgericht	Bundessozialgericht
Oberlandesgericht	Oberverwaltungsgericht	Finanzgericht	Landesarbeitsgericht	Landessozialgericht
Landgericht	Verwaltungsgericht		Arbeitsgericht	Sozialgericht
Amtsgericht				

→ Berufung: Der Fall wird in tatsächlicher und rechtlicher Hinsicht neu verhandelt (neues Beweismaterial)
→ Revision: Das höhere Gericht ist an die Feststellung der Vorinstanz gebunden und überprüft das Urteil daraufhin, ob das Gesetz richtig angewandt worden ist.

←-Zivil---→←--Straf-→
gerichtsbarkeit

←Ordentliche Gerichtsbarkeit→ ←---------------- Besondere Gerichtsbarkeit --------------------→

* außer Schleswig-Holstein und Berlin(W)

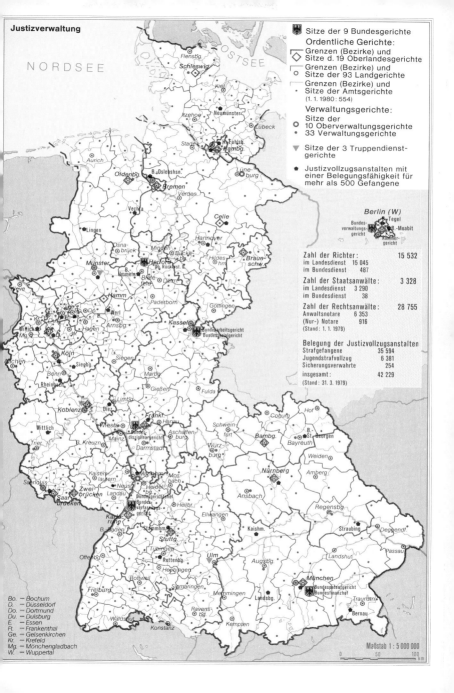

Justizverwaltung

Sitze der 9 Bundesgerichte

Ordentliche Gerichte:
Grenzen (Bezirke) und
Sitze d. 19 Oberlandesgerichte

Grenzen (Bezirke) und
Sitze der 93 Landgerichte

Grenzen (Bezirke) und
Sitze der Amtsgerichte
(1. 1. 1980: 554)

Verwaltungsgerichte:
Sitze der
10 Oberverwaltungsgerichte
33 Verwaltungsgerichte

Sitze der 3 Truppendienst-
gerichte

Justizvollzugsanstalten mit
einer Belegungsfähigkeit für
mehr als 500 Gefangene

NORDSEE

OSTSEE

Zahl der Richter: 15 532
im Landesdienst 15 045
im Bundesdienst 487

Zahl der Staatsanwälte: 3 328
im Landesdienst 3 290
im Bundesdienst 38

Zahl der Rechtsanwälte: 28 755
Anwaltsnotare 6 353
(Nur-) Notare 916
(Stand: 1. 1. 1979)

Belegung der Justizvollzugsanstalten
Strafgefangene 35 594
Jugendstrafvollzug 6 381
Sicherungsverwahrte 254

insgesamt: 42 229
(Stand: 31. 3. 1979)

Bo. — Bochum
D. — Düsseldorf
Do. — Dortmund
Du. — Duisburg
E. — Essen
Ft. — Frankenthal
Ge. — Gelsenkirchen
Kr. — Krefeld
Mg. — Mönchengladbach
W. — Wuppertal

Maßstab 1 : 5 000 000
0   50   100
km

VI-3   Arbeits- und Finanzverwaltung

Die politische Stabilität eines Staates und seine wirtschaftliche Leistungsfähigkeit hängen voneinander ab. Das zeigen besonders deutlich die letzten Jahre der Weimarer Republik (S. VIII-1). Deshalb sind heute Bund, Länder und Gemeinden der Bundesrepublik verpflichtet, ein angemessenes Wachstum der Wirtschaft zu fördern (Gesetz vom 8. 6. 1976). Das soll durch Vollbeschäftigung, Geldwertstabilität und solide Staatsfinanzen bei außenwirtschaftlichem Gleichgewicht erreicht werden. Allerdings ist es kaum möglich, alle vier Ziele gleichzeitig zu erreichen. Finanz-, Wirtschafts- und Arbeitsmarktpolitik müssen daher versuchen, konjunkturelle Schwankungen innerhalb dieses »magischen Vierecks« der gesamtwirtschaftlichen Hauptziele auszugleichen.

Der Arbeitsmarkt und die soziale Sicherung liegen in den Händen der »Bundesanstalt für Arbeit«. Als Körperschaft des öffentlichen Rechts dient sie der im Grundgesetz verbürgten freien beruflichen Entfaltungsmöglichkeit des einzelnen (Art. 12). Ihre Hauptstelle in Nürnberg, die 9 Landesarbeitsämter und die ihnen unterstellten 146 Arbeitsämter sind zuständig für die öffentliche Arbeitsvermittlung, Berufsberatung, Arbeitslosenversicherung und Arbeitslosenhilfe. Für Spezialberufe, die auf einen größeren Arbeitsmarkt angewiesen sind, wurden überregionale Fachvermittlungsstellen errichtet. – Alle Aufgaben berühren die Interessen von Arbeitnehmern und -gebern. Die Sozialpartner sind daher gemeinsam mit Bund, Ländern und Gemeinden in den Selbstverwaltungsorganen der Bundesanstalt und ihrer Dienststellen drittelparitätisch vertreten.

Weitere Körperschaften des öffentlichen Rechts, die den Wirtschaftsprozeß beeinflussen, sind die 69 Industrie- und Handelskammern (IHK). Das Kammergesetz von 1956 sieht als Hauptaufgaben vor: das Gesamtinteresse der Gewerbetreibenden ihres Bezirks wahrzunehmen, für die Förderung der gewerblichen Wirtschaft zu wirken und durch Vorschläge, Gutachten und Berichte die Behörden zu unterstützen und zu beraten. Sozialpolitische und arbeitsrechtliche Interessen dürfen die IHKs aber nicht wahrneh-

men. Das gehört zum Recht der Arbeitnehmer- und Arbeitgeberverbände. Sie vereinbaren eigenverantwortlich und ohne staatliche Mitwirkung die Arbeitslöhne und die allgemeinen Arbeitsbedingungen wie Arbeitszeit, Urlaub, Kündigungsfristen (Tarifautonomie). Gesetzlich festgelegt sind lediglich die Rahmenbedingungen (Art. 9, 3 GG; Tarifvertragsgesetz von 1949 i. d. F. von 1969).

Die Tarifabschlüsse bestimmen nicht unwesentlich die Finanzpolitik von Bund, Ländern und Gemeinden. Etwa 37 % aller Haushaltsmittel sind Einkommen- und Lohnsteuern, knapp 40 % Körperschaft-, Umsatz-, Mineralöl- und Gewerbesteuern. Sie werden durch die 16 Oberfinanzdirektionen mit ihren örtlichen Behörden (Finanz-, Zoll-, Bundesvermögens- und Bundesforstämter) eingezogen.

Die Einnahmen werden nach einem gesetzlich festgelegten Schlüssel auf Bund (rd. 49 %), Länder (36 %), Gemeinden (12 %) und EG (3 %) verteilt. Wie die Einnahmen sind auch die Ausgaben der einzelnen Gebietskörperschaften getrennt. Der Bund übernimmt die soziale Sicherung, Verteidigung, Auswärtige Angelegenheiten, Bundesstraßen und -wasserstraßen, Wirtschaftsförderung, Entwicklungshilfe. Die Länder und Gemeinden sind zuständig für das Bildungswesen, die Rechtspflege, innere Sicherheit, allgemeine Sozialhilfe, den Gesundheitsdienst und Polizeischutz. Als Gemeinschaftsaufgaben gelten Ausbau und Neubau von Hochschulen, Verbesserung der regionalen Wirtschafts- und Agrarstruktur, Küstenschutz, Bildungsplanung und Forschungsförderung. Diese Aufgaben belasteten 1980 den öffentlichen Gesamthaushalt mit rd. 495 Mrd. DM (Abb. 1); das ist etwa ein Drittel des Bruttosozialprodukts der Bundesrepublik (BSP 1980: 1497,5 Mrd. DM). Der größte Teil der Ausgaben des Bundes (Abb. 2) und der Länder wird nach den Prinzipien des sozialen Rechtsstaates umverteilt und fließt an die Bürger zurück. Die Einnahmen (Abb. 3) sind jedoch seit Jahren niedriger als die Ausgaben; daher steigt die Staatsverschuldung (Abb. in Karte).

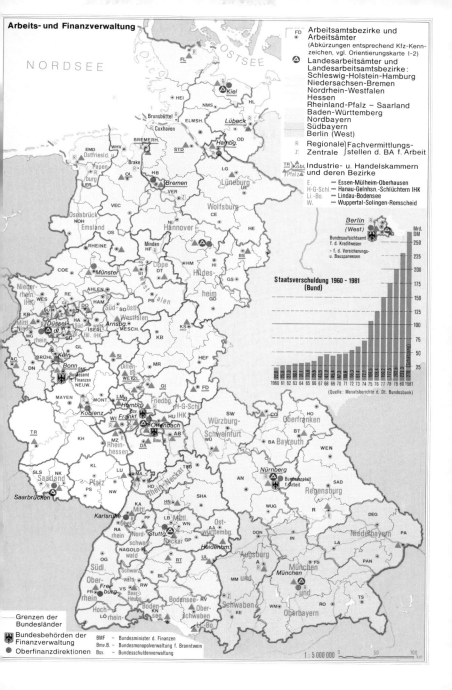

Arbeits- und Finanzverwaltung

FD — Arbeitsamtsbezirke und Arbeitsämter
(Abkürzungen entsprechend Kfz-Kennzeichen, vgl. Orientierungskarte 1-2)

▲ — Landesarbeitsämter und Landesarbeitsamtsbezirke:
Schleswig-Holstein-Hamburg
Niedersachsen-Bremen
Nordrhein-Westfalen
Hessen
Rheinland-Pfalz – Saarland
Baden-Württemberg
Nordbayern
Südbayern
Berlin (West)

R — Regionale Fachvermittlungsstellen d. BA f. Arbeit
R — Zentrale

TR Kobl. — Industrie- u. Handelskammern und deren Bezirke
7 Pfalz
E. = Essen-Mülheim-Oberhausen
H-G-Schl. = Hanau-Gelnhsn.-Schlüchtern IHK
Li.-Bo. = Lindau-Bodensee
W. = Wuppertal-Solingen-Remscheid

Bundesaufsichtsamt f. d. Kreditwesen
– f. d. Versicherungs- u. Bauspwesen

Staatsverschuldung 1960 - 1981 (Bund)

Mrd. DM

(Quelle: Monatsberichte d. Dt. Bundesbank)

1960 61 62 63 64 65 66 67 68 69 70 71 72 73 74 75 76 77 78 79 80 1981 (Schätzg.)

Grenzen der Bundesländer

Bundesbehörden der Finanzverwaltung

● Oberfinanzdirektionen

BMF — Bundesminister d. Finanzen
Bmv.B. — Bundesmonopolverwaltung f. Branntwein
Bsv. — Bundesschuldenverwaltung

1 : 5 000 000

NORDSEE
OSTSEE

VI-4   Verwaltungsgliederung der evangelischen Kirche

Die »Evangelische Kirche in Deutschland«, EKD, ist ein Kirchenbund von 17 selbständigen, unterschiedlich großen Landeskirchen. Die Grenzen der einzelnen Gliedkirchen entsprechen nicht denen der Bundesländer. Sie gehen im wesentlichen auf die Territorien des Deutschen Reiches zurück (VIII-1). – Auch die drei Bekenntnisprägungen – lutherisch, reformiert, uniert – sind historischen Ursprungs. Während der Reformation löste sich im 16. Jh. die religiöse Einheit des Deutschen Reiches auf (III-9). Die evangelischen Landesherren übernahmen in ihren Ländern von nun an auch die Leitung der Kirche. Das Bündnis von »Thron und Altar« bewährte sich jedoch nicht; es ließ die Kirche als religiöse Gemeinschaft allmählich verkümmern. Im 19. Jh. versuchte Preußen, durch verschiedene Reformen das politische und religiöse Leben zu erneuern. So vereinigten sich 1817, 300 Jahre nach dem Thesenanschlag Luthers in Wittenberg, Lutheraner und Reformierte im größten protestantischen Land Deutschlands zur »Union«. Bald folgten außerpreußische Unionen mit dem gleichen Ziel, die innerprotestantische Kirchenspaltung zu überwinden. – Die äußere Reform sollte von einer Gottesdienstreform unterstützt werden. Der preußische König erließ als Kirchenherr eine Neufassung der Liturgie, die an die Frühzeit des Luthertums knüpfte; sie riß jedoch erneut konfessionelle Gräben auf. Die heutigen Zusammenschlüsse innerhalb der EKD – die VELKD (1948), die EKU (1945), die reformierten und die übrigen unierten und lutherischen Kirchen – haben hier ihre geistigen Wurzeln.

Die Landeskirchen waren im 19. Jh. mit inneren Richtungskämpfen so belastet, daß sie die »Industrielle Revolution« mit ihren politischen und gesellschaftlichen Veränderungen kaum gesehen, und daher auch versäumt haben, entsprechend zu reagieren. Die gegenwärtig beklagte religiöse Abstinenz weiter Bevölkerungskreise läßt sich bis in diese Zeit zurückverfolgen.

1918 endete mit dem Untergang der Monarchien auch das landesherrliche Kirchenregiment. Die Landeskirchen standen nun vor der Aufgabe, das Verhältnis von Kirche und Staat neu zu regeln. Ihre Regionen blieben, ebenso wie die Länder (VIII-1), erhalten. Die geschichtlich gewachsenen Sonderrechte wurden für beide Kirchen in den Artikeln 137–141 und 149 der Weimarer Verfassung garantiert. Als öffentlich-rechtliche Körperschaften dürfen sie bis heute z. B. Kirchensteuern einziehen; die staatlichen Hochschulen unterhalten theologische Fakultäten; der Religionsunterricht wird an den Schulen als ordentliches Lehrfach geführt. – Die neue Verfassung entlehnten die Landeskirchen weitgehend der Synodalordnung von 1873. Ihre Selbstverwaltungsorgane, wie Gemeindekirchenrat, Kreissynode, Landessynode haben sich bis in die Gegenwart erhalten. Die leitenden Geistlichen einiger Landeskirchen nennen sich seitdem Bischof. Die Landeskirchen konnten nach 1918 reorganisiert, eine größere kirchliche Einheit aber nicht geschaffen werden. Die Einigungsversuche der 19. Jhs. führten 1922 zum »Deutschen Evangelischen Kirchenbund«. 1933 wurde dieser lose Zusammenschluß der Landeskirchen zur »Deutschen Evangelischen Kirche« umgeformt. Der NS-Staat war bestrebt, sie in seinen Dienst zu stellen. Innerkirchliche Auseinandersetzungen und Verfolgung brachten viele Landeskirchen an den Rand des Zusammenbruchs. Nach 1945 kehrten die evangelischen Landeskirchen zu ihrer früheren Selbständigkeit zurück. Das Grundgesetz der Bundesrepublik Deutschland bewahrte ihre Stellung als öffentlich-rechtliche Körperschaften; es übernahm die entsprechenden Artikel der Weimarer Verfassung (Art. 140 GG). In der DDR sind dagegen Staat und Kirche weitgehend getrennt worden. Die Abneigung gegen eine zentral geleitete Kirche führte 1945 zu einem Kirchenbund mit relativ schwach ausgebildeten Kompetenzen, der »Evangelischen Kirche in Deutschland« (EKD). 1969 lösten sich die 8 Gliedkirchen der DDR aus der EKD und bildeten den »Bund der Evangelischen Kirchen in der DDR«. Seitdem gehören zur EKD 8 unierte, 7 lutherische und 2 reformierte Landeskirchen, außerdem als 18. die »Evangelische Kirche der Union« (EKU).

Die EKD wird geleitet und verwaltet von Synode, Kirchenkonferenz und Rat. Die Synode setzt sich aus gewählten Synodalen, die Kirchenkonferenz aus den Leitungen der Gliedkirchen zusammen. Beide wählen den Rat für die Dauer von 6 Jahren. Er soll die Zusammenarbeit und Gemeinschaft der Gliedkirchen fördern, die EKD im politischen und gesellschaftlichen Leben der Bundesrepublik vertreten und die vielfältigen kirchlichen Dienste und Einrichtungen leiten oder beraten, wie das Diakonische Werk, die Innere Mission, das Hilfswerk der EKD, den kirchlichen Entwicklungsdienst. Als Hauptaufgabe sieht der derzeitige Rat, dessen 15 Mitglieder 1979 gewählt wurden, die Wiederbelebung der Gemeindearbeit an.

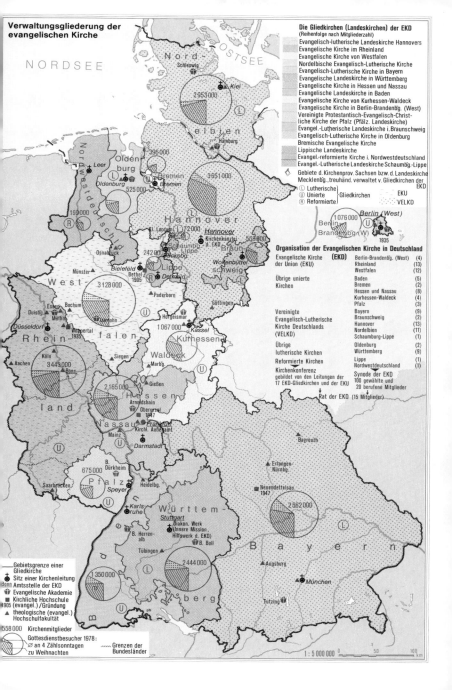

Verwaltungsgliederung der evangelischen Kirche

NORDSEE

NORDSEE

OSTSEE

Nord-

elbien

Hannover

Oldenburg

Nordwestdeutschland

Westfalen

Rhein-

land

Lippe

Braun-
schweig

Schaumbg.-
Lippe

Kurhessen

Waldeck

Hessen

Nassau

Pfalz

Württem-
berg

Baden

Bayern

Berlin (West)
Berlin-
Brandenbg (W)

Schleswig

Kiel
2 953 000

Hamburg

Leer
Oldenburg
525 000
199 000

Bremen
Bremen
396 000

3 651 000

Kl. Loccum 72 000
Kirchenkanzlei
d. EKD
568 000

Hannover
242 000
Bückeb.

Wolfenbüttel

Osnabrück

Bielefeld
Bethel
1905

Münster
3 128 000

Detmold

Paderborn

Göttingen

1 076 000
1935

Duisb.
Essen Bochum
Mülheim
Düsseldorf
Wuppertal
1935

Hohenlohe

Hofgeismar

1 067 000
Kassel

Köln
3 449 000
Bonn

Aachen

Siegen

Marbg.

Gießen
2 165 000
Arnoldshain
Oberursel
1947
Frankfurt
Kirchl. Außenamt
Mainz Darmstadt

Bayreuth

Erlangen-
Nürnbg.

Neuendettelsau
1947
2 662 000

675 000
Dürkheim
Speyer

Saarbrücken

Karls-
ruhe
Heidelbg.
Stuttgart
Diakon. Werk
(Innere Mission,
Hilfswerk d. EKD)
B. Boll
Augsburg

München

B. Herren-
alb
Tübingen

1 350 000
2 444 000

Tutzing

Organisation der Evangelischen Kirche in Deutschland

Evangelische Kirche (EKD) der Union (EKU)	Berlin-Brandenbg. (West) (4)
	Rheinland (13)
	Westfalen (12)
Übrige unierte Kirchen	Baden (5)
	Bremen (2)
	Hessen und Nassau (8)
	Kurhessen-Waldeck (4)
	Pfalz (3)
Vereinigte Evangelisch-Lutherische Kirche Deutschlands (VELKD)	Bayern (9)
	Braunschweig (2)
	Hannover (13)
	Nordelbien (11)
	Schaumburg-Lippe (1)
Übrige lutherische Kirchen	Oldenburg (2)
	Württemberg (9)
Reformierte Kirchen	Lippe (1)
	Nordwestdeutschland (1)

Kirchenkonferenz
gebildet von den Leitungen der
17 EKD-Gliedkirchen und der EKU

Synode der EKD
100 gewählte und
20 berufene Mitglieder

Rat der EKD (15 Mitglieder)

Legende

——— Gebietsgrenze einer Gliedkirche
● Sitz einer Kirchenleitung
Bonn Amtsstelle der EKD
✢ Evangelische Akademie
■ Kirchliche Hochschule
1905 (evangel.)/Gründung
▲ theologische (evangel.) Hochschulfakultät
558 000 Kirchenmitglieder
Gottesdienstbesucher 1978:
∅ an 4 Zählsonntagen
zu Weihnachten
····· Grenzen der Bundesländer

1 : 5 000 000 0 50 100 km

VI-5   Verwaltungsgliederung der katholischen Kirche

Die Einteilung des Reiches in Bistümer läßt sich bereits im frühen Mittelalter erkennen. Später formten die Bischöfe im Süden und Westen des »Heiligen Römischen Reiches Deutscher Nation« ihre Diözesen zu geistlich-weltlichen Fürstentümern (u. a. Regensburg, Würzburg, Fulda, Köln, Münster, Osnabrück). Während der Reformation widerstanden sie großenteils dem neuen Glauben und wurden mit Bayern und einigen kleineren süddeutschen Staaten zu Zentren der Gegenreformation. In ihnen entwickelte sich später das gleiche absolutistische Staatskirchentum wie in den protestantischen Ländern.

Napoleon zerbrach nicht nur die politische Ordnung Europas, sondern auch die seit dem Mittelalter bestehende Struktur der katholischen Kirche. 1803 wurden die geistlichen Fürstentümer aufgelöst, ihre Herrschaftsgebiete und ihr reiches Vermögen aufgeteilt (Säkularisation). Die dadurch freigewordenen Gebiete wurden mit zahlreichen Zwergstaaten zu größeren Territorien verschmolzen. Diese blieben auch nach 1815 großenteils erhalten und bildeten die Grundlage für die Neuorganisation der Kirche. Bistums- und Ländergrenzen stimmten zukünftig weitgehend überein, so daß die Länder vor nun an direkte Vertragspartner Roms wurden.

1817 wurde Bayern durch einen Vertrag mit dem Papst (Konkordat) in zwei Kirchenprovinzen eingeteilt: das Erzbistum (Ebm) München-Freising mit den Bistümern (Bm) Augsburg, Passau, Regensburg und das Ebm Bamberg mit den Bm Eichstätt, Speyer, Würzburg. – In vorwiegend protestantisch regierten Staaten wurden die kirchlichen Verhältnisse durch besondere Vereinbarungen geregelt, die die Abgrenzung der Bistümer beschreiben (Zirkumskriptionsbullen). In Preußen wurde – auf dem Gebiet der heutigen Bundesrepublik – 1821 das Ebm Köln mit den Bm Münster, Paderborn, Trier eingerichtet. – Hannover erhielt 1824 zwei Bistümer, Hildesheim und Osnabrück, die dem Papst unmittelbar unterstellt waren (exemte Bm). – In Südwestdeutschland entstand erst nach schwierigen Verhandlungen 1821 die »Oberrheinische Kirchenprovinz«, in der dem Ebm Freiburg (Baden, Hohenzollern) die Bistümer Rottenburg (Württemberg), Mainz (Hessen-Darmstadt), Fulda (Hessen-Kassel) und Limburg (Hessen-Nassau und Frankfurt) unterstellt waren. – Die Reorganisation der Kirche war Mitte des 19. Jhs. abgeschlossen, die deutsche katholische Kiche damit in das universale System der römischen Papstkirche eingefügt.

Auf gesellschaftspolitischem Gebiet fiel es der Kirche schwer, die leitenden Ideen und bewegenden Kräfte der Zeit zu erkennen. Gewissensfreiheit, Liberalismus und Demokratie wurden verurteilt (1832, 1864), die »Soziale Frage« erst 1891 bewußt wahrgenommen. Inzwischen hatten sich viele Menschen in den Industriegebieten, vor allem Arbeiter, der Kirche entfremdet. Ländliche Räume werden von dem Prozeß der »verdunstenden Kirchlichkeit« erst heute voll erfaßt. Allerdings sind Protestanten ihrer Kirche wesentlich stärker entfremdet als Katholiken. Im Gegensatz zu den protestantischen Landeskirchen war für die katholische Kirche das Ende der Monarchien 1918 kein einschneidendes Ereignis. In der Weimarer Republik verließ sie ihr geistiges und politisches Getto. Die katholisch geprägte Zentrumspartei übernahm mit SPD und DDP bis 1933 staatstragende Funktionen. In Wahlkreisen mit katholischen Mehrheiten konnten NSDAP und KPD kaum Wahlerfolge erringen (VIII-1).

In Preußen wurde 1929 das Ebm Paderborn gegründet; ihm wurden die Bistümer Fulda und Hildesheim zugeordnet. Das Ebm Köln erhielt die Bm Osnabrück, Limburg und Aachen (Neugründung). 1930 wurde Berlin Bistum. Damit waren – mit Ausnahme des Bm Essen – die heutigen Diözesansprengel geschaffen. Das Ruhrbistum Essen wurde 1957 aus Teilen der Diözesen Köln, Münster und Paderborn errichtet.

In der Zeit zwischen 1933 und 1945 versuchte die Kirche, sich mit dem NS-Regime zu arrangieren (Konkordat 1933), gleichzeitig aber auch gegen Unterdrückung Widerstand zu leisten. Auf die Judenverfolgungen reagierte sie jedoch nur schwach.

Nach 1945 blieben die Kirchenprovinzen erhalten. Teile ihrer Territorien liegen allerdings auf DDR-Gebiet. Rom trennte sie bisher noch nicht von ihren Mutterdiözesen, sondern setzte Apostolische Administratoren ein. Sie unterstehen – wie die Bischöfe von Berlin und Meißen – direkt dem Vatikan.

Die Bischöfe der Bundesrepublik sind seit 1966 in der »Deutschen Bischofskonferenz« zusammengeschlossen. Sie soll u. a. die gemeinsame Arbeit fördern und den Erlaß von Entscheidungen koordinieren. Die Voraussetzungen dafür wurden durch das 2. Vatikanische Konzil (1962–65) geschaffen. Das Bischofskollegium erhielt die Gewalt über die Kirche, aber nur in Gemeinschaft mit dem Papst. Ihm steht als Nachfolger des Petrus und Stellvertreter Christi das oberste Lehr- und Hirtenamt zu.

Verwaltungsgliederung der katholischen Kirche

NORDSEE

OSTSEE

Osnabrück

Die 5 Kirchenprovinzen der Bundesrepublik Deutschland

Kirchenprovinz	Erzbistum	Bistümer
Köln	Köln	Aachen Essen Limburg Münster Osnabrück Trier
Paderborn	Paderborn	Fulda Hildesheim
Bamberg	Bamberg	Eichstätt Speyer Würzburg
Freiburg	Freiburg	Mainz Rottenburg
München-Freising	München-Freising	Augsburg Passau Regensburg

Die 7 Jurisdiktionen in der DDR

2 exemte Bistümer: Berlin Meißen

4 apostolische Administraturen: Erfurt-Meiningen Görlitz Magdeburg Schwerin

(Meiningen ist Jurisdiktionsbez., aber d. Administrator Erfurt angegliedert)

Berlin (West) Generalvikariat

*Berlin (West): Sonderstellung Residenz d. Bischofs in Berlin (Ost), Generalvikar als sein Stellvertreter in Berlin (West)

Münster

Hildesheim

Hamburg

Worphsn.

Osnabrück

Hannover

Hildeshm.

Münster

Bielefeld

Goslar

Paderborn

Schwerin (Hildesbk.)

Berlin

Magdeburg

Gör. liz

Bautzen

Meißen

(Hildeshm.)

Meiningen (Würzbg.)

Duisbg · Essen · Dortmund

Krefeld · Mülheim · Schwerte

Wuppertal

Mönchengl.

Warbg.

Kassel

Köln

Bornhm.-Walberg.

Bonn · B. Honnef

Siegen

Bensbg.

Aachen

Heilghsbl. (zu Aachen)

Marbg.

Gießen

Fulda

Paderborn

Limburg

Mainz

Limburg

Frankfurt

Trier

Mainz

Würzburg

Bayreuth

Würzbg.

Bamberg

Bamberg

Speyer

Saarbrücken

Speyer

Nürnberg

Rotten-

Eichstätt

Stuttgart

Eichstätt

Regensburg

Regensbg.

Passau

Passau

Tübingen

Rottenbg.

Augsbg.

München-

München

Freiburg

burg

Augsburg

Freising

Freiburg

Dt. Caritasverband

Benedikt-beuren

Legende:

- Sitz eines Erzbischofs
- Sitz eines Bischofs
- Katholische Akademie
- Phil.-Theol. Hochschule (katholisch)
- theologische (kath.) Hochschulfakultät
- — Gebietsgrenze eines Bistums
- ···· Grenzen der Bundesländer

1 : 5 000 000   0   50   100 km

VII-1   Hochschulen und Bibliotheken

Die Entwicklung der Universitäts- und Bibliothekslandschaft verlief in Phasen, die eng mit dem Verlauf der deutschen Geschichte verknüpft sind. Der Partikularismus (Vielstaaterei) verhinderte zwar die Kristallisation der politischen und kulturellen Kräfte, ließ dafür aber zahlreiche Einzelzentren entstehen, die in ihrer Gesamtheit das farbige Mosaik der deutschen Kulturlandschaft bilden. Die Universitäten des Mittelalters (1200–1400), des Humanismus (15. Jh.), der Glaubenskämpfe (16.–17. Jh.), der Aufklärung (18. Jh.) und des vertieften Wissenschaftsbegriffs im Sinne Wilhelm von Humboldts (19. und 1. Hälfte 20. Jh.) wurden überwiegend in den Landes- oder Provinzhauptstädten gegründet. Sie waren relativ kleine Systeme, in denen die »Einheit von Lehre und Forschung« der »reinen Wissenschaft« in »Einsamkeit und Freiheit« (Humboldt) verwirklicht werden konnte. Seit der Schul- und Bildungsreform Anfang der 60er Jahre wurde das Bild der Hochschulen durch ·die Ausweitung von Wissenschaft und Technik, die wachsende Zahl der Studenten und deren Forderung nach Mitbestimmung grundlegend verändert.

1950 erwarben 6% eines Altersjahrganges die Hochschulreife, 1979 bereits 20% (Studentinnen: 1955 = 20%; 1979 = 36%). Dieser Andrang und die Verwissenschaftlichung des tertiären Ausbildungssystems führte zum Aus- und Neubau von Hochschulen, zur Reform der Hochschulverfassungen und zur Umstrukturierung bisheriger Einrichtungen. Ingenieur- und Höhere Fachhochschulen wurden zu Fachhochschulen mit kontinuierlich steigenden Studentenzahlen. Pädagogische Hochschulen wurden in Universitäten integriert oder bildeten den Grundstock für Gesamthochschulen.

Planungs- und Finanzierungszuständigkeiten werden seit 1969 (Art. 91 a und b GG) zur Gemeinschaftsaufgabe von Bund und Ländern (Finanzierung je 50%). Nach dem Hochschulbauförderungsgesetz (HBFG) von 1970 soll die Neuordnung des Hochschulwesens »insbesondere gewährleisten ... eine den Zusammenhang aller Hochschuleinrichtungen berücksichtigende Planung sowie ein regional und überregional ausgeglichenes Angebot von Hochschuleinrichtungen«. Gleiche Bildungschancen sollen ermöglicht und die Beschäftigungssituation in strukturschwachen Gebieten gebessert werden. Das Ergebnis waren im Wintersemester 79/80 rd. 978000 Studienplätze (1965: 385000). 1976 gaben die öffentlichen Haus-

Hochschulart	Studenten (in 1000)				
	insgesamt	Deutsche		Ausländer	
(WS 80/81)		zusammen	darunter weibl.	zusammen	darunter weibl.
Universitäten	732,5	689,3	266,1	43,2	14,2
Gesamthochschulen	70,0	67,2	21,0	2,8	0,6
Pädagog. Hochschulen	19,1	19,0	12,7	0,1	0,1
Theolog. Hochschulen	2,3	2,2	0,6	0,1	0,0
Kunsthochschulen	18,3	16,0	7,3	2,3	1,1
Fachhochschulen	202,0	192,6	58,3	9,4	1,3
insges.	1044,2	986,3	366,0	57,9	17,3

halte rd. 59 Mrd. DM für Bildung und Wissenschaft aus; das sind 5,3% des Bruttosozialprodukts (Verteidigungsausgaben 2,9%). Jeder Student kostete 1976 etwa 12 000 DM (Bund 9%, Länder 91%). Die Aufnahmekapazität der Hochschulen ist also begrenzt. Daher bestehen in zahlreichen Fachgebieten trotz sinkender Studienbereitschaft immer neue Zulassungsbeschränkungen. 1973 wollten 89% aller Abiturienten und Fachhochschulabsolventen studieren, 1980 lediglich 68%. Die Ursache mag in den negativen Prognosen über künftige Berufsaussichten liegen oder in der langen Wartezeit auf Studienplätze. Die Entwicklung der Bibliotheken war ebenfalls mit den historischen Veränderungen Deutschlands verbunden. Mittelalterliche Handschriftensammlungen, barocke Fürstenbibliotheken, Büchereien der Städte und Universitäten legten das Fundament für das reichgegliederte Bibliothekswesen der Gegenwart. In die Karte konnten allerdings nur die 89 allgemeinen wissenschaftlichen Bibliotheken und 80 der insgesamt rd. 9000 öffentlichen Bibliotheken aufgenommen werden. Nicht mitgezählt wurden die zahlreichen Instituts-, Werks-, Krankenhaus- und Behördenbibliotheken. Die 89 wissenschaftlichen Bibliotheken verfügen über einen Gesamtbestand von rd. 76 Mio. Bänden. Die größte unter ihnen ist die Bayerische Staatsbibliothek in München mit 4,2 Mio. Büchern, gefolgt von der Staatsbibliothek Preußischer Kulturbesitz in Berlin mit 2,4 Mio. (Stand 1978). Die Deutsche Bibliothek in Frankfurt, seit 1969 Bundesanstalt, sammelt die deutschsprachige Literatur nach 1945; dazu gehörten 1980 allein in der Bundesrepublik 67 176 Buchtitel (1951: ca. 13 000).

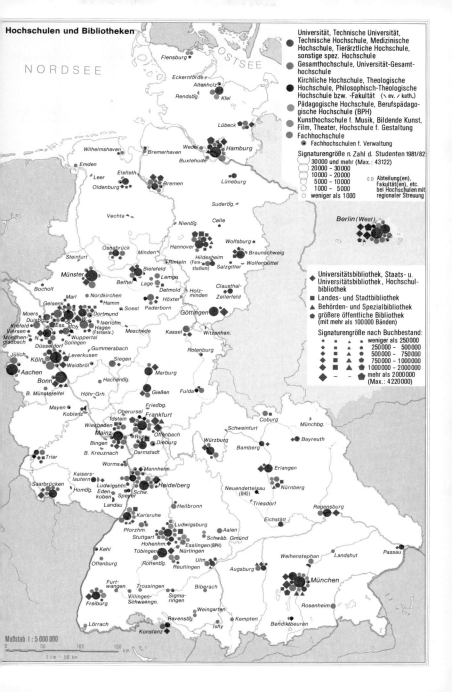

Hochschulen und Bibliotheken

NORDSEE

OSTSEE

Universität, Technische Universität, Technische Hochschule, Medizinische Hochschule, Tierärztliche Hochschule, sonstige spez. Hochschule

Gesamthochschule, Universität-Gesamthochschule

Kirchliche Hochschule, Theologische Hochschule, Philosophisch-Theologische Hochschule bzw. -Fakultät (\ ev. / kath.)

Pädagogische Hochschule, Berufspädagogische Hochschule (BPH)

Kunsthochschule f. Musik, Bildende Kunst, Film, Theater, Hochschule f. Gestaltung

Fachhochschule

Fachhochschulen f. Verwaltung

Signaturengröße n. Zahl d. Studenten 1981/82:
30000 und mehr (Max.: 43122)
20000 – 30000
10000 – 20000
5000 – 10000
1000 – 5000
weniger als 1000

Abteilung(en), Fakultät(en), etc. bei Hochschulen mit regionaler Streuung

Universitätsbibliothek, Staats- u. Universitätsbibliothek, Hochschulbibliothek

Landes- und Stadtbibliothek

Behörden- und Spezialbibliothek

größere öffentliche Bibliothek (mit mehr als 100000 Bänden)

Signaturengröße nach Buchbestand:
weniger als 250000
250000 – 500000
500000 – 750000
750000 – 1000000
1000000 – 2000000
mehr als 2000000 (Max.: 4220000)

Berlin (West)

Flensburg
Eckernförde
Altenholz
Rendsbg.
Kiel
Lübeck
Wilhelmshaven
Bremerhaven
Wedel
Hamburg
Buxtehude
Emden
Leer
Elsfleth
Oldenburg
Bremen
Lüneburg
Vechta
Suderbg.
Nienbg.
Celle
Wolfsburg
Osnabrück
Hannover
Braunschweig
Steinfurt
Minden
Hildesheim
Wolfenbüttel
Münster
Bielefeld
Rinteln (Fernstudium)
Salzgitter
Bethel
Lemgo
Bocholt
Lage
Detmold
Clausthal-
Zellerfeld
Marl
Nordkirchen
Höxter
Holzminden
Gelsenk.
Hamm
Soest
Paderborn
Göttingen
Moers
Dortmund
Iserlohn
Duisbg.
Ess. Sch.
Hagen (Fernuniv.)
Meschede
Kassel
Witzenhsn.
Krefeld
Viersen
N.
Wuppertal
Solingen
Mönchengladbach
Düsseldorf
Gummersbach
Rotenburg
Jülich
Köln
Leverkusen
Siegen
Marburg
Aachen
Waldbröl
Bonn
Hachenbg.
Gießen
Fulda
B. Münstereifel
Höhr-Grh.
Mayen
Friedbg.
Koblenz
Oberursel
Idstein
Frankfurt
Coburg
Münchbg.
Wiesbaden
Rüss.
Offenbach
Schweinfurt
Mainz
Dieburg
Würzbg.
Bayreuth
Bingen
B. Kreuznach
Darmstadt
Bamberg
Trier
Worms
Mannheim
Erlangen
Kaiserslautern
Ludwigshfn.
Heidelberg
Neuendettelsau (GHS)
Nürnberg
Saarbrücken
Eden-
koben
Schw.
Homb.
Speyer
Triesdorf
Landau
Heilbronn
Regensburg
Eichstätt
Karlsruhe
Ludwigsburg
Aalen
Pforzhm.
Schwäb. Gmünd
Stuttgart
Hohenhm.
Esslingen (BPH)
Kehl
Tübingen
Nürtingen
Ulm
Weihenstephan
Landshut
Passau
Offenburg
Rottenbg.
Reutlingen
Augsburg
Furt-
wangen
Trossingen
Biberach
München
Villingen-
Schwenngn.
Sigma-
ringen
Freiburg
Weingarten
Rosenheim
Lörrach
Ravensbg.
Kempten
Isny
Konstanz
Bendiktbeuren

Maßstab 1 : 5 000 000
0   50   100   150   km
1 cm = 50 km

VII-2 Bildergalerien

Die geschichtliche Überlieferung eines Landes verdichtet sich in seinen Museen. Dazu gehören auch die Kunstgalerien mit ihren Bildern, die, von ihrer Zeit geprägt, die soziale Umwelt des Künstlers widerspiegeln. Zugleich liegt in jedem Kunstwerk etwas Bleibendes, das über Generationen hinweg Ausdruck menschlichen Weiterlebens ist. Dieses gemeinsame Wesen wahrer Kunst ließ schon früh berühmte Bilder zu begehrten Objekten werden, die häufig ihren Besitzer wechselten, verschenkt, verkauft oder geraubt wurden. Ihr Besitz verlieh Glanz und Ansehen. Deshalb liegen die Anfänge eines zielgerichteten Sammelns in der Renaissance und im folgenden Zeitalter des Absolutismus (15.–18. Jh.). In diesen Epochen bildeten sich in Europa weltliche und geistliche Territorien; ihre Residenzen entwickelten sich rasch zu Zentren des politischen und kulturellen Lebens; ihre Fürsten wetteiferten um berühmte Künstler und bekannte Gemälde. Bald entstanden die ersten Galerien, so 1714 die der Fürstbischöfe von Bamberg in Pommersfelden. Aber noch waren sie nur dem Hof und ausgesuchten Gästen vorbehalten. Ausnahmen bildeten lediglich Braunschweig und Kassel als wohl früheste öffentliche Museen. Diese erste Phase fürstlicher Sammelleidenschaft, der wir viele berühmte Galerien verdanken, wurde durch die Französische Revolution beendet. Ihre Auswirkungen beeinflußten und veränderten das politische und geistige Bild Europas und damit auch Deutschlands. Jetzt sollten Forderungen der Aufklärung realisiert werden, Kunst und Wissenschaft der »ganzen Menschheit« zugänglich zu machen. 1820 wurde die großherzogliche Sammlung in Darmstadt Eigentum des Staates »zur Beförderung wahrer Aufklärung und Verbreitung nützlicher Kenntnisse«; 1823 konnte die Berliner Gemäldegalerie, eine der bedeutendsten der Welt, »zur höheren Bildung der Einwohner« eröffnet werden. – Unter dem Einfluß der erwachenden Geschichtswissenschaft wurden in Berlin und anderen Städten die Bestände der Galerien gesichtet, geordnet, vermehrt und in repräsentativen Bauten großer Architekten untergebracht (Schinkel in Berlin; L. Klenze in München).
In die gleiche Zeit fielen auch die ersten bürgerlichen Sammlungen, wie die des Frankfurter Kaufmannes J. F. Städel oder des Kölner Theologieprofessors F. F. Wallraf, für dessen wertvolle mittelalterliche Kostbarkeiten der Kaufmann J. H. Richartz den Bau stiftete. – Private Kunstvereine

gründeten in residenzfreien Städten (Bremen, Hamburg) Kunsthallen mit Schwerpunkt auf zeitgenössischer Kunst. – In Nürnberg sollte das Germanische Nationalmuseum die deutsche Kunst und Kultur von den Anfängen bis zur Gegenwart sammeln.
Nach einer kürzeren Stillstandsphase (1850–1870) erblühten nach der Reichsgründung weitere Galerien. Die Mehrzahl entstand in den Städten, die durch die Industrialisierung reich geworden waren. Wohlhabende Industrielle unterstützten diese Bemühungen (Osthaus, Folkwang-Museum). Der Erste Weltkrieg beendete weitgehend das fürstliche Mäzenatentum. Einige Sammlungen wurden nach 1918 verstaatlicht (Münster, Oldenburg). In diese ruhige Phase brach der NS-Staat. Zwar hat jede Epoche ihre eigene Einstellung zu den Ausdrucksmitteln künstlerischen Schaffens, aber mit Ausnahme des reformatorischen Eifers der Bilderstürmer im 16. Jh. gab es wohl niemals eine so kunstfeindliche Haltung wie die der Aktion »Entartete Kunst« von 1937. Unersetzbare moderne Gemälde, vornehmlich des Expressionismus und verwandter Strömungen, wurden vernichtet oder heimlich ins Ausland verkauft. Nach 1945 ermöglichte die zunehmende Wirtschaftskraft der Kommunen die Gründung neuer Galerien. Privatsammlungen, wie die Sammlung Sprengel in Hannover, kamen hinzu. Die enorme Preise die Möglichkeiten privater Kunstliebhaber und öffentlicher Kunsthäuser beschränken, neigen moderne Museen zur Bildung von Schwerpunkten (Epochen, Künstler), um die zur Verfügung stehenden Mittel gezielt einsetzen zu können. Ein Museum besonderer Art ist die Ostdeutsche Galerie in Regensburg. Sie soll die kulturelle Vielfalt der verlorengegangenen ostdeutschen Gebiete überliefern. Damit wird eine der Hauptaufgaben auch der anderen Museen deutlich: Das Sammeln, Bewahren und Vermitteln kulturhistorischer und künstlerischer Erzeugnisse und das Sichtbarmachen von Tendenzen, die den jeweiligen Schaffensepochen eigentümlich sind. Diese Ziele fordern zunehmend pädagogische Initiativen, um die »Schwellenangst« breiter Bevölkerungsschichten vor den Museen abzubauen; verständliche Erläuterungen könnten ihnen den Zugang zum Kunsterlebnis und Kunstverständnis erleichtern. Dann kann sich auch die Funktion der Museen vom »Musentempel« zu einem Ort der Freizeit und Unterhaltung, der Information und Bildung wandeln. Erfolgversprechende Ansätze sind bereits sichtbar.

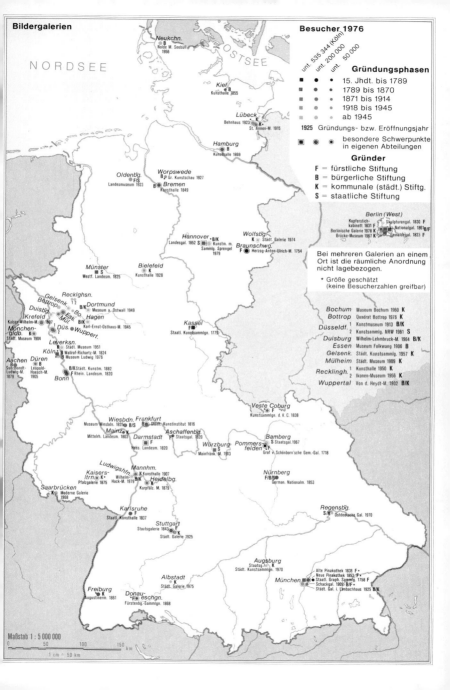

Bildergalerien

NORDSEE

OSTSEE

Neukrchn.
Nolde M. Seebüll
1956
B

Kiel
Kunsthalle 1855

Lübeck
Behnhaus 1923 ● K
St. Annen-M. 1915

Hamburg
● B
Kunsthalle 1869

Oldenbg.
● F/S
Landesmuseum 1923

Worpswede
B ● Gr. Kunstschau 1927
● B
Bremen
Kunsthalle 1849

Hannover ● B/K
Landesgal. 1852 S ■ ● Kunstm. m.
Sammlg. Sprengel
1979

Wolfsbg. ● Städt. Galerie 1974
Braunschwg.
F ● Herzog-Anton-Ulrich-M. 1754

Münster
■ S
Westf. Landesm. 1825

Bielefeld
● K
Kunsthalle 1926

Recklinghsn.
K ● 1 2
Gelsenk. Bo.
Bottrop B/K● ●Dortmund
Duisbg. Ess. ● Museum a. Ostwall 1949
Krefeld Mül. ● ● Hagen
Kaiser-Wilhelm-M. 1897 ● B/K Karl-Ernst-Osthaus-M. 1945
Mönchen- ● 1 ● Wuppert.
gldb. K● Düs.
Städt. Museum 1904 2
Leverksn.
K ● Städt. Museum 1951
Köln B ● Wallraf-Richartz-M. 1824
Aachen Düren ● B Museum Ludwig 1976
● 1856 Leopold- ● B/K Städt. Kunstm. 1882
Suermondt- Hoesch-M. F ● Rhein. Landesm. 1820
Ludwig-M. 1905 *Bonn*
1878

Kassel
● Staatl. Kunstsammlgn. 1779

Wiesbdn. Frankfurt
Museum Wiesbdn. 1825● B● Städt. Kunstinstitut 1816
Mainz ● K
Mittelrh. Landesm. 1803 *Darmstadt Aschaffenbg.*
F ● F ● Staatsgal. 1820
Würzburg ●
Hess. Landesm. 1820 Mainfränk.-M. 1913

Ludwigshfn. Mannhm.
Kaisers- ● K Kunsthalle 1907
ltrn. ● K ● Wilhelm- ● B/K
Pfalzgalerie 1875 Hack-M. 1979
Heidelbg.
Saarbrücken B● Kurpfälz.-M. 1879
K ● Moderne Galerie
1968

Karlsruhe
● F
Staatl. Kunsthalle 1837
Stuttgart
Staatsgalerie 1843● S
Städt. Galerie 1925

Albstadt
● Städt. Galerie 1975

Freiburg
● K
Augustinerm. 1881
Donau- ●● F
eschgn.
Fürstenbg.-Sammlg. 1868

Veste Coburg
● F
Kunstsammlgn. d. v. C. 1838

Bamberg
S ● Staatsgal. 1967
Pommers-
felden ● F
Graf v. Schönborn'sche Gem.-Gal. 1718

Nürnberg
F/B/S●
German. Nationalm. 1853

Regensbg.
S/K ●
Ostdeutsche Gal. 1970

Augsburg
Staatsg. /● ●
Städt. Kunstsammlgn. 1970
München ■ ■ ● ● Alte Pinakothek 1836 F ●
● Neue Pinakothek 1853 F ●
● Staatl. Graph. Sammlg. 1758 F
● Schackgal. 1909 B/F ●
Städt. Gal. i. Lenbachhaus 1925 B/K

Besucher 1976

unt. 535 344 (Köln)
unt. 200 000
unt. 50 000

Gründungsphasen

■	●	●	15. Jhdt. bis 1789
■	●	●	1789 bis 1870
■	●	●	1871 bis 1914
■	●	●	1918 bis 1945
■	●	●	ab 1945

1925 Gründungs- bzw. Eröffnungsjahr

■ ● ● besondere Schwerpunkte
in eigenen Abteilungen

Gründer

F = fürstliche Stiftung
B = bürgerliche Stiftung
K = kommunale (städt.) Stiftg.
S = staatliche Stiftung

Berlin (West)
Kupferstich-
kabinett 1831 F ■● ● Skulpturengal. 1830 F
Berlinische Galerie 1976 K ■● ● Nationalgal. 1861 B/F
Brücke-Museum 1967 K ■● ● Gemäldegal. 1823 F

Bei mehreren Galerien an einem
Ort ist die räumliche Anordnung
nicht lagebezogen.

* Größe geschätzt
(keine Besucherzahlen greifbar)

Bochum Museum Bochum 1960 K
Bottrop Quadrat Bottrop 1976 K
Düsseldf. 1 Kunstmuseum 1913 B/K
2 Kunstsammlg. NRW 1961 S
Duisburg Wilhelm-Lehmbruck-M. 1964 B/K
Essen Museum Folkwang 1906 B
Gelsenk. Städt. Kunstsammlg. 1957 K
Mülheim Städt. Museum 1909 K
Recklingh. 1 Kunsthalle 1950 K
2 Ikonen-Museum 1956 K
Wuppertal Von d. Heydt-M. 1902 B/K

Maßstab 1 : 5 000 000

0   50   100   150   km

1 cm ≙ 50 km

VII-3 Museen

Durch die Eintragung aller Museen in Gemeinden mit über 20 000 Einwohnern (658) und einer nicht kleinen Auswahl von besonders spezialisierten Museen in kleineren Orten ist eine Karte entstanden, die ein anschauliches Bild von der »Museums-Landschaft« in der Bundesrepublik Deutschland zeigt.

Neben dem Überblick über die Verteilung der Standorte läßt sich durch die unterschiedliche Größe und Form der Signaturen die jährl. Besucherzahl ablesen – eingetragen mit 5 Schwellenwerten von unter 10 000 bis über 0,5 Mio. (1976).

Mit knapp 1,4 Mio. Besuchern ist das Deutsche Museum in München das meistbesuchte Museum der Bundesrepublik. In einigem Abstand folgen das Museum für Völkerkunde Berlin (844 750), das Röm.-Germ. Museum Köln (614 851), das Wallraf-Richartz-M./ Museum Ludwig in Köln (535 344), das Ägyptische Museum Berlin (484 582).

Die Städte mit den höchsten Besucherzahlen sind Berlin mit knapp 3,9 Mio. Besuchern in 45 Museen und München mit knapp 3,2 Mio. Besuchern in 27 Museen.

Die von den Museen gepflegten Sammelbereiche sind durch Farben unterschieden, wobei die Vielzahl der Arbeits- bzw. Sammelgebiete zu 5 Haupt-Sammelbereichen zusammengefaßt ist:

Kunst (Blau)

antike Kunst
Malerei

Plastik
Graphik
Kunstgewerbe

Kultur u. Geschichte (Lila)

Kulturgeschichte
Ur-, Vor- und Frühgeschichte
Geschichte
Völkerkunde
Volkskunde
Theatergeschichte
Personenehrung

Naturwissenschaft (Grün)

Geologie
Mineralogie
Botanik
Zoologie
Paläontologie
sonst. naturwiss.
  Museen
  z. B. Planetarien

Arbeit (Rot)

Wirtschaft
Verkehr
Technik
sonst. Arbeitsleben

Spezialsammlungen (Gelb)

Glas
Musikinstrumente
Jagdgegenstände
Münzen und Medaillen
Waffen und Rüstungen
Kostüme und Trachten
Wohnkultur

Die Verteilung der Sammelgebiete in den 658 Museen der Gemeinden mit über 20 000 Einwohnern ergibt:

Kunst	496 = 75,3%
Kultur und Geschichte	362 = 55,0%
Heimatkunde (alle Gebiete)	299 = 45,4%
Naturwissenschaft	213 = 32,4%
Arbeitsleben	91 = 13,8%

Auf der Karte wird eine breite Streuung der (meist kleineren) Heimatmuseen und Spezialsammlungen sichtbar, während sich die anderen Museen vornehmlich in den ehem. Residenzen der weltlichen u. geistlichen Fürsten des 17./18. Jh. und den ehem. Reichsstädten als Sitzen der Kaufmannschaft und des wohlhabenden Bürgertums konzentrieren. Die große Dichte im Ruhrgebiet entspricht der dortigen Städteballung und Einwohnerdichte.

1 Essen	52 Gifhorn
2 Duisburg	53 Emsdetten
3 Bochum	54 St. Wendel
4 Wuppertal	55 Münden
5 Gelsenkirchen	56 Lindau
6 Mönchengladbach	57 Friedberg
7 Oberhausen	58 Verden
8 Krefeld	59 Rottweil
9 Hagen	60 Bad Zwischenahn
10 Herne	61 Attendorn
11 Mülheim (Ruhr)	62 Kevelaer
12 Hamm	63 Bad Honnef
13 Ludwigshafen	64 Mayen
14 Solingen	65 Wertheim
15 Leverkusen	66 Neckarsulm
16 Neuss	67 Nördlingen
17 Remscheid	68 Neustadt
18 Wolfsburg	69 Detmold
19 Recklinghausen	70 Arnsberg
20 Salzgitter	71 Fulda
21 Siegen	72 Pirmasens
22 Bottrop	73 Bad Homburg v.d.H.
23 Offenbach a. M.	74 Bad Salzuflen
24 Heilbronn	75 Bad Oeynhausen
25 Witten	76 Fellbach
26 Pforzheim	77 Bünde
27 Paderborn	78 Erkelenz
28 Wilhelmshaven	79 Lage
29 Moers	80 Balingen
30 Erlangen	81 Warstein
31 Kaiserslautern	82 Limburg
32 Velbert	83 Burgdorf
33 Ingolstadt	84 Werl
34 Düren	85 Bad Vilbel
35 Gladbeck	86 Wegberg
36 Minden	87 Wangen
37 Worms	88 Weinstadt
38 Celle	89 Bretten
39 Bocholt	90 Vaihingen
40 Herford	91 Achern
41 Rüsselsheim	92 Anholt
42 Landshut	93 Bernau
43 Aschaffenburg	94 Dachau
44 Menden	95 Erbach
45 Friedrichshafen	96 Frauenau
46 Wolfenbüttel	97 Hochheim
47 Heidenheim a.d.Br.	98 Knittlingen
48 Speyer	99 Langenburg
49 Frechen	100 Bad Mergentheim
50 Homburg (Saar)	101 Michelstadt
51 Rosenheim	102 Neuharlingersiel

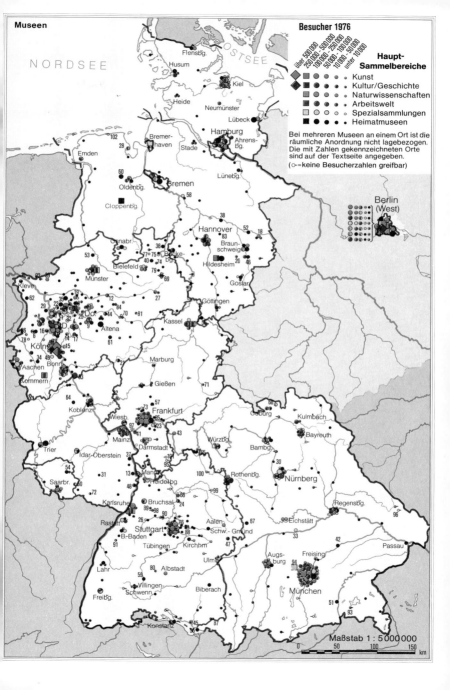

VII-4   Baudenkmäler

Die Baudenkmäler waren bis vor etwa 25 Jahren geistiger Besitz einer relativ kleinen Bevölkerungsschicht. Zunehmende Motorisierung, wachsende Freizeit und gestiegener Lebensstandard ermöglichen heute auch weiteren Kreisen, sie kennenzulernen. So steigen jährlich die Besucherzahlen der kulturgeschichtlichen Attraktionen, soweit sie den 2. Weltkrieg überstanden haben oder wiederaufgebaut werden konnten, z. B. Pfahlbauten Süddeutschlands, Hünengräber Norddeutschlands, Römerbauten an Rhein, Mosel und Donau, romanische Kaiserdome und gotische Sakralbauten, mittelalterliche Städte mit ihren Mauern, Kirchen und Rathäusern, Burgen aller Perioden und Stile, barocke Schlösser und Kirchen, Bauten des Historismus.

Neben der touristischen Vermarktung der Kulturdenkmäler läßt sich eine andere Ursache für das wachsende Interesse an den Zeugen der Vergangenheit erkennen. Nach einer längeren Phase des Unbehagens an der deutschen Geschichte scheint ein neues Bewußtsein für historisch Gewordenes zu wachsen. Bücher, Museen, Ausstellungen stoßen auf eine erstaunliche Resonanz. Die Vergangenheit wird wieder bewußt zur Kenntnis genommen. Dazu gehört auch der gesetzliche Schutz der Baudenkmäler, der den Ländern der Bundesrepublik aufgetragen ist (Kulturhoheit). Die Pflege historischer Bausubstanz geht auf das erwachende Nationalgefühl nach den Befreiungskriegen 1813/15 zurück. Die Jahrhunderte davor zeigten wenig Ehrfurcht vor dem Überlieferten. Jungsteinzeitliche Großsteingräber, Römerbauten, mittelalterliche Burgen und Ruinen von Kirchen und Klöstern waren bis in die Neuzeit billige Steinbrüche für das Umland. Erst nach 1815 wandelte sich die Haltung zu den »Monumenta Germaniae historica«.

Die damals aufblühende Geschichtswissenschaft versuchte, vergangene historische Prozesse zu rekonstruieren und stilistische Besonderheiten von Bauwerken zu erfassen. Es ist ihr aber bis heute nicht gelungen, die vielen Baudenkmäler eindeutig bestimmten Stilrichtungen zuzuordnen, zumal diese häufig in verschiedenen Epochen gewachsen sind. Deshalb wird auch unsere Einteilung andere Deutungen zulassen müssen. Ebenfalls problematisch ist die Auswahl, weil sie zugleich die Bedeutung der nicht aufgenommenen Bauten anzweifelt. Dennoch mußte sie wegen der Lesbarkeit der Karte vorgenommen werden.

Die erste Periode, mit der sich das frühe 19. Jh. befaßte, war die Gotik (13.–16. Jh.).

Romantische Sehnsucht und mittelalterliche Frömmigkeit schienen sich zu entsprechen. Die aufragenden Dome führen mit Spitzbogen und Strebewerk die Augen und Sinne zum Himmel. Ihre Formenwelt findet sich in den Stadtbildern (Merian, Vischer) wieder; Türme und Tore, Rathäuser und Patrizierbauten wetteifern mit den Kirchen. – Die Burgen strahlen verklärten Zauber aus. Sie wurden erforscht, wiederaufgebaut (Hohenzollern) oder gaben die Anregung zu malerischen Neuschöpfungen (Lichtenstein). Wie ernst und zugleich majestätisch wirken gegen das schwerelose Emporstreben der Gotik die Bauten vorangegangener Jahrhunderte, z. B. die Pfalzkapelle Karls des Großen in Aachen, die Kaiserdome in Speyer, Worms und Mainz oder die Klöster (Corvey) und Pfalzen (Goslar) des 9.–12. Jahrhunderts (Romanik).

In der Renaissance (15.–16. Jh.) wechselte die Geisteshaltung und Lebensauffassung der Menschen. Sie entdeckten sich und die Welt. Die Bauformen entlehnten sie der Antike, die ihnen in ihrer Grundströmung näher stand als das auf Gott ausgerichtete Mittelalter. Die Burg verlor durch die Entwicklung der Kanonen ihre Funktion. Ihre strategische Rolle übernahm die Festung (Coburg); der adelige Wohnsitz wurde das Schloß (Heidelberg). Vom dem Reichtum der Bürger zeugen die Rathäuser (Bremen). Mit dem beginnenden 16. Jahrhundert sanken die kaiserliche Herrschaft, der Einfluß der Kirche und die Macht der Städte. Neue politische und kulturelle Zentren wurden die Residenzen der Territorialfürsten. Ihre barocken Schlösser bildeten den strahlenden Rahmen für das feierlich-festliche Zeremoniell des höfischen Lebens (Karlsruhe, Würzburg). – Mystische Frömmigkeit und weltliche Daseinsfreude fanden ihren Ausdruck in den prunkvollen Kirchen des gegenreformatorisch erfolgreichen Süddeutschland (Vierzehnheiligen).

In den Unruhen der Französischen Revolution versanken der spätbarocke Absolutismus und das höfische Rokoko. Nach einer kurzen Wiederentdeckung antiker Baukunst im Klassizismus entwickelte das aufstrebende Bürgertum des 19. Jhs. keinen eigenen einheitlichen Baustil. Neugotische, -barocke und -klassizistische Dekorationsformen überzogen die Fassaden von Postgebäuden, Bahnhöfen, Banken, Kauf- und Wohnhäusern. Das 20. Jh. befreite sich aus den Fesseln des Historismus. Eisen, Stahl, Beton und Glas wurden die neuen Baumaterialien, funktionelle »Schönheit« ist das Bauprinzip unserer Zeit.

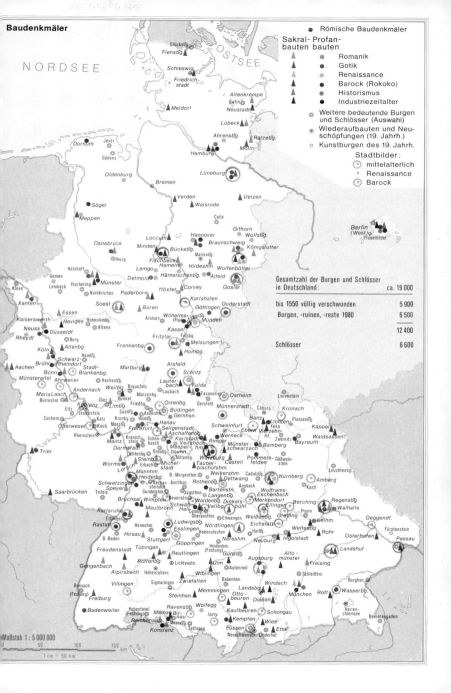

Baudenkmäler

● Römische Baudenkmäler

Sakral- Profan-
bauten bauten
▲ ● Romanik
▲ ● Gotik
▲ ● Renaissance
▲ ● Barock (Rokoko)
▲ ● Historismus
▲ ● Industriezeitalter

⊚ Weitere bedeutende Burgen
und Schlösser (Auswahl)
⊚ Wiederaufbauten und Neuschöpfungen (19. Jahrh.)
○ Kunstburgen des 19. Jahrh.

Stadtbilder:
◉ mittelalterlich
° Renaissance
◉ Barock

NORDSEE
OSTSEE

Glücksbg.
Flensburg
Schleswig
Friedrich-
stadt
Altenkremp e
Eutin
Meldorf
Neustadt
Lübeck
Ahrensbg.
Ratzebg.
Mölln
Hamburg
Lüneburg

Dornum
Jever
Gödens

Oldenburg
Bremen
Verden
Walsrode
Uelzen

Sögel
Meppen

Celle
Gifhorn
Wolfsbg.
Hannover
Braunschweig
Königslutter
Loccum
Minden
Bückebg.
Marienbg.
Osnabrück
Iburg
Fischbeck
Hameln
Wolfenbüttel
Hülshoff
Lemgo
Hildesh.
Alfeld
Gemen
Vischering
Detmold
Hämelschenbg.
Lembeck
Münster
Nordkirchen
Paderborn
Höxter
Corvey
Goslar
Kleve
Soest
Büren
Wilhelms-
thal
Göttingen
Duderstadt
Xanten
Essen
Hohenlimbg.
Arolsen
Münden
Kaiserswerth
Neviges
Altena
Kassel
Neuss
Düsseldt.
Fritzlar
Felsbg.
Rheydt
Burg
Frankenbg.
Melsungen
Köln
Altenbg.
Homb.
Homb.
Aachen
Brühl
Schwarz-
Rheindorf
Marburg
Alsfeld
Bonn
Stadt-
Blankenbg.
Schlitz
Münstereifel
Ahrweiler
Hachenbg.
Lauter-
bach
Fulda
MariaLaach
Weilbg.
Braunfels
Bürresh.
Andernach
Münzenbg.
Laubach
Fasanerie
Ostheim
Gersfeld
Lauenstein
Diez
Runkel
Ortenbg.
Koblenz
Limbg.
Friedbg.
Büdingen
Münnerstadt
Coburg
Kronach
Eltz
Stolzenfels
Saalbg.
Assenh.
Gelnhsn.
Banz
Fichten-
fels
Plassenbg.
Cochem
Oberwesel
Moosbg.
Kronbg.
Homb.
Hanau
Schweinfurt
Eben
Vierzehn-
hl.
Kappel
Kaub
Seligenstadt
Aschaffenbg.
Werneck
Zwernitz
Waldsassen
Rheinstein
Frankfurt
Karlstadt
Rimpar
Bamberg
Bayreuth
Mainz
Schön-
busch
Veitshöch-
hm.
Münster-
schwarzach
Trier
Darmstadt
Kranich-
stein
Breub g
Mespel-
brunn
Miltenbg.
Würzburg
Castell
Pommers-
felden
Gößwein-
stein
Worms
Lichtenbg.
Steinb.
Michel-
stadt
Tauber-
bischofsh.
Lorsch
Erbach
B. Mergenth.
Weikersh.
Cadolzbg.
Nürnberg
Amberg
Mannh.
Heidelbg.
Aschbn.
Rothenbg.
Dettwang
Leuchtenbg.
Schwetzingen
Neckar-
steinach
Jagsthsn.
Bartenst.
Ansbach
Wolframs-
Eschenbach
Kastl
Speyer
Gundelsh.
Neuenstn.
Langenbg.
Ellingen
Berching
Regensbg.
Trifels
Bruchsal
Wimpfen
Waldenbg.
Dinkels-
bühl
Merkendorf
Prunn
Walhalla
Karlsruhe
Maulbronn
Schwäb.
Hall
Vellbg.
Obersonth.
Weißenbg.
Greding
Kelhm.
Deggendf.
Ettlingen
Heimsh.
Ludwigsbg.
Ellwangen
Nördlingen
Eichstätt
Weltenbg.
Rohr
Osterhofen
Fürstenstein
Rastatt
Hirsau
Esslingen
Hohenstaufen
Neresh.
Neuburg
Ingolstadt
Landshut
Passau
B.-Baden
Stuttgart
Göppingen
Heidenh.
(Festung)
Günzbg.
Augsburg
Alto-
münster
Freising
Freudenstadt
Tübingen
Reutlingen
Röttenbg.
Lichtenstn.
Wiblingen
Babenhsn.
Schleißh.
Burghsn.
Gengenbach
Alpirsbach
Hohenzollern
Zwiefalten
Windach
München
Rott
Wasserbg.
Villingen
Sigmaringen
Steinhsn.
Memmingen
Landsbg.
Otto-
beuren
Dießen
Herren-
chiemsee
Breisach
(Festung)
Freiburg
Badenweiler
Hohentwiel
(Festung)
Ravensbg.
Mainau
Bir-
nau
Wolfegg
Isny
Kaufbeuren
Schongau
Berchtesgaden
Reichenau
Konstanz
Meersbg.
Tettnang
Füssen
Neuschwanst.
Wies
Kempten
Ettal
Linderhof

Berlin
(West)
Pfaueninsel

Gesamtzahl der Burgen und Schlösser
in Deutschland: ca. 19 000

bis 1550 völlig verschwunden   5 900

Burgen, -ruinen, -reste 1980   6 500

                                        12 400

Schlösser   6 600

Maßstab 1 : 5 000 000
0   50   100   150   km
1 cm ≙ 50 km

VII-5   Theater

Frankreich und England haben in Paris und London politische und kulturelle Zentren. Theateraufführungen in diesen Metropolen sind für das In- und Ausland richtungweisend. Die deutsche Geschichte verhinderte einen solchen Kristallisationskern; Berlin konnte lediglich nach 1871 für etwa 60 Jahre überregionale Ausstrahlungskraft entwickeln.

Im 17. und 18. Jahrhundert waren die Fürsten der Einzelstaaten bestrebt, in ihren Residenzen barocke Pracht zu entfalten. Dazu gehörten auch die Hoftheater, die heutigen Landes- oder Staatstheater (z. B. München, Stuttgart, Karlsruhe u. a.). Die Ränge symbolisierten die ständische Ordnung des Absolutismus. Später gründeten auch reiche Städte wie Hamburg oder Bremen eigene Theater nach gleichem Baumuster.

Auf diese Weise entstand die vielseitige deutsche Theaterlandschaft. Ihre Bühnen prägten seit den Klassikern (Lessing in Hamburg, Goethe und Schiller in Weimar) maßgeblich das politisch-gesellschaftliche Leben: Gemeinsame Sprache (Hochsprache, s. III-10) und Ausdrucksformen stellten über die Grenzen der Partikularstaaten hinweg den nationalen geistigen Zusammenhalt her. Bis heute erfüllen die deutschsprachigen Theater Mitteleuropas (z. B. Zürich – Wien – Leipzig – Berlin – Düsseldorf) in abgewandelter Form eine ähnliche Funktion. – Einzelne Epochen provozierten geistige Bewegungen mit politischer Kraft; so beeinflußten der »Sturm und Drang« den Absolutismus, der »Vormärz« das Metternichsche System, der Naturalismus den Wilhelminismus, der Expressionismus die Weimarer Republik, das politische Drama der 60er Jahre die ausgehende Adenauer-Ära. Gegenwärtig lassen sich keine scharfen Konturen im Theaterleben erkennen.

In der Spielzeit 1978/79 hielten sich 74 Gemeinden der Bundesrepublik eigene Theater mit insgesamt 225 Spielstätten. Diese Stadt- und Staats(Landes-)theater bieten alle Sparten des herkömmlichen Kulturtheaters an: Oper, Ballett, Operette, Musical, Schauspiel, Kinder- und Jugendstücke und Konzert. Als Repertoiretheater mit stehendem Ensemble wechseln sie täglich die Stücke; mit dieser Weise versuchen sie, ihre Platzkapazitäten (6,8 Sitze je 1000 Einwohner) möglichst hoch auszulasten.

83 Privattheater in 26 Gemeinden ergänzen das öffentliche Angebot. Sie sind großenteils in der unmittelbaren Nachkriegszeit entstanden und führen im wesentlichen Schauspiele auf. Ihre Mitglieder verstehen sich vielfach als Avantgarde des modernen Theaters und betreten häufig literarisches Neuland.

In 40 Gemeinden bereichern selbständige Kulturorchester die kulturelle Palette (z. B. Berliner Philharmon. Orchester, Bamberger Symphoniker). Neben Gastspielreisen und Konzerten am Ort unterstützen sie meist Theater ohne eigenes »Orchester. Diese Vielfalt ist die Zahl der »kulturfernen« Räume relativ klein. 1978/79 konnten die öffentlichen Theater 17,4 Mio. Besucher in rd. 31 000 Veranstaltungen registrieren (Privattheater: 4,7 Mio. Zuschauer bei rd. 20 000 Aufführungen). Die Kulturorchester hatten 1,3 Mio. Zuhörer bei Konzerten am Ort.

Länder und Gemeinden haben nach dem Grundgesetz die Kulturhoheit. Sie beobachten daher mit Sorge die steigenden Unkosten der Theater. 1978/79 betrugen die Ausgaben nach der Statistik des deutschen Bühnenvereins rd. 1,5 Mrd. DM, die Einnahmen jedoch nur 238 Mio.; das entspricht einer Einspielquote von 17%. Die Theater können also ihre Unkosten, die zu 75% Personalkosten sind, nicht durch die Einspielergebnisse decken. Sie waren deshalb auf Subventionen in Höhe von 1,2 Mrd. DM angewiesen; jeder Besucher erhielt 62,– DM Zuschuß aus den Haushalten der Gemeinden und Länder. Die Gemeinden als eigentliche Träger übernehmen 57%, die Länder 40% der finanziellen Last. Sie verfolgen deshalb sorgfältig die Publikumsfrequenzen ihrer Bühnen. Das Musiktheater (Oper, Ballett, Operette, Musical) hat mit 10000 Aufführungen 8,7 Mio. Zuschauer zu einem Besuch veranlaßt (Abb.); damit konnten 80% der verfügbaren Plätze besetzt werden. Die Theaterkonzerte wurden ebenfalls zu 80% ausgebucht. Für 15000 Schauspiele wurden 6,5 Mio. Karten verkauft. Die Platzkapazitäten waren damit nur zu 75% ausgelastet.

Der Zuschauerschwund ist offensichtlich Ergebnis einer bewußt-provozierenden Konfrontationsregie der letzten Jahre. In unterschiedlich radikaler Form führte sie zu einer Politisierung der Szene und damit zu einem Angriff auf das überkommene Bildungstheater. Dadurch prallten die neuen Ausdrucksformen auf ein Publikum, das sich in seinen Erwartungen an das Theater als einer Stätte werkgetreuer Reproduktion von Kunst getäuscht sah. Die Anziehungskraft des neuen Theaters reichte jedoch nicht aus, um sich ein neues Publikum zu schaffen. Die Intendanten versuchen daher, die Funktion des Theaters, die Maßstäbe der Regie und die Rolle des Zuschauers neu zu bestimmen.

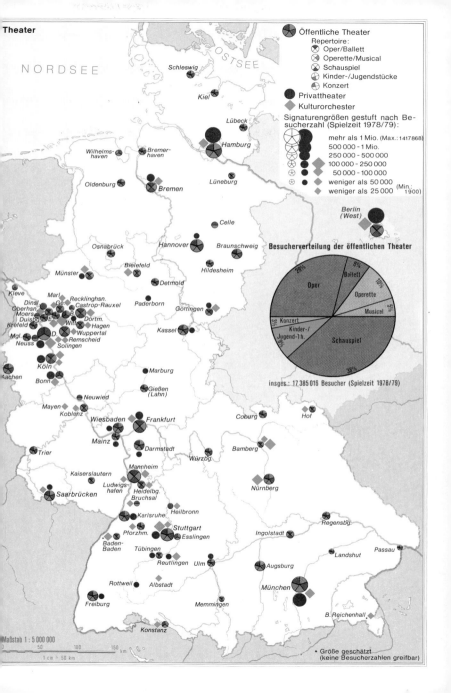

Theater

NORDSEE

OSTSEE

Öffentliche Theater
Repertoire:
- Oper/Ballett
- Operette/Musical
- Schauspiel
- Kinder-/Jugendstücke
- Konzert

Privattheater

Kulturorchester

Signaturengrößen gestuft nach Besucherzahl (Spielzeit 1978/79):

mehr als 1 Mio. (Max.: 1417868)
500 000 - 1 Mio.
250 000 - 500 000
100 000 - 250 000
50 000 - 100 000
weniger als 50 000
weniger als 25 000 (Min.: 1900)

Besucherverteilung der öffentlichen Theater

Oper 29%
Ballett 8%
Operette 10%
Musical 5%
Schauspiel 38%
Kinder-/Jugend-Th.
Konzert 3%

insges.: 17 385 016 Besucher (Spielzeit 1978/79)

Schleswig
Kiel
Lübeck
Hamburg
Wilhelmshaven
Bremerhaven
Oldenburg
Bremen
Lüneburg
Berlin (West)
Osnabrück
Hannover
Braunschweig
Bielefeld
Hildesheim
Münster
Detmold
Kleve
Marl
Recklinghsn.
Paderborn
Dinsl.
Gel.
Castrop-Rauxel
Oberhsn.
B.
Göttingen
Moers
E.
Witt.
Dortm.
Duisbg.
Krefeld
D.
Hagen
Kassel
Mgl.
Wuppertal
Neuss
Remscheid
Solingen
Köln
Marburg
Bonn
Aachen
Gießen (Lahn)
Mayen
Neuwied
Koblenz
Wiesbaden
Frankfurt
Coburg
Hof
Mainz
Darmstadt
Trier
Würzbg.
Bamberg
Kaiserslautern
Mannheim
Ludwigshafen
Heidelbg.
Bruchsal
Nürnberg
Saarbrücken
Karlsruhe
Heilbronn
Pforzhm.
Stuttgart
Regensbg.
Baden-Baden
Esslingen
Ingolstadt
Tübingen
Reutlingen
Ulm
Landshut
Passau
Rottweil
Albstadt
Augsburg
München
Freiburg
Memmingen
B. Reichenhall
Konstanz

Maßstab 1 : 5 000 000
1 cm ≙ 50 km

• Größe geschätzt (keine Besucherzahlen greifbar)

VII-6   Volksfeste und Festspiele

Tages Arbeit! Abends Gäste!
Saure Wochen! Frohe Feste!
Die Arbeitswochen sind nicht mehr so sauer
wie zu Goethes Zeiten, die Zahl der Feste hat
sich jedoch vermehrt. Parallel zur Arbeits-
zeitverkürzung wurden nach 1945 viele
Feste für die »Freizeitgesellschaft« unseres
Industriezeitalters geschaffen, alte zu neuem
Leben erweckt.

Sie liegen in den traditionellen Touristenge-
bieten Süddeutschlands dicht beisammen, so
daß die Karte hier nur eine kleine Auswahl
aufnehmen konnte. Ihre Anziehungskraft ist
groß; manche locken jährlich mehrere hun-
derttausend Besucher an. Damit sind sie zu
einem beachtenswerten Wirtschaftsfaktor
geworden, der besonders in industriearmen
Räumen Entwicklungsfunktionen übernimmt. Neben ihren kommerziellen Aufgaben sollen sie die Kunst (Musik, Theater,
Tanz, Film) pflegen, landes- und ortsge-
schichtliche Überlieferungen bewahren, das
Zusammengehörigkeitsgefühl von Alt- und
Neubürgern festigen und das Heimat- und
Landesbewußtsein stärken.

Die zahlreichen Veranstaltungen lassen sich
nicht eindeutig klassifizieren. Ihre Grenzen
sind fließend. Deshalb können sie nur grob in
»Festspiele« und »Volksfeste« eingeteilt
werden.

Zu den ältesten Volksfesten gehört die
schwäbisch-alemannische Fastnacht am Vor-
abend vor Aschermittwoch (Beginn der Fa-
stenzeit). Ihre Wurzeln liegen vermutlich in
vorchristlicher Zeit (antike und germanische
Elemente). Die Dämonen des Winters sollen
mit Masken und Lärm vertrieben, der Frühling begrüßt werden. Im christlich geprägten
Mittelalter haben Glaubenselemente der Kirche (z. B. Teufel) das groteske Treiben beeinflußt, ebenso die späteren barocken Feste der
fürstlichen Höfe. – Der rheinische Karneval,
in Köln erstmals 1342 erwähnt, hat den gleichen Ursprung. Seine heutige Form ist allerdings erst im 19. Jh. entwickelt worden.

Eine ebenfalls lange Tradition haben die großen Jahrmärkte. Sie sind den mittelalterli-
chen Städten als besondere Privilegien ver-
liehen worden (Würzburg 1031) und haben
damit die Handelsfunktion der zentralen
Orte gesteigert. In neuerer Zeit hat sich
jedoch ihr Charakter vom Warenmarkt zum
Vergnügungspark gewandelt.

Eine andere Kategorie mittelalterlicher
Feste, in denen sich das soziale Leben ver-
dichtete, sind die Kirchweihen (Kirmes, Kir-
we, Chilbi). Auch sie haben ihre ursprüngli-
che Funktion weitgehend verloren und sind

heute vorwiegend zur »Wirtskirchweih« geworden; die liturgische Feier spielt aber noch
teilweise eine wichtige Rolle.

Schützenfeste, Gilden- und Innungsfeiern
runden die bedeutsamen Feste der spätmit-
telalterlichen Stadt ab. Es konnten auch hier
nur wenige Feste mit längerer Tradition kar-
tografisch festgehalten werden. Viele Schützenfeste der kleineren Stadt- und Landge-
meinden sind zudem noch sehr jung und
zeigen in ihrem Ablauf eine fast gleiche Pro-
grammstruktur.

Jahrmärkte, Kirchweih- und Schützenfeste
haben nur selten größere überregionale Anziehungskraft. Anders die Brauch- und Histo-
rienfeste; sie strahlen weit über den lokalen
Raum hinaus (z. B. Further Drachenstich,
Rothenburger Meistertrunk, Landshuter
Fürstenhochzeit). Sie ähneln sich in ihren
Elementen: Umzug, Umritt und szenisches
Spiel in historischen Kostümen als farbige
Geschichtsrevue; unterschiedlich ist ihr Ursprung. Die Brauchfeste gehen häufig auf Bitt-
und Dankgelübde, Rechtsvorgänge, sagen-
hafte Überlieferungen oder alte Volksbräu-
che (Osterfeuer und -räder) zurück. Die Hi-
storienspiele dagegen entstammen dem erwa-
chenden historischen Bewußtsein des 19. Jhs.
In dieser Zeit liegen auch die Gründungsda-
ten der älteren Volksfeste (1810 Münchener
Oktoberfest). Nur wenige reichen weiter zurück, wie der Hamburger Dom oder der
Dürkheimer Wurstmarkt. – Nach 1945 wurden zahlreiche jüngere Volks-, Heimat- und
Bürgerfeste in Gemeinden ohne attraktive
Veranstaltungen eingeführt. Ebenfalls junge
Veranstaltungen sind die meisten Wein- und
Heidefeste. Auch sie haben Elemente der
anderen Volksfeste übernommen, so daß die
Musikkapellen, Trachtengruppen, Umzüge,
Vergnügungsparks zuweilen wie vorgeferti-
te Versatzstücke wirken, die, regional abge-
wandelt, wechselnd kombiniert werden können. Völlig anders geartet sind die Musik-,
Opern-, Tanz- und Theaterfestspiele. Sie
versuchen, vorwiegend kulturell aufge-
schlossene Bevölkerungsgruppen aus dem
In- und Ausland zu erreichen, um ihnen in-
teressante Interpretationen der Werke einzelner Künstler, verschiedener Gattungen
oder bestimmter Epochen darzubieten. Häufig erhalten sie weiterwirkende Impulse
durch international bekannte Künstler. Deshalb werden die großen Festspiele, einge-
schlossen die Filmfestivals, vielfach zu gesellschaftlichen Ereignissen, bei denen sich Pro-
minenz aus dem kulturellen, wirtschaftlichen
und politischen Leben begegnet.

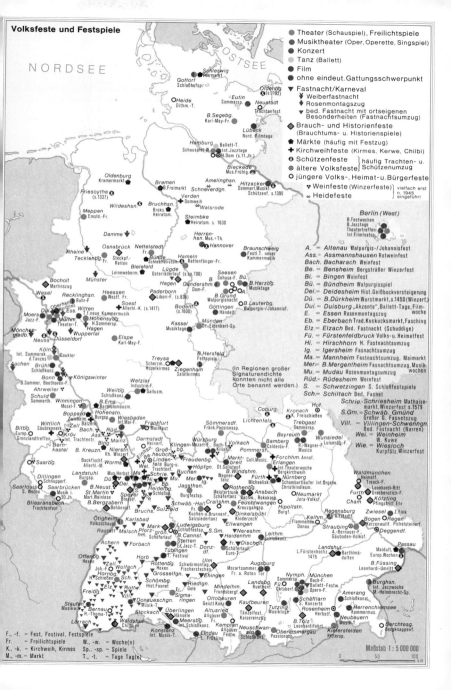

VII-7   Presse

In Deutschland wurde die Pressefreiheit, Ausdruck der Geistesfreiheit, erst durch die Weimarer Verfassung gesetzlich geschützt. Über 4700 Zeitungen belebten damals die publizistische Landschaft. Nach 1933 wurden sie, wie der Rundfunk, »gleichgeschaltet« und in den Dienst der NSDAP gestellt. Der Zusammenbruch des NS-Staates schuf die Voraussetzungen für einen medienpolitischen Neuanfang. Von den Alliierten genehmigte Zeitungen sollten der Re-Edukation, der Umerziehung des deutschen Volkes zu demokratischem Denken und Handeln, dienen. Der Lizenzzwang wurde 1949 durch die Gründung der Bundesrepublik aufgehoben. Der Artikel 5,1 des Grundgesetzes garantiert Meinungs-, Informations-, Presse-, Berichterstattungs- und Zensurfreiheit als wesentliche Elemente unserer parlamentarisch-demokratischen Grundordnung. Ein vielfältiges Angebot unterschiedlicher Informationsträger (Presse, Rundfunk, Fernsehen) unterstützt seitdem die publizistische und demokratische Willensbildung der Bevölkerung. Gleichzeitig kontrollieren die Medien die gesellschaftlichen und politischen Gruppierungen einschließlich der Regierungen und Verwaltungen und kritisieren tatsächliche oder vermeintliche Mißstände. Man bezeichnet sie daher häufig als »4. Gewalt im Staate«, die aber, im Gegensatz zu den 3 anderen, nur schwer kontrolliert werden kann. Ihre Wirkung wird durch den Medienwohlstand ermöglicht: fast alle 24 Mio. Haushalte verfügen über Rundfunk und Fernsehgeräte; sie erhalten außerdem jährlich etwa 260 Zeitschriften und täglich mindestens eine Zeitung. Am Durchschnittswerktag werden das Fernsehen und der Hörfunk jeweils ca. 2 Stunden genutzt. Die Tageszeitung fällt mit gut 30 Minuten dagegen deutlich ab. Sie bietet jedoch den Vorteil der gedruckten und damit konservierbaren Aussage. Daher kann sie sich im Wettbewerb der Medien gut behaupten. 1981 (1. Quartal) gab es 1243 Zeitungen (393 Haupt-, 850 Nebenausgaben). Täglich wurden rd. 20,4 Mio. Exemplare verkauft (1955: 1500 Ztg. 13,2 Mio.). Die 7 Straßenverkaufszeitungen stellten davon einen Anteil von 30% (1955: 19%). Die Mehrzahl der Abonnementszeitungen sind Regionalzeitungen (382); nur 4 wurden überregional verbreitet (z. B. FAZ, Welt). Dazu gehörten auch die 45 Wochenzeitungen und 4 Sonntagszeitungen mit einer Verkaufsauflage von 5,4 Mio. (Sonntagsz. 3,6; Wochenz. 1,8 Mio.). Insgesamt dienten also 25,9 Mio. Zeitungen dem Leser. Außerdem standen ihm in 184 Tages-/Wochenzeitungen 11 Beilagen (z. B. Zeit-Magazin) mit einer Auflage von fast 9 Mio. zur Verfügung. In die Karte konnten allerdings nur die Zeitungen mit einer Auflage von über 50 000 aufgenommen werden. Das sind gut 20% aller Hauptausgaben, die jedoch mehr als 80% der gesamten Verkaufsauflage drucken (Stand II/80, IVW). Dieser Tatbestand ist das Ergebnis eines seit Jahren zu beobachtenden Konzentrationsprozesses. Von 225 selbständigen Vollredaktionen (1954) sind nur noch 122 (1981) übriggeblieben. Steigende Herstellungskosten und der Zusammenhang von Auflagenhöhe, Anzeigenaufkommen und Anzeigenpreise haben zur Verlagskonzentration geführt. Bei gleichem Mantel unterscheiden sich ihre Zeitungen vielfach nur durch Kopf und Regionalteil. »Zeitungsriese« war 1979 der Springer-Konzern mit einem Marktanteil von 29,71%, von denen die Bildzeitung allein 24,12% aufbrachten. Ohne Bild-Zeitung wäre auflagenstärkster Konzern die WAZ-Gruppe Brost & Funke, Essen, mit 5,98% Verkaufsauflage gewesen. Die 10 größten Verlagsgruppen beherrschen knapp 60% des Zeitungsmarktes.

Eine weitere Folge der »Flurbereinigung im Pressewesen« zeigt sich auch im Rückgang der Zeitungsdichte. Die Zahl der »Ein-Zeitungs-Kreise« ist von 15% (1954) auf 45% (1976) angestiegen. 25% aller Abonnementszeitungen sind in ihrem Verbreitungsgebiet Alleinanbieter, d. h. ohne Konkurrenz. Örtliches Zeitungsmonopol, Pressekonzentration und Abhängigkeit vom Anzeigengeschäft können die Meinungs-, Informations- und Pressefreiheit einschränken. Eine weitere Gefahr liegt in einseitiger, parteigebundener Darstellung oder gefilterter Information. Diese Behinderungen, die bereits unterschiedlich wirksam werden, können auch nicht durch die 5087 Zeitschriften (1977) mit einer Auflage von rd. 208 Mio. aufgefangen werden; denn sie bieten, von wenigen Ausnahmen abgesehen, in erster Linie Unterhaltung (Publikums-), Belehrung (Fach-), Verbraucherinformation (Kundenzeitschriften) oder amtliche Verlautbarungen (Amtsblätter). Auflagenstärkste Gruppe sind die 850 Publikumszeitschriften mit 79 Mio. Exemplaren, gefolgt von 103 Kundenzeitschriften mit 40 Mio. Die Fachzeitschriften stellen zwar 2268 Titel, aber nur 20 Mio. Auflage. Etwa 600 Werkszeitungen mit einer monatlichen Auflage von rd. 7,5 Mio. und 150 Publikationen der Gewerkschaften mit 14 Mio. bereichern den breitgefächerten Pressemarkt der Bundesrepublik.

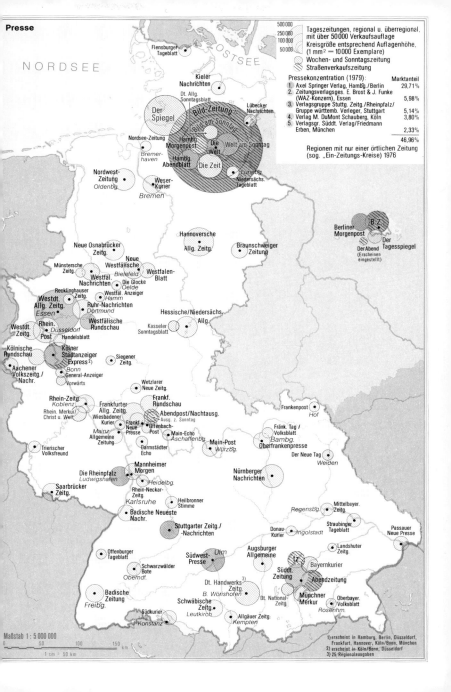

Presse

NORDSEE

OSTSEE

Tageszeitungen, regional u. überregional,
mit über 50000 Verkaufsauflage
Kreisgröße entsprechend Auflagenhöhe.
(1 mm² = 10000 Exemplare)
Wochen- und Sonntagszeitung
Straßenverkaufszeitung

Pressekonzentration (1979):   Marktanteil
1. Axel Springer Verlag, Hambg./Berlin   29,71%
2. Zeitungsverlagsges. E. Brost & J. Funke
   (WAZ-Konzern), Essen   5,98%
3. Verlagsgruppe Stuttg. Zeitg./Rheinpfalz/
   Gruppe württemb. Verleger, Stuttgart   5,14%
4. Verlag M. DuMont Schauberg, Köln   3,80%
5. Verlagsgr. Südd. Verlag/Friedmann
   Erben, München   2,33%
                                                  46,96%

Regionen mit nur einer örtlichen Zeitung
(sog. „Ein-Zeitungs-Kreise") 1976

Flensburger Tageblatt

Kieler Nachrichten

Dt. Allg. Sonntagsblatt

Lübecker Nachrichten

Der Spiegel

Bild-Zeitung

Bild am Sonntag

Nordsee-Zeitung

Hambg. Morgenpost

Die Welt

Welt am Sonntag

Bremerhaven

Hambg. Abendblatt

Die Zeit

Lüneb. Niedersächs. Tageblatt

Nordwest-Zeitung
Oldenbg.

Weser-Kurier

Bremen

Hannoversche Allg. Zeitg.

Braunschweiger Zeitung

Berliner Morgenpost

B.Z.

Der Tagesspiegel

Der Abend
(Erscheinen eingestellt)

Neue Osnabrücker Zeitg.

Münstersche Zeitg.

Neue Westfälische Zeitg.
Bielefeld

Westfalen-Blatt

Westfäl. Nachrichten

Die Glocke
Oelde

Recklinghauser Zeitg.

Westfäl. Anzeiger
Hamm

Westdt. Allg. Zeitg.
Essen

Ruhr-Nachrichten
Dortmund

Rhein. Post
Düsseldorf

Westfälische Rundschau

Hessische/Niedersächs. Allg.

Westdt. Zeitg.

Rhein. Post

Handelsblatt

Kasseler Sonntagsblatt

Kölnische Rundschau

Kölner Stadtanzeiger Express²⁾

Siegener Zeitg.

Aachener Volkszeitg./-Nachr.

Bonn General-Anzeiger

Vorwärts

Wetzlarer Neue Zeitg.

Rhein-Zeitg.
Koblenz

Frankfurter Allg. Zeitg.

Frankf. Rundschau

Abendpost/Nachtausg.
sog. Ausg. z. Sonntag

Frankenpost
Hof

Rhein. Merkur/ Christ u. Welt

Wiesbadener Zeitg.

Mainz Allgemeine Zeitung

Frankf. Neue Presse

Offenbach-Post

Main-Echo
Aschaffenbg.

Fränk. Tag / Volksblatt
Bambg.

Oberfrankenpresse

Darmstädter Echo

Main-Post
Würzbg.

Der Neue Tag
Weiden

Trierischer Volksfreund

Die Rheinpfalz
Ludwigshafen

Mannheimer Morgen

Rhein-Neckar-Zeitg.
Heidelbg.

Nürnberger Nachrichten

Saarbrücker Zeitg.

Badische Neueste Nachr.

Karlsruhe

Heilbronner Stimme

Mittelbayer. Zeitg.
Regensbg.

Stuttgarter Zeitg./ -Nachrichten

Donau-Kurier
Ingolstadt

Straubinger Tageblatt

Passauer Neue Presse

Offenburger Tageblatt

Schwarzwälder Bote
Oberndf.

Südwest-Presse

Ulm

Augsburger Allgemeine

Süddt. Zeitung

LZ

Bayernkurier

Landshuter Zeitg.

Abendzeitung

Badische Zeitung
Freibg.

Dt. Handwerks-Zeitg.³⁾
B. Wörishofen

Schwäbische Zeitg.
Leutkirch

Dt. National-Zeitg.

Münchner Merkur

Oberbayer. Volksblatt
Rosenhm.

Südkurier
Konstanz

Allgäuer Zeitg.
Kempten

Maßstab 1 : 5 000 000

0   50   100   150
km
1 cm = 50 km

1) erscheint in Hamburg, Berlin, Düsseldorf,
Frankfurt, Hannover, Köln/Bonn, München
2) erscheint in Köln/Bonn, Düsseldorf
3) 25 Regionalausgaben

VIII-1   Das Deutsche Reich z. Z. der Weimarer Republik 1918–1933 und Reichstagswahlen 1920 und 1932

Deutschland hatte den 1. Weltkrieg politisch, wirtschaftlich und militärisch verloren. Anfang 1918 brachen revolutionäre Unruhen aus; der Kaiser und die regierenden Herrscher der Einzelstaaten dankten ab. Die SPD übernahm die Regierungsverantwortung, kurzfristig unterstützt von der USPD (radikal-linke SPD). Der »Rat der Volksbeauftragten« stand vor schweren Aufgaben. Es herrschten Hunger, Not, Chaos. Der Waffenstillstand mußte unterzeichnet werden, die bis Oktober 1918 fast diktatorisch regierenden Militärs hatten die Verantwortung für die Niederlage verweigert. – Kommunisten (Spartakus, seit Dezember 1918 KPD) und Teile der USPD forderten eine Räterepublik nach sowjetischem Vorbild. Die SPD, die am 9. 11. 1918 die Republik ausgerufen hatte, setzte sich für eine parlamentarisch-demokratische Staatsform ein. Trotz blutiger Unruhen der radikalen Linkskräfte konnte sich die SPD – unterstützt von Truppen des alten Heeres – durchsetzen. In den Wahlen zur Nationalversammlung (19. 1. 1919) wurde sie stärkste Partei, erhielt aber nicht die erhoffte Mehrheit. In Weimar, das wegen der Unruhen in Berlin zum Tagungsort gewählt worden war, schloß sie sich mit dem katholischen Zentrum und der liberalen DDP zur »Weimarer Koalition« zusammen (75 % Wählerstimmen, 329 von 421 Abgeordneten). Diese Parteien, später verstärkt durch die konservative DVP, stützten bis 1933 die »Weimarer Republik«.

Sie schuf in kurzer Zeit die liberalste Verfassung der Welt. Der Reichstag, wie der Reichspräsident vom Volk gewählt, erhielt das Recht zur Gesetzgebung und Regierungskontrolle. Der Reichspräsident ernannte die Regierung, konnte den Reichstag auflösen, in Notzeiten Gesetze erlassen, die Grundrechte außer Kraft setzen und war oberster Befehlshaber der Streitkräfte. Die Länder blieben auch nach dem Sturz der Dynastien im wesentlichen erhalten. 17 Länderparlamente mit zeitweise radikalen Rechts- oder Linkskoalitionen behinderten die Entwicklung der parlamentarischen Demokratie.

Der Friedensvertrag von Versailles unterstellte Deutschland die Alleinschuld am Kriege. Es verlor 13 % seines Staatsgebietes, die Kolonien, 10 % der Bevölkerung, lebenswichtige Industriegebiete, 90 % der Handelsflotte. Ungeheure Reparationsforderungen belasteten die Wirtschaft. Um die drohende militärische Besetzung zu verhindern und die Reichseinheit zu bewahren, unterschrieb die Regierung den Vertrag.

Die Wahl vom 6. 6. 1920 zeigt die Instabilität des demokratischen Bewußtseins weiter Bevölkerungskreise. Die Koalitionsregierung verlor die Mehrheit, rutschte von 329 auf 206 Mandate (44,6 %), und konnte sie bis 1933 nicht mehr zurückerobern. DVP und DNVP als Rechts-, USPD und KPD als Linksparteien waren die eigentlichen Wahlsieger. Die »Republik ohne Republikaner« zeigte sich bereits 1920 mit erschreckender Deutlichkeit.

Die folgenden Jahre waren gekennzeichnet durch bürgerkriegsähnliche Aufstände von rechts und links, Streiks, Besetzung des Ruhrgebietes durch Frankreich, Inflation, Reparationsverpflichtungen, zunehmende Vergiftung der politischen Atmosphäre (»Dolchstoßlüge«, »Novemberverbrecher«, »Erfüllungspolitiker« als Vorwürfe aus dem rechten, »Sozialfaschisten«, »Verräter der Revolution« aus dem linken Lager).

Die Währungsneuordnung (1923) und die Festlegung der Reparationen (1924) stabilisierten die wirtschaftliche Lage; die Verträge von Rapallo mit Rußland (1922), Locarno mit Frankreich (1925) und die Aufnahme Deutschlands in den Völkerbund (1926) festigten die außenpolitische Stellung. Die »Goldenen 20er« (1924–29) waren nur eine Scheinblüte. Sie verhinderten zwar das Anwachsen der radikalen Parteien, führten aber nicht zu einem republik. Staatsbewußtsein. Die Freiheiten der Verfassung wurden zunehmend mißbraucht; das reine Verhältniswahlrecht (auf 60 000 Stimmen 1 Mandat) ließ die Parteienlandschaft zersplittern; die Wahl Hindenburgs zum Reichspräsidenten nach Eberts Tod (1925) war Ausdruck extremen nationalistischen Denkens. Die Weltwirtschaftskrise beendete die kurze Periode der Stabilisierung. Ab 1930 regierten Kanzler ohne Parlamentsmehrheiten; sie hingen ab vom Vertrauen des Reichspräsidenten. Wirtschaftliche Not und hohe Arbeitslosigkeit führten in der Wahl vom 31. 7. 1932 zum Ende des Staates von Weimar. NSDAP u. KPD erhielten zus. die absolute Mehrheit im Reichstag. Der Weg zum NS-Staat war geebnet.

Die Zusammensetzung des Deutschen Reichstages
19. Januar 1919 – 5. März 1933

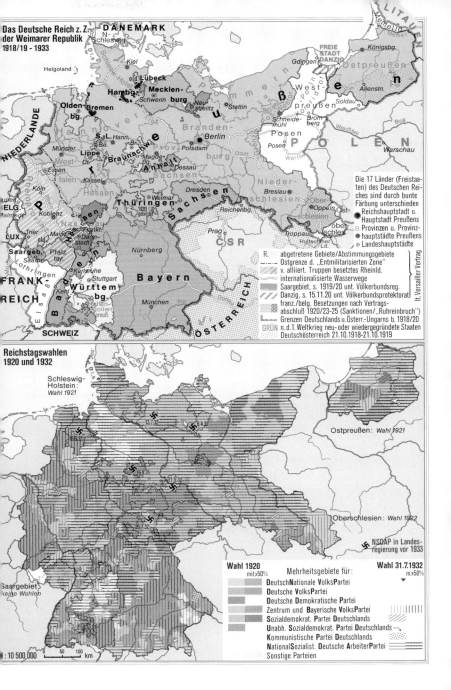

Das Deutsche Reich z. Z. der Weimarer Republik 1918/19 – 1933

DÄNEMARK

Schleswig
Kiel
old Lübeck
Helgoland
Hamb.
Olden- Bremen
bg.
Mecklenburg
Schwerin
Neu-
strelitz
Stettin
FREIE STADT DANZIG
Gdingen
Königsbg.
Ostpreußen
Allenstn.
Soldau
NIEDERLANDE
Hannover
S.L. Hann.
Lippe
Br.
Braunschwe.
Münster
Essen
West-
falen
Dt.
Anhalt
Magde.
burg
Dessau
Berlin
Potsdam
Brandenburg
Posen
Posen
POLEN
Warschau
Köln
Hessen
Kassel
Sachsen
Nieder-
schlesien
Breslau
Ober-
schlesien
BELG.
Koblenz
Nassau
Frankf.
Darmstadt
Weimar
1920
gebildet
Thüringen
Dresden
Sachsen
Reichenbg.
Oppeln
Ober-
Schles.
LUX.
Trier
old
Mainz
Prag
ČSR
Troppau
Hultschin.
Ld.
Saargeb.
Pfalz
bayr.
Saarbr.
Karlsruhe
Stuttgart
Nürnberg
Bayern
München
Inn
FRANKREICH
Elsaß
Lothringen
Kehl
Württemberg
ÖSTERREICH
SCHWEIZ

Die 17 Länder (Freistaaten) des Deutschen Reiches sind durch bunte Färbung unterschieden
● Reichshauptstadt u. Hauptstadt Preußens
B. Provinzen u. Provinz-hauptstädte Preußens
● Landeshauptstädte

R. abgetretene Gebiete/Abstimmungsgebiete
---- Ostgrenze d. „Entmilitarisierten Zone"
/// v. alliiert. Truppen besetztes Rheinld.
internationalisierte Wasserwege
Saargebiet, s. 1919/20 unt. Völkerbundsreg.
/// Danzig, s. 15.11.20 unt. Völkerbundsprotektorat
franz./belg. Besetzungen nach Vertrags-abschluß 1920/23-25 (Sanktionen/„Ruhreinbruch")
Grenzen Deutschlands u. Österr.-Ungarns b. 1918/20
GRÜN n. d. 1. Weltkrieg neu- oder wiedergegründete Staaten
Deutschösterreich 21.10.1918-21.10.1919

lt. Versailler Vertrag

Reichstagswahlen 1920 und 1932

Schleswig-Holstein:
Wahl 1921

13.7.32
6.4.32
16.5.32
16.9.32
21.5.32
26.1.32

Ostpreußen: *Wahl 1921*

Oberschlesien: *Wahl 1922*

NSDAP in Landes-regierung vor 1933

Saargebiet:
keine Wahlen

Wahl 1920 mit >50%	Mehrheitsgebiete für:	Wahl 31.7.1932 m. >50%
	DeutschNationale VolksPartei	
	Deutsche VolksPartei	
	Deutsche Demokratische Partei	
	Zentrum und Bayerische VolksPartei	
	Sozialdemokrat. Partei Deutschlands	
	Unabh. Sozialdemokrat. Partei Deutschlands	
	Kommunistische Partei Deutschlands	
	NationalSozialist. Deutsche ArbeiterPartei	
	Sonstige Parteien	

1 : 10 500 000   0   50   100 km

VIII-2   Das Deutsche Reich 1933-1945 (NS-Staat)

Am 30. 1. 1933 ernannte der 85jährige Reichspräsident v. Hindenburg den Führer der NSDAP, Adolf Hitler, zum Reichskanzler. Jetzt konnte das seit Jahren bekannte Programm Hitlers verwirklicht werden: »Völlige Umkehrung der gegenwärtigen innenpolitischen Zustände. Straffste autoritäre Staatsführung. Beseitigung des ›Krebsschadens der Demokratie‹. – Kampf gegen Versailles. Aufbau der Wehrmacht. Eroberung neuen Lebensraumes im O und dessen rücksichtslose Germanisierung« (3. 2. 33). Darüber hinaus plante er die Vorherrschaft in Europa und als letzte Konsequenz die Weltherrschaft für die Deutschen als »Herrenvolk« der »nordisch-arischen Rasse«. Die Idee eines »Imperium Germanicum« war eng verbunden mit der Ausrottung des »jüdisch-bolschewistischen Todfeindes«.

Gegner wurden in den nächsten Jahren rücksichtslos ausgeschaltet (KZ-Lager). Daher sind die innen- und außenpolitischen Maßnahmen nach 1933 als Einheit zu sehen. Die zwei Karten verdeutlichen lediglich Phasen in der selbstzerstörerischen Entwicklung des NS-Staates, der auf »permanente Revolution« und Krieg ausgerichtet war.

In der Weimarer Verfassung waren die Länder als Hindernis für die Errichtung einer Diktatur vorgesehen gewesen. Sie wurden jetzt wie alle anderen Hemmnisse (Grundrechte, Gesetzgebungsbefugnis des Reichstages, Parteien, Verbände) rasch überwältigt, ihre Institutionen von NS-Führern besetzt (»Gleichschaltung«). – Die Länder entwickelten sich jedoch zu neuen Machtzentren. Um den erstrebten »nationalen Einheitsstaat« zu sichern, wurden Gauleiter als Reichsstatthalter eingesetzt, in den preußischen Provinzen als Oberpräsidenten. 1934 war die Souveränität der Länder beseitigt, kleinere zu größeren Reichsstatthalterbezirken zusammengelegt (Mecklbg., Schwerin, Strelitz u. Lübeck; Anhalt u. Braunschweig; Lippe u. Schaumburg-Lippe; Bremen und Oldenburg). Die 12 Statthalterbezirke deckten sich jedoch nicht mit den 32 Gauen der NSDAP. Die Gauleiter ohne Statthalter-, Oberpräsidenten- oder Ministerpräsidentenfunktionen versuchten, ihren Einfluß zu behaupten und auszudehnen. Es kam dadurch zu einem Kompetenzenwirrwarr von Behörden, der durch Polizei-, SS-, Wehrmachts- und Sonderdienststellen Hitlers oder der Partei noch verstärkt wurde. In diesem Nebeneinander von Partikularherrschaft und Staatszentralismus behielt sich Hitler stets die letzte Entscheidung vor und

konnte dadurch seine unumschränkte Diktatur sichern.

Dazu gehörten aber auch außenpolitische Erfolge. In konsequenten Schritten wurde Deutschland zunächst zum »Großdeutschen Reich« ausgeweitet: Nach der »Rückgliederung« des Saarlandes (1935) und der Besetzung des Rheinlandes (1936), wurde 1938 Österreich dem Dt. Reich »angeschlossen« und 1939 als Ostmark in 7 Reichsgaue aufgeteilt (Personalunion von Gauleitern und Reichsstatthaltern). 1938 erfolgte die Eingliederung des Sudetenlandes als 14. Reichsgau. – Nach der Zerschlagung der »Rest-Tschechei« entstand das »Protektorat Böhmen und Mähren« (1939). Dieser eindeutige Verstoß gegen das Völkerrecht veränderte die Politik der Westmächte, die bisher Hitlers Maßnahmen weitgehend bedingungslos zugestimmt hatten: sie garantierten der polnischen Unabhängigkeit. Als Hitler dennoch am 1. 9. 1939 Polen angriff, löste er den 2. Weltkrieg aus. – Teile der eroberten polnischen Westgebiete wurden zu Reichsgauen (»Danzig-Westpreußen«,   »Wartheland«) oder Schlesien und Ostpreußen zugeschlagen. – Ostpreußen hatte bereits im März 39 das Memelland erhalten; nach Ausbruch des deutsch-sowjetischen Krieges (22. 6. 41) wurde der Bez. Bialystok angegliedert. – Im weiteren Kriegsverlauf wurden die Volksdeutschen aus den vielen Siedlungsinseln Osteuropas »heim ins Reich« geholt und vorwiegend im Wartheland angesiedelt. – Im W rundeten nach 1940 Eupen, Malmedy und Moresnet das »Großdeutsche Reich« ab. Außer den eingegliederten Gebieten unterstellte Hitler auch Regionen von Nachbarstaaten der Verwaltung angrenzender NS-Gaue; die Gauleiter wurden zum »Chef der Zivilverwaltung« (CdZ-Gebiete). – Die nicht eingegliederten polnischen Westgebiete wurden als »Generalgouvernement Polen« Nebenland des Großdeutschen Reiches, ab 1941 erweitert durch den »Distrikt Galizien«. Darüber hinaus entstanden die Reichskommissariate Niederlande im W und im O Ostland und Ukraine als Vorstufen eines deutschen Imperiums, das bis weit nach Sibirien geplant war. In den ehemals polnischen Gebieten, besonders im Generalgouvernement, waren die Rechts- und Verwaltungsnormen des »Altreiches« nur begrenzt gültig. Daher konnten in diesem Niemandsland des Rechts und der Menschlichkeit die Vernichtungslager errichtet und etwa 6 Mio. Juden, aus ganz Europa zusammengetrieben, techn.-fabrikmäßig ermordet werden.

VIII-3   Deutschland zwischen 1945 und 1948

Am 7./8. Mai 1945 kapitulierte die deutsche Wehrmacht. Das Deutsche Reich, 1871 gegründet, hatte aufgehört zu existieren. Der NS-Staat hinterließ ein wirtschaftliches, politisches und geistiges Trümmerfeld. 4 Mio. Kriegstote, 5 Mio. Vermißte, 5–6 Mio. Opfer der Bombardierungen, Flucht und Vertreibung waren die Bilanz des »Totalen Krieges«. Die Städte waren großenteils zerstört, Wohnungen, Produktionsstätten, Verkehrsanlagen vernichtet, Wasserleitungen, Kanalisationen und Stromanlagen defekt. Etwa 12 Mio. Flüchtende und Vertriebene aus den Ostgebieten mußten untergebracht und ernährt werden. Arbeitslosigkeit, Inflation, Wohnungsnot, Hunger und der Kampf ums Überleben waren die Merkmale jener Zeit.

Diesen »ausgebrannten Krater der Machtpolitik« (F. Meinecke) übernahmen die Truppen der Siegermächte. Amerikaner und Briten, die weit nach Mitteldeutschland vorgestoßen waren, zogen sich zurück und besetzten, ebenso wie Franzosen und Russen, die 1944 vereinbarten Zonen. Dazu gehörten auch die 4 Sektoren Berlins.

Die Besatzungsmächte wollten Deutschland daran hindern, »je wieder eine Bedrohung des Weltfriedens zu werden« (US-Direktive CJS 1067). Darüber hinaus gab es keine detaillierten, verbindlichen Neuordnungspläne. Auf den vorangegangenen Konferenzen (Teheran 1943, Jalta 1945) war lediglich die Zerstückelung Deutschlands beschlossen worden. Der US-Präsident Roosevelt akzeptierte dabei Stalins Expansionswünsche (polnische Gebiete östl. der Curzon-Linie; Entschädigung Polens durch dt. Ostgebiete), um die Kriegskoalition nicht zu gefährden. Er glaubte an eine zukünftige befriedete Welt und unterschätzte die Unvereinbarkeit des östl. und westl. Gesellschafts- und Regierungssystems. Nach dem Kriege brachen die Gegensätze unverhüllt auf und führten ab 1947 zum »Kalten Krieg« und damit zur Zweiteilung der Welt.

Die Nachkriegsgeschichte Deutschlands ist in diese Entwicklung der machtpolitischen Gegensätze eingebunden. Die ersten Anzeichen lassen sich bereits vor Beginn der Potsdamer Konferenz (17. 7. – 2. 8. 45) erkennen, als die UdSSR ohne Wissen der USA und Großbritanniens Teile Ostdeutschlands annektiert und andere unter polnische Verwaltung gestellt hatten. Die beiden Westmächte konnten nur noch erreichen, daß die endgültige Regelung der dt. Ostgrenze einem späteren Friedensvertrag vorbehalten bleiben sollte. Auch in der Politik der einzelnen Besatzungs-

mächte zeigte sich bald die Heterogenität der ehemaligen Bündnispartner. Die Potsdamer Konferenz hatte zwar den Alliierten Kontrollrat als Koordinierungsinstrument geschaffen; er war jedoch kaum handlungsfähig, weil seine Beschlüsse einstimmig gefaßt werden mußten. So blockierte Frankreich, das nicht zu den Unterzeichnern des Abkommens gehörte, die geplante Wirtschaftseinheit Restdeutschlands. Es hatte inzwischen das Saarland als politisch autonomes Gebiet seinem Wirtschaftssystem angeschlossen. Außerdem unterstützte es die UdSSR bei allen Versuchen, das Ruhrgebiet zu internationalisieren. Die angelsächsischen Besatzungsmächte lehnten diese Pläne ebenso ab wie die sowjetischen Forderungen nach zentralen deutschen Verwaltungsorganen. Sie befürchteten eine weitere Ausdehnung des russischen Einflußbereichs und waren entschlossen, die sowjetische Expansion einzudämmen (Truman-Doktrin, März 1947).

In diesem Klima der eingeengten Möglichkeiten und eines allgemeinen Mißtrauens mußte das erste Treffen der Ministerpräsidenten der deutschen Länder in München (Juni 47) scheitern. Ihre Parlamente waren zwar von der deutschen Bevölkerung gewählt worden (1946/47), ihre Repräsentanten aber an die Weisungen der jeweiligen Besatzungsmächte gebunden. *Frankreich* befürwortete einen losen Staatenbund mit einem Parlament aus Ländervertretern. – Die *UdSSR* hatte schon im Juli 45 fünf neue Länder gebildet, die bald einer straffen Zentralverwaltung unterstellt wurden. Im November 46 veröffentlichte die SED den »Entwurf einer Verfassung für die Deutsche Demokratische Republik«. Es war für Gesamtdeutschland gedacht; ihr fehlte aber die Gewaltenteilung als grundlegendes Prinzip eines parlamentarisch-demokratischen Regierungssystems und Rechtsstaates. – Die *britische* und besonders die *amerikanische Militärregierung* unterstützten die Planung eines dezentralisierten Bundesstaates aus selbständigen Ländern. Sie knüpften in Süddeutschland dabei an die staatl. Formen der Weimarer Republik; in Norddeutschland schufen sie neue Länder, z. T. aus den Westgebieten Preußens. 1947 vereinten sie ihre Zonen zur Bi-Zone und richteten 1948 gemeinsame Verwaltungsorgane ein. 1949 schloß sich die französische Zone an. – Die Weichen für die Teilung Deutschlands waren also 3 Jahre nach Kriegsende gestellt. Die Währungsreformen, in den westlichen Besatzungszonen am 20. 6. und in der SBZ am 23. 6. 48, beschleunigten diese Entwicklung.

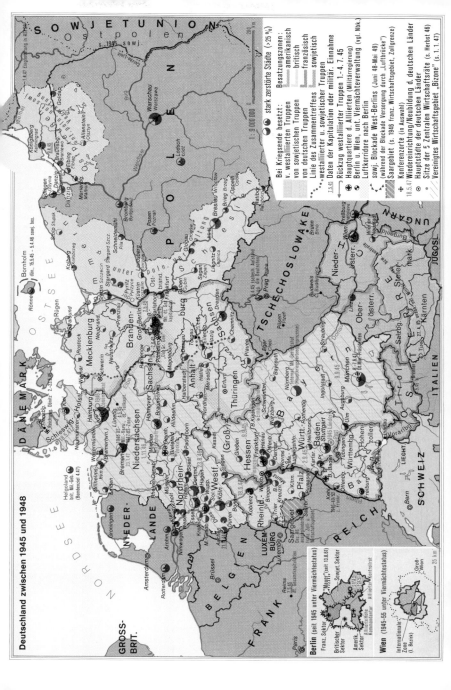

Deutschland zwischen 1945 und 1948

VIII-4   Vertriebene, Flüchtlinge, Aussiedler

Europa hatte über fünf Jahre unter den Auswirkungen des Krieges gelitten; dabei verloren 29,3 Mio. Menschen ihr Leben (13,6 Mio. Zivilisten). Der Zusammenbruch des 3. Reiches brachte jetzt dem deutschen Volk Not und Entbehrungen, Verfolgung und Vernichtung.

Am 9. Mai 1945 schrieb Ernst Jünger in sein Tagebuch: »Immer noch sind die Straßen von Millionen und Abermillionen irrender Menschen, dem Elend einer unvorstellbaren Völkerwanderung erfüllt.« Fast 10 Mio. ausländische Kriegsgefangene und Zwangsarbeiter (DP-s = displaced persons) wollten in ihre Herkunftsländer zurück oder in das westl. Ausland emigrieren. Sie mußten sich die wenigen Transportmöglichkeiten mit ca. 10-12 Mio. Evakuierten, Arbeitsverpflichteten und Heimkehrern teilen, die auf dem Weg zu ihren Familien waren. Dieses Chaos wurde durch die erste Flüchtlingswelle aus dem Osten verstärkt; denn »die Russen . . . fegten die einheimische Bevölkerung vom Erdboden in einer Art, die seit den Tagen der asiatischen Horden kein Beispiel hat« (George F. Kennan). Zu den Flüchtenden gehörten auch ca. 800 000 Volksdeutsche, die zwischen 1939 und 1941 durch den NS-Staat aus Osteuropa »heim ins Reich« gebracht und im Wartheland angesiedelt worden waren. Der Hauptstrom Deutscher aus dem Osten ergoß sich erst nach dem Potsdamer Abkommen in die zerstörten westlichen Reichsgebiete. Die USA, Großbritannien und die UdSSR hatten die planmäßige Vertreibung der »deutschen Bevölkerung oder Bestandteile derselben, die in Polen, Tschechoslowakei und Ungarn zurückgeblieben sind«, beschlossen. Zu diesem Zeitpunkt lebten in den deutschen Ostgebieten, die durch das Abkommen stillschweigend miterfaßt wurden, noch 5 Mio. Reichsdeutsche. Stalin hatte jedoch den Westmächten versichert, daß alle Deutschen geflohen seien; Auch polnische Regierungsvertreter täuschten die Anglo-Amerikaner und schätzten 1,5 Mio. Restdeutsche.

Die Westmächte ließen diese Angaben ungeprüft und gaben ihre Zustimmung zu der gewaltsamen Vertreibung aller Deutschen aus den Ostgebieten des Reiches und der Volksdeutschen aus den Sprach- und Siedlungsinseln Osteuropas. »Sie stimmen (mit der UdSSR) darin überein, daß jede . . . Überführung, die stattfinden wird, in ordnungsgemäßer und humaner Weise erfolgen soll« (PA). Es ist aber bis heute in den westl. Demokratien kaum bekannt, daß während der Vertreibung über 2 Mio. Menschen grausam umgekommen

sind. Knapp 3 Mio. wurden als billige Arbeitskräfte zurückgehalten. Sie spielen ethnographisch keine Rolle, so daß die osteuropäischen Staats- und Volkstumsgrenzen durch die Vertreibung nahezu deckungsgleich geworden sind.

1950 wurden 11,7 Mio. Vertriebene gezählt. Davon mußten 8 Mio. in der amerikanischen und englischen Besatzungszone aufgenommen werden. Frankreich hatte seinen Einflußbereich bis 1949 weitgehend abgeriegelt. 4,7 Mio. wurden in den relativ unzerstörten agrarischen Gebieten Schleswig-Holsteins, Niedersachsens und Bayerns untergebracht. Der Vertriebenenanteil an der Gesamtbevölkerung stieg hier auf 25 %; in den anderen Zonen betrug er durchschnittlich 10,7 %. Später wurden zahlreiche Vertriebene aus den überlasteten Ländern mit hoher Arbeitslosigkeit in erwerbsgünstigere Räume umverteilt. Überall aber fehlten Wohnungen, Lebensmittel und Versorgungsgüter aller Art. Die Demontagepolitik der Alliierten ließ 1946 die Industrieproduktion auf 20% des Vorkriegsstandes sinken. Der »Schwarze Markt« blühte, allerdings nicht für die Ausgebombten und Vertriebenen, die kaum Tauschobjekte besaßen. Ihre Lage besserte sich erst nach der Währungsreform.

Nach dem Ende der Massentransporte aus Osteuropa zeichnete sich ab 1949 eine neue Flüchtlingswelle ab. Sie wurde durch die Gründung der DDR, den zunehmenden politischen Druck von Staat und Parteiorganisationen der SED und die Folgen des »Kalten Krieges« zwischen Ost und West ausgelöst. Bis zum Mauerbau am 13. 8. 61 hatten etwa 2,6 Mio. DDR-Bürger »mit den Füßen abgestimmt« und den »ersten sozialistischen Staat auf deutschem Boden« verlassen. Selbst nach 1961 riß der Strom nicht ab; insgesamt flüchteten zwischen 1949 und 1979 rd. 3,1 Mio. Parallel zu den Flüchtlingen aus der DDR trafen zwischen 1950 und 1979 auch rd. 1 Mio. Aussiedler aus Ost- und Südosteuropa in der Bundesrepublik ein. Sie waren der regulären Vertreibung zurückgeblieben oder zurückgehalten worden. Das Deutsche Rote Kreuz half ihnen, getrennt lebende Familien wieder zusammenzuführen. Nach dem dt.-polnischen Vertrag von 1970 wurden diese Aktionen erleichtert.

Vertriebene, Flüchtlinge und Aussiedler bilden insgesamt fast ein Viertel der westdeutschen Bevölkerung. Sie hatten entscheidenden Anteil am industriellen Aufschwung Nachkriegsdeutschlands und sind heute zu großen Teilen integriert.

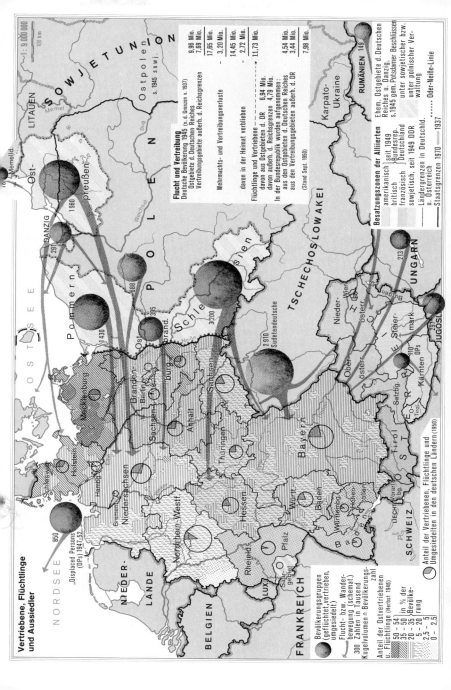

Vertriebene, Flüchtlinge und Aussiedler

1 : 9 000 000

Flucht und Vertreibung 1945 (n. d. Grenzen v. 1937)	
Deutsche Bevölkerung 1945	
Ostgebiete d. Deutschen Reiches	9,96 Mio.
Vertreibungsgebiete außerh. d. Reichsgrenzen	7,69 Mio.
	17,65 Mio.
Wehrmachts- und Vertreibungsverluste	− 3,20 Mio.
	14,45 Mio.
davon in der Heimat verblieben	− 2,72 Mio.
	→ 11,73 Mio.
Flüchtlinge und Vertriebene → d. DR	
davon aus Ostgebieten d. DR 6,94 Mio.	
davon außerh. d. Reichsgrenzen 4,79 Mio.	
In der Bundesrepublik wurden aufgenommen:	4,54 Mio.
aus den Ostgebieten d. Deutschen Reiches	3,44 Mio.
aus den Vertreibungsgebieten außerh. d. DR	
	7,98 Mio.
(Stand Sept. 1950)	

Besatzungszonen der Alliierten
amerikanisch seit 1949
britisch Bundesrep.
französisch Deutschland
sowjetisch, seit 1949 DDR

Ehem. Ostgebiete d. Deutschen Reiches u. Danzig, s.1945 gem. Potsdamer Beschlüssen unter sowjetischer bzw. unter polnischer Verwaltung

Ländergrenzen in Deutschld. u. Österreich
Staatsgrenzen 1970 — 1937
····· Oder-Neiße-Linie

Anteil der Vertriebenen u. Flüchtlinge (Herbst 1946)
in % der Bevölkerung
50 – 54
35 – 50
20 – 35
5 – 20
2,5 – 5
0 – 2,5

Bevölkerungsgruppen (geflüchtet, vertrieben, umgesiedelt)

Flucht- bzw. Wanderbewegung (schemat.)
300 Zahlen in Tausend
Kugelvolumen ≙ Bevölkerungszahl

Anteil der Ostvertriebenen u. Flüchtlinge
Anteil der Vertriebenen, Flüchtlinge und Umgesiedelten in den deutschen Ländern (1950)

"Displaced Persons" (DPs) 1947-52.

SOWJETUNION
LITAUEN
Ost-Polen s. 1945 sowj.
POLEN
Ost-Preußen 1960
DANZIG 291
Pommern 1430
Ostbrand. 395
Brand. 688
Schlesien 3200
Sachsen 2910 Sudetendeutsche
TSCHECHOSLOWAKEI
RUMÄNIEN 149
UNGARN 213
JUGOSL.
Kärnten 110* DPs
NORDSEE 850
OSTSEE
Mecklenburg
Berlin
Sachsen-Anhalt
Thüringen
Bayern
Hessen
Württembg.
Baden
Pfalz
Rheinld.
Nordrhein-Westf.
Niedersachsen
Schleswig-Holstein
Hamburg
Bremen
NIEDER-LANDE
BELGIEN
LUX.
FRANKREICH
SCHWEIZ
ÖSTERREICH
Tirol
Salzbg.
Ober-österr.
Nieder-österr.
Wien
Steiermark
LIECHT.
Saargebiet
Memel
Memel
Karpato-Ukraine
Ukraine
Weichsel
Bug
Oder
Neiße

VIII-5   Entstehung der Bundesrepublik und der DDR

Nach 1945 zerbrach die Kriegskoalition von USA und UdSSR. Das führte in Europa zur Spaltung Deutschlands, der unmittelbaren Nahtstelle der beiden gegensätzlichen Gesellschafts- und Regierungssysteme.

Die *westl. Besatzungsmächte* unterstützten ab Herbst 45 die Entwicklung deutscher Verwaltungen, zunächst auf lokaler Ebene, später auch auf Kreis- und Landesebene. Parallel dazu kam es zur Neuorganisation der Parteien, allen voran der SPD unter ihrem Vorsitzenden K. Schumacher; er lehnte eine von der KPD gewünschte Zusammenarbeit kategorisch ab. Die CDU/CSU entwickelte sich zur ersten, die beiden Konfessionen erfassenden Volkspartei; K. Adenauer befürwortete schon Ende 45 eine West-Orientierung Deutschlands. SPD und CDU sahen sich in ihrer Haltung durch die Unterdrückung ihrer Organisationen in der SBZ bestätigt. Eine weitere Zusammenarbeit der deutschen »West«- und »Ost«-Parteien wurde deshalb 1947 eingestellt.

Die ersten Ansätze zur politischen Neuordnung nach 1945 konnten durch die Landtagswahlen 1946/47 abgeschlossen werden. Nach mehreren gescheiterten Außenministerkonferenzen entschieden sich die Westmächte 1948 für eine Teillösung des Deutschlandproblems. Sie ermächtigten die gewählten Ministerpräsidenten, eine verfassungsgebende Versammlung, den Parlamentarischen Rat, einzuberufen. Dieses Gremium verabschiedete am 8.5.49 das »Grundgesetz für die Bundesrepublik Deutschland« (53 Ja-, 12 Nein-Stimmen von DP, Zentrum, KPD und 6 der 8 CSU-Delegierten). Es trägt nicht die Bezeichnung »Verfassung«, weil »dem staatlichen Leben (nur) für eine Übergangszeit eine neue Ordnung« gegeben werden sollte. Daher wurde es auch nicht durch Volksentscheid, sondern durch die Länderparlamente (außer Bayern) bestätigt und am 23.5.49 verkündet. Das Grundgesetz soll jedoch dann seine Gültigkeit verlieren, wenn »eine Verfassung in Kraft tritt, die von dem (gesamten) deutschen Volk in freier Entscheidung beschlossen worden ist« (Art. 146 GG).

Die ersten Regierungen unter Adenauer gliederten die Bundesrepublik in das westliche Bündnissystem. Dadurch wurden zwar die Voraussetzungen für das »Wirtschaftswunder« geschaffen, aber die Spaltung der beiden deutschen Staaten vertieft.

In der *SBZ* wurden schon im Sommer 45 »antifaschistische, demokratische Parteien« (KPD, SPD, CDU, LDP) zugelassen. Sie waren allerdings nur kurze Zeit selbständig. Die SPD mußte sich bereits im Frühjahr 46 mit der KPD zur Sozialistischen Einheitspartei Deutschlands (SED) vereinen; CDU und LDP, die bei den Landtagswahlen 49,1 % Stimmen erhalten hatten (SED: 47,5 %) wurden darauf im Herbst 46 mit der SED zu einem »Block« zusammengeschlossen.

Mit dieser »Blockbildung« hatte die SED die Voraussetzungen für den »Aufbau des Sozialismus« und die Errichtung einer »Volksdemokratie« geschaffen. Im Dezember 47 förderte die sowj. Militäradministration die ersten Maßnahmen, um eine Verfassung zu erarbeiten. Sie wurde am 19.3.49 als »Verfassung der Deutschen Demokratischen Republik« angenommen und am 29.5. durch einen Volkskongreß »für Einheit und gerechten Frieden« (mit 66,1 % Ja-Stimmen gewählt) bestätigt. Am 7.10.49 trat sie mit der Gründung der DDR in Kraft.

Die erste Verfassung enthielt noch parlamentarisch-demokratische Elemente. Sie bekannte sich jedoch zum Prinzip der Gewaltenkonzentration, das in Verbindung mit einer fehlenden Verfassungsgerichtsbarkeit die »Diktatur des Proletariats« und somit die der SED ermöglichte. Nach ihrem Selbstverständnis als marxistisch-leninistische Partei kann nämlich nur sie allein die gesellschaftliche Entwicklung erkennen und planmäßig leiten. Deshalb darf es auch keine legale Opposition und freie Meinungsäußerung geben. Außerdem sind Parteibeschlüsse verbindlich für die Arbeit des Staates. Sie werden nach dem Prinzip des »demokratischen Zentralismus« in einer straffen, zentralistischen Wirtschafts- und Verwaltungsordnung verwirklicht. Daher wurden 1952 auch die Länder aufgelöst und in 14 Bezirke umgewandelt. Ost-Berlin erhielt trotz des immer noch geltenden 4-Mächte-Status für Groß-Berlin Hauptstadtfunktion der DDR.

Außenpolitisch wurde die Bindung zur UdSSR vertieft: 1950 Beitritt zur Ostblock-Wirtschaftsgemeinschaft RGW (COMECON), 1955 Mitglied des Warschauer (Militär-)Paktes, 1964 (1975 erneuert) Freundschafts- und Beistandspakt mit der UdSSR, der die »Unantastbarkeit der Staatsgrenzen« der DDR garantiert. In den 70er Jahren konnte die internationale Anerkennung als 2. deutscher Staat erreicht werden. Jede Wiedervereinigung wird aber strikt abgelehnt. Deshalb verlor die Bezeichnung der DDR »sozialistischer Staat« 1974 durch eine Änderung der 2. Verfassung von 1968 den Zusatz »deutscher Nation«.

Bundesrepublik Deutschland und Deutsche Demokratische Republik

1 : 5 500 000

DÄNEMARK

NORDSEE

OST SEE

Sylt
Flensbg.
Fehmarn
Schleswig
Kiel
Holstein
Helgoland
1952 an Bundesrep.
zurück
Lübeck
Hamburg

Rügen

Rostock

Swinemünde
Świnoujście

Mecklenburg

Schwerin

Neubrandenbg.

Stettin
Szczecin

Wilhelms-
haven
Bremer-
haven
z. Bremen

BUNDES-

DEUTSCHE

Oldenbg.
Bremen

Branden-

NIEDER-

Niedersachsen

Berlin
(West)
Potsdam
Berlin
(Ost)
Frankf.

LANDE

Hannover
Wolfsbg.
Braun-
schweig
Magdeburg
Sachsen

Osnabr.
Hildesheim
Salzgitter

DEMOKRAT
burg
Cottbus

Bielefeld

Münster
Paderborn
Göttingen
Anhalt

Nordrhein-

Hamm
Halle
Leipzig

REPUBLIK
sen

Duisbg.
Dortm.
Bo.
Westfalen
Kassel
Dresden

Krefeld
Düssel-
df.
Wuppertal
Essen

Mgl.
Leverkusen
Erfurt
Gera
Karl-Marx-Stadt
(Chemnitz)

Aachen
Köln
Siegen
Thüringen
Suhl

Bonn
Alliierte Hohe Kommission
Petersberg
Parlamentar. Rat
9.48

REPUBLIK

BELG.

Koblenz

Rhein-

Wies-
baden
Bizonaler Wirtschaftsrat
Frankfurt a.M.

Prag
Praha

ČSSR

land

Offenbach
Main
Würzbg.

Trier
Mosel
Mainz
Darmst.

LUX.

Pfalz
1957 z. Bundesrep.
Ludw.
Mannhm.
Erlangen
Fürth
Nürnbg.

Saar-
land
Saarbr.
Kaisers-
lautern
Heidelberg
Heilbronn

B

23.10.55
Volksabstimmung
üb. Saarstatut
Rhein
Karls-
ruhe
Würt.-Baden
Stuttgart

Bayern

Regensburg

FRANKREICH

Straßbg.

Kehl
Tübingen
Ulm

Donau

1946-I.52
z. fr.

Baden
Württ.-
Hohen-
zollern
Augsbg.

DEUTSCHLAND

Inn

Freibg.
München

Herrenchiemsee
11.-23.8.48
Verfassungskonvent

ÖSTERREICH

Lindau

SCHWEIZ

POLEN

Oder
Neiße
Saale

Berlin-Verbindungen:
≈≈≈ Luftkorridore (unter
Viermächtekontrolle)
+-+-+ Wasserwege
Autobahn/Straße
Eisenbahn

Bereich des grenznahen
Verkehrs

● Großstädte (im Ruhrgebiet
nur in Auswahl benannt)

Amerikanische Zone
Britische Zone
Französische Zone
Sowjetische Zone

Gebiet von Groß-Berlin
(gem. Potsdamer Abkommen
s. 1945 unter Viermächtestatus)

////// Vereinigtes Wirtschaftsgebiet (Bizone), 1. 7. 47
\\\\\\ Kontrollgebiet der Internationalen Ruhrbehörde 1948-52
⊙ Hauptstädte und Grenzen der Staaten
⊙ Hauptstädte und Grenzen der deutschen Länder (in der SBZ/DDR bis 1952)
● Bezirkshauptstädte und -grenzen in der DDR (seit 1952)
Grenze besonderer Art zwischen der Bundesrepublik und der DDR, sog.
deutsch-deutsche Grenze (seitens der DDR durch nach innen gestaffelte
Grenzbefestigungen hermetisch abgeriegelt)

Wahlen in der Bundesrepublik Deutschland

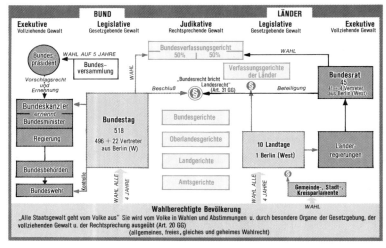

Die staatliche Organisation der Bundesrepublik wurde durch die Erfahrungen der Weimarer Republik und des NS-Staates beeinflußt. Das Grundgesetz fordert daher als oberstes Gebot die Unantastbarkeit der menschlichen Würde (Art. 1–19 GG). Diese Grundrechte sind mit dem demokratischen und sozialen Rechts- und Bundesstaat eng verknüpft. Der Gesamtstaat, der Bund, sowie die einzelnen Länder (s. VI-1) haben eigene Parlamente (Legislative), Regierungen (Exekutive) und Gerichte (Judikative); die Gewaltenteilung soll durch gegenseitige Kontrolle und Bindung an die verfassungsmäßige Ordnung eine starke Zentralgewalt und damit eine mögliche Einschränkung der Grundrechte verhindern.

Art. 20 des GG fordert: »Alle Staatsgewalt geht vom Volke aus.« In einem großen Industriestaat kann der einzelne seine politischen Vorstellungen jedoch kaum verwirklichen. Volksentscheide (Plebiszite) haben sich in der Weimarer Republik nicht bewährt. Daher sind Parlamente als Repräsentanten der Bevölkerung erforderlich. Die Parlamente haben wichtige Aufgaben; sie beschließen u. a. Gesetze und wählen die Regierung (weiteres s. Schaubild). Die Parteien stellen die Kandidaten für die Parlamente. Sie vertreten die Interessen der Bevölkerung; zugleich »wirken sie bei der politischen Willensbildung des Volkes mit« (Art. 21 GG). Ihre Zusammensetzung weicht von der Sozialstruktur der Bevölkerung ab.

So stellen bei der SPD die Nichterwerbstätigen den größten Mitgliederanteil, gefolgt von Angestellten, Beamten und Landwirten. – Bei der CDU sind die Angestellten überrepräsentiert; die nächststärksten Berufsgruppen sind Nichterwerbstätige, Selbständige, Beamte und freie Berufe. – Die CSU zeigt eine andere Gliederung; nach den Selbständigen kommen Angestellte, Nichterwerbstätige, Arbeiter und freie Berufe. – Die FDP weist die größte Abweichung zur Berufsstruktur der Gesamtbevölkerung auf: Angestellte, Beamte, Selbständige, freie Berufe, Landwirte. – Auch die höheren Einkommen sind unterschiedlich verteilt: eine leichte Überrepräsentation bei der SPD, bei CDU und FDP vermutlich stark, bei CSU vermutlich schwach vertreten. (Inf. z. polit. Bildung, 71, Bonn 1977; S. 25)

Ähnlich wie die Zusammensetzung der Parteien weicht auch die Berufszugehörigkeit der Abgeordneten von der Sozialstruktur der Bevölkerung ab (Die Zeit, 10.10.1980):

Öffentl. Dienst (Beamte, Angestellte)	41%
Angestellte der Wirtschaft (Verbände, Unternehmen)	15%
Freie Berufe (Notare, Ärzte u.a.)	15%
Angestellte polit. Organisationen (Parteien, Gewerkschaften u. a.)	13%
Selbständige (Unternehmer, Top-Manager, Handwerker, Landwirte)	13%
Sonstige	3%
Abgeordnete insgesamt 519	100%

Problematisch erscheint die hohe Zahl von Beamten und Angestellten des öffentlichen Dienstes von 41% bei einem Anteil von 14% aller Erwerbstätigen (3,6 Mio von 25,5 Mio); hierdurch könnte sich die Gewaltenteilung zwischen Legislative und Exekutive verwischen. Unterrepräsentiert sind die Frauen; sie stellen 54% aller Wahlberechtigten, jedoch nur 8% der Abgeordneten. Arbeiter sind kaum vertreten; zahlreiche Gewerkschaftsfunktionäre, die jetzt als Angestellte im Bundestag erscheinen, waren früher jedoch Arbeiter.

Kritiker des Parteiensystems geben auch zu bedenken, daß nur 3–5% der Bevölkerung in einer Partei organisiert sind.

	1969	31. 7. 81
SPD	778 000	976 800
CDU	300 000	701 212
CSU	74 000	174 872
FDP	70 000	86 600
	1 222 000	1 939 484

Ihr politischer Einfluß ist – gemessen an der Zahl – unverhältnismäßig hoch. Sie bewirken wichtige Entscheidungen; in einer »Vorwahl« werden geeignete Kandidaten ausgesucht, die der Bevölkerung als politische Führungselite zur Wahl präsentiert werden; als parlamentarische Mehrheit stellen sie die Regierung; als Koalitionsparteien können sie den Koalitionspartner stützen oder hemmen; in der Opposition kritisieren sie die Regierungsparteien und entwickeln mögliche Alternativen zur Regierungspolitik.

In diesen zahlreichen Aufgaben können sich die vielfältigen Meinungen der Gesamtbevölkerung widerspiegeln. Ein einheitlicher Volkswille, der Grundlage eines rätedemokratischen Modells sein müßte, ist wohl ohne Zwang nicht zu erreichen. Daher läßt sich eine realisierbare Alternative zur Parteiendemokratie, die die Grundrechte achten und schützen kann, derzeit nicht erkennen.

Die Abgeordneten werden von der Bevölkerung beauftragt, ihre Interessen nach eigenem Wissen und Gewissen wahrzunehmen (freies Mandat; Art. 38 GG). Die wahlberechtigten Bürger können durch regelmäßige Wahlen alle 4 Jahre die Mandatsträger kontrollieren, ihre bisherigen Leistungen überprüfen und sie abwählen, um die Kräfteverhältnisse im Parlament zu verändern.

Wahlberechtigt sind seit 1970 deutsche Staatsbürger ab 18, wählbar ab 21 Jahren (Ausnahmen: Geisteskrankheiten; Aber-

kennung der bürgerlichen Ehrenrechte). Zu den demokratischen Wahlen gehört die Einhaltung der Wahlrechtsgrundsätze: »Die Abgeordneten des Deutschen Bundestages werden in allgemeiner, unmittelbarer, freier, gleicher und geheimer Wahl gewählt« (Art. 38 GG). Außerdem sollten mehrere Parteien zur Verfügung stehen, die sich unter annähernd gleichen Wettbewerbschancen zur Wahl stellen und auch bereit sind, die Entscheidung des Wählers zu akzeptieren.

Die Bundesrepublik ist in 248 Wahlkreise eingeteilt. Sie wurden mehrfach den geänderten Bevölkerungsbewegungen in den einzelnen Ländern angepaßt. Jeder Wähler hat zwei Stimmen. Mit der »Erststimme« wählt er die Kandidaten, die von den zur Wahl zugelassenen Parteien in den Wahlkreisen aufgestellt werden. Der Kandidat mit den meisten Stimmen ist erfolgreich und zieht als Abgeordneter seines Wahlkreises in den Bundestag (248 Direktmandate nach dem relativen Mehrheitswahlrecht).

Die Reichstagsabgeordneten der Kaiserzeit wurden durch eine ähnliche Direktwahl gewählt. Alle Stimmen der unterlegenen Kandidaten verfielen. Deshalb erhält der Wähler der Bundesrepublik eine »Zweitstimme«, mit der er eine Partei wählen kann. Die Parteien der Länder stellen eine Kandidatenliste zusammen; über diese Landesliste der Parteien zieht nun die andere Hälfte der insgesamt 496 Abgeordneten (+ 22 Berliner) in den Bundestag. Das Verhältnis der abgegebenen Stimmen entscheidet nach dem d'Hondtschen Höchstzahlverfahren über die Anzahl der Abgeordneten, die den einzelnen Parteien zustehen. Das Wahlsystem der Bundesrepublik ist also eine mit der Personenwahl verbundene Verhältniswahl.

Die Zweitstimme gibt auch kleineren Parteien eine Chance, Abgeordnete in den Bundestag zu entsenden. Eine Sperrklausel soll allerdings eine Parteienzersplitterung wie in der Weimarer Republik verhindern, die durch das reine Verhältniswahlrecht der Verfassung von 1919 ermöglicht wurde. Seit 1956 muß eine Partei mindestens 5% der gültigen Zweitstimmen oder drei Direktmandate erreicht haben, um bei der Sitzverteilung für den Bundestag berücksichtigt zu werden. Diese Sperrklausel ist eine der Ursachen für die zunehmende Parteienkonzentration.

155

VIII-6 Die Wahl zum 1. Deutschen Bundestag (14. 8. 1949)

Nach dem Zusammenbruch 1945 waren politische Parteien verboten. Eine sorgfältige Umerziehung (Re-Education) sollte die Voraussetzungen für einen politischen Neuanfang schaffen. – In den westlichen Besatzungszonen konnten – im Gegensatz zur SBZ – erst nach der Potsdamer Konferenz (7.7.–2.8.45) Parteien gegründet werden. SPD, KPD und die liberalen Parteien (seit 1948 FDP) knüpften an die Traditionen der Weimarer Republik. Die CDU war ohne Vorbild; in ihr vereinigten sich Christen aller Konfessionen. Sie wurde zur ersten »Volkspartei« und trug damit wesentlich bei zur Stabilisierung des Parteiensystems.
In den Landtagswahlen 1946/47 erhielten CDU = 37,6%, SPD = 35,0%, KPD = 9,4%, Liberale = 9,3%, Sonstige = 8,7% der Stimmen. Die Landtage ratifizierten mit Ausnahme Bayerns im Mai 1949 das vom Parlamentarischen Rat ausgearbeitete »Grundgesetz für die Bundesrepublik Deutschland«. Zu einem harten Wahlkampf wählte das »Deutsche Volk« am 14. 8. 1949 den ersten Deutschen Bundestag, das zentrale Organ des Grundgesetzes.
Der Parlamentarische Rat schuf dafür ein Wahlsystem, das später nur geringfügig geändert wurde und bereits alle wesentlichen Elemente des heutigen Mischsystems enthielt.
Der Bundestag sollte mindestens 400 Abgeordnete umfassen. Jedes Bundesland erhielt entsprechend seinem Bevölkerungsanteil eine bestimmte Zahl Mandate, z. B. Hamburg 13, Bayern 78. Davon standen den Wahlkreisen etwa 60%, den Landesergänzungslisten etwa 40% zu. Die Sitzverteilung auf die einzelnen Parteien erfolgte nach dem Höchstzahlverfahren des belgischen Mathematikers d'Hondt. Dieses Verfahren ist bis heute Grundlage des Verhältniswahlsystems. Hamburg hatte z. B. 13 Sitze zu verteilen. Der Stimmenanteil der Parteien wird durch 1, 2, 3 ... dividiert; auf diese Quotienten, Höchstzahlen, werden in der Reihenfolge ihrer Größe die 13 Sitze verteilt. Nach Abzug der Wahlkreismandate wird die Differenz durch die Landesliste ergänzt.
Erhält eine Partei mehr Wahlkreismandate, als ihr nach dem Verhältniswahlsystem überhaupt zustehen, darf sie diese als Überhangmandate behalten. CDU und SPD errangen je ein Überhangmandat. Daher umfaßte der Bundestag 402 Abgeordnete.
10 Parteien zogen in den Bundestag ein. Nach der später verschärften Sperrklausel waren dazu 5% der Stimmen in einem Bundesland oder 1 Direktmandat erforderlich. Parteilose Kandidaten konnten nur durch Direktwahl Mandate erhalten (SH 1, Württ.-Baden 2).
Repräsentative Wahlstatistiken gibt es erst seit 1953. Beobachtungen des Wählerverhaltens der folgenden Jahre lassen sich deshalb nur mit Einschränkungen auf 1949 übertragen. Die Liberalen blieben ihre früheren Hochburgen erhalten. Deutsche Partei (DP) und Bayernpartei galten als ländlich-konservativ und waren wohl Reaktionen auf die Flüchtlinge. Eine Partei für Vertriebene war noch nicht erlaubt. Sie gründeten daher Wählergemeinschaften (WAV) oder wählten Unabhängige. Insgesamt zeigte sich im Vergleich zu den Landtagswahlen ein gewisser Rechtsruck. Die Alliierten konnten jedoch durch den ersten Bundeskanzler, Konrad Adenauer, mit Hinweis auf die 322 Sitze von CDU/CSU, SPD und FDP beruhigt werden.

Das d'Hondtsche Höchstzahlverfahren
Hamburg: 13 Bundestagsabgeordnete

Partei	SPD		CDU		FDP		DP		KPD	
Stimmanteil in %	39,6		19,7		15,8		13,1		8,5	
Stimmen in 1000	359	1	179	3	143	4	119	6	77	9
: 2	179,5	2	89,5	8	71,5	11	59,5		38,5	
: 3	119,7	5	59,7	12	47,7		39,7		25,7	
: 4	89,8	7	44,8		35,8		29,8		19,3	
: 5	71,8	10	35,8		28,6		23,8		15,4	
: 6	59,8	13	29,8		23,8		19,8		12,8	
Gesamtmandate		6		3		2		1		1
∕ Wahlkreismand. 60%		4		3		1		–		–
Listenmandate 40%		2		–		1		1		1

156

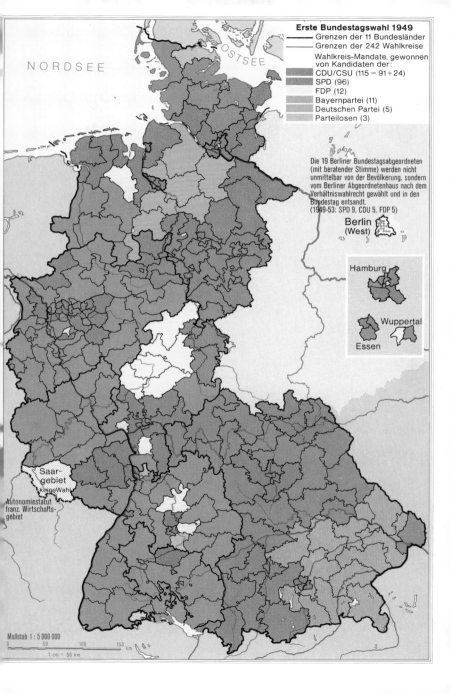

Erste Bundestagswahl 1949

—— Grenzen der 11 Bundesländer
—— Grenzen der 242 Wahlkreise

Wahlkreis-Mandate, gewonnen
von Kandidaten der:

CDU/CSU (115 = 91+24)
SPD (96)
FDP (12)
Bayernpartei (11)
Deutschen Partei (5)
Parteilosen (3)

NORDSEE

OSTSEE

Die 19 Berliner Bundestagsabgeordneten
(mit beratender Stimme) werden nicht
unmittelbar von der Bevölkerung, sondern
vom Berliner Abgeordnetenhaus nach dem
Verhältniswahlrecht gewählt und in den
Bundestag entsandt.
(1949-53: SPD 9, CDU 5, FDP 5)

Berlin
(West)

Hamburg

Wuppertal

Essen

Saar-
gebiet
(keine Wahl)

Autonomiestatut
franz. Wirtschafts-
gebiet

Maßstab 1 : 5 000 000
0   50   100   150   km
1 cm ≙ 50 km

VIII-7   Die Wahl zum 3. Deutschen Bundestag (15. 9. 1957)

Die Wahl zum 1. Bundestag 1949 brachte der CDU/CSU 31% Wählerstimmen. Adenauer lehnte eine »Große Koalition« mit der SPD ab und bildete eine Regierung aus CDU/CSU, FDP und DP (51,7% der Sitze).

Die Wahl 1953 gab der CDU/CSU im Bundestag die absolute Mehrheit von 50,1%. Adenauer setzte dennoch die bewährte Koalition fort und erweiterte sie um die Vertriebenenpartei BHE. Dadurch unterstützte ihn im Bundestag eine $^2/_3$ Mehrheit mit 68,6%. Die Opposition bildeten SPD (31%) und Zentrumspartei (0,4%). Im Gegensatz zu 1949 waren 1953 nur noch 6 Parteien im Bundestag vertreten. Die KPD hatte über 50% ihrer Wähler verloren und war mit 2,2% Stimmen bereits drei Jahre vor ihrem Verbot politisch bedeutungslos.

Die Tendenz zur Konzentration der Parteien setzte sich bei der Wahl zum 3. Bundestag am 15. 9. 1957 fort. Neben CDU/CSU und SPD konnten sich nur noch FDP und DP halten. Die restlichen 9 Parteien scheiterten an der verschärften Sperrklausel des Wahlgesetzes von 1956. Es ist – von kleinen Veränderungen abgesehen – bis heute gültig. Von nun an entscheiden die Zweitstimmen der Wähler über die Abgeordnetenzahl, die den Parteien im gesamten Bundesgebiet zustehen. In einem zweiten Rechengang werden – wiederum nach d'Hondt – den Länderparteien die Sitzanteile zugewiesen.

Die CDU/CSU errang mit 50,2% Stimmen die absolute Mehrheit und war auf dem Höhepunkt ihrer Macht. Ihr standen 54,4% Sitze im Bundestag zu (1953: 49,9%). Die SPD als zweitstärkste Partei erhielt 31,8% Stimmen und 34% Mandate (1953: 31%). Das reichte aus, um eine $^2/_3$-Mehrheit im Bundestag zu verhindern. Die FDP, seit 1956 in der Opposition, verlor Stimmenanteile und sank von 9,5% 1953 auf 7,7%. Die DP konnte sich bei 3,4% Zweitstimmen nur durch 6 Direktmandate retten. Der Bundestag umfaßte nach der Eingliederung des Saarlandes 494 Abgeordnete; dazu kamen 3 Überhangmandate für die CDU.

Sitzverteilung im Bundestag

a = Erststimmen   b = Zweitstimmen

Regierung 287   Opposition 210

Die Zweitstimmen geben die politischen Kräfteverhältnisse zuverlässiger wieder als die Direktwahlen. So erwarb die DP 5 ihrer 6 Direktmandate in Niedersachsen und eins in Hessen durch Wahlabsprachen mit der CDU. Dennoch läßt auch die Wahlkreiskarte den Wahlsieg der CDU/CSU erkennen. Die CSU eroberte in Bayern alle 47 Wahlkreise (1953: 42). Die CDU gewann im übrigen Bundesgebiet 22 Sitze mehr als 1953. Die Wähler honorierten offensichtlich ihre überzeugenden wirtschaftlichen und außenpolitischen Erfolge als Regierungspartei. Mit dem Wahlslogan »Keine Experimente« sollte das Erreichte gesichert bleiben.

Die SPD tauschte einige Wahlkreise mit der CDU, gewann andere von FDP und DP, blieb aber im Vergleich zu 1953 mit 46 Wahlkreisen nahezu unverändert. Sie konnte die bisherigen Wählerschichten überwiegend halten, aber keine neuen gewinnen. Die FDP verlor 14 Direktmandate. Das Saarland brachte ihr lediglich einen Wahlkreis. Seither blieb sie bei der Persönlichkeitswahl erfolglos. Der BHE hatte als Interessenpartei durch wirtschaftliche Konsolidierung und Integration der Flüchtlinge an Attraktivität verloren (4,6%). Der Wahlgewinn der CDU/CSU war offensichtlich der Persönlichkeit Adenauers zu verdanken. Er wurde zum 3. Male von den Abgeordneten des Bundestages (CDU/CSU, DP) gewählt.

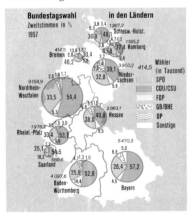

Bundestagswahl   in den Ländern
Zweitstimmen in %
1957

Wähler (in Tausend)

SPD
CDU/CSU
FDP
GB/BHE
DP
Sonstige

Bei einer Wahlbeteiligung von 88,2% (1949: 78,5%, 1953: 86,6%) wurden für CDU/CSU, SPD, FDP, DP insgesamt 78,2% Stimmen abgegeben; 21,1% gingen verloren.

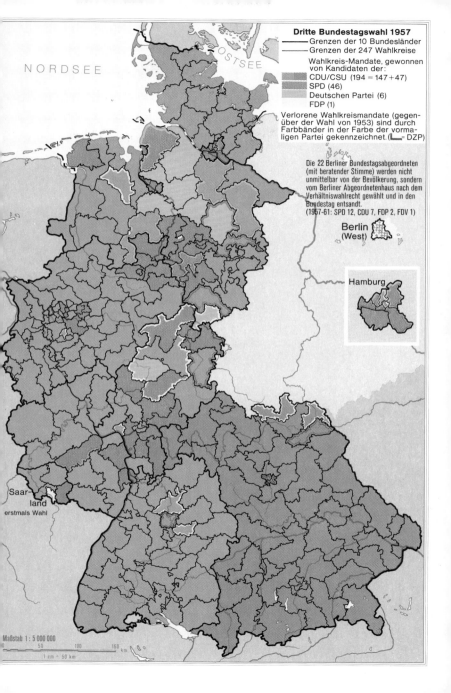

Dritte Bundestagswahl 1957

— Grenzen der 10 Bundesländer
— Grenzen der 247 Wahlkreise

Wahlkreis-Mandate, gewonnen
von Kandidaten der:

CDU/CSU (194 = 147 + 47)
SPD (46)
Deutschen Partei (6)
FDP (1)

Verlorene Wahlkreismandate (gegenüber der Wahl von 1953) sind durch
Farbbänder in der Farbe der vorma-
ligen Partei gekennzeichnet. (▬ = DZP)

Die 22 Berliner Bundestagsabgeordneten
(mit beratender Stimme) werden nicht
unmittelbar von der Bevölkerung, sondern
vom Berliner Abgeordnetenhaus nach dem
Verhältniswahlrecht gewählt und in den
Bundestag entsandt.
(1957-61: SPD 12, CDU 7, FDP 2, FDV 1)

NORDSEE

OSTSEE

Berlin
(West)

Hamburg

Saar-
land
erstmals Wahl

Maßstab 1 : 5 000 000

0   50   100   150   km

1 cm ≙ 50 km

Die Wahl zum 4. Bundestag verschob die Kräfteverhältnisse. Die CDU/CSU verlor mit 48,5 % Sitzen die absolute Mehrheit (1957: 54,4 %). Die SPD erweiterte ihren Sitzanteil auf 38,1 % (1957: 34 %). Die FDP gewann die bisher höchste Zahl von 13,4 %, offensichtlich als Ergebnis ihres »Anti-Adenauer«-Wahlkampfes. Die DP blieb ohne Abgeordnete. Das Drei-Parteien-System hatte sich eingependelt.

Wollte die CDU/CSU erneut den Kanzler stellen, war sie auf ein Bündnis mit FDP oder SPD angewiesen. Nach langwierigem »Koalitionskuhhandel« schloß sich die FDP der CDU/CSU an. Mit einer Regierungsmehrheit von 61,9 % wurde Adenauer zum 4. Male Bundeskanzler. Der Koalitionsvertrag zwischen FDP und CDU/CSU war jedoch neu im deutschen Verfassungsleben.

1962 mußte die Regierung nach der »Spiegel-Affäre« umgebildet werden. Verhandlungen zwischen CDU/CSU und SPD blieben ohne Erfolg; das Bündnis mit der FDP wurde fortgesetzt. Als Bedingung des 2. Koalitionsvertrages trat Konrad Adenauer 1963 nach 14jähriger Regierungstätigkeit im Alter von 87 Jahren zurück. Sein Nachfolger, Ludwig Erhard, bildete mit der FDP die 6. Bundesregierung.

Erhard, »Vater des Wirtschaftswunders«, eröffnete den Wahlkampf 1965 mit dem Slogan »Unsere Sicherheit«. Die SPD hatte sich nach der Wahlniederlage 1957 mit dem »Godesberger Programm« von 1959 den veränderten politischen, wirtschaftlichen und gesellschaftlichen Nachkriegsverhältnissen angepaßt. Bisher war der ideologische Gegensatz von CDU/CSU und SPD für den Wähler leicht zu erkennen; knapp 70 % wählten »bürgerlich«, gut 30 % »sozialistisch«. Von nun an weichten die politischen Fronten auf, so daß demoskopische Umfragen für 1965 ein Kopf-an-Kopf-Rennen ankündigen konnten.

Die Wahl am 19. 9. 1965 brachte jedoch keine entscheidende Veränderung des Wählerverhaltens. Der Abstand zwischen CDU/CSU und SPD verringerte sich bei den Zweitstimmen von 18,4 % 1957 auf 8,3 % 1965, der erhoffte Durchbruch der SPD blieb aber aus. Mit 40,7 % Mandaten lag sie hinter der CDU/CSU, die 49,4 % erhielt und damit nur knapp die absolute Mehrheit verfehlte. Die FDP rutschte von 12,8 % Stimmen 1961 auf 9,5 % und besetzte im Bundestag 9,9 %. Zusammen mit der CDU/CSU ergab das eine Mehrheit von 59,3 % für die 7. Regierung, wiederum mit Ludwig Erhard als Bundeskanzler.

Sitzverteilung im Bundestag

a = Erststimmen   b = Zweitstimmen

Koalition 294   Opposition 202

Den Splitterparteien blieben 3,6 % (1949 27,9 %). Einen bescheidenen Erfolg konnte nur die NPD mit 2 % verbuchen. In den 50er und 60er Jahren verschoben sich in den Bundesländern die Einwohnerzahlen; deshalb wurden 1964 die Wahlkreise neu eingeteilt. Von den 248 Wahlkreisen fielen 154 an die CDU/CSU, 94 an die SPD. Beide Parteien behaupteten überwiegend ihre Wahlkreise von 1961. Die neuen Wahlkreise wirkten sich also nur geringfügig auf Zugewinne und Verluste aus. So gab die SPD 9 Sitze an die CDU/CSU. Bisherige CDU/CSU-Wähler wechselten in 14 Wahlkreisen zur SPD. Dieser Wechsel zur SPD wurde besonders von Arbeitern und Angestellten in Gemeinden mit mehr als 10 000 Einwohnern vollzogen. Kleinere Gemeinden verzeichneten nur geringe Wählerbewegungen. Als Stammwähler der CDU/CSU konnten Beamte, Landwirte und Selbständige angesehen werden. Auch Konfessionszugehörigkeit der Wähler und das Wahlverhalten der Frauen beeinflußten den CDU/CSU-Erfolg. Es gab 3,6 Mio. mehr wahlberechtigte Frauen als Männer. Wenn auch ihre Wahlbeteiligung mit 84,6 % um 2,9 % niedriger lag als die der Männer, so entschieden sie sich in allen Altersstufen am häufigsten für CDU/CSU.

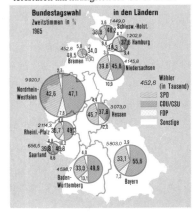

Bundestagswahl   **in den Ländern**

Zweitstimmen in %
1965

Wähler (in Tausend)

SPD
CDU/CSU
FDP
Sonstige

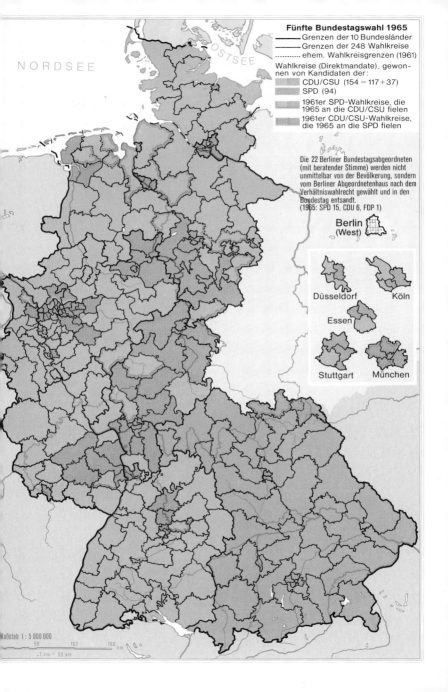

Fünfte Bundestagswahl 1965

——— Grenzen der 10 Bundesländer
——— Grenzen der 248 Wahlkreise
·········· ehem. Wahlkreisgrenzen (1961)

Wahlkreise (Direktmandate), gewonnen von Kandidaten der:

CDU/CSU (154 = 117+37)
SPD (94)
1961er SPD-Wahlkreise, die 1965 an die CDU/CSU fielen
1961er CDU/CSU-Wahlkreise, die 1965 an die SPD fielen

Die 22 Berliner Bundestagsabgeordneten (mit beratender Stimme) werden nicht unmittelbar von der Bevölkerung, sondern vom Berliner Abgeordnetenhaus nach dem Verhältniswahlrecht gewählt und in den Bundestag entsandt.
(1965: SPD 15, CDU 6, FDP 1)

Berlin (West)

Düsseldorf   Köln

Essen

Stuttgart   München

NORDSEE

OSTSEE

Maßstab 1 : 5 000 000

50   100   150 km

1 cm = 50 km

VIII-9   Die Wahl zum 7. Deutschen Bundestag (10. 11. 1972)

Ein Jahr nach den Bundestagswahlen 1965 zerbrach die CDU/CSU-FDP-Regierung. Die FDP-Minister hatten die Koalition gekündigt. Ludwig Erhard stellte sein Amt zur Verfügung. Kurt Georg Kiesinger, CDU, wurde am 1. 12. 1966 Kanzler der 8. Bundesregierung. Er nahm die SPD aus ihrer bisherigen Rolle als Oppositionspartei in die Regierungsverantwortung. Die »Große Koalition« aus CDU/CSU und SPD umfaßte 90,1 % der Sitze.

Die Bundestagswahl 1969 veränderte die Stimmen- und Koalitionsverhältnisse. Der SPD war es offensichtlich gelungen, durch ihren Wandel von der marxistisch geprägten Klassenpartei zur demokratisch-sozialistischen Volkspartei neue Wählerschichten anzusprechen. Ideologischer Wandel und Bewährung als »regierungswürdige« Partei brachten ihr erstmals mehr Direktmandate als der CDU/CSU (127:121). Sie hatte außerdem ihren Wählern zum Stimmensplitting geraten: »Erststimmen der SPD, Zweitstimmen der FDP.« Die FDP hatte sich im Wahlkampf als »Dritte Kraft« und denkbarer Koalitionspartner der SPD angeboten. Sie erhielt jedoch nur 5,8 % Zweitstimmen. Das reichte aber aus, um mit der SPD eine »Kleine Koalition« zu bilden; sie verfügte im neuen Bundestag über 51,2 % Mandate. Kanzler der 9. Bundesregierung wurde der SPD-Vorsitzende Willy Brandt. Erstmals in der Geschichte der Bundesrepublik konnte ein Sozialdemokrat die Richtlinien der Politik bestimmen.

Die CDU/CSU trat mit 48,8 % Abgeordneten (Zweitstimmen: CDU/CSU 46,1 %, SPD 42,7 %, FDP 5,8 %) als starke Opposition auf. In der Folgezeit wechselten mehrere SPD- und FDP-Abgeordnete wegen der Ostpolitik der Regierung zur CDU/CSU; es entstand Stimmengleichheit, ein »parlamentarisches Patt«. Der Bundestag wurde deshalb am 22. 9. 1972 vorzeitig aufgelöst.

Die Neuwahlen zum 7. Bundestag brachten der sozial-liberalen Koalition die eindeutige Mehrheit im Bundestag.

Willy Brandt, zum zweiten Mal Bundeskanzler, konnte sich auf 54,6 % Abgeordnete

stützen. Bereits zwei Jahre später trat er wegen der Guillaume-Affäre sein Amt an Helmut Schmidt ab.

Die SPD wurde am 19. 11. 1972 erstmals stärkste Partei. Sie errang 45,8 % Zweitstimmen, die CDU/CSU 44,9 %. Die FDP hatte das Tief von 1969 überwunden und ihr Anteil stieg von 5,8 % auf 8,4 %. Die NPD, 1969 mit 4,3 % eine an der 5 %-Klausel gescheitert, fiel auf 0,6 % zurück. Die DKP erhielt in ihrer ersten Wahl seit der Gründung im Oktober 1968 lediglich 0,3 %.

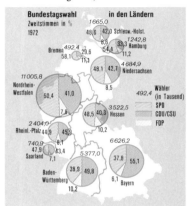

Besonders bemerkenswert war der Stimmenzuwachs für die SPD in den Wahlkreisen. 25 bisherige CDU/CSU-Mandate fielen an die SPD. Dadurch konnte sie 152 Direktmandate erwerben. Die CDU/CSU stellte nur in Baden-Württemberg und Bayern mehr Wahlkreissieger als die SPD; insgesamt blieben ihr 96 Erstsitze (1957 270; 1969 121). Alle drei Parteien wurden von Wählerinitiativen unterstützt. Dadurch konnten Wählerreserven mobilisiert werden. Sie kamen bei einer Wahlbeteiligung von 91,2 %, der höchsten in der Geschichte der Bundesrepublik, offensichtlich der SPD zugute. Die Herabsetzung des Wahlalters von 21 auf 18 Jahre ergab zudem 4,8 Mio. Jungwähler; sie stimmten im Verhältnis von 2:1 zugunsten der regierenden Koalition. Eine gewandelte Einstellung zur SPD ließ sich auch bei Mittelschichten (Beamte, Dienstleistungsberufe), bei Frauen aller Altersstufen und in katholischen Gegenden erkennen. Die Politik der SPD-FDP-Regierung mußte deshalb darauf gerichtet sein, die neugewonnenen Sympathien zu bewahren.

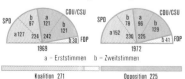

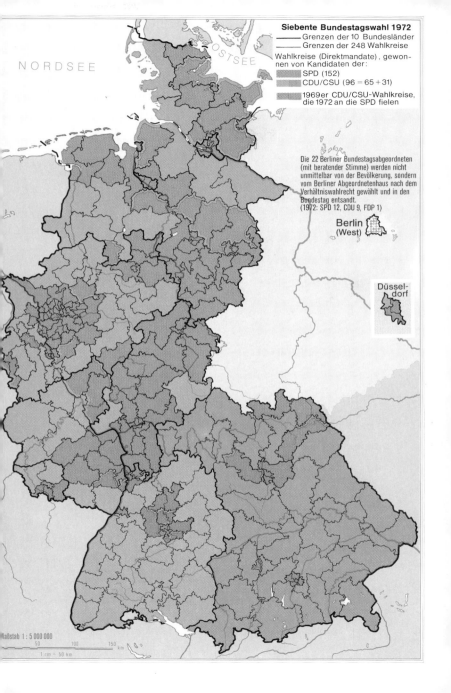

Siebente Bundestagswahl 1972
———— Grenzen der 10 Bundesländer
———— Grenzen der 248 Wahlkreise
Wahlkreise (Direktmandate), gewonnen von Kandidaten der:
SPD (152)
CDU/CSU (96 = 65 + 31)
1969er CDU/CSU-Wahlkreise, die 1972 an die SPD fielen

NORDSEE

OSTSEE

Die 22 Berliner Bundestagsabgeordneten (mit beratender Stimme) werden nicht unmittelbar von der Bevölkerung, sondern vom Berliner Abgeordnetenhaus nach dem Verhältniswahlrecht gewählt und in den Bundestag entsandt.
(1972: SPD 12, CDU 9, FDP 1)

Berlin
(West)

Düssel-
dorf

Maßstab 1 : 5 000 000
50   100   150
km
1 cm ≙ 50 km

VIII-10 Die Wahl zum 8. Deutschen Bundestag (3. 10. 1976)

Die Bundestagswahl 1972 hatte der SPD/FDP-Regierung eine Mehrheit von 46 Mandaten im Bundestag gebracht. Die Koalition sollte in der 8. Legislaturperiode fortgesetzt werden; daher mußte die Opposition mehr als 50% der insgesamt 496 Sitze erringen, um die Regierung übernehmen zu können.

Der Wahlkampf verschärfte den Trend zur ideologischen Polarisierung der Parteien. Die Wahlbeteiligung lag wie 1972 im Bundesdurchschnitt bei rd. 91%; im Saarland mit 92,9% am höchsten, in Baden-Württemberg mit 89,1% am niedrigsten.

Die SPD/FDP-Koalition konnte ihren Erfolg von 1972 nicht wiederholen. Mit einer knappen Mehrheit von 10 Mandaten stand sie einer starken künftigen Opposition gegenüber. Die Unionsparteien erzielten zwar ihr zweitbestes Ergebnis seit 1957, aber nicht die absolute Mehrheit. Die Splitterparteien erhielten wie 1972 lediglich 0,9% der Stimmen. Der Trend zur Konzentration im Parteiensystem wurde damit bestätigt.

Die Karte zeigt das Ergebnis der Direktwahlen (Erststimme) in den 248 Wahlkreisen (VIII-9). Die SPD verlor mit 36 Wahlkreisen fast ein Viertel ihrer Direktmandate; es fiel den Unionsparteien zu. Die FDP blieb seit 1961 ohne Wahlkreiskandidaten.

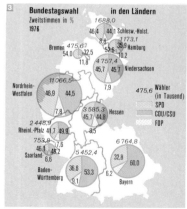

Sitzverteilung im Bundestag

Koalition 253   Opposition 243

Die Karte läßt ein deutliches Nord-Süd-Gefälle erkennen: in Schleswig-Holstein, Hamburg, Bremen, Niedersachsen, Nordrhein-Westfalen und im Saarland hat die SPD die Mehrheit der Direktmandate erhalten, in Rheinland-Pfalz, Baden-Württemberg und Bayern die Unionsparteien.

Diese Stimmenverteilung hängt offensichtlich von der Konfession der Wähler ab (III-9). Im Norden ist der katholisch-kirchliche Einfluß relativ gering, daher gab es hier mehr Stimmen für die SPD. Zugleich ist es das Gebiet der häufigsten Wechselwähler. Auch in Räumen mit hoher Bevölkerungsdichte (III-2) lassen sich Sympathien für die SPD erkennen, so in Nordrhein-Westfalen und in städtischen Ballungsgebieten wie Stuttgart oder München. Außerdem macht sich hier der gewerkschaftliche Einfluß bemerkbar.

Die CDU/CSU führen in landwirtschaftlich orientierten Wahlkreisen mit geringerer Dichte oder in Gebieten mit hoher Dichte bei gleichzeitig hohem Angestelltenanteil.

Die eigentliche Entscheidung über die Zusammensetzung des Bundestages bringen die Zweitstimmen (Listenwahl). CDU/CSU erhielten 48,6% der Stimmen und verfehlten nur knapp die absolute Mehrheit. Bei SPD und FDP verringerten sich die Stimmenanteile: SPD von 45,6% (1972) auf 42,6% (1976) und FDP von 8,4 auf 7,9%.

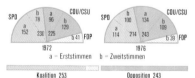

Veränderung des Zweitstimmen-Anteils
zwischen 1972 und 1976

SPD   CDU/CSU   FDP

Das Ergebnis der Zweitstimmenwahl hängt noch stärker als bei den Erststimmen von den sozio-ökonomischen Merkmalen der Wähler ab: Konfession, Bevölkerungsdichte und Anteil von Angestellten oder Arbeitern. Daher zeigen sich auch hier deutliche Unterschiede in den einzelnen Ländern:

Bundestagswahl in den Ländern

Zweitstimmen in % 1976

Die Unionsparteien konnten in allen Bundesländern Stimmengewinne verbuchen; die CSU, begrenzt auf Bayern, errang erstmals 60% aller Stimmen bei einer Zuwachsrate von 4,9%. Zahlreiche SPD-Wähler wanderten zur CDU/CSU. Die FDP verzeichnete geringere Einbußen. Insgesamt erhielt die Regierungskoalition 50,5% der Zweitstimmen.

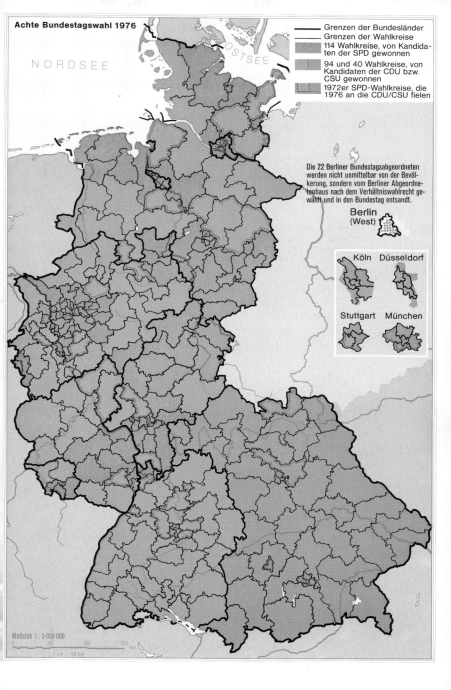

SPD und FDP hatten vor der Wahl beschlossen, die Koalition auch im 9. Bundestag fortzusetzen; es sollten aber stabilere Mehrheiten erreicht werden. Gleichzeitig versuchten die Unionsparteien, seit 1969 in der Opposition, wieder die Regierungsverantwortung übertragen zu bekommen.

Um möglichst viele Wähler anzusprechen, waren die Wahlslogans relativ unspezifisch: SPD: »Sicherheit für Deutschland«, CDU/CSU: »Für Frieden und Freiheit«, FDP: »Diesmal geht's ums Ganze«. Daher konzentrierten sich die Werbeagenturen und Wahlstrategen zunehmend auf die Polarisierung der Amtsbewerber, Helmut Schmidt und Franz Josef Strauß. Aus dem legitimen Interessengegensatz des Machterhalts und Machterwerbs erwuchs ein Wahlkampf, der – anders als Wirtschaftswerbung – auch nicht vor der Diffamierung des politischen Gegners zurückschreckte. Offensichtlich liegt hier eine der Ursachen für die um 2% auf 88,7% gesunkene Wahlbeteiligung.

Der Wahlausgang bestätigte die bisherige Regierung und brachte ihr mit einem Plus von 45 Sitzen die erhoffte Mehrheit:

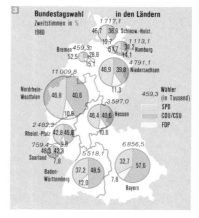

Die SPD gewann 17 neue Wahlkreise. Sie liegen vor allem in Norddeutschland und gingen der CDU verloren. In Schleswig-Holstein errang sie alle 11 Direktmandate; da ihr hier aufgrund der Zweitstimmen aber nur 10 Sitze zugestanden hätten, fiel ihr ein Überhangmandat zu. Dadurch stieg die Gesamtzahl der Bundestagssitze von 496 auf 497. – Ihr Zweitstimmenanteil erhöhte sich im Bundesdurchschnitt jedoch nur um 0,3% (von 42,6% auf 42,9%), obwohl sie sich seit 1969 immer stärker zur Partei der Erst- und Jungwähler entwickelt hatte (1980: 3,6 Mio. Erstwähler, 9,8 Mio. Jungwähler, 18–29 Jahre, von insgesamt 43 207 080 Wahlberechtigten). Der geringe Stimmenzuwachs ist offensichtlich Ergebnis einer anti-sozialistischen Grundströmung. »Hätten die Bürger zu wählen gehabt nicht zwischen Schmidt und Strauß, sondern zwischen SPD und Union, hätte der 5. Oktober den Machtwechsel in Bonn gebracht« (FAZ, 6. 10. 1980).

So aber rutschten CDU/CSU von 48,6% Zweitstimmen 1976 auf 44,5% und verloren im Bundestag 17 Sitze (1976: 48,9%, 1980: 45%). Besonders schwerwiegend waren die Verluste in Norddeutschland; aber auch Baden-Württemberg und Rheinland-Pfalz lagen über dem Bundesdurchschnitt:

SPD- und vor allem CDU-Verluste wurden zu Stimmengewinnen der FDP. In einigen Landtagen als politisches Regulativ ausgeschaltet, stiegen ihre Zweitstimmen im Bundesdurchschnitt überraschend von 7,9% auf 10,6%. Zahlreiche Wähler, vorwiegend ohne eindeutige Parteipräferenz, nutzten die Möglichkeit, die beiden Stimmen aufzuteilen (Stimmensplitting). So wählten z. B. jeweils rd. 1,5% Randwähler den CDU- bzw. SPD-Direktkandidaten, gaben die Zweitstimme aber der FDP. Diese Wechselwähler erwarten von der FDP eine liberale, z. T. konservativ geprägte korrigierende Funktion; sie können aber wieder abwandern.

Die Grünen waren zu heterogen, um als 4. politische Kraft in den Bundestag ziehen zu können. Sie scheiterten mit 1,5% Stimmen an der 5%-Klausel, ebenso wie DKP und NPD mit je 0,2%.

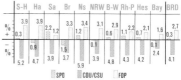

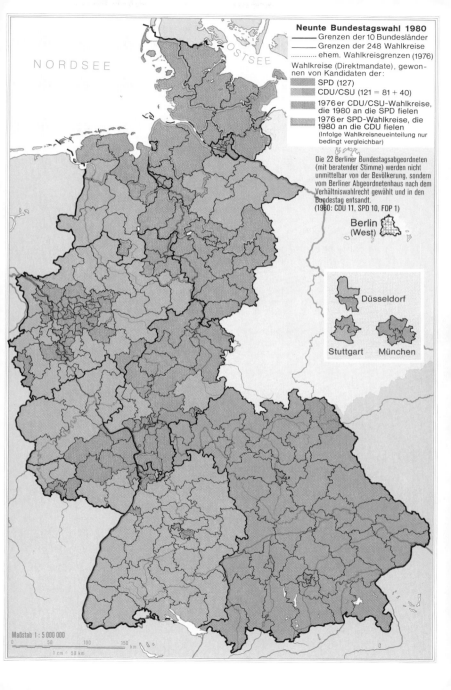

Neunte Bundestagswahl 1980

— Grenzen der 10 Bundesländer
— Grenzen der 248 Wahlkreise
········· ehem. Wahlkreisgrenzen (1976)

Wahlkreise (Direktmandate), gewonnen von Kandidaten der:

SPD (127)
CDU/CSU (121 = 81 + 40)
1976er CDU/CSU-Wahlkreise, die 1980 an die SPD fielen
1976er SPD-Wahlkreise, die 1980 an die CDU fielen
(Infolge Wahlkreisneueinteilung nur bedingt vergleichbar)

Die 22 Berliner Bundestagsabgeordneten (mit beratender Stimme) werden nicht unmittelbar von der Bevölkerung, sondern vom Berliner Abgeordnetenhaus nach dem Verhältniswahlrecht gewählt und in den Bundestag entsandt.
(1980: CDU 11, SPD 10, FDP 1)

Berlin (West)

Düsseldorf

Stuttgart   München

NORDSEE

OSTSEE

Maßstab 1 : 5 000 000
0   50   100   150 km
1 cm = 50 km

Im Mai 1945 wurde das Deutsche Reich aufgelöst. Die Alliierten übernahmen in ihren Besatzungszonen die Verwaltung. Ideologische Gegensätze zwischen den Siegermächten führten bald zur unterschiedlichen Entwicklung in der Ostzone und in den Westzonen. Die USA unterstützten in ihrem Einflußbereich die Bildung von Ländern. Sie sollten die Grundlage eines künftigen deutschen Bundesstaates bilden. Großbritannien und Frankreich schlossen sich diesen Plänen an, so daß Ende 1948 fast alle heutigen Länder der Bundesrepublik existierten. Ihre Vertreter arbeiteten als Parlamentarischer Rat das Grundgesetz aus.

In den Artikeln 20–37 wird der bundesstaatliche Aufbau (Föderalismus) festgelegt. Bund und Länder sind danach Staaten mit Parlamenten, Regierungen, Verwaltungsbehörden, Gerichten, eigener Rechtsordnung und finanzieller Selbständigkeit. Um die Machtkonzentration der föderativen Elemente zu verhindern, sind die Bundes- und Landeskompetenzen aufgeteilt und zugleich verschränkt. Besonders wichtig ist »im Interesse einer wirksamen Teilung der Gewalten« (BVerfG) der Artikel 50. Danach wirken die Länder durch den Bundesrat bei der Gesetzgebung und Verwaltung des Bundes mit; sie sind somit direkt an der Bundesgewalt beteiligt. Gegen den Willen des Bundesrates, der aus Mitgliedern der Landesregierungen besteht, kann der überwiegende Teil der Gesetze im Bundestag nicht verabschiedet werden. Damit ist es dem Bundesrat möglich, die Gesetzgebung der Parlamentsmehrheit bei den sog. »Zustimmungsgesetzen« zu blockieren oder einschneidende Veränderungen der Gesetzesvorlagen zu erzwingen.

Diese Funktion des Bundesrates wird bei unterschiedlichen Mehrheitsverhältnissen in Bund und Ländern interessant. Das war zu Beginn der Landtagswahlen im Frühjahr 1978 der Fall. Die unionsgeführten Länder besaßen eine Mehrheit von 26 Stimmen der insgesamt 45; SPD- und SPD/FDP-Regierungen entsandten 15 Mitglieder (Berlin 4). Die Landtagswahlen in Niedersachsen und an der Saar boten der CDU die Chance, alleinige Regierungspartei zu werden; ihr Koalitionspartner FDP wäre dann als Korrektiv bei Bundesratsbeschlüssen weggefallen. Ein Wahlsieg der CDU in Hessen hätte zu einer $^2/_3$ Mehrheit im Bundesrat geführt; die SPD/FDP-Bundesregierung wäre damit entscheidend geschwächt worden.

Die Landtagswahlen können nicht nur die Kräfteverhältnisse in den Länderparlamenten verändern. Sie sind zugleich Testwahlen für die Anziehungskraft der Bundesparteien. Je nach Wahlausgang können dann Wähler und Parteimitglieder für Wahlkämpfe und -entscheidungen motiviert und mobilisiert oder auch gelähmt werden.

Nicht zuletzt werden die Landtagswahlen zu Probeabstimmungen für die Kanzlerkandidaten. Weil sich die großen Parteien in den Grundsatzfragen der Außen-, Verteidigungs-, Wirtschafts- und Energiepolitik angenähert haben, muß die Polarisierung durch ihre Exponenten erfolgen.

Eine Bilanz aller Landtagswahlen zwischen 1978 und 1980 zeigt, daß die Parteienlandschaft weitgehend stabil geblieben ist. Die Regierungsparteien konnten – bei Veränderungen im einzelnen – die Wahlen insgesamt als Erfolge verbuchen. Ein Regierungswechsel fand lediglich in Berlin statt. Der Wahlsieg der Berliner CDU 1981 veränderte aber nicht die Stimmenverhältnisse im Bundestag, weil die Berliner Delegierten nur beratende Funktion haben. Erst die LT-Wahlen 82 können einen Wandel herbeiführen (Hamburg, Niedersachsen, Hessen, Bayern). Die CDU/CSU hat also ihr Ziel einer $^2/_3$-Mehrheit im Bundesrat nicht erreicht. Außerdem zeigte sich bei den Unionsparteien – außer in Berlin – eine unterschiedlich starke Wählerabwanderung von durchschnittlich 2,2%. Dennoch haben sich CDU/CSU als relativ stärkste politische Kraft halten können. – Die SPD mußte bei einem Zuwachs von 1,4% erhebliche Verluste in den Städten, ihren ehemaligen Stützpunkten, hinnehmen. Jungwähler, Arbeiter und Mittelschichten sind nicht mehr ihr ausschließliches Wählerreservoir. Dennoch kann sie immer noch, wie auch die CDU/CSU, mit 70–80% Stammwählern rechnen. – Die FDP verfügt dagegen nur knapp über 50% feste Wähler. Diese Kernwählerschaft reichte in Hamburg, Niedersachsen und Nordrhein-Westfalen nicht aus, um die 5%-Grenze zu erreichen; im Bundesdurchschnitt verlor sie 1,4%. Überraschend große Erfolge erzielten die ökologischen Parteien; in Bremen und Baden-Württemberg zogen sie mit 4 bzw. 6 Abgeordneten in die Landtage. Ihre Anhänger kommen aus den Randgruppen der etablierten Parteien, aus Städtern aller Schichten, Jungwählern und dem linken Protestpotential. – Die extremen Rechts- und Linksparteien, NPD und DKP, erhielten mit wenigen Ausnahmen weniger als 1% der Stimmen.

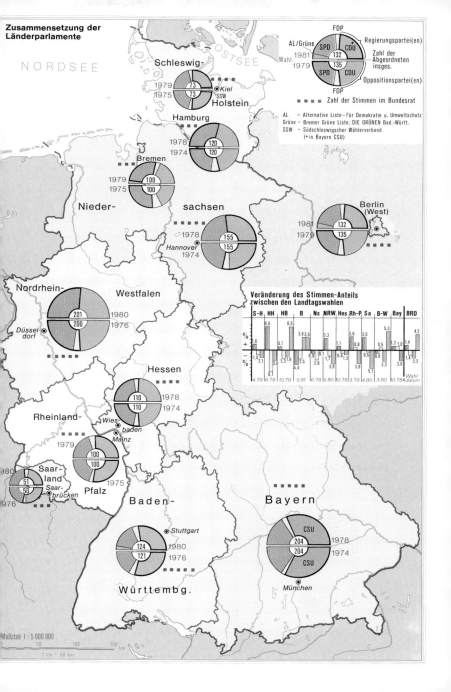

Zusammensetzung der Länderparlamente

NORDSEE

OSTSEE

AL/Grüne — FDP
SPD — CDU — Regierungspartei(en)
1981 | **132** | Zahl der Abgeordneten insges.
Wahl **1979** | **135**
SPD — CDU — Oppositionspartei(en)
■ ■ ■ FDP — Zahl der Stimmen im Bundesrat

AL = Alternative Liste – Für Demokratie u. Umweltschutz
Grüne = Bremer Grüne Liste; DIE GRÜNEN Bad.-Württ.
SSW = Südschleswigscher Wählerverband
(• in Bayern CSU)

Schleswig-
1979 | **73**
1975 | **73**
●Kiel
SSW
Holstein

Hamburg
1978 | **120**
1974 | **120**

Bremen
1979 | **100**
1975 | **100**

Nieder- **sachsen**
1978 | **155**
Hannover● | **155**
1974

Berlin (West)
1981 | **132**
1979 | **135**

Nordrhein- **Westfalen**
Düssel-● | **201** | 1980
dorf | **200** | 1976

Veränderung des Stimmen-Anteils zwischen den Landtagswahlen

	S-H	HH	HB	B	Ns	NRW	Hes	Rh-P	Sa	B-W	Bay	BRD
%+	2,6	6,6	0,7	6,5	3,6	3,5	3,3	1,1	3,8	3,6	0,5	5,3	2,2	1,0	1,4	4,5
%−	1,4	2,1	3,0	2,3	1,9	2,5	4,4	2,8	0,1	1,7	0,1	1,3	0,8	0,5	0,8	3,3	1,4	3,0	2,2
	4.79	6.1	6.78	10.79	5.81	6.78	5.80	10.78	3.79	4.80	5.1	3.80	0.784	Wahl-datum

Hessen
1978 | **110**
Wies-● | **110**
baden | 1974
Mainz●

Rheinland-
1979 | **100**
Pfalz | **100** | 1975

Saar- **land**
1980 | **51**
Saar-● | **50**
brücken | 1976

Baden- **Württembg.**
1980 | **124**
Stuttgart● | **121**
1976

Bayern
CSU
1978 | **204**
München● | **204** | 1974
CSU

Maßstab 1 : 5 000 000
0   50   100   150   km
1 cm = 50 km

VIII-13 Bundeswehr und NATO

Nach dem 2. Weltkrieg wurden 1945 die Vereinten Nationen gegründet. Sie sollten als Instrument kollektiver Friedenssicherung dienen. Ihre Mitglieder verzichteten auf Gewalt als Mittel der Politik. Die Westmächte rüsteten daher ihre Streitkräfte ab; von 5 Mio. Mann blieben noch 880 000 unter Waffen.

Die Sowjetunion demobilisierte dagegen weder ihre Rüstungsindustrie noch ihre kriegsstarken Streitkräfte (über 4 Mio.). Sie dienten ihr zur Machtausdehnung nach Westen. Weite Teile Osteuropas wurden annektiert oder wurden zu politisch-wirtschaftlich-militärisch abhängigen Staaten.

1947 leiteten die USA ihre »Politik der Eindämmung« gegen eine weitere sowjetische Expansion ein. Die Wirtschaftshilfe des Marshallplanes sollte ihr dabei helfen. Als 1948 auch die Tschechoslowakei zum Satelliten der UdSSR wurde und Stalin Berlin blockierte, schlossen 1949 10 europäische Staaten mit den USA und Kanada ein Verteidigungsbündnis, die NATO (North Atlantic Treaty Organization). Die Mitgliedländer bekennen sich zu den Grundsätzen der UNO-Charta. Ihre Streitkräfte sollen durch Abschreckung einen Krieg verhindern, um »die Freiheit, das gemeinsame Erbe und die Zivilisation ihrer Völker ... auf den Grundsätzen der Demokratie ... zu gewährleisten« (Einleitung des NATO-Vertrages). Seit über 30 Jahren hat die Allianz die Unabhängigkeit ihrer Mitglieder bewahrt und den Frieden gesichert.

Ihr diente dabei die Strategie der »flexible response«. Sie soll auf jede Form eines Angriffs angemessen reagieren. Als Verteidigungselemente sind konventionelle Streitkräfte (Land-, See-, Lufttruppen), Kernwaffen in Europa und, wenn erforderlich, interkontinentale Nuklearbomber und -raketen vorgesehen (NATO-Triade).

Seit 1954 verhinderte das nukleare Gleichgewicht der Großmächte weltumfassende Auseinandersetzungen. Begrenzte Konflikte mit konventionellen Mitteln waren aber durchaus möglich (Korea-Krieg). Die NATO weitete daher ihr Bündnis aus und nahm 1952 auch Griechenland und die Türkei zum Schutz der Südflanke in ihr Bündnis. Die mitteleuropäische Lücke sollte durch westdeutsche Truppen geschlossen werden. Nach dem Scheitern der Europäischen Verteidigungsgemeinschaft (1952) wurde die Bundesrepublik 1955 das 15. Mitglied der NATO.

Die verfassungsrechtlichen Grundlagen für die Aufstellung der Bundeswehr schuf der Artikel 87a, 1 des Grundgesetzes: »Der Bund stellt Streitkräfte zur Verteidigung auf.« Im Frieden hat der Verteidigungsminister, im Verteidigungsfall der Bundeskanzler den Oberbefehl. Atomare, biologische und chemische Waffen gehören nicht zu ihrem Arsenal, wohl aber konventionelle Truppen. So stellt heute die Bundeswehr in Mitteleuropa 50% der Landstreitkräfte, 50% der bodengebundenen Luftverteidigung, 30% der Kampfflugzeuge, 70% der Seestreitkräfte Ostsee und 100% der Seeluftstreitkräfte. Damit leistet die Bundesrepublik nach den USA den größten Verteidigungsbeitrag (Ausgaben S. VI-3). Sie weiß, daß Frieden und Sicherheit nur auf dem Gleichgewicht der Kräfte in Ost und West beruhen (Weißbuch 1979).

Ein Blick auf die Karte zeigt jedoch, daß die konventionellen Streitkräfte des Warschauer Paktes, des Militärbündnisses der Ostblockstaaten, denen der NATO eindeutig überlegen sind. Auch zur See wird die UdSSR stetig schlagkräftiger. Besonders bedrohlich ist in Mitteleuropa die Überlegenheit an Panzern, der klassischen Angriffswaffe. Ein Angriff würde die Bundesrepublik gemeinsam mit ihren Bündnispartnern zur »Vorneverteidigung« zwingen; dadurch sollen Verluste in dem bevölkerungsdichten, industrialisierten Grenzsaum (100 km) möglichst niedrig gehalten werden. Bei einer Eskalation des Konfliktes könnte der Warschauer Pakt auch seine nuklearen Mittelstreckenraketen (u. a. SS 20) einsetzen (Karte II). Damit wäre das atomare Gleichgewicht in Europa empfindlich gestört. Um das nukleare Patt, das im strategischen interkontinentalen Bereich noch vorhanden ist, auch hier herzustellen, hat sich die NATO zur Nachrüstung entschlossen. Denn ihre Sicherheit beruht auch in absehbarer Zeit nur auf den beiden Säulen: Verteidigung und Entspannung. Die Bundesregierung unterstützt dieses Konzept: »Zwischen Rüstungsbegrenzung und Stärkung der westlichen Allianz besteht kein Widerspruch, sondern ein innerer logischer Zusammenhang. Es handelt sich um einander ergänzende politische Ziele; Gewährleistung des militärischen Gleichgewichts ist unerläßliche Voraussetzung für dauerhafte Entspannung« (Regierungserklärung vom 1. 6. 1978).

Diese Meinung wird allerdings von zahlreichen jungen Menschen nicht vertreten. Sie stellen die Bundeswehr in Frage und befürworten aus ideologischen Motiven den einseitigen Truppenabbau. Eine »Politik der leeren Hände« könnte sich jedoch bei Abrüstungsverhandlungen (SALT, MBFR, KSZE), die auch die Bundesregierung unterstützt, negativ auswirken.

Bundeswehr und NATO

Legende:
- NATO (15 Staaten)
- NATO-Hauptquartiere
- Militärabkommen mit USA
- „Vorneverteidigung"
- Aufgaben- u. Operationsgebiete d. deutschen Marine
- Warschauer Pakt (7 Staaten)
- Beobachterstatus beim W.P.
- Beistands-(Militär-)Abkommen mit UdSSR
- sowjetische Expansion vor 1941 (Kriegsbeginn)
- Intervention sowj. Truppen
- Berlin, unter Viermächtestatus

Verhandlungen über Rüstungskontrolle, Abrüstung und Entspannung
„Reduzierungsgebiet" (MBFR-Verhandlungen)

ungebundene kommunistische Staaten prosowj. orientiert
„Blockfreie" („bündnisfreie") Staaten

ISLAND
Mitglied ohne eig. Militär

Nordeuropa
120 / 116 / 1(3) Div.

Nordeuropa
640 / 450 / 3(9)

NORWEGEN
SCHWEDEN neutral
FINNLAND 1940

Nördl. Polarkreis

KSZE Helsinki 1972/75
Leningrad

SOWJET-
UNION

1940
1940
1940
1945

Kolsaas/Oslo

Ostsee zugang

GROSS-
BRITANNIEN
IRLAND

High Wycombe
London
Northwood
Armelkanal

NORD-
SEE

DÄNE-
MARK
Faröer dän.

NIEDER-
LDE.
Brüssel
Castlaes
Brun.
BELG.
LUX.
Paris

BR. DEUTSCHLD.
Berlin W.B. 1953
DDR
Stuttg.
Mittel-
europa
43 Div.

2 800
19 000
58

POLEN
Warschau

1939

1 100
UdSSR –
westl.
Militärbezirke

8 500
33 Div.

Moskau

2 230
7 500

CSSR
Wien
MBFR 1973 SALT 1979

1968
1955

Südeuropa
(einschl. Ungarn)

1540
11 300

1940

FRANKREICH
s. 1966 außerhalb der militär. Integration

SCHWEIZ neutral

ÖSTERR.
s. 1955 neutr.
Genf 1962

UNGARN
RUMÄNIEN

Verhandlungen über Rüstungskontrolle, Abrüstung und Entspannung
„Reduzierungsgebiet" (MBFR-Verhandlungen)

PORTUGAL
KSZE 1981
Lissabon

SPANIEN
NATO-Beitritt erwogen

Madrid
KSZE 1981

ITALIEN
Neapel

Belgrad
KSZE 1977/78

JUGOSLAWIEN
54 Div.
BULGAR.

ALBA-
NIEN
1955-61
z.W.P.

GRIECHEN-
LAND
810
4 650
38 Div. Südeuropa

TÜRKEI

Gibraltar brit.
: 30 000 000

Hawaii USA

NATO
ATO-Befehlsbereiche:
Atlantik (ACLANT)
Europa (ACE)
Ärmelkanal (ACCHAN)

Alaska USA

Kurilen s.1945 sowj.

JAPAN
PAZIFIK

USA
MEXIKO
Washington
Norfolk
KUBA

KANADA

	USA		Warschauer Pakt		UdSSR
Interkontinental-...-raketen	1 054		1 398	
Mittelstrecken-...-raketen	18		600	
Raketen auf ...Atom-U-Booten	800		1 012	
Langstrecken-...-bomber	316		156	
Mittelstrecken-...-bomber	113		878	
Kampfflug-...-zeuge	1 061		2 725	
Atom-U-...-Boote	90		91	
konventionelle ...U-Boote	119		174	
Flugzeug-...-träger	18		4	

Nordpol
Grönland z. Dänemark
Spitzbergen norw. (entmilit.)
ISLAND

Wladiwostok
N.-KOREA
S-KOREA
MONGOLEI
CHINA
TAIWAN
VIET-NAM
TH
BIRMA

UdSSR

Reichweite sowj.

Azoren port.
P. Rico z. USA

AFG 1979
PAKISTAN
INDIEN

IRAN
IRAK
SAUDI-ARABIEN
ÄG.
DVR JEMEN

INDIK

PORT.
SP.
TÜRKEI

: 150 000 000

(Militär. Kräftevergleich nach „Weißbuch 1979" und „Internat. Institute for Strategic Studies, London")

Der 2. Weltkrieg hinterließ Europa als politisches und wirtschaftliches Trümmerfeld; die Zweiteilung der Welt in Ost und West begann sich abzuzeichnen; die UdSSR erweiterte ihren Machtbereich. Das waren die Motive für die Einigungsbemühungen Westeuropas.

1951 gründeten Belgien, die Bundesrepublik Deutschland, Frankreich, Italien, Luxemburg und die Niederlande die Europäische Gemeinschaft für Kohle und Stahl (EGKS – Montanunion). Ab 1957 förderte die Europäische Atomgemeinschaft (EAG = Euratom) die friedliche Nutzung der Kernenergie. Gleichzeitig wurde durch die Römischen Verträge die Europäische Wirtschaftsgemeinschaft (EWG) geschaffen. 1967 legten die Mitgliedsländer die Exekutivorgane von EGKS, Euratom und EWG zur Europäischen Gemeinschaft (EG) zusammen.

Sie bildet den Rahmen für gemeinsames wirtschaftliches und politisches Handeln mit dem Ziel, die Lebensbedingungen der Völker zu bessern, einen gemeinsamen Markt ohne Zollschranken für den freien Austausch von Waren, Kapital, Dienstleistungen und Arbeitskräften zu ermöglichen und als 3. Kraft zwischen den Blöcken den Frieden zu sichern. Um das politische Gewicht der bis dahin wirtschaftlich relativ homogenen Sechser-Gemeinschaft zu stärken, wurden 1973 Dänemark, Großbritannien und Irland aufgenommen, 1981 auch Griechenland.

Heute leben in der EG rd. 269 Mio. Menschen (6,3% der Weltbevölkerung) auf 1,66 Mio. km² Fläche (USA: 223 Mio. E/9,4 Mio. km²; UdSSR: 268 Mio. E/22 Mio. km²). Durch Zollunion (1968 vollendet) und gemeinsamen Agrarmarkt konnte die EG ihre Wirtschaftskraft verstärken. So betrugen 1979 ihre Anteile an der Weltwirtschaftsleistung 21%, an den -währungsreserven 33%, am -handel 34% und an der -entwicklungshilfe 31%. Das reale BSP je Einwohner ist von 7910 DM (1957) auf 15 210 DM (1977) gestiegen. Ebenso ist der Binnenhandel innerhalb der Gemeinschaft von 30% (1958) auf 50% (1976) angewachsen. Da 1977 auch die Zölle für gewerbliche und industrielle Waren aus den Ländern der Europäischen Freihandelszone (EFTA) gefallen sind, ist mit einer weiteren Wirtschaftsentfaltung zu rechnen. Davon wird auch die Wirtschaft der Bundesrepublik profitieren, deren Exporte zwischen 1960 und 1980 ohnehin bereits um das 7fache gewachsen sind. Außerdem sind die westlichen Industrieländer schon jetzt ihre wichtigsten Handelspartner:

Außenhandel 1980	Import		Export	
Westl. Industrieländer	74,4%		79,3%	
darunter EG	46,1%		48,0%	
Entwicklungsländer	20,4%	100%	14,8%	100%
Ostblockländer	5,1%		5,5%	
Nicht erfaßt	0,1%		0,4%	
in DM	341 380 Mio.		350 328 Mio.	

Die Bundesrepublik leistet den größten Beitrag in den gemeinsamen Haushalt der EG. Er umfaßte 1981 50 Mrd. DM. Rd. 70% beansprucht der Agrarmarkt. Er unterstützt die Landwirte durch Preisgarantien; dadurch kommt es jedoch zu unerwünschten Produktionsüberschüssen, deren Lagerung und Export wiederum subventioniert werden müssen. Auf der Habenseite stehen die gesicherte Lebensmittelversorgung der Bevölkerung, ein umfangreiches Angebot und – verglichen mit der Industrie – niedrige, aber relativ feste Einkommen in der Landwirtschaft.

Es besteht allerdings die Gefahr, daß sich die EG zum reinen Agrarsubventionsapparat entwickelt, wenn sie neben Griechenland um Spanien und Portugal erweitert wird. Dann wird sich das »Wohlstandsgefälle« (Abb. 1), das bereits jetzt die Gemeinschaft belastet, noch verstärken. Denn die Mittelmeerländer stehen mit ihrem hohen Anteil an Beschäftigten in der Landwirtschaft erst an der Schwelle zum Industriestaat. – Aber auch innerhalb der Neunergemeinschaft gibt es strukturschwache Regionen mit hoher Arbeitslosigkeit. Ein 1975 gegründeter Europäischer Regionalfonds soll strukturelle und regionale Unterschiede ausgleichen. Zur Unterstützung dient seit 1978 das Europäische Währungssystem (EWS), das eine Zone der Währungsstabilität in Europa schaffen soll. Möglicherweise könnte daraus eine Währungsunion erwachsen, die sich zur Wirtschaftsunion und später zur politischen Union ausweitet.

Im Außenhandelsbereich hat die EG vielfältige und weltumspannende Assoziierungs- und Kooperationsabkommen geschlossen. Am bedeutsamsten ist die 1976 vereinbarte Zusammenarbeit mit den ehemaligen britischen, französischen und niederländischen Kolonien im afrikanisch-karibisch-pazifischen Raum (AKP-Länder). Das Abkommen von Lomé garantiert erstmals den Rohstoffländern feste Preise für eine vereinbarte Ausfuhrquote. Neben der wirtschaftlichen wäre aber auch eine politische Zusammenarbeit der Handelspartner sinnvoll.

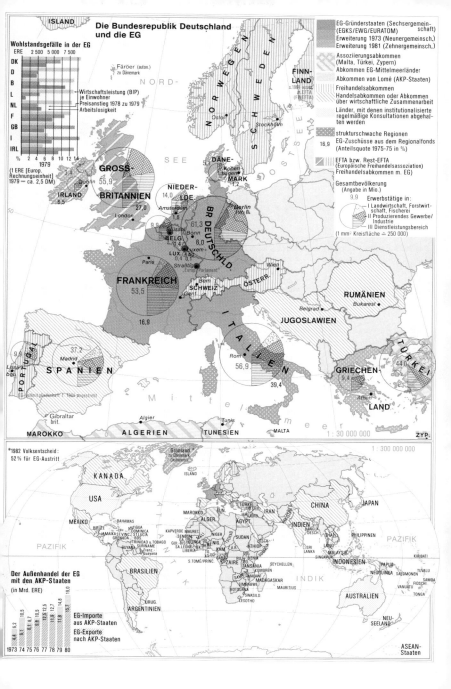

Die Bundesrepublik Deutschland und die EG

Wohlstandsgefälle in der EG
ERE 2 500 5 000 7 500

DK
D
B
L
NL
F
GB
I
IRL

2 4 6 8 10 12 14
1979

Wirtschaftsleistung (BIP) je Einwohner
Preisanstieg 1978 zu 1979
Arbeitslosigkeit

(1 ERE [Europ. Rechnungseinheit] 1979 ~ ca. 2,5 DM)

Legend (right column):

EG-Gründerstaaten (Sechsergemeinschaft) (EGKS/EWG/EURATOM)
Erweiterung 1973 (Neunergemeinsch.)
Erweiterung 1981 (Zehnergemeinsch.)

Assoziierungsabkommen (Malta, Türkei, Zypern)
Abkommen EG-Mittelmeerländer
Abkommen von Lomé (AKP-Staaten)
Freihandelsabkommen
Handelsabkommen oder Abkommen über wirtschaftliche Zusammenarbeit
Länder, mit denen institutionalisierte regelmäßige Konsultationen abgehalten werden

strukturschwache Regionen
16,9 EG-Zuschüsse aus dem Regionalfonds (Anteilsquote 1975-75 in %)

EFTA bzw. Rest-EFTA (Europäische Freihandelsassoziation) Freihandelsabkommen m. EG

Gesamtbevölkerung (Angabe in Mio.)
9,9 Erwerbstätige in:
I Landwirtschaft, Forstwirtschaft, Fischerei
II Produzierendes Gewerbe/Industrie
III Dienstleistungsbereich
(1 mm² Kreisfläche ≙ 250 000)

Map labels:

ISLAND
NORWEGEN
SCHWEDEN
FINNLAND
Färöer (auton.) zu Dänemark
NORD- SEE
Oslo
Stockholm
OSTSEE
DÄNEMARK 5,1
Kopenhagen
1,2
GROSS-BRITANNIEN 55,9
Dublin
IRLAND 6,5
London
27,0
NIEDERLDE. 14,0
Amsterdam
1,6
Berlin (W)
BR DEUTSCHLD. 61,3
Bonn
9,9
BELG. 6,0
Brüssel
LUX. 0,4
Luxemb. 0,4
Straßbg. (Europ. Parlament)
FRANKREICH 53,5
Paris
16,9
SCHWEIZ Bern Genf
ÖSTERR. Wien
ITALIEN 56,9
Rom
39,4
PORTUGAL 9,9
Lissabon
SPANIEN 37,2
Madrid
Gibraltar brit.
Algier
Tunis
MALTA
Mittelmeer
RUMÄNIEN Bukarest
JUGOSLAWIEN Belgrad
GRIECHENLAND 9,4
Athen
TÜRKEI 44,0
ZYP.
MAROKKO
ALGERIEN
TUNESIEN

Einrittsgemeinschaft f. 1984 angestrebt

1 : 30 000 000

*1982 Volksentscheid: 52 % für EG-Austritt

1 : 300 000 000

KANADA
USA
MEXIKO
Grönland zu Dänemark (autonom)
ISLAND
MAROKKO
ALGER.
TÜRKEI
ISRAEL JORD.
ÄGYPTEN
IRAN
CHINA
JAPAN
INDIEN
BRASILIEN
PAZIFIK
ATLANTIK
INDIK
PAZIFIK
BAHAMAS
BELIZE
JAMAIKA ST.VINC. DOMINICA
ST.LUCIA GRENADA
BDOS.
TRINIDAD u. TOBAGO
GUYANA SURINAME
KAPVERDE MAURET.
SENEGAL NIGER
GUI.-BISSAU GUINEA
SA.LEONE LIBERIA
S.TOMÉ/PRINC.
SUDAN
ÄTHIOP.
SEYCHELLEN
ZAIRE
KENIA
TANSANIA
KOMOREN
MADAGASKAR
MAURITIUS
SIMBABWE
BOTSUANA
SWASILAND
LESOTHO
BANGLADESCH
SRI LANKA
THAILAND
MALAYSIA
SINGAPUR
PHILIPPINEN
INDONESIEN
PAPUA-NEUGUINEA
KIRIBATI
TUVALU
SALOMONEN
SAMOA
FIDSCHI
VANUATU
TONGA
AUSTRALIEN
NEU-SEELAND
ASEAN-Staaten
URUG.
ARGENTINIEN

Der Außenhandel der EG mit den AKP-Staaten
(in Mrd. ERE)

EG-Importe aus AKP-Staaten
EG-Exporte nach AKP-Staaten

4,4 6,2
9,0 10,5
8,1 8,7
9,8 10,5
12,5 12,5
11,8 12,7
11,8 14,8
15,7 19,0

1973 74 75 76 77 78 79 80

VIII-15   Die Außenpolitik der Bundesrepublik Deutschland

Die wirtschaftliche und innenpolitische Stabilität der Bundesrepublik hängt in starkem Maße ab vom Konflikt und weltweiten Kräfteverhältnis der östl. und westl. Machtblöcke. Deshalb war und ist es das außenpolitische Ziel jeder Bundesregierung, »als gleichberechtigtes Glied in einem vereinten Europa dem Frieden zu dienen«. (Präambel GG).

Die Regierungserklärung vom Herbst 1980 hebt vier Grundlinien hervor, die in diesem Sinne konzipiert wurden; sie lassen gleichzeitig verschiedene Phasen westdt. Außenpolitik erkennen: »Ohne Gleichgewicht gibt es in unserer Welt keinen verläßlichen Frieden. Wir können uns sicher fühlen, weil die *Atlantische Allianz* das Gleichgewicht wahrt, zu welchem wir unser volles politisches und militärisches Gewicht in die Waagschale des Westens gelegt haben.« Die Entscheidung für den Westen war schon vor 1949 gefallen. Die eigentliche Integration in das westliche Bündnissystem konnte aber erst nach der Gründung der Bundesrepublik erfolgen. K. Adenauer erstrebte durch den »Anschluß an die Völker und Länder, die in ihrem Wesen die gleichen Ansichten über Staat, Person, Freiheit und Eigentum hatten wie wir« (Erinnerungen, S. 90 f) die Ablösung des Besatzungsstatuts und damit die volle Souveränität des jungen Staatswesens. Stationen auf dem Wege dahin waren u. a. der Deutschland-Vertrag mit den Westmächten (1952), der durch den Beitritt der Bundesrepublik in die NATO (1955) in Kraft trat und die Gründung der EWG (1957). Damit waren auch die Voraussetzungen für den diplomatischen Verkehr mit den westl. Verbündeten geschaffen. Das Verhältnis zu den Ostblockländern stand in diesen Jahren unter den Auswirkungen des Kalten Krieges. Lediglich mit der UdSSR wurden 1955 diplomatische Beziehungen aufgenommen.

Erst als der Kalte Krieg durch die Politik der friedlichen Koexistenz vorübergehend verändert wurde, konnte auch die politische Verständigung mit dem Osten gesucht werden. Die Ostverträge der sozialliberalen Koalition unter W. Brandt als Bundeskanzler markieren diese *neue Phase der westdeutschen Außenpolitik*. Moskauer und Warschauer Vertrag (1970) ermöglichten ebenso wie der Grundlagenvertrag mit der DDR (1972) die Ausweitung des diplomatischen Verkehrs in die Länder des Warschauer Paktes. »Im Interesse der friedlichen Entwicklung in Europa und der Zukunft des gesamten dt. Volkes« soll deshalb die »Politik der Zusammenarbeit *mit unseren östl. Nach-*

barn« fortgesetzt werden (Reg.-Erkl. 1980). Das Gleichgewicht zwischen Ost und West ist »aber noch keine hinreichende Bedingung des Friedens. Deshalb muß der Frieden auch durch eine Politik der Rüstungsbegrenzung und der Zusammenarbeit (bei gleichzeitiger Verteidigungsfähigkeit) gesichert werden«. Allerdings stießen die Abrüstungsverhandlungen der Allianz durch das Mittelstreckenraketenkonzept (SS 20) der UdSSR und die Entspannungsbemühungen durch den Einmarsch von Sowjettruppen in Afghanistan an ihre Grenzen. Auch das Madrider Treffen der Konferenz f. Sicherheit u. Zusammenarbeit in Europa (KSZE) wurde durch die UdSSR und ihre Verbündeten gelähmt und die Ziele der KSZE in Frage gestellt.

Daher bleibt die *Europäische Gemeinschaft* für die Bundesrepublik »unverzichtbare Grundlage für Frieden, Freiheit, sozialen und wirtschaftlichen Fortschritt« *(3. Grundlinie 1980).* Ihre Organisationen (WEU, Eurogroup, Europarat, Europ. Parlament) könnten die Gemeinschaft vor 3. Kraft zwischen den Blöcken werden lassen.

Neben der Bündnis-, Entspannungs- und Europapolitik ist ein *weiterer zentraler Bestandteil deutscher Außenpolitik* die dritte Welt mit ihren Problemen. Die Bundesregierung will mit ihrer »Politik der gleichberechtigten Partnerschaft ... helfen, die wirtschaftliche, politische und kulturelle Unabhängigkeit der *Länder der Dritten Welt* langfristig zu sichern«. Bis in die Mitte der 60er Jahre wurde den Entwicklungsländern nur dann geholfen, wenn sie sich weigerten, die DDR diplomatisch anzuerkennen (Hallstein-Doktrin). Heute ist die Bundesrepublik in fast allen Staaten der Dritten Welt vertreten. Die wirtschaftliche, technische und kulturelle Zusammenarbeit erfolgt durch bilaterale Verträge oder über internationale Organisationen, wie die UNO oder die OECD, den Zusammenschluß der westl. Industrieländer. Außerdem trägt die Bundesrepublik, seit 1973 offiziell Mitglied der UNO (zusammen mit der DDR), ca. 8% ihrer Kosten (USA: 25%, UdSSR: 14%; USA, Japan, Bundesrepublik, Frankreich, Großbritannien: 50%) und übernimmt damit den Anteil vieler Entwicklungsländer. Zur Außenpolitik gehört auch die *Förderung kultureller Beziehungen* und die *Pflege und Verbreitung der deutschen Sprache.* Eine wichtige Vermittlerfunktion übernehmen die Goethe-Institute (1980: 116); außerdem trägt oder unterstützt die Bundesregierung 515 Auslandsschulen (1980).

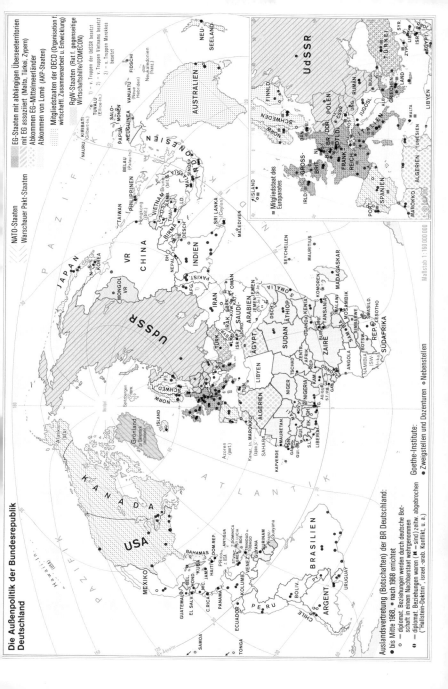

Die Außenpolitik der Bundesrepublik Deutschland

NATO-Staaten

Warschauer Pakt-Staaten

EG-Staaten mit abhängigen Überseeterritorien

mit EG assoziiert (Malta, Türkei, Zypern)

Abkommen EG-Mittelmeerländer

Abkommen von Lomé (AKP-Staaten)

Mitgliedstaaten der OECD (Organisation f. wirtschaftl. Zusammenarbeit u. Entwicklung)

RgW-Staaten (Rat f. gegenseitige Wirtschaftshilfe/COMECON)

1) = v. Truppen der UdSSR besetzt
2) = v. Truppen Vietnams besetzt
3) = v. Truppen Marokkos besetzt

Maßstab 1 : 160 000 000

■ = Mitgliedstaat des Europarates

Maßstab 1 : 90 000 000

Auslandsvertretung (Botschaften) der BR Deutschland:

● = bis Mitte 1968. ● = nach 1968 errichtet

○ = diplomat. Beziehungen werden durch deutsche Botschaft in einem Nachbarstaat wahrgenommen

◑ = diplomat. Beziehungen waren (◑ = sind) zeitw. abgebrochen ("Hallstein-Doktrin", israel.-arab. Konflikt, u. a.)

Goethe-Institute:

● Zweigstellen und Dozenturen ○ Nebenstellen

Zeittafel

Chronologischer Abriß zur Geschichte und Entwicklung der Bundesrepublik

1945
8. 5. Bedingungslose Kapitulation Deutschlands
5. 6. Erklärung der Besatzungsmächte Frankreich, Großbritannien, UdSSR, USA: Übernahme der Regierungsgewalt (alliierter Kontrollrat), Einteilung Dtlds. in 4 Besatzungszonen; Viermächtestatus von Berlin.
bis 1. 7. Rückzug der Westalliierten aus Mecklenburg, Thüringen u. Sachsen
Juni Gründung der KPD, SPD, CDU in Berlin
17. 7.–2. 8. Potsdamer Konferenz (GB, UdSSR, USA): Verbot der NSDAP; Aufteilung Dtlds.: 4 Besatzungszonen bis Friedensregelung, Ostgebiete unter poln./russ. Verwaltung; Reparationen; Demontage; Anschluß des Saargebietes an Frankreich (30. 8.)
19. 9. US-Militärregierung überträgt den Ländern ihrer Zone Selbstverwaltungskompetenzen
2. 10. Londoner Außenministerkonferenz der Siegermächte über Friedensverträge mit Dtld., ohne Ergebnis (dsgl. später in Moskau, Paris, New York)
10. 10. Gründung der CSU
ab 20. 11. Nürnberger Kriegsverbrecherprozesse (bis 30. 9./1. 10. 46)

1946
Jan. 46–Mai 47 Landtagswahlen in den Westzonen, CDU 37,6%; SPD 35%; KPD 9,4%; Liberale 9,3%; Sonstige 8,7%
5. 3. Rede Churchills in Fulton, USA (»Eiserner Vorhang«)
21. 4. Zwangsvereinigung von SPD mit KPD in der SBZ zur SED; Westberliner SPD lehnt Zusammenschluß ab (82%), dsgl. Westzonen-SPD
7. 6. Gründung der FDP
20. 7. USA-Militärgouverneur beantragt Zentralisierung der vier Zonenwirtschaftsverwaltungen; Widerstand von UdSSR u. Frankreich
6. 9. Stuttgarter Rede des US-Außenministers Byrnes; Wende der US-Deutschlandpolitik: Wirtschaftseinheit, Stärkung der Selbstverwaltung
20. 10. Landtagswahlen in der SBZ u. Berlin; SBZ: SED 47,5%; CDU 24,5%; LDPD 24,6%; Sonst. 3,4%; Berlin: SPD 48,7%;

CDU 22,2%; SED 19,8%; LDPD 9,3%; letzte »freie« Wahlen in der SBZ
2. 12. Abkommen über wirtschaftl. Vereinigung der US- und Brit. Zone (Bi-Zone), Wirkung ab 1. 1. 47

1947
25. 2. Alliierter Kontrollrat: Auflösung Preußens
12. 3. US-Präsident Truman: Unterstützung der freien Völker im Kampf gegen Kommunismus (»Truman-Doktrin«)
22.–25. 4. Gründung des Deutschen Gewerkschaftsbundes (DGB)
29. 5. Neugestaltung der Bi-Zonen-Verwaltung: Vorstufen für den Bundestag, Bundesrat, Bundesregierung
5. 6. Verkündung des »Marshall-Planes«: wirtschaftl. Hilfsprogramm der USA für Europa; Ablehnung durch UdSSR und Satelliten
6.–8. 6. Einzige Konferenz aller dt. Ministerpräsidenten in München; scheitert bereits an Erörterung der Tagesordnung
9. 11. Saarländ. Landtag beschließt polit. Autonomie u. wirtsch. Anschluß an Frankreich

1948
17. 3. Franz. Besatzungszone erweitert Bi-Zone zur Tri-Zone
23. 2.–7. 6. Londoner Konferenz (Westmächte und Benelux-Staaten): Westlösung der Deutschlandfrage
19. 3. UdSSR verläßt deshalb all. Kontrollrat
21. 6. Währungsreform in den Westzonen: Grundlage für »Wirtschaftswunder«
23. 6. Währungsreform in der Sowjetzone
24. 6. Beginn der Berlin-Blockade durch UdSSR als Antwort auf Währungsreform (bis 12. 5. 49); Versorgung Berlins über Luftbrücke
1. 7. »Frankfurter Dokumente«, Ergebnis der Londoner Konferenz: Vorschläge für Zusammenschluß der westdt. Länder, Einberufung einer verfassunggebenden Versammlung,
1. 9. des Parlamentarischen Rates (Mitglieder der Landtage)
30. 11. Spaltung des Berliner Magistrats durch SED

1949
4. 4. Gründung der Nato
8. 5. Verabschiedung des Grundgesetzes für die Bundesrepublik Deutschland durch Parlamentarischen Rat

10. 5. Bonn wird durch Parl. Rat Bundeshauptstadt

14. 5. Westl. Besatzungsstatut für West-Berlin

23. 5. Verkündung des Grundgesetzes

14. 8. Wahl des 1. Dt. Bundestages; Entwicklung des Systems der sozialen Marktwirtschaft

7. 9. Konstituierung des Bundestages u. -rates

12. 9. Wahl des FDP-Vorsitzenden Theodor Heuss zum Bundespräsidenten (Gegenkandidat: Kurt Schumacher, Vorsitzender der SPD)

15. 9. Wahl des CDU-Vorsitzenden Konrad Adenauer zum Bundeskanzler, Koalition von CDU/CSU, FDP, DP

21. 9. Besatzungsstatut für die Bundesrepublik Deutschland beendet die Militärregierung

7. 10. Verfassung der DDR tritt in Kraft

31. 10. Bundesrepublik wird Mitglied der OEEC: Organisator. Voraussetzung für Marshall-Plan-Hilfe

1950

16. 3. Winston Churchill befürwortet deutschen Verteidigungsbeitrag

1. 5. Aufhebung der Lebensmittelrationierung

6. 6. DDR erkennt Oder-Neiße-Linie als »Friedens- und Freundschaftsgrenze« an

15. 6. Bundestag beschließt Beitritt z. Europarat

18. 8. Adenauer hält Verteidigungstruppen der Bundesrepublik für notwendig als Gegengewicht zur kasernierten Volkspolizei der DDR

29. 9. Aufnahme der DDR in den Rat für gegenseitige Wirtschaftshilfe des Ostblocks, Comecon

15. 10. Wahl zur DDR-Volkskammer (Einheitsliste)

12. 12. Kurt Schumacher tritt für internat. Armee ein mit Gleichberechtigung der Bundesrepublik

ab 1950 Aufnahme der Bundesrep. in verschiedene Organisationen der UNO (z. B. FAO, Unesco, ILO)

1951

15. 2. Aufstellung des Bundesgrenzschutzes

6. 3. Revision des Besatzungsstatuts: erhöhte außenpolit. Vollmacht (1. Außenminister: Adenauer); Übernahme der dt. Auslandsschulden

10. 4. Verabschiedung des Mitbestimmungsgesetzes in der Montan-Industrie

18. 4. Gründung der Europ. Gemeinschaft für Kohle und Stahl (D, F, I, NL, B, L)

9./13. 7. Großbritannien und Frankreich beenden Kriegszustand mit Deutschland (USA: 24. 10.); Ostblockstaaten: 25. 1. 1955

28. 9. 1. Sitzung des Bundesverfassungsgerichts

1952

8. 2. Bundestag stimmt für einen dt. Verteidigungsbeitrag (gegen Stimmen der SPD)

1. 3. Helgoland wieder dt. Verwaltung unterstellt

10. 3.–23. 9. Notenwechsel zwischen UdSSR und den Westmächten über Friedensvertrag mit Dtld. Westmächte und Adenauer sehen im sowj. Vorschlag lediglich Störmanöver der Westintegration der Bundesrepublik

25. 3. Westmächte fordern freie Wahlen als Voraussetzung einer Wiedervereinigung

8. 5. DDR kündigt »Nationale Streitkräfte« an

26. 5. DDR errichtet die 5-km-Sperrzone

26. 5. Deutschlandvertrag der Bundesrepublik mit den Westmächten; Ziel: Rückgewinnung der vollen Souveränität durch Aufhebung des

27. 5. Besatzungsstatuts nach Beitritt zur Europäischen Verteidigungsgemeinschaft (EVG)

10. 7. Verabschiedung des Lastenausgleichsgesetzes

19. 7. Verabschiedung des Betriebsverfassungsgesetzes

10. 10. Wiedergutmachungsvertrag zwischen der Bundesrepublik und Israel

23. 10. Verbot der Sozialistischen Reichspartei, einer Nachfolgeorganisation der NSDAP

1953

27. 2. Londoner Schuldenabkommen regelt dt. Vor- und Nachkriegsschulden (13,3 Mrd.; 6,8 Mrd. DM)

5. 3. Tod Stalins

19. 3. Bundestag ratifiziert Deutschland- und EVG-Vertrag

17. 6. Volksaufstand in Ost-Berlin und DDR, durch Truppen der UdSSR niedergeschlagen

20. 8. Nachricht über sowjet. Wasserstoffbombenexplosion

6. 9. Wahl zum 2. Dt. Bundestag; CDU/CSU-Koalition mit DP, GB/BHE (bis 1955), ab 1956 mit FDP; 2. Kabinett Adenauer (9. 10.)

1954

25. 1.–18. 2. Viermächtekonferenz in Berlin über dt. Wiedervereinigung; Vorstellungen der UdSSR und der Westmächte bleiben unvereinbar

26. 2. Bundestag bschließt Ergänzung des Grundgesetzes: Begründung der Wehrhoheit

17. 7. Wiederwahl von Th. Heuss z. Bundespräsidenten

31. 8. Frz. Nationalversammlung lehnt EVG-Vertrag ab

23. 10. Unterzeichnung der »Pariser Verträge«: Beitritt der Bundesrepublik zur Westeuropäischen Union (WEU) und zur Nato

1955

5. 5. Bundestag ratifiziert Pariser Verträge. Volle Souveränität in Innen- und Außenpolitik

9. 5. Bundesrepublik wird NATO-Mitglied

14. 5. Ostblockstaaten, einschließlich DDR, schließen Militärbündnis, den Warschauer Pakt

6. 6. Einrichtung des Bundesministeriums der Verteidigung, hervorgegangen aus Amt Blank

9. 9.–13. 9. Bundeskanzler Adenauer in Moskau: Aufnahme diplomat. Beziehungen, Freilassung deutscher Kriegsgefangener

20. 9. DDR erhält Souveränität

23. 10. Volksabstimmung im Saarland: 67,7% gegen Autonomie; 18. 12.: Parteien des Heimatbundes (CDU, SPD, DPS) erhalten bei Landtagswahlen 74,7%

1956

18. 1. Gesetz über den Aufbau einer Nationalen Volksarmee (NVA) in der DDR

6. 3. Bundestag stimmt für eine Änderung des Grundgesetzes (320:20): Aufbau der Bundeswehr

21. 6. Bundestag beschließt Entwicklungshilfe

7. 7. Bundestag verabschiedet Wehrpflichtgesetz

17. 8. Verbot der KPD durch das Bundesverfassungsgericht wegen Verfassungswidrigkeit

23. 10. UdSSR schlägt in Ungarn Volksaufstand gegen das kommunistische Regime nieder

1957

1. 1. Polit. Eingliederung des Saargebietes in die Bundesrepublik als 11. Bundesland

23. 2. Einführung der dynamischen Renten: Anpassung an Entwicklung des Lohn- u. Preisniveaus

25. 3. Unterzeichnung der »Römischen Verträge« über EWG und EURATOM (Ratifikation 5. 7.)

15. 9. Wahl des 3. Deutschen Bundestages;

absolute Mehrheit der CDU/CSU; 3. Kabinett Adenauer

19. 10. Abbruch der diplomatischen Beziehungen zu Jugoslawien wegen Anerkennung der DDR (erstmalige Anwendung der sog. Hallstein-Doktrin: Bundesrepublik lehnt diplomat. Beziehungen mit Staaten ab, die die DDR völkerrechtlich anerkannt haben)

4. 10. UdSSR startet den 1. künstlichen Erdsatelliten »Sputnik« (»Sputnik-Schock« in den USA)

1958

19. 3. 1. Tagung des Europ. Parlaments in Straßburg

25. 3. Bundestagsdebatte über atomare Aufrüstung; Folge: Arbeitsausschuß »Kampf dem Atomtod«

27. 11. Berlin-Krise: UdSSR fordert Abzug der Westmächte innerhalb von 6 Monaten; Westmächte, NATO und Bundesrepublik wahren ihre Rechte in Berlin, lehnen »Freie Stadt West-Berlin« ab

29. 12. Deutsche Mark wird frei austauschbar

1959

1. 1. Inkrafttreten der EWG-Verträge

11. 5.–5. 8. Außenminister der Vier Mächte beraten in Genf deutschen Friedensvertrag und Wiedervereinigung; Delegationen der Bundesrepublik und der DDR nehmen als Berater teil; USA und UdSSR lehnen Vorschläge der jeweils anderen Seite ab

1. 7. Wahl Heinrich Lübkes (CDU) zum Bundespräsidenten

9. 10. Ausgabe der 1. Volksaktie (Preußag)

13. 11.–15. 11. Godesberger Programm der SPD: Verzicht auf marxist. Programm, »entideologisierte Volkspartei«, Ziel: demokrat. Sozialismus

1960

11. 3. Bundestag protestiert gegen Zwangskollektivierung der Landwirtschaft in der DDR

23. 6. Gesetz über Abbau der Wohnungszwangswirtschaft und über soziales Miet- u. Wohnrecht

30. 6. SPD-Bundestagsfraktion (Herbert Wehner) erklärt Bereitschaft, Außen- u. Deutschld.-Politik der Bundesregierung zu unterstützen

1. 7. Fraktion der DP zerbricht

20. 7. SPD trennt sich vom Sozialist. Deutschen Studentenbund (SDS)

29. 8. DDR schränkt Verkehr zwischen West- u. Ost-Berlin ein; Bundesrepublik

kündigt deshalb das Interzonen-Handelsabkommen

8. 11. John F. Kennedy wird Präsident der USA

1961

12. 4. UdSSR startet 1. bemannten Weltraumflug, USA folgen am 5. 5.

30. 6. Verabschiedg. des Bundessozialhilfegesetzes

9. 8. Großbritannien beantragt Aufnahme in EWG

13. 8. DDR errichtet in Berlin die Mauer, um weitere Massenflucht (12. 8.: 3290) zu verhindern; Westmächte protestieren gegen Abriegelung

17. 9. Wahl des 4. Dt. Bundestages; CDU/CSU verlieren die absolute Mehrheit; 7. 11.: 4. Kabinett Adenauer (bis Okt. 1963); Koalition mit der FDP

1962

24. 1. DDR verkündet allgemeine Wehrpflicht

18. 6. DDR fordert Anerkennung der Zweistaatlichkeit Deutschlands

2.–6. 7. Staatsbesuch Adenauers in Frankreich,

4. 9.–9. 9. de Gaulles in Deutschland (»Aussöhnung«)

26. 10. Beginn der »Spiegel-Affäre«: Rudof Augstein u. Konrad Ahlers werden wegen Veröffentlichung eines Artikels über Nato-Manöver verhaftet (Spionageverdacht);

19. 11. Folge: Rücktritt der Regierung Adenauer;

6. 12. Koalitionsverhandlungen zwischen CDU/CSU und SPD scheitern

14. 12. 5. Kabinett Adenauer; Koalition zwischen CDU/CSU und FPD, Voraussetzung: Rücktritt Adenauers im Oktober 1963

1963

21. 1. SED verkündet das »Neue ökonom. System«

22. 1. Vertrag über die dt.-französ. Zusammenarbeit

23. 6.–26. 6. US-Präsident Kennedy besucht die Bundesrepublik und West-Berlin

24. 6. Gründung des »Deutschen Entwicklungsdienstes«

16. 10. Wahl Ludwig Erhards (CDU) z. Bundeskanzler, Vizekanzler: Erich Mende, FDP-Vorsitzender

1. 11. Freigabe der Mieten dort, wo weniger als 3 % Wohnungen fehlen

22. 11. Ermordung Kennedys; Nachfolger L. B. Johnson

17. 12. Berliner Passierscheinabkommen für Verwandtenbesuche in Ost-Berlin

1964

16. 2. Willi Brandt wird Vorsitzender der SPD

1. 3. Wenzel Jaksch (SPD) wird Vorsitzender des »Bundes der Vertriebenen«

19. 3. Länderministerpräsidenten beschließen Gründung der neuen Universitäten Bochum, Bremen, Konstanz, Regensburg, TH Dortmund

12. 6. Freundschafts- und Beistandsvertrag zwischen UdSSR und DDR; Dreistaaten-Theorie

26. 6. Westmächte lehnen Dreistaaten-Theorie ab, nach der West-Berlin selbständige politische Einheit sein soll

1. 7. Wiederwahl Lübkes zum Bundespräsidenten

10. 9. über eine Million Gastarbeiter

1965

12. 2. Bundesregierung untersagt Waffenlieferungen in Spannungsgebiete

25. 3. Verlängerung der Verjährungsfrist von NS-Verbrechen

13. 5. Aufnahme diplomat. Beziehungen zu Israel

12. 6. Gesetz über die Vermögensbildung (624-DM-Gesetz), soll besonders Vermögensbildung der Arbeiter fördern

19. 9. Wahl z. 5. Deutschen Bundestag; 20. 10.: 2. Kabinett Erhard, Koalition mit der FDP

1966

25. 3. »Note zur dt. Friedenspolitik« der Bundesregierung: Wende in der Ostpolitik

27. 10. Bruch der Koalition von CDU/CSU und FDP;

30. 11. Rücktritt Ludwig Erhards

1. 12. Wahl Kurt Georg Kiesingers zum Bundeskanzler; »Große Koalition« von CDU/CSU und SPD; Brandt wird Außen-, Strauß Finanz-, Schiller (SPD) Wirtschaftsminister

14. 12. H. Wehner, BM für gesamtdt. Fragen, will diplomat. Anerkennung der DDR erst nach demokrat. Legitimierung der DDR-Regierung

1967

14. 2. Vertreter von Staat, Tarifpartnern und Wissenschaft beschließen als »Konzertierte Aktion« Stabilität u. Wachstum der Wirtschaft zu fördern (seit 1965 Rezession)

19. 4. Tod Adenauers, 91 Jahre alt

13. 10. Außenminister W. Brandt tritt für

bessere Beziehungen zu Osteuropa ein, lehnt jedoch Anerkennung der DDR ab

19. 12. Beitrittsbemühungen Großbritanniens in die EWG scheitern

Sommer/Herbst: Bildung einer Außerparlamentarischen Opposition (APO) als Antwort auf »Große Koalition«

1968

30. 1. Walter Scheel wird FDP-Vorsitzender

31. 1. Wiederaufnahme diplomat. Beziehungen zu Jugoslawien nach Einrichtung diplomat. Vertretungen in anderen Ostblockstaaten

8. 4. Neue Verfassung der DDR

30. 5. Bundestag verabschiedet Notstandsgesetze (384 zu 100 Stimmen: 1 CDU, 53 SPD, 46 FDP); Aufhebung der alliierten Vorbehaltsrechte

15. 6. Einstimmige Billigung durch den Bundesrat

21. 8. Ostblocktruppen (auch aus der DDR) besetzen Tschechoslowakei nach Versuch, sich aus Moskau-Abhängigkeit zu befreien

26. 9. Breschnew-Doktrin: Unterordnung der Souveränität sozialistischer Staaten unter Prinzip der Unteilbarkeit des sozialist. Lagers; Führungsanspruch der UdSSR

1969

5. 3. Wahl Gustav Heinemanns (SPD) zum Bundespräsidenten

12./13. 4. Gründung der DKP als Nachfolgeorganisation der 1956 verbotenen KPD

28. 9. Wahl zum 6. Deutschen Bundestag

21. 10. Wahl Willi Brandts (SPD) zum Bundeskanzler; Vizekanzler und Außenminister W. Scheel (FDP); Koalition aus SPD und FDP; Ankündigung eines umfassenden Reformprogramms

28. 11. Bundesregierung unterzeichnet Atomsperrvertrag: Keine Kernwaffen für Bundesrepublik

1970

18. 3. Bundestag beschließt mit Stimmen der SPD/FDP Reform des Demonstrationsrechtes

19. 3. Treffen Willy Brandts u. Willi Stophs in Erfurt (DDR): erstes direktes Gespräch der Regierungschefs beider dt. Staaten

18. 6. Herabsetzung des Wahlalters von 21 auf 18 Jahre

12. 8. Unterzeichnung des deutsch-sowjet. Vertrages über Gewaltverzicht und Anerkennung der in Europa existierenden Grenzen

18. 11. Gründung des Bundes Freiheit der Wissenschaft

7. 12. Unterzeichnung des Warschauer Vertrages: Normalisierung der Beziehungen zwischen der Bundesrepublik und Polen, Anerkennung der Oder-Neiße-Linie

1971

3. 9. Viermächte-Abkommen über Berlin: Bestätigung der Bindungen zwischen Bundesrepublik u. West-Berlin; 17. 12. Transitabkommen für freien Zugang nach West-Berlin

20. 10. Friedensnobelpreis für BK Willi Brandt

1972

17. 5. Zustimmung des Bundestages zu Ost-Verträgen

26. 8.–11. 9. Olymp. Spiele in München; 5. 9. arabischer Terroranschlag auf Mannschaft Israels

22. 9. Auflösung des Bundestages wegen Mißtrauen gegen BK Brandt (223 Ja, 248 Nein)

19. 11. Wahl des 7. Dt. Bundestages; 2. Kabinett Brandt; Fortsetzung der SPD/FDP-Koalition

1973

21. 6. Inkrafttreten des Grundlagenvertrages mit DDR nach heftigen Debatten im Bundestag

18. 9. Aufnahme der Bundesrepublik und der DDR in die Vereinten Nationen

26. 9. Gesetz zur Sicherung der Energieversorgung

19. 12. Mehr als eine Million Arbeitslose

1974

22. 3. Herabsetzung der Volljährigkeit auf 18 Jahre

6. 5. Rücktritt von BK Brandt nach Verhaftung seines persönl. Referenten wegen Spionage

15. 5. Wahl Walter Scheels zum Bundespräsidenten

16. 5. Wahl Helmut Schmidts zum Bundeskanzler; Außenminister: Hans-Dietrich Genscher, FDP

7. 10. Totalrevision der DDR-Verfassung mit dem Ziel »...dem gesetzmäßigen Vormarsch der DDR in die kommunistische Zukunft Rechnung (zu) tragen« (Honecker, 27. 9. vor der Volkskammer)

10. 10. Kammergerichtspräsident G. Drenkmann (W.-Berlin) von Rote-Armee-Fraktion (RAF) ermordet

1975

24. 2. Besetzung und Sprengung der Bonner

Botschaft in Stockholm durch dt. Terroristen
25. 2. Bundesverfassungsgericht erklärt Freigabe des Schwangerschaftsabbruchs für verfassungswidrig
27. 2. Berliner CDU-Vorsitzender P. Lorenz von dt. Terrororganisation entführt
18. 12. Bundesrepublik und DDR richten ständige Vertretungen in Ost-Berlin und Bonn ein

1976
3. 10. Wahl des 8. Dt. Bundestages; 2. Kabinett Schmidt; SPD/FDP-Koalition
13. 10. Blutige Demonstrationen bei Brokdorf wegen eines geplanten Kernkraftwerkes
22. 10. Bundesrepublik wird Mitglied im UNO-Weltsicherheitsrat

1977
Terrormorde durch Mitglieder der RAF:
7 4. Generalbundesanwalt Siegfried Buback
30. 6. Bankier Jürgen Ponto
5. 9. Präsident der Dt. Arbeitgeberverbände Hanns-Martin Schleyer, entführt
13. 10. Entführung einer Lufthansa-Maschine zur Freipressung von RAF-Terroristen;
18. 10. in Mogadischu/Somalia durch Grenzschutz befreit; Selbstmord von Baader, Ensslin, Raspe (RAF)

1978
17. 2. Verabschiedung des Anti-Terrorimusgesetzes
13. 4. Bundesverfassungsgericht untersagt das reformierte Anerkennungsverfahren (1. 8. 77) für Wehrdienstverweigerer (»per Postkarte«)
7. 5. Wirtschaftsabkommen (25 Jahre) mit UdSSR
8. 6. Aufhebung der dynam. Rentenanpassung

1979
17. 1. Liberalisierung der Grundsätze zur Prüfung der Verfassungstreue im öftl. Dienst
1. 5. Gründg. der Bürgerpartei (H. Fredersdorf)
23. 5. Wahl von Karl Carstens (CDU) zum Bundespräsidenten
2. 7. Wahl mit F. J. Strauß zum Kanzlerkandidaten der CDU/CSU
12. 12. NATO-Doppelbeschluß: a) begrenzte Nachrüstung, um Vorrüstung des Ostblocks entgegenzuwirken, b) Verhandlungsangebot zur Begrenzung von Mittelstreckenraketen (SS 20 und Pershing II)
24. 12. Einmarsch sowjet. Truppen in Afghanistan

1980
5. 5. Straßenschlachten in Bremen anläßlich der öffentlichen Rekrutenvereidigung
19. 7. Olymp. Sommerspiele in Moskau; wegen Afghanistan: Boykott durch zahlreiche Staaten, u. a. USA und Bundesrepublik
26. 9. Bombenanschlag auf Münchener Oktoberfest
5. 10. Wahl des 9. Dt. Bundestages; Fortsetzung der soz.-lib. Koalition
9. 10. DDR erhöht Mindestumtauschsätze für Besucher aus W-Berlin, Bundesrepb. und westl. Ausland
4. 11. Ronald Reagan wird 40. Präsident der USA (Vorgänger J. Carter)
12. 11. 25. Jahrestag der Bundeswehr; zahlreiche Gegendemonstrationen
15.–19. 11. Papst Johannes Paul II. besucht die Bundesrepublik

1981
Zunehmende Arbeitslosigkeit, steigende Asylantenzahlen und wachsende Gewalttätigkeit von Minderheiten gegen die Rechts- und Verfassungsordnung der Bundesrepublik beeinflussen die Innen- und Wirtschaftspolitik
1. 1. Griechenland wird EG-Mitglied
28. 2. Demonstration von Atomkraftgegnern in Brokdorf
30. 3. Attentat auf US-Präsident Reagan
10. 5. Neuwahl des W-Berliner Abgeordnetenhauses; CDU (48%) stellt Minderheitssenat unter R. von Weizsäcker (11. 6.)
10. 5. François Mitterand wird frz. Staatspräsident
11. 5. Ermordung des hessischen Wirtschaftsministers Karry (FDP)
13. 5. Attentat auf Papst Johannes Paul II.
17.–21. 6. Dt. Kirchentag in Hamburg
24. 6. K. von Dohnanyi (SPD) wird Hamburgs Erster Bürgermeister nach Rücktritt U. Kloses
21. 9. Bei Westberliner Hausbesetzer-Krawallen stirbt K.-J. Rattay nach einem Verkehrsunfall
10. 5. Friedensdemonstration in Bonn
2. 11. Schwere Auseinandersetzungen um das Gelände der geplanten Startbahn West des Frankfurter Flughafens
22. 11. Besuch des sowjet. Staats- und Parteichefs Breschnew in Bonn
3. 12. NATO beschließt für 1982 die Aufnahme Spaniens
11.–13. 12. Bundeskanzler Schmidt konferiert in der DDR mit Honecker
13. 12. Verhängung des Kriegsrechts in Polen

Bedankungen

Bei der Entwicklung des »Fischer Informationsatlas Bundesrepublik Deutschland« haben uns viele Fachleute, Behörden und Institutionen durch Auskünfte, Hinweise und die Bereitstellung von Grundlagenmaterial unterstützt, insbesondere die Geographische Verlagsgesellschaft (GVG) Velhagen & Klasing und H. Schroedel, Berlin. Wir danken an dieser Stelle für die freundliche Hilfe und möchten des weiteren eigens nennen:

Bayerisches Landesamt f. Umweltschutz, München

Bayerisches Staatsministerium f. Arbeit und Sozialordnung, München

Bayerisches Statistisches Landesamt, München

Bundesanstalt für Arbeit, Nürnberg

Bundesanstalt f. Gewässerkunde, Koblenz

Bundesforschungsanstalt f. Fischerei, Hamburg

Bundesforschungsanstalt f. Landeskunde und Raumordnung, Bonn-Bad Godesberg

Bundesforschungsanstalt f. Naturschutz und Landschaftsökologie, Bonn-Bad Godesberg

Bundesministerium f. Ernährung, Landwirtschaft u. Forsten, Bonn

Bundesministerium f. Raumordnung, Bauwesen und Städtebau, Bonn

Bundesministerium für Verkehr, Bonn

Bundesministerium für Wirtschaft, Bonn

Bundesverband der Arbeitgeberverbände

Bundesverband der Deutschen Fleischwarenindustrie e. V., Bonn

Bundesverband der Deutschen Gas- und Wasserwirtschaft e. V., Bonn

Bundesverband der deutschen Süßwarenindustrie e. V., Bonn

Bundesverband Deutscher Zeitungsverleger

Bundesverband der Obst- und Gemüseverwertungsindustrie, Bonn

Bundesverband der Zigarettenindustrie e. V., Bonn

Bundesvereinigung der Deutschen Ernährungsindustrie e. V., Bonn

Deutsche Bundesbahn

Deutsche Lufthansa

Deutsche Stiftung f. Internationale Entwicklung

Deutscher Brauerbund e. V., Bonn

Deutscher Bühnenverein –Pressereferat– Köln

Deutscher Gewerkschaftsbund

Deutscher Kaffee-Verband e. V., Hamburg

Deutscher Naturschutzring e. V./Bundesverband für Umweltschutz, Bonn

Deutscher Wetterdienst –Zentralamt– Offenbach

Deutsches Bibliotheksinstitut (DBI), Berlin

Fremdenverkehrsverbände der Bundesländer

Geographisch-Kartograph. Anstalt Velhagen & Klasing u. Schroedel, Bielefeld

Gesellschaft für Konsum-, Markt- und Absatzforschung e. V. (GfK), Nürnberg

Hartmannbund/Verband d. Ärzte Deutschlands e. V., Bonn

Hessisches Landesamt f. Bodenforschung, Wiesbaden

Hessisches Statistisches Landesamt, Wiesbaden

HUK-Verband, Hamburg

IMA – Informationsgemeinschaft f. Meinungspflege und Aufklärung e. V., Hannover

Informationsbüro der Europäischen Gemeinschaften, Bonn

Informationsgemeinschaft zur Feststellung und Verbreitung von Werbeträgern (IVW)

Institut der deutschen Wirtschaft

Industrie- und Handelskammern Hamburg und Oldenburg

Kirchenkanzlei der Evangelischen Kirche in Deutschland, Hannover

Kraftfahrt-Bundesamt, Flensburg

Kreditanstalt für Wiederaufbau, Flensburg

Landesamt für Datenverarbeitung und Statistik Nordrhein-Westfalen, Düsseldorf

Landesamt f. Wasser u. Abfall Nordrhein-Westfalen, Düsseldorf

Landeskirchenamt der Evangelischen Kirche v. Westfalen, Bielefeld

LAWA – Länderarbeitsgemeinschaft Wasser (z. Z. Ministerium f. Ernährung, Landwirtschaft, Umwelt und Forsten Baden-Württemberg, Stuttgart

»mi« verlag moderne industrie, Landsberg
Ministerium für Naturschutz u. Landschaftsökologie, Bonn Prof. Dr. W. Mrass, Bundesforschungsanstalt

NATO – Informationsabteilung
»Neue Westfälische« –Archiv– Bielefeld
Niedersächsisches Landesverwaltungsamt
–Statistik–, Hannover
Theo Norkowski, Bielefeld

Oldenburgische Landesbank

Präsident des Bundesausgleichsamtes
Pressestelle der deutschen Ärzteschaft, Köln
Presse- und Informationsämter der Bundes-
regierung und der Bundesminister für
– Arbeit und Sozialordnung
– Bildung und Wissenschaft
– Finanzen
– Innerdeutsche Beziehungen
– Justiz
– Verkehr
– Wirtschaft
– Wirtschaftliche Zusammenarbeit
– des Auswärtigen
– des Inneren
– der Verteidigung

Ruhrgas AG, Essen

Min.-Rat W. J. Schütz, Bonn
Sekretariat der Deutschen Bischofskonferenz
Statistisches Amt des Saarlandes, Saarbrücken

Statistisches Bundesamt, Wiesbaden
Statistisches Landesamt Baden-Württem-
berg, Stuttgart
Statistisches Landesamt Berlin
Statistisches Landesamt Bremen
Statistisches Landesamt Hamburg
Statistisches Landesamt Rheinland-Pfalz,
Bad Ems
Statistisches Landesamt Schleswig-Holstein,
Kiel
Dr. R.-D. Schmidt, Bundesforschungsanstalt
f. Landeskunde u. Raumordnung, Bonn
Prof. Dr. Sigfrid Scheider, Bundesfor-
schungsanstalt f. Landeskunde u. Raum-
ordnung, Bonn
Sekretariat der Ständigen Konferenz der
Kultusminister in der Bundesrepublik
Deutschland, Bonn

Dr. Walter Thauer, Bielefeld

Umweltbundesamt, Berlin

Verband der Cigarettenindustrie, Hamburg
Verband der Deutschen Margarineindustrie
e. V., Bonn
Verband der Deutschen Rauchtabakindu-
strie, Bonn
Verband des Tee-Einfuhr- und Fachgroß-
handels e. V., Hamburg
Verein Naturschutzpark e. V., Hamburg
Verein der Zuckerindustrie, Bonn

Wissenschaftliches Institut der Ortskranken-
kassen (WIdO), Bonn

Literaturverzeichnis

Es wurden vorwiegend Titel aufgenommen, die leicht zu beschaffen oder einzusehen sind. Sie enthalten weitere Literaturhinweise. HG = Herausgeber; (2) = 2. Auflage; TB = Taschenbuch

I. Lage und Größe

Beckel, L./Bodechtel, J./ Strunk, E. (Hg.): Deutschland – Landschaften und Städte im Satelliten- und Luftbild, Braunschweig 1978

BM für Raumordnung, Bauwesen u. Städtebau (Hg.): Auswertung von Satellitenaufnahmen z. Gewinnung von Flächennutzungsdaten, Schriftenreihe »Raumordnung« Heft 06.039 Bad Godesberg

Boedechtel, J./Beckel, L./Haefner, H. (Hg.): Weltraumbild-Atlas (Deutschld.-Öster.-Schweiz) 1 : 500000, Braunschweig 1978, Westermann

Haydn, R. u. a.: Deutschland, wie es noch keiner sah, in: GEO, Heft 3, 1980, Hamburg (23 Satellitenkarten-Ausschn. in naturnaher Farbgebung)

Haydn, R.: Deutschland aus dem All, in: bild der wissenschaft 11/1978, Stuttgart

Hess. Min. f. Wirtschaft u. Technik/Hess. Landesamt f. Bodenforschung: Unser Lebensraum aus 900 km Höhe (Hessen 1 : 1000000, Faltbl.)

Otremba, E.: Wesen und Wandlungen des Begriffs Mitteleuropa, in: Verhandl. d. dt. Geogr. Tag., Bd. 30, Hamburg 1957

Rauch, P.: Ausmaß und Auswirkung Gebietsreform auf Gemeindebestand, Gemeindegröße und Wohnbevölkerung, in: Zeitschrift f. Bevölkerungswissenschaft, H. 2, 1979, Boppard

Satellitenbildkarte Bundesrepublik Deutschland (Bearb. R. Haydn), 1 : 1000000 »Grünversion«, Braunschweig 1980, Westermann

II. Landesnatur

Becker, F.: Bioklimatische Zonen der Bundesrepublik, Karte 1 : 1,5 Mio., Deutscher Wetterdienst Offenbach, 1972

Becker, F.: Die Bedeutung der Orthographie in der medizinischen Klimatologie (mit Karte »Das Bioklima in der Bundesrepublik Dtld.«), Geogr. TB 1972, Bad Godesberg

Brose, K.: Zehnjährige Mittelwerte der Sonnenscheindauer. Zeitraum 1949–1958, in: Mitteilgn. d. Dtsch. Wetterdienstes, Nr. 23, Bd. 4, Offenbach 1960

Caspar, W.: Die Schneedecke in der BRD Dtld. (Dt. Wetterdienst), Offenbach 1962

Deutscher Wetterdienst (Hg.): Klimaatlanten der Bundesländer, Offenbach 1960ff

Dorn, P. u. Lotze, F.: Geologie Mitteleuropas, Stuttgart 1971

Ellenberg, H.: Die Vegetationen Mitteleuropas mit den Alpen in kausaler, dynamischer und historischer Sicht, Stuttgart 1963

Flohn, H.: Witterung und Klima in Mitteleuropa. Forschungen zur deutsch. Landeskunde, Bd. 78, (2), Remagen 1954

Freitag, H.: Einführung in die Biogeographie von Mitteleuropa, Stuttgart 1962

Gohl, D.: Strukturen und Skulpturen der Landschaft, Forschungen zur deutsch. Landeskunde, Bd. 184, Bonn-Bad Godesberg 1972

Henningsen, D.: Einführung in die Geologie der BR Dtld., Stuttgart 1976, TB

Keller, R.: Hydrologischer Atlas der Bundesrepublik Deutschand, Boppard 1978

Klima-Atlanten (Hg.: Dt. Wetterdienst) für die Bundesländer: Hessen 1950, Bayern 1952, Bad.-Württ. 1953, Rheinl.-Pfalz 1957, Nordrh.-Westf. 1960, Niedersachsen 1964, Schlesw.-Holst. 1967

Liedtke, H.: Die nordischen Vereisungen in Mitteleuropa, Bonn-Bad Godesberg 1975

Louis, H.: Schneegrenze und Schneegrenzbestimmung, in: Geogr. TB 1954/55, S. 414ff

Meteorologischer und Hydrologischer Dienst der DDR (Hg.): Klima-Atlas für das Gebiet der Deutschen Demokratischen Republik, Berlin 1953

Meusel, H.: Arealkunde, Berlin 1965

Meynen, E./Schmithüsen, J. (Hg.): Handbuch der naturräumlichen Gliederung Deutschlands, BfLR, Bad Godesberg 1953–62

Murawski, H.: Geologisches Wörterbuch, Stuttgart 1977 (7), TB dtv/Enke

Richter, G.: Handbuch ausgewählter Klimastationen der Erde, Forschungsstelle Bodenerosionen der Univ. Trier, 1979

Rühl, A.: Flora und Waldvegetation der deutschen Naturräume, Wiesbaden 1958, in: Erdkundl. Wissen

Runge, F.: Die Pflanzengesellschaften Deutschlands, Aschendorf, Münster 1973

Schnelle, F.: Beiträge zur Phänologie Deutschlands, Tei III: Vorfrühling bis Herbst, Berichte des Deutschen Wetterdienstes. 1. Offenbach 1953

Semmel, A.: Geomorphologie der Bundesrepublik Dtld., Erdkundliches Wissen, Bd. 30, Wiesbaden 1972, Steiner

Statist. Landesämter (Hg.): Im Gesundheitswesen tätige Personen 1978 (Stat. Berichte A IV 1, jährl.)

Troll, C.: Ozeanische Züge im Pflanzenkleid Mitteleuropas, Drygalski-Festschrift, München–Berlin 1925

Walter, H.: Arealkunde, Einführung in die Phytologie, 2. Teil, Stuttgart 1954, Ulmer

Witterstein, F.: Karten zur Phänologie, Deutscher Wetterdienst Offenbach 1970

III. Bevölkerung und Siedlung

Blotevogel, H. H./Hommel, M.: Struktur und Entwicklung des Städtesystems, in: GR 4/1980

Bundesanstalt für Arbeit: Arbeitsstatistik 1978 – Jahreszahlen, in: Amtliche Nachrichten der Bundesanstalt für Arbeit, 27. Jahrg. – Sondernummer, 1979

Bundesanstalt für Arbeit: Strukturanalyse der Arbeitslosen und der offenen Stellen, Ergebnisse der Sonderuntersuchung von Ende Mai 1979

Christaller, W.: Die zentralen Orte in Süddeutschland, Darmstadt 1933/1968, Wissenschaftl. Buchgesellschaft

Gatzweiler, H. P.: Zur Selektivität interregionaler Wanderungen, BfLR, Bonn 1975

Giese, E.: Räumliche Diffusion ausländ. Arbeitnehmer in der BR Deutschld., in: Die Erde, 109. Jg. 1978, S. 92–110

Heinritz, G.: Zentralität und zentrale Orte, Studienbücher der Geographie, Stuttgart 1979

Iblher, P.: Hauptstadt oder Hauptstädte? Opladen 1970, Leske

Isenberg, G.: Ballungsgebiete in der BR Dtld., in: Handwörterbuch der Raumforschung und Raumordnung, Hannover 1970

Kluczka, G.: Zentrale Orte und zentralörtliche Bereiche mittlerer und höherer Stufe, in: Forschungen zur deutschen Landeskunde, Bd. 194, Bonn-Bad Godesberg 1970

Koch, R.: Wanderungen und Rezession, in: Information z. Raumentwicklung 4, 1977

Meynen, E. u. A.: Die Bevölkerungsdichte der BR Dtld. nach naturräumlichen Einheiten, in: Ber. z. dt. Landesk. 39, S. 138ff, Bad Godesberg 1967

Monheim, H.: Zur Attraktivität deutscher Städte

Ruppert, H.: Bevölkerungsballungen, Nürnberger Wirtschafts- und Sozialgeogr. Arbeiten 20, 1973

Schardt, V.: Nürnberg und seine Industrieregion, in: GR 23, 1971

Schliebe, K. u. Teske, H. D.: Verdichtungsräume, eine Kategorie der Raumordnung, in: Geogr. Rundschau, H. 9, S. 347ff, Braunschweig 1970

Schöller, P.: Die deutschen Städte, Erdkundliches Wissen, Heft 17, Geogr. Zeitschrift, Wiesbaden 1967

Schöller, P.: Stadt und Einzugsgebiet. Ein geogr. Forschungsproblem und seine Bedeutung für Landesk., Gesch. und Kulturraum-Forsch., in: Studium generale 10. Jhg. S. 602–612, 1957

Schrettenbrunner, H.: Gastarbeiter, Frankfurt 1976, Diesterweg

Selke, W.: Die Ausländerwanderung als Problem der Raumordnungspolitik in der BR Deutschl., Bonn 1977, Dümmler

Stadtregionen in der BR Deutschland 1970, Hannover 1975, Schroedel

Steinberg, H. G.: Die Bevölkerungsentwicklung in den beiden Teilen Deutschlands nach dem 2. Weltkrieg, in: Geogr. Rdsch. H. 26, S. 169ff, Braunschweig 1974

Voppel, G.: Passiv- und Aktivräume, Forschungen z. dt. Landeskunde 132, 1961

Gebhardt, B.: Handbuch der Deutschen Geschichte, Bd. 2: Von der Reformation bis zum Ende des Absolutismus, Stuttgart 1970, Klett

Wallmann, J.: Kirchengeschichte Deutschlands II, Von der Reformation bis zur Gegenwart, Frankfurt–Berlin 1973, Ullstein, TB

dtv-Atlas zur deutschen Sprache, München 1978

Moser, H.: Deutsche Sprachgeschichte, Tübingen 1969

IV. Wirtschaft (Industrie, Handel und Gewerbe)

Agrarbericht 1979, Bonn: Dt. Bundestag 1978, Drucksache 8/2530

Andreae, B. u. Greiser, E.: Strukturen deutscher Agrarlandschaft, in: Forschungen zur deutschen Landeskunde, Bd. 199, Trier 1978

Bansamir, G.: Standorttendenzen i. d. Eisen- und Stahlindustrie, in: Informationen des Instituts für Raumordnung, 21. Jhg. Nr. 17, S. 383–398, 1971

Bartelmus, P.: Industrielle Strukturwandlungen in Großräumen der Bunderepublik Dtld., 1970

Bartels, D.: Die heutigen Probleme der Land- und Forstwirtschaft in der BRD Dtld., in: Fragenkreise Schöningh, Paderborn 1980

Bauer, F./Zimmermann, G.: Der Wald in Zahlen von A–Z, München 1963

Bayer. Landesamt f. Umweltschutz (Hg.): Lufthygienischer Jahresbericht 1978, Heft 15, d. Schriftenreihe »Luftreinhaltung«, München 1979, R. Oldenbourg Verlag

Born, M.: Die Entwicklung der deutschen Agrarlandschaft. Erträge der Forschung, Bd. 29, Darmstadt 1974

BM für Ernährung, Landwirtschaft und Forsten, Jahresberichte über die deutsche Fischwirtschaft 1977/78 und 1978/79, Berlin

BM für Wirtschaft (Hg.): Leistung in Zahlen 79, Bonn (29), 1980

Deutscher Bäderverband e. V. (Hg.): Begriffsbestimmungen f. Kurorte, Erholungsorte u. Heilbrunnen, Bonn/Frankfurt 1979

Deutscher Bäderverband e. V. Deutscher Fremdenverkehrsverband e. V. (Hg.): Deutsche Heilbäder u. Kurorte, Bonn/Gütersloh 1980

Fischer Öko-Almanach, Frankfurt 1980

Finke, L.: Ökologie und Umweltprobleme, in: GR 4/1980

Friedensburg, F. u. Dorstewitz, G.: Die Bergwirtschaft der Erde, Stuttgart 1967

Gesellschaft für Konsum-, Markt- u. Absatzforschung e. V. 1980: Kaufkraftkarte 1980 1:1 Mio.

Gessner, F./Brandt, K./Mrass, W.: Ermittlung von aktuellen und potentiellen Erholungsgebieten in der BR Dtld., Schriften zur Landschaftspflege u. Naturschutz, 9, 1974

Graebe, W.: Industrie in Verdichtungsräumen, in: Verhdl. d. dt. Geogr. Tag., Wiesbaden 1978

Hahn, H.: Die deutschen Weinbaugebiete, in: Bonner geogr. Abhandlungen, Bd. 18, 1956

Hahn, H.: Die Erholungsgebiete in der Bundesrepublik Dtld., Bonner geographische Abhandlungen 22, 1978

Handke, M.: Die Entwicklung der Naturparks in der Bundesrepublik Dtld., in: Natur und Landschaft, 54. Jhg. 9, S. 302 ff, 1979

Haushofer, H.: Die Agrarwirtschaft in der BR Dtld., München–Mainz–Hiltrup 1974

Höhfeld, T. H.: Die Funktion der Steinkohlenreviere der BR Deutschland im westeuropäischen Wirtschaftsraum, Wiesbaden 1971, Steiner

Hottes, K.: Gegenwartstendenzen in der Entwicklung der Industriestruktur und der Standortverflechtung, in: Geogr. Rundschau 4, S. 148 ff, Braunschweig 1980

Hottes, K./Meynen, E./Otremba, E.: Wirtschaftsräumliche Gliederung der BR Deutschland, Bonn-Bad Godesberg: BfLR 1972

Hottes, K.: Industriestandorte und Industriegebiete, 42. dtsch. Geogr. Tag, Göttingen 1979

Isenberg, G.: Hinweise zur Kartierung von Industriestandorten, Geogr. TB, S. 208 ff, 1949

Jahrbuch für Bergbau, Energie, Mineralöl und Chemie, Essen, Glückauf-Verlag

Klöpper, R.: Über einige Karten zum Erholungswesen in der BR Deutschland, in: Raumf. u. Raumo. 35, 1977

Klöpper, R.: Struktur- und Ausstattungsbedarf in Erholungsorten der BR Deutschland, ARL 1972, Hannover

Koeppel, H. D. u. Mrass, W.: Natur und Nationalparks, in: Natur- und Umweltschutz i. d. Bundesrepublik Dtld., S. 803 ff mit Karte, 1978

Kresse, J. M.: Die Industriestandorte in mitteleuropäischen Großstädten, in: Berliner Geogr. Stud. 3, 1977

Kürten, W. v.: Landschaftsschutz und Landschaftspflege, in: Geogr. Rundschau 4, S. 194 ff, Braunschweig 1980

Länderarbeitsgemeinschaft Wasser 1980: Die Gewässergütekarte der BRD. 1:1 Mio., Mainz

Küpper, U. I.: Neuere Kapazitäten der Aluminimindustrie in der BR Dtld., Geogr. Rundschau, Heft 11, S. 413 ff, 1971

Löblich, H.-J.: Schwefeldioxid-Immissionen in Stadt- u. Landkreisen, i. Auftr. d. BM f. Wirtschaft, Hamburg 1977

Lösch, A.: Die räumliche Ordnung der Wirtschaft, Stuttgart

Mayer, F.: Die Energiewirtschaft der BR Deutschland, in: GR 26, 1974

Mrass, W.: Freizeitgebiete, in: Natur und Umweltschutz, 1978

Mrass, W.: Aktuelle und potentielle Freizeitgebiete in der Bundesrepublik Dtld., in: Natur- und Umweltschutz i. d. Bundesrep. Dtld., S. 595, 1978

Niggemann, J.: Die Agrarstruktur- und Kulturlandschaftsentwicklung, in: GR 4/1980

Nordrh.-Westf. Landesregierung (Hg.): Umweltschutz in Nordrhein-Westfalen, Düsseldf./ Bonn 1980

Offner, H.: Unsere Naturparks I und II, Stuttgart 1976

Otremba, E. (Hg.): Atlas der deutschen Agrarlandschaft, Wiesbaden 1962–71, Steiner

Otremba, E.: Der Agrarwirtschaftsraum der BR Dtld., in: Geogr. Zeitschrift, Beihefte, Wiesbaden 1970

Otremba, E.: Die Grundlagen für die Entwicklung der Wirtschaft in der Bundesrepublik, Paderborn 1973, Schöningh

Otremba, E. u. Hilchenbach, R.: Standortbedingungen und -verflechtungen der Industrie in der BR Dtld., Fragenkreise Schöningh, Paderborn, 1979

Otremba, E.: Wertwandlungen in der dt. Wirtschaftslandschaft, in: Die Erde 2, 1951

Raumordnungsbericht 1974 u. 1978, Bonn: Dt. Bundestag 1975 u. 1978, Drucksache

Rhein, K.: Die Energiewirtschaft der BR Deutschland, Paderborn 1974, Schöningh

Riffel, E.: Die Mineralölwirtschaft der BR Deutschland, in: Geogr. TB 1970/72

Riffel, E.: Zur Standortdynamik der erdölverarbeitenden Industrie in der BR Deutschland, in: Berichte zur dt. Landeskunde 46

Röhm, H.: Die westdeutsche Landwirtschaft – Agrarstruktur, Agrarwirtschaft u. landwirtschaftl. Anpassung, München 1964

Röhm, H.: Geschlossene Vererbung und Realteilung in der Bundesrepublik Dtld., in: Tagungsberichte dtsch. Geogr. Tag, S. 236 ff, Köln 1961

Ruppert, F. u. Maier, J.: Naherholungsräume und Naherholungsverkehr, Studien zur Sozial- und Wirtschaftsgeographie 6, S. 55–77, 1970

Ruppert, K.: Grundtendenzen freizeitorientierter Raumstruktur, in GR 4/1980

Schliebe, K.: Erholungsgebiete in der BR Deutschland, in: Information/Institut für Raumordnung 22, 1972

Schmithüsen, J.: Deutschlands Waldgebiete, Geogr. TB 1951/52, S. 217 ff, 1952

Schöller, P.: Bundesstaatliche Ordnung – Deutsche Länder – Hauptstadtfragen, in: GR 4/1980

Statistisches Bundesamt: Landwirtschaftszählung 1971, 6 Kartenblätter mit 12 Karten, Wiesbaden

Statistisches Bundesamt: Statistisches Jahrbuch über Landwirtschaft, Ernährung und Forsten, Hamburg

Statistisches Bundesamt: Land- und Forstwirtschaft, Fachserie 3, Fischerei Reihe 4/5, Hochsee- und Küstenfischerei 1980

Statistisches Jahrbuch über Ernährung, Landwirtschaft u. Forsten der BR Dtld., Hg.: BM für Ernährung, Landwirtschaft u. Forsten

Thalheim, K.: Die wirtschaftliche Entwicklung der beiden Staaten in Deutschland, Opladen 1978, Leske u. Budrich

Umwelt – Gefahr und Schutz, Sonderheft der Reihe »Schulfunk – unsere Welt aktuell«, Lübeck, Verlag Ehrlich & Sohn

Umweltbundesamt (Hg.): Materialien zum Immissionsschutzbericht 1977, d. Bundesreg. an den Dt. Bundestag, Berlin 1977, Erich Schmidt Verlag

Umweltbundesamt (Hg.): Großräumige Luftbelastg. in der BR. Dtld., Berlin 1980

Voppel, G.: Gedanken zur räumlichen Entwicklung der Industrie in der Bundesrepublik Dtld. seit 1950, Zeitschr. f. Wirtschaftsgeogr. 20. Jhg., S. 65–72, 1976

Voppel, G.: Die verkehrs- und wirtschaftsgeogr. Stellung der Mittelgebirge zwischen Norddt. Tiefland u. Rhein-Main-Gebiet, in: GR 25, 1973

Windhorst, H. W.: Der Wald der BR Dtld. im Wirtschaftsprozeß, in: Geogr. Rundschau 11, S. 432 ff, 1971

Woermann, E.: Landwirtschaftliche Bodennutzungssysteme in der BR Deutschl., in: Berichte z. dt.Landeskunde 22, 1959

BM für Wirtschaft (Hg.): Energieprogramm der Bundesregierung, 2. Fortschreibung vom 14.12. 77

Ganser/Blank: Probleme der Energieversorgung, Hannover 1977

Globig M.: Energie: Wieviel haben wir – Wieviel brauchen wir – Woher soll sie kommen? in: Inf. f. d. Truppe 10/80, Bonn, Streitkräfteamt

König, C.: Energiemodelle für die Bundesrepublik Dtld., Stuttgart 1977

Müller, H.: Erdöl und Sicherheit

Ulrich, O.: Wachstum, Energie u. Klima in: Beilage zur Wochenzeitung Das Parlament, B 6/80

Aubin/Zorn: Handbuch der deutschen Wirtschafts- und Sozialgeschichte, Stuttgart 1976, Bd. 2

Schmacke, E.: Die großen 500, Hdbch. in Loseblattform, 2 Bde., Neuwied, Luchterhand

BM für wirtschaftliche Zusammenarbeit (Hg):
– 4. Bericht zur Entwicklungspolitik der Bundesregierung, 1980
– Die entwicklungspolitischen Grundlinien der Bundesregierung, 1980
– Entwicklungspolitik, Spiegel der Presse, wchtl.
– Journalistenhandbuch Entwicklungspolitik,1980, 1981
– Politik der Partner, 4. Aufl. 1979 (mit Literatur)

Handbuch für Internationale Zusammenarbeit, Baden-Baden 1977, Nomos-Verlag (Loseblatt)

Kreditanstalt für Wiederaufbau (Hg.): Bericht über das Geschäftsjahr 1979, Frankfurt/M. 1980

Weltbank Washington (Hg.): Weltentwicklungsbericht 1979; Jahresbericht 1979; Atlas 1979

V. Verkehr

Achilles, F. W.: Der internat. Flugverkehr der Bundesrepublik Dtld., Geogr. Rdschau 10/1977

Bundesminister (BM) f. Verkehr (Hg.): Bundesverkehrswegeplan 1980; Bundeswasserstraßen und Schiffahrt 1978; Straßenbaubericht 1978; Unfallverhütungsbericht Straßenverkehr 1979

Deutsche Lufthansa AG: Geschäftsbericht 1979, Köln 1980; Geschichte d. Dt. Lufthansa, 1980

Fastenau, R.: Der Strukturwandel des Seeverkehrs und seine Auswirkungen auf die Häfen, Geogr. Rundschau 5/1980

Henning, F. W.: Wirtschafts- und Sozialgeschichte, Paderborn 1973, Bd. 2 u. 3, Schöningh, TB

Otremba, E.: Konstanten und Wandlungen im Verkehrswesen, in: GR 4/1980

Treue, W.: Gesellschaft, Wirtschaft u. Technik Dtlds. im 19. Jh., in: Gebhardt, Handbuch der Deutschen Geschichte, Bd. 3, Stuttgart 1970

VI. Verwaltung

Baur, F.: Einführung in das Recht der Bundesrepublik Dtld., München 1978(2)

Behn, H. U.: Die Bundesrepublik Deutschland, München 1974, Olzog, TB

Behnke, G.: Die Bundesrepublik Deutschland, Lübeck 1980, Schulfunk-Verlag, TB

Bundesanstalt für Arbeit stellt sich vor, Nürnberg 1979

BM der Finanzen (Hg.): Bundeshaushalt 1980; Unsere Steuern von A–Z, Bonn 1978(3)

Ellwein, Th.: Das Regierungssystem der Bundesrepublik Dtld., Wiesbaden 1977(4)

Eggenberger, O.: Die Kirchen, Sondergruppen und religiösen Vereinigungen, Zürich 1978(2)

Gorschenek, G.: Katholiken und ihre Kirche in der Bundesrepublik Dtld., München 1977(2) TB

Heßler, H. W.: Protestanten und ihre Kirche in der BRD, München 1977(2) TB

Heyde/Gielen: Die Hüter der Verfassung, Karlsruhe 1973
Jordan, H.: Wie das Gesetz es befiehlt, Die öffentl.-rechtl. Aufgaben der Industrie- und Handelskammern, DIHT Nr. 127, Bonn 1971
Kirchenkanzlei der EKD (Hg.): Die Evangelische Kirche in Dtld., Hannover 1979
Schneider, H.: Die Interessenverbände, München 1975
Timmer, R.: Die Neugliederung des Bundesgebietes, BM d. Inneren, Bonn o. J., TB

VII. Kultur – kulturelle Einrichtungen

Bilzer, Boekhoff, Winzer: Das große Buch der Malerei, Braunschweig 1978, Westermann
Brunner, H. R.: Volksfeste zwischen Rhein, Main und Neckar, Frankfurt/M. 1974
Bund-Länder-Kommission f. Bildungsplanung und Forschungsförderung u. BA für Arbeit: Studien- und Berufswahl 1979/80, Bad Honnef 1979
Busse, G. v.: Struktur u. Organisation des wissenschaftlichen Bibliothekswesens in der Bundesrepublik Dtld., Wiesbaden 1979
Denkmalpflege in der Bundesrepublik Dtld., H. Moos Verlag (Hg), München 1974
Deutscher Bühnenverein: Theaterstatistik 1978/79, Köln 1980
Faupel, G.: Medien im Wettstreit, Münster 1979, Regensberg
Informationsgemeinschaft zur Feststellung der Verbreitung von Werbeträgern (IVW): Auflagenzahlen von Presseerzeugnissen, Bonn 1980
Internationales Handbuch für Rundfunk und Fernsehen, Hamburg 1980
Knaurs Kulturführer Deutschland, München/Zürich 1980
Knudsen, H.: Deutsche Theatergeschichte, Stuttgart, Kröner
Medienbericht 1978, (Hg.): Presse- und Informationsamt der Bundesregierung, Bonn 1978
Meyer/Lessing: Deutsche Ritter, Deutsche Burgen, München 1976
Meyn, H.: Massenmedien in der Bundesrepublik Dtld., Berlin 1979, Colloqium-Verlag, TB
Möhrmann, K. (Hg.): Der deutsche Museumsführer, Frankfurt 1979, Krüger
Oswald/Beitl: Wörterbuch der deutschen Volkskunde, Stuttgart 1974(3), Kröner
Pahlen, K.: Erster Europäischer Festspielführer, 1979, München 1979, Goldmann Ratgeber
Patze, H. (Hg): Die Burgen im deutschen Sprachraum, Sigmaringen 1976, 2 Bde.
Publizistik, Vierteljahreshefte f. Kommunikationsforschung, Konstanz, Universitäts-Verlag
Reclams Kunstführer Deutschland, Stuttgart, 7 Bde.
Rühle, G.: Theater in unserer Zeit, Frankfurt/M. 1976, Suhrkamp
Schatzkammer Deutschland, Stuttgart 1980, Verlag Das Beste für den ADAC
Schütz, W. J.: Zeitungsatlas der BR Dtld. (Hg.: Bundesverband Dt. Zeitungsverleger) 1976
So feiern die Bayern, Institut f. dt. und vergleichende Volkskunde, Universität München 1978
Vorstius/Joost: Grundzüge der Bibliotheksgeschichte, Wiesbaden 1977(7)
Winzer, F.: Kunstmuseen in der Bundesrepublik Dtld., Braunschweig 1980, Westermann
Wissenschaftliche und kulturelle Institutionen der Bundesrepublik Dtld., Hg: Verlag Dokumentation München 1976

VIII. Zeitgeschichte und Politik

a) Deutschland 1918–1945

Aleff, E.: Das Dritte Reich, Hannover 1979(10), Edition Zeitgeschehen, TB
Ambrosius, E./Frenzel, K. (Hg.): Das Bild der Erde, (Atlas, 100 Kartens. mit statist. Angaben), Bielefeld u. Leipzig 1930, Velhagen & Klasing
Bracher, K. D.: Die deutsche Diktatur, Frankfurt/M. 1979(6), Ullstein, TB
Bracher/Sauer/Schulz: Die nationalsozialistische Machtergreifung, Frankfurt 1974, Ullstein, TB
Broszat, M.: Der Staat Hitlers, München 1969, dtv, TB
Dallin, A.: Deutsche Herrschaft in Rußland 1941–1945, Düsseldorf 1958, Droste Verlag
Erdmann, K. D.: Die Weimarer Republik, in: Gebhardt Handbuch der Dt. Geschichte, Stuttgart 1973, Bd. 4, Bd. 4,1
– : Deutschland unter der Herrschaft des Nationalsozialismus, in: Gebhardt, 1976, Bd. 4,2
Heiber, H.: Die Republik von Weimar, München 1968 (3), dtv, TB
Herzfeld, H.: Die Weimarer Republik, Berlin 1966, Ullstein, TB

Mann, G.: Deutsche Geschichte des 19. und 20. Jahrhunderts, Frankfurt 1958, S. Fischer
Milatz, A.: Wähler und Wahlen in der Weimarer Republik, Bonn 1968(2), Bundeszentrale für politische Bildung, H. 66, TB
Parker, R. A. C.: Fischer Weltgeschichte, Das 20.Jahrhundert I: 1918–45, Frankfurt 1967, TB
Tormin A.: Die Weimarer Republik, Hannover 1978(12), Edition Zeitgeschehen, TB
b) Deutschland nach 1945
Binder, G.: Geschichte im Zeitalter der Weltkriege, Bd. 2: 1945 bis heute, Stuttgart 1977
Erdmann, K. D.: Deutsche Geschichte 1945–50, in: Gebhardt, a. a. O., Bd. 4/2, 1976
Deuerlein, E.: Deutschland 1963–70, Hannover 1979(7), Edition Zeitgeschehen, TB
Grosser, A.: Deutschlandbilanz, München 1974, dtv
Hillgruber, A.: Deutsche Geschichte 1945–75, Frankfurt/Berlin 1978, Ullstein, TB
Lilge, H.: Deutschland 1945–63, Hannover 1979(11), Edition Zeitgeschehen, TB
Thurich/Endlich: Zweimal Deutschland, Frankfurt/Main, 1979(1), Diesterweg
Vogelsang, Th.: Das geteilte Deutschland, München 1973(5), dtv, TB
BM für innerdt. Beziehungen (Hg.): Zahlenspiegel, Bundesrepublik Dtld.-DDR, Vergleich, Bonn 1978
deZayas, A. M.: Die Anglo-Amerikaner und die Vertreibung der Deutschen, München 1978(3), Verlag C. H. Beck
c) Bundesrepublik Deutschland
Auswärtiges Amt (Hg.): Die Ausw. Politik der Bundesrepublik Dtld., Köln 1972
–: Auswärtige Politik heute, Bonn 1979(2), TB
Bayerische Landeszentrale für polit. Bildungsarbeit (Hg.): 30 Jahre Bundesrepublik Dtld., 3 Bde., München 1978–79
BM der Verteidigung: Weißbuch 1979, Bonn 1979
Bundesregierung, Presse- u. Informationsamt: Demokratie als Auftrag, Drei Jahrzehnte Bundesrepublik Deutschland, Bonn 1979, TB
–: Jahresbericht der Bundesregierung 1979
Europäische Dokumentation, Schriftreihe des Presse- u. Informationsbüros der EG, Bonn
Jüttner/Liese: Taschenbuch der Europäischen Parteien u. Wahlen, München 1978, Olzog, TB
Kasten, H.: Europäische Wirtschaftsintegration, München 1979, Fink, TB
Lehmann, H.-G.: Chronik der Bundesrepublik Dtld. 1945–1981, München 1981, Beck, TB
NATO, Tatsachen und Dokumente, Brüssel 1976, NATO-Informationsabteilung
Pfennig, G.: Freiheitlich-demokrat. Grundordnung – Sozialistische Gesellschaft: Das Grundgesetz und die Verfassung der DDR im Vergleich, in: Heidemann u.a. (Hg.): Freiheitl. Verfassungspolitik, Stuttgart 1979, Bonn Aktuell
Richardson, I.: Die Europäische Gemeinschaft, Lübeck 1979, Schulfunk-Verlag, TB
Scheel, W.: Nach 30 Jahren... Geschichte, Gegenwart und Zukunft der Bundesrepublik Dt., Stuttgart 1979, Klett-Cotta
Schwarz, H. P.: Handbuch der deutschen Außenpolitik, München-Zürich 1975
Sontheimer/Röhrig (Hg.): Handbuch des politisch. Systems der Bundesrepublik Dtld., München 1977
Tatsachen über Deutschland, Bundesrepublik Dtld., (Hg.): Lexikon-Institut Bertelsmann, Gütersloh 1979(2),TB
d) Wahlen in der Bundesrepublik
Brehme/D'hein: Parteien, Wähler, Parlamente – Ein Politik-Lexikon für das Wahljahr 1980, Hamburg 1980, STERN-Buch
Kaack, H.: Geschichte und Struktur des deutschen Parteiensystems, Opladen 1971, Westdt. Verlag
Wolf, W.: Der Wahlkampf – Theorie und Praxis, Köln o. J., Verlag Wissenschaft u. Politik
Woyke/Steffens: Stichwort Wahlen, Ein Ratgeber, Opladen 1980, Leske, TB
e) DDR
DDR-Handbuch, hg. BM für innerdeutsche Beziehungen, Köln 1979, Wissenschaft und Politik
Erbe, G. u. a.: Politik, Wirtschaft u. Gesellschaft in der DDR, Opladen 1979, Westdt. Verlag, TB
Lützkendorf, H.: Die DDR, Lübeck 1980, Schulfunk-Verlag, TB

Sammelwerke und themenübergreifende Literatur

Arnberger, E.: Handbuch der thematischen Kartographie, Wien 1966

Bundesforschungsanstalt f. Landeskunde und Raumordnung (Hg.): Atlas zur Raumentwicklung, Bonn ab 1976

BM f. Raumordnung, Bauwesen u. Städtebau/Bundesforschungsanstalt f. Landeskunde u. Raumordnung (Hg): Raumordnungsbericht 1978 und Materialien, Bonn 1979, Raumordnungsbericht 1974, 72

Bundeszentrale f. polit. Bildung (Hg.): Informationen z. polit. Bildung (zu vielen Themenbereichen, teilw. m. Karten), Bonn

Deutscher Städtetag (Hg.): Statistisches Jahrbuch Deutscher Gemeinden, 1978, 1979 (jährl.) Köln, Verlag J. P. Bachem

Der Fischer Weltalmanach, mehr. Jahrg., Fischer-Taschenbuch-Verlag, Frankfurt a. M.

Fuchs, G.: Die Bundesrepublik Deutschland in der Gegenwart, Stuttgart, 1974

Fuchs, G.: Die Bundesrepublik Deutschland, Stuttgart 1977, Klett: Länderprofile

Geogr. Verlagsgesellschaft Velhagen & Klasing u. Hermann Schroedel (Hg.): Atlas Unsere Welt, Berlin 1978/79, Allgemeine Ausgabe, 7 Länderausgaben: Baden-Württ., Bayern, Hessen, Nordrh.-Westfalen, Niedersachsen, Rheinld.-Pfalz/Saarland, Schleswig-Holstein

Grotelüschen, W./Otremba, E./Puls, W. (Hg.): Unsere Welt, Große Ausgabe (Atlas), Berlin 1970 (10) 1981, GVG

Hüttermann, A.: Karteninterpretationen in Stichworten, Teil II, Geographische Interpretationen thematischer Karten, Kiel 1978

Imhof, E.: Thematische Kartographie, in: Lehrgang der Allgemeinen Geographie, Berlin 1972

Kleiner Wirtschaftsspiegel/Wirtschaftskunde, (monatl.), Stuttgart, Deutscher Sparkassenverlag (Hg.)

Kluczka, G.: Grundlagen, Entwicklung und Probleme der Raumordnung, in: GR 4/1980

Krebs, N. (Hg.): Atlas des deutschen Lebensraumes in Mitteleuropa, Leipzig 1937

Schmitt, E./Gohl, D./Hagel, J.: Deutschland – Harms, Handbuch der Geogr., München 1977, Paul List Verlag

Staatsbürgerkundl. Arbeitsmappen, E. Schmidt Verlag, Bielefeld u. Berlin

Statist. Bundesamt/Bundesforschungsanstalt f. Landeskunde und Raumordnung (Hg.): Die Bundesrepublik Deutschl. in Karten 1965–70

Statistisches Bundesamt: Fachserien zu 19 Themenbereichen (Bevölkerung, Verkehr u. a.) Wiesbaden, jährl.

Statistisches Bundesamt (Hg.): Im Blickpunkt: Der Mensch – Zahlen über das Leben in der BR Dtld., Ausg. 1980, Wiesbaden/Mainz, W. Kohlhammer

Statistisches Bundesamt: Statistisches Jahrbuch für die Bundesrepublik Deutschland, mehr. Jahrg., Stuttgart u. Mainz, Kohlhammer

Statistisches Bundesamt: Volkszählung vom 27. Mai 1970, mehr. Bände u. 8 Kartenblätter mit 13 Karten, Wiesbaden

Statistisches Bundesamt: Wirtschaft und Statistik, Wiesbaden, monatl.

Statistisches Bundesamt (Hg.): Zahlenkompaß 1980, -1979 (jährl.) Wiesbaden/Mainz Verlag W. Kohlhammer

Thauer, W.: Atlasredaktion im Zusammenspiel von Kartographie, Geographie und Regionalstatistik, in: Internat. Jahrbuch f. Kartographie, Bd. XX 1980, Bonn-Bad Godesberg 1980

Walper, K.-H.: Planen für die Zukunft, Raumordnung und Raumordnungspolitik (Schriftenreihe d. Hess. Landeszentrale f. polit. Bildung Nr. 13) 1972

Witt, W.: Thematische Kartographie, Methoden und Probleme, Tendenzen und Aufgaben, Hannover 1967

Zahlenspiegel 1980, 1979 zum »Atlas: Unsere Welt«, (jährl. seit 1972), Berlin. GVG

Die Autoren

Manfred Dloczik, Jahrgang 1934, Ausbildung als Kartograph und Fachredakteur (Mitarbeit: »Putzger Historischer Weltatlas«, »Perthes-Transparent-Atlas Weltgeschichte I und II«, »Informationen zur politischen Bildung«, Geographieatlas »Unsere Welt«, u. a.). Ab 1968 Prokurist und Leiter der Kartographischen Anstalt Velhagen & Klasing, ab 1976 Leiter der kartographischen Außenstelle Bielefeld von Justus Perthes, seit 1978 selbständig als freiberuflicher Redakteur und Kartograph in Bielefeld.
Im Informationsatlas Verfasser von: I-2, VII-3, Idee, Redaktion, Kartographie und Kartenproduktion.

Adolf Schüttler, Jahrgang 1912, Studium der Geographie, Germanistik und Geschichte in Bonn und Marburg. Dr. phil. 1939 in Bonn. Nach dem Kriege Studienrat in Wuppertal, seit 1955 Pädagogische Hochschule Westfalen/Lippe, Abteilung Bielefeld (Geographie und Didaktik), o. Prof. Besondere Interessengebiete: Didaktik der Geographie, Lehrbücher, Schulatlanten, topographische Atlanten und Luftbildatlanten, Bundesrepublik Deutschland, Frankreich, Mittelmeerländer, Nordafrika.
Im Informationsatlas Verfasser von: I-1, II-1 bis II-14, III-1 bis III-8 und III-11, IV-1 bis IV-8 und IV-10 bis IV-14, IV-16 bis IV-18 und IV-20, Hinweise und Erläuterungen zu den Industriekarten, Geologische Zeitalter und Landschaftsgeschichte.

Hans Sternagel, Jahrgang 1932. Studium der Geschichte, Geographie und Germanistik in Innsbruck und Göttingen; Staatsexamen für das Lehramt an höheren Schulen; Ergänzungsausbildung in Politologie. Seit 1969 Studiendirektor und Fachleiter für Geschichte am Staatlichen Studienseminar Oldenburg; außerdem langjährige Tätigkeit in der Erwachsenenbildung und Leitung von Lehrfortbildungsseminaren.
Im Informationsatlas Verfasser von: III-9 und III-10, IV-9, IV-15, IV-19, V-1 bis V-6, VI-1 bis VI-5, VII-1 und VII-2 sowie VII-4 bis VII-7, VIII-1 bis VIII-15, Texte zu Wahlen in der Bundesrepublik Deutschland, Chronologischer Abriß zur Geschichte und Entwicklung der Bundesrepublik.